Mein Bruder Sisyphos, mein Freund der Minotauros

Andreas Marneros

Mein Bruder Sisyphos, mein Freund der Minotauros

Archetypen der griechischen Mythologie psychologisch erzählt

Springer

Andreas Marneros
Bonn, Deutschland

ISBN 978-3-662-55807-2 ISBN 978-3-662-55808-9 (eBook)
https://doi.org/10.1007/978-3-662-55808-9

Die Deutsche Nationalbibliothek verzeichnet diese Publikation in der Deutschen Nationalbibliografie; detaillierte bibliografische Daten sind im Internet über http://dnb.d-nb.de abrufbar.

Umschlaggestaltung: deblik Berlin
Einbandabbildung: © maxutov / stock.adobe.com

Gedruckt auf säurefreiem und chlorfrei gebleichtem Papier

Springer ist Teil von Springer Nature
Die eingetragene Gesellschaft ist Springer-Verlag GmbH Deutschland
Die Anschrift der Gesellschaft ist: Heidelberger Platz 3, 14197 Berlin, Germany

Die Mythen sind in erster Linie psychische Manifestationen,
welche das Wesen der Seele darstellen.
(Carl Gustav Jung)

Der wichtigste Zugang zu einem Mythos scheint mir noch immer
die Betroffenheit zu sein, die sich einstellt, wenn eine dieser alten
Göttergeschichten sich mit den Situationen und Konstellationen
unseres eigenen Lebens trifft.
(Ingrid Riedel)

Vorwort

Der griechische Mythos ist nicht nur einer der wesentlichen, unverzichtbaren und tragenden Eckpfeiler abendländischer Kultur, sondern auch ein Archiv psychologischer Archetypen der Menschheit. Seine menschlichen Archetypen entsprechen modernen Verhaltens-, Empfindens-, Denk- und Störungsmodellen, die sowohl unbewusste wie auch bewusste Ursachen, Motive, Konstellationen und Manifestationsbedingungen haben können.

Dieses Buch erzählt von zwei mythischen Begegnungen: Zum einem mit Sisyphos, dem stolzen Rebellen und ewigen Gefangenen, der ganz am Anfang der menschlichen Entwicklung steht. Zum anderen mit Minotauros, dem Opfer und Täter in einem. Dem Menschen, der zum Monster wurde – gemacht wurde. Dabei werden griechische Mythen dargestellt, die alle gemeinsam den reichen Facetten, positiven wie auch negativen, des Menschseins entsprechen.

Man ist erstaunt bei der Feststellung, dass die psychischen Eigenschaften, Strategien, Konflikte, Probleme und Störungen des modernen Menschen genauso bei seinen mythischen Vorfahren zu finden sind. So als ob die heutigen Erkenntnisse der Wissenschaft von Menschen größtenteils aus dem mythologischen Archetypenarchiv der Menschheit stammen.

In diesem Buch werden die in griechischen Mythen erhaltenen Archetypen möglichst theorieneutral präsentiert – im Sinne eines autonomen und mündigen Lesers.

Bonn, Februar 2018 Andreas Marneros

Danksagung

Mein herzlicher Dank für die Lektorierung des Manuskriptes und wertvolle Anregungen gilt Anke Rohde, Valenka Dorsch, Bernd Heptner, Birgit Vogel und Mathilde Frank.

Inhaltsverzeichnis

1

Vorbereitungen für mythische Begegnungen

1.1 Die unverlierbare Sprache des griechischen Mythos

Die Experten sind sich einig. Einer der wesentlichen, unverzichtbaren und tragenden Eckpfeiler abendländischer Kultur ist der griechische Mythos. Oder wie es an anderer Stelle ausgedrückt wurde:

> *„Mythen sind Vehikel … Sie transportieren panepochale und pankulturelle Botschaften. Und außerdem: ‚Der griechische Mythos, dachte ich vor Jahren in einem Gespräch mit Albert Camus …, das ist vielleicht die einzige, die letzte und unverlierbare Sprache, in der wir uns noch verständigen können'* [1]*. Mythologien sind darüber hinaus Urgedanken der Menschheit*[2]*. Manche sagen, sie seien psychologische Archetypen und in erster Linie psychische Manifestationen, ja auch Darstellungen des Wesens der Seele*[3]*. Andere wiederum meinen, sie seien der Ursprung von Geschichte und Religion*[4]*, eine Art von Vorgeschichte der Menschheit. Und wiederum andere sagen: ‚Mythen sind öffentliche Träume. Träume sind private Mythen'*[5]*, mit*

[1] Walter Jens: Die Götter sind sterblich. (1983) C. H. Beck, München.
[2] Hans-Georg Gadamer: Prometheus und die Tragödie der Kultur (1946) In: Gadamer H-G (Hrsg.) Gesammelte Werke. Band 9. Ästhetik und Poetik (1993) Mohr, Tübingen.
[3] Carl Gustav Jung: Archetypen. (2009) DTV, München.
[4] Robert von Ranke-Graves: Griechische Mythologie. Quellen und Deutung. (2003) Rowohlt Reinbek.
[5] Joseph Campbell: Der Heros in tausend Gestalten, 1949 (2011) Insel, Berlin.

A. Marneros, *Mein Bruder Sisyphos, mein Freund der Minotauros*,
https://doi.org/10.1007/978-3-662-55808-9_1

einem einheitlichen Kern für die ganze Menschheit, dem ‚Monomythos‘[6]*. Wie auch immer: In Mythologien gedeihen die Ideen. Und darüber hinaus:*

Mythen leben in uns. Und wir in ihnen …

Mythen sind Vehikel, die Botschaften aus der Ewigkeit für die Ewigkeit transportieren. Sie wollen den Menschen etwas mitteilen, etwas vermitteln, etwas verständlich machen. Manchmal etwas aus der Tiefe der Vorgeschichte der Menschen, manchmal etwas aus der Tiefe ihres Unterbewusstseins und manchmal auch etwas aus der Tiefe des Urdenkens und des Urgedächtnisses der Menschheit. Alles aus der tiefsten Tiefe, nie von der Oberfläche. Und zwar Inhalte und Botschaften, die dort seit Jahrtausenden verschlüsselt piepsen und blinken. Die Mythen bieten das Vehikel dafür.“[7] *Mythen also „stellen so etwas wie den Spiegel unserer Gesellschaft dar“.*[8]

Darüber hinaus sind die griechischen Mythen ein Archiv psychologischer Archetypen der Menschheit.

Archetypen?

Ja, Archetypen. In allen verschiedenen Bedeutungen dieses zweitausend Jahre alten Begriffes[9].

Was bedeutet dieser so fremdsprachig klingende Begriff? Der beste Weg, einen Begriff zu verstehen, ist seine Etymologie zu erkunden. Und so machen wir es auch hier. Der Begriff „Archetypus“ (Αρχίτυπος) besteht aus zwei griechischen Worten, „Arche“ (Αρχή) und „Typos“ (Τύπος). Archetypus ist ein sogenannter polysemantischer Begriff, d. h. er hat viele Bedeutungen, weil auch seine beiden konstituierenden Worte polysemantisch sind.

Arché kann laut griechischen Lexika folgendes bedeuten: „der Anfang“, „der Beginn“, „der Ursprung aller Dinge“, „die Ursache“, „das grundlegende Gesetz“, „das Prinzip“, „die Kraft, die zum Ziel führt“, „die staatliche Macht“, „die staatliche Institution“, „die staatliche Ordnung“, und in Kombination mit anderen Worten „der Führer“ bzw. „die Führung“ (der „Archiatros“ beispielsweise ist der Chefarzt – wovon sich übrigens auch das deutsche Wort Arzt ableitet –, der „Archiepiskopos“ ist der Erzbischof, „Archistrategos“ der oberste General, der Chefstratege, etc.).

„Typus“ kann, den griechischen Lexika folgend, bedeuten: „der Abdruck“, „der Stempel“, „der Typ“ (im Sinne eines Menschen oder einer Gesellschaft

[6] Darüber kann man im eben zitierten Werk von Joseph Campbell Wertvolles erfahren.

[7] Andreas Marneros: Feuer für ausgebrannte Helden. Die Suche nach Orientierung. Ein Abenteuer mit Prometheus und Herakles. (2015) CMZ Rheinbach.

[8] Tomáš Sedláček u. Oliver Tanzer: Lilith und die Dämonen des Kapitals. Die Ökonomie auf Freuds Couch (2015) Hanser, München.

[9] Carl Gustav Jung: Archetypen. (2009) DTV, München.

mit bestimmten Verhaltenscharakteristika), „die Marke“ (im Sinne eines Produktes mit bestimmten Merkmalen, etwa „Flugzeug des Typs ABC“), „die Persönlichkeit bzw. der Charakter bzw. das Temperament eines Menschen“, „die Schablone“, „die Presse“ (im Sinne von Printmedien), „die Benimmregel“, „die Formel“, und in Kombination auch manches andere. „Archetypus“ also kann im jeweiligen Kontext viele Bedeutungen haben.

Die Kombination der beiden konstituierenden Worte und somit die Wortschöpfung „Archetypus“ – zunächst vorwiegend als philosophischer, dann auch als theologischer Begriff – ist mindestens zweitausend Jahre alt.[10] Der Begriff „Archetypus“ wurde im 20. Jahrhundert vom Schweizer Psychiater Carl Gustav Jung auch in Psychiatrie und Psychologie eingeführt, und zwar als wesentlicher Bestandteil seines Konzeptes des „Unbewussten“, das von Sigmund Freuds Konzept abweicht[11]. Nach Jung gibt es eine oberflächliche Schicht des Unbewussten, die zweifellos persönlich sei. Er nannte sie das „*persönliche Unbewusste*“. Das sei das Unbewusste, das Freud gemeint habe. Dieses „*persönliche Unbewusste*“ ruhe auf einer tieferen Schicht, dem „*kollektiven Unbewussten*“. Das kollektive Unbewusste sei nicht individueller, sondern allgemeiner Natur, „*das heißt, es hat im Gegensatz zur persönlichen Psyche Inhalte und Verhaltensweisen, welche überall und in allen Individuen cum grano salis die gleichen sind. Es ist, mit anderen Worten, in allen Menschen sich selbst identisch und bildet damit eine in jedermann vorhandene, allgemeine seelische Grundlage überpersönlicher Natur.*“[12]

Die Inhalte des von Jung postulierten „*kollektiven Unbewussten*“ seien die Archetypen, Inhalte des „*persönlichen Unbewussten*“, die sogenannten „*gefühlsbetonten Komplexe*“.

Zusammenfassend formuliert bezeichnet demnach C. G. Jungs „Archetypus“ Grunddispositionen und Ausdrucksweisen menschlicher Vorstellungs-, Gedanken- und Handlungsmuster, die Inhalte eines kollektiven Unbewussten sind und sich aus Erfahrungen unserer Vorfahren speisen, die in Mythen, Märchen, Geheimlehre oder sonstigen religiösen Erzählungen ausgedrückt sind.

In einer gewissermaßen verwandten, allerdings deutlich abweichenden Form wird die Bezeichnung „Archetyp“ in dieser Erzählung verwendet, wobei C. G. Jungs „Archetypen“ unangetastet und respektiert bleiben – auch bei der abweichenden Verwendung des Begriffes.

Die Abweichung zwischen Jungs Verständnis von Archetypen und der Bedeutung von Archetyp, wie sie diesem Buch zugrunde liegt, besteht darin,

---

[10] Ebenda.
[11] Ebenda.
[12] Ebenda.

dass die Bilder und die Botschaften, die uns die uralten griechischen Mythen vermitteln, nicht nur unbewusst vorhanden sind und nur unter bestimmten Umständen bewusst werden können, sondern von Anfang an auch bewusst, konkret, urtümlich und ursprünglich präsent sind.

Archetypen in diesem Sinne gehören zu den Botschaften des Mythos. Und nicht selten: Sie sind die Botschaften.

Solche Archetypen entsprechen damit heutigen psychiatrisch-psychologischen Vorstellungen von Verhaltens-, Empfindens-, Denk- und Störungsmodellen, die sowohl eine unbewusste wie auch, sehr viel häufiger, eine bewusste Ursache oder Manifestationsbedingungen haben können. Sie stellen genau das dar, was die wörtliche Bedeutung des Begriffes „Archetypus" ist: Ur-Form, Ur-Typ, Ur-Bild, Ur-Modell. Man könnte statt „Archetypus" auch eines der genannten Synonyme verwenden, wenn es denn so schön klingen würde wie ihr griechischer Verwandter, der Archetypus. Oder man könnte stattdessen einen anderen griechischen Begriff mit sehr ähnlicher Bedeutung wie Archetyp benutzen, nämlich „Prototyp", wenn der heutzutage in der deutschen Sprache nicht so eng mit Mechanik und Industrie in Verbindung gebracht würde. Die Bezeichnung „Prototyp" wäre in manchen Fällen und in mancher Hinsicht sogar korrekter als die Bezeichnung „Archetyp".

Da nun aber der Psychiater C. G. Jung den Begriff „Archetypus" für die Psychiatrie und Psychologie aus der Taufe gehoben hat und er in unserem kollektiven Bewusstsein mit dem Psychischen in Verbindung gebracht wird, soll auch in diesem Buch der psychiatrisch-psychologisch getaufte Begriff Archetyp verwendet werden. Allerdings im eben dargestellten, von der ursprünglichen Bedeutung abweichenden Sinne.

Dieses Buch erzählt von zwei mythischen Begegnungen. Zum einem mit Sisyphos, zum anderen mit Minotauros. Dabei werden griechische Mythen erzählt. Psychologisch erzählt.

Allerdings wird es für keine tiefenpsychologische oder sonstige Deutung werben[13]. Aber es wird zeigen, dass die psychischen Eigenschaften, Strategien, Konflikte, Probleme und Störungen des modernen Menschen genauso psychische Eigenschaften, Strategien, Konflikte, Probleme und Störungen des my-

[13] Ein wahrscheinlicher Grund dafür ist, dass sich diese Erzählung die Meinung eines Psychoanalytikers (!) zu eigen macht – man höre und staune: „Ich kritisiere die Deutungstechniken als geistige Machtausübung, als Versuch, dort zu unterwerfen, wo das Verständnis noch nicht gewachsen ist ... In Wahrheit weiß der Analytiker über das Unbewusste nicht mehr als der Durchschnittsmensch ...". So schreibt es der Psychoanalytiker Wolfgang Schmidbauer in seinem Buch „Mythos und Psychologie" (1999), Rheinhardt, München, Basel.

thischen Menschen waren. Und umgekehrt. Und weiter, dass sich der Inhalt moderner wissenschaftlicher Handbücher größtenteils schon im mythologischen Archetypenarchiv der Menschheit findet.

Ziel dieses Buches ist eine zwar nachdenkliche und von Innerlichkeit getragene, aber dennoch nüchterne, erkennende und identifizierende Präsentation von psychischen Archetypen in den griechischen Mythen mit ihrem ideengeschichtlichen Hintergrund. Griechische Mythen werden erzählt, ihre Botschaften skizziert und diskutiert und die darin erhaltenen Archetypen präsentiert. Der Rest wird der Autonomie des mündigen Lesers überlassen.

Teil I

Mein Bruder Sisyphos, mein Schöpfer Prometheus

Ein monologisierender Dialog mit Sisyphos

2

Sisyphos zum Kennenlernen

2.1 Warum gerade Sisyphos?

Warum gerade Sisyphos?

Deshalb: „*Das suggestive Bild, das der homerische Odysseus bei seinem Besuch in der Unterwelt im 11. Gesang der Odyssee von Sisyphos und dem niemals endenden Kreislauf seiner vergeblichen Anstrengung zeichnet, gehört seit fast dreitausend Jahren zum unverlierbaren Schatz der mythischen Chiffren des Abendlands*“.[14]

Und weil auch Sisyphos ziemlich am Anfang einer Kette von Archetypen steht, die bis heute in unserem Bewusstsein präsent werden können. Seine niemals endende, ergebnislose, ja auch sinnlose Arbeit ist nur eines der Bilder, mit dem sich mancher moderne Mensch, wenn auch vielleicht nur manchmal, nur in einem Abschnitt seines Lebens identifizieren kann. Sisyphos steht auch für die Zeit, in der Menschen und Götter sich noch nicht endgültig getrennt haben, sondern zusammenleben wie Kumpel, gute oder schlechte. Und dabei sind zu lernen, miteinander umzugehen. Sie lieben sich, und sie hassen sich. Sie helfen sich gegenseitig, und sie betrügen sich. Mit Klugheit, die nicht immer frei ist von List, versuchen sie, Regeln des Miteinanderlebens zu entwickeln. Es ist die Zeit, in der Menschliches und Göttliches sich noch nicht klar voneinander getrennt und abgegrenzt haben.

Es ist auch die Zeit, in der die Menschheit ihre ersten moralischen Tabus entwickelt, bevor sie Gesetze formuliert. Es ist die Zeit, in der sich das Natürliche und das Übernatürliche miteinander vermischen und sich in der Psyche

[14] So Bernd Seidensticker und Antje Wessels in „Mythos Sisyphos“ (2001), Reclam Leipzig.

A. Marneros, *Mein Bruder Sisyphos, mein Freund der Minotauros*,
https://doi.org/10.1007/978-3-662-55808-9_2

des Menschen unentwurzelbar einnisten. Es ist die Zeit, in der die menschliche Psyche beglückt und gequält und für alle Zeiten geprägt wird.

Es ist kein Zufall, dass Sisyphos ziemlich am Anfang der Genealogie der Menschen steht, während der Trennungsprozesses zwischen Menschlichem und Göttlichen abläuft.

Die Zeit der menschlichen Genesis war natürlich eine viel frühere. Das war die Zeit des Prometheus, der aus einer menschenleeren Welt eine bunte Welt voll mit den unterschiedlichsten menschlichen Exemplaren machte, wie wir bald erfahren werden. Die Prometheus-Zeit ist die Zeit der Menschheitsdemiurgie. Es ist die Zeit der Schöpfung der Menschheit, die Zeit der Menschwerdung.

Die Sisyphos-Zeit, ausgedehnt über viele Jahrhunderte vor ihm und nach ihm, ist eine Zeit der psychischen Genesis. Die Zeit der psychologischen Demiurgie, die Zeit der Entstehung des Psychologischen.

Eine psychologische Demiurgie, die uns bis heute formt.

Um die beiden schon erwähnten Philologen noch einmal zu zitieren: „*Sisyphus kann in den verschiedensten Kontexten für politische und gesellschaftliche, theologische und anthropologische, philosophische, psychologische und poetologische Fragen und Thesen fruchtbar gemacht werden. Die sprichwörtliche Sisyphusarbeit kann als Chiffre für jede quälende, frustrierende, ergebnislose Anstrengung dienen, sei sie physisch, psychisch oder geistig. Das Schicksal des mythischen Arbeiters kann aber auch allgemeiner verstanden und verwendet werden: als Sinnbild für die verzweifelten Versuche des Menschen, aus dem ewigen Kreislauf des Alltags auszubrechen, die gefürchtete Endlichkeit des Lebens zu besiegen, die vermeintliche Sinnlosigkeit der Existenz zu überwinden.*“[15]

Ja, genau so ist es!

Darum also Sisyphos!

Während des monologisierenden Dialogs mit Sisyphos werden aber auch die Tage und Werke des Prometheus immer wieder eine außergewöhnlich wichtige Rolle spielen. Es wird ihnen nicht selten eine gewisse Ähnlichkeit mit Handlungen und Haltungen von Sisyphos zugesprochen. Der Grund dafür ist, dass Prometheus gewissermaßen als Sisyphos Vorbild angesehen werden kann. Prometheus ist nicht nur des Menschen kluger Schöpfer, sondern auch des Menschen größter Freund. Dazu noch des Menschen Befreier und des

[15] Ebenda.

Menschen Vorbild. Das meinen die Weisen, die Aufgeklärten und die Philanthropen der letzten 2600 Jahre.[16]

Darüber hinaus ist der Prometheus-Mythos der Schicksalsmythos des Abendlandes. Oder genauer gesagt: „*In dem Prometheus-Mythos hat sich offensichtlich von früh an die abendländische Menschheit in ihrem eigenen Kulturbewusstsein gedeutet. Er ist wie ein Schicksalsmythos des Abendlandes. Die Geschichte seiner Deutung erzählen heißt daher, die Geschichte der abendländischen Menschheit selbst zu erzählen*“.[17]

Noch dazu wurde Prometheus zum „*vornehmsten Heiligen und Märtyrer im philosophischen Kalender*“ erklärt.[18]

Und: „*Prometheus vertritt etwas, was besser ist als die Götter, auch wenn er dadurch selber untergeht. Unter den Olympiern galt bedeutsamerweise nur Pallas Athene, die Göttin der Vernunft, als Freundin des Prometheus; und sie ist die einzige Potenz, die hier mit ihm zusammenpasst. Prometheus könnte am Ende der gesamten bisherigen Religionsgeschichte stehen bleiben*“.[19]

Hören wir hier mit den Gründen und den Hymnen auf, sonst brauchen wir eine prometheische Bibliothek.

Darum also auch Prometheus.

Wie schon im Untertitel des Buches erkennbar, wird auch eine Begegnung mit Minotauros beschrieben. Handelt es sich dabei um zwei zufällige Begegnungen, die miteinander nichts zu tun haben? Die eine Begegnung mit dem Menschen, die andere mit dem Monster? Wenn man auf den ersten Blick den Eindruck gewinnen könnte, es gebe keinerlei Beziehung zwischen den beiden Mythen, dann muss man das auf den zweiten Blick revidieren. Wie zu Beginn des zweiten Teiles dieses Buches erläutert wird, ist das Schicksal der beiden Protagonisten mit einem tragischen Beziehungsband eng miteinander verbunden. Dazu aber später.

---

[16] Ausführlich darüber in: Andreas Marneros „Feuer für ausgebrannte Helden. Die Suche nach Orientierung. Ein Abenteuer mit Prometheus und Herakles“, CMZ, Rheinbach, 2015.

[17] Das meint Hans Georg Gadamer in „Prometheus und die Tragödie der Kultur“. In: Gadamer H-G (Hrsg.) Gesammelte Werke. Band 9. Ästhetik und Poetik (1993). Tübingen: Mohr, 1946.

[18] So spricht der Atheist Karl Marx in seiner Dissertation, die den unkommunistischen Titel „Differenz der demokritischen und epikureischen Naturphilosophie, nebst einem Anhange“ trägt. Hrsg. Georg Mende (1964) Verlag der Friedrich-Schiller-Universität Jena, 1841.

[19] Leicht modifiziertes, aber sinngemäßes Zitat aus Ernst Blochs „Das Prinzip Hoffnung“, 3. Bd. (1977), Suhrkamp, Frankfurt a. M.

2.2 Sisyphos – eine vorläufige kurze Vorstellung

Auch den Sisyphos sah ich, wie er voll heftiger Qualen
Einen gewaltigen Stein mit beiden Händen bergan schob.
Fürchterlich stemmte er sich mit Händen und Füßen und wälzte
Auf den Gipfel die Last, doch wenn er wähnte, sie sei schon
Über die Höhe gebracht, so trieb sie ihn wuchtend nach rückwärts.
Wieder zur Ebene rollte hinunter der tückische Felsblock,
Sisyphos aber begann aufs Neue zu wälzen, es troff ihm
Von den Gliedern der Schweiß, und Staub umhüllte sein Haupthaar.[20]

Homer, Odyssee, 11, 593–600.

Ich besuche Sisyphos und begleite ihn auf seinem Weg zum Gipfel des Berges, auf den hinauf er seinen Felsblock wälzt. Ich nehme mir die Freiheit, Ihnen meinen Bruder Sisyphos kurz vorzustellen.

Die Legende von Sisyphos – kurz, sehr kurz erzählt

Trotz aller Kürze lohnt es sich, Sisyphos Genealogie zusammenfassend darzustellen. Denn wie schon erwähnt, steht er ziemlich am Anfang der Genealogie der Menschen. Der Zeit also, in der die Menschen geprägt wurden. Er ist ein Anfangsmensch, er gehört zu den Menschen also, mit denen das Abenteuer Menschsein seinen Anfang nahm. Wie die Geschichte dann ihren Lauf nahm, erzähle ich ebenfalls ganz kurz:

Zeus traf eine folgenschwere Entscheidung. Die Entscheidung nämlich, die seiner Meinung nach verdorbene Menschheit mit einer weltumfassenden Sintflut zu vernichten und eine neue zu erschaffen. Als er das in die Tat umsetzte, ließ er zwei tugendhafte Menschen die Sintflut überleben und beauftragte sie mit der Neuerschaffung der Menschheit. Sie sollten das nach dem Prinzip bewerkstelligen „Vermehrt euch und beherrscht die Welt".

Der tugendhafte Mann war Deukalion, Sohn des Prometheus (des „Im-Vorhinein-Denkenden", so ist die Übersetzung seines griechischen Namens) und seiner Frau Pronoia (die „Vorsorgende"). Die tugendhafte Frau war Pyrrha, Tochter von Prometheus Bruder Epimetheus (des „Im-Nachhinein-Denkenden") und der weltbekannten, aber doch missverstandenen Pandora (die „Allbeschenkte"). Nach Beendigung der Sintflut bekamen die beiden tugendhaften Menschen einen Sohn, den sie Hellen nannten. Dieser Hellen, der eine Nymphe zur Frau nahm – die Nymphen als ätherische Wesen waren nämlich durch die Sintflut nicht vernichtet worden –, wurde durch seine drei Söhne Äolos, Doros und Xuthos zum Stammvater der Hellenen, der Griechen also. Hellenen nennen sie sich selbst bis heute, nur Fremde nennen sie Griechen. Sisyphos Vater Äolos wurde zum Stammvater der Äolier, sein Onkel Doros zum Stammvater der Doreer und Onkel Xuthos durch seinen Sohn Ion zum Urahn der Ionier.

[20] Nach einer Übersetzung von Thassilo von Scheffer aus dem Jahr 1938, Dietrichsche Verlagsbuchhandlung, Leipzig.

Sisyphos gründete die Stadt Korinth. Eines Tages beobachtete er, wie Zeus in der Nähe seiner Stadt die Tochter des Flussgottes Asopos, Ägina, entführte. Aus Mitgefühl teilte er dem verzweifelten Vater mit, was er gesehen hatte, worüber sich Zeus sehr erzürnte. Aus Rache schickte er den Todesgott Thanatos, um Sisyphos in das Totenreich zu befördern. Sisyphos aber überlistete und fesselte den Todesgott. Nach langer, langer Zeit wurde Thanatos durch den Kriegsgott Ares, bei vielen unter seinem lateinischen Pseudonym Mars bekannt, befreit. Thanatos schickte Sisyphos ins Totenreich, wo dieser den Tod zum zweiten Mal überlistete, diesmal sogar den obersten Gott der Toten, Hades. Er entkam also zum zweiten Mal dem Tod und konnte am wunderschönen Golf von Korinth inmitten der üppig gewachsenen grünen und fruchtbaren Gärten viele, viele Jahre genießen. Erst in hohem Alter starb Sisyphos eines natürlichen Todes. Die Geschichte, wie Sisyphos den Tod austrickste, wird uns im Kommenden übrigens sehr beschäftigen.

Zur Strafe aber für die Herausforderung und Demütigung der Götter wurde Sisyphos von Zeus dazu verurteilt, in alle Ewigkeit die Strafe zu verbüßen, wie sie uns Homer in den obigen Versen beschreibt.

Einzelheiten zu Tagen und Werken des Sisyphos – von damals bis zum heutigen Tag – werden im Verlauf unserer Begegnung mit ihm erzählt.

Und nun ist die Zeit gekommen, Sisyphos zu begegnen!

2.3 Sisyphos und die verschmolzenen Zeitdimensionen

Guten Morgen, Sisyphos! Hab einen schönen Tag, mein Bruder! Nein, nein, das mit dem guten Morgen und dem schönen Tag ist nicht ironisch gemeint. Obwohl ich weiß, dass es für dich seit einer Ewigkeit keinen guten Morgen und keinen schönen Tag mehr gibt – wenigstens aus meiner Sicht. Deine Sicht dazu kenne ich nicht. Aber ich hoffe, mehr darüber herauszufinden.

Wie ähnlich wir uns sind, mein Bruder Sisyphos! Obwohl ein paar Jahrtausende Altersunterschied zwischen uns liegen. Die Ähnlichkeiten zwischen dir, der mythischen Gestalt der Anfangszeit, und mir, dem modernen Menschen der heutigen Zeit, sind frappierend. Ja, wir sind uns zum Teil zum Verwechseln ähnlich, so wie sich Geschwister häufig ähneln. Wir sind uns ähnlich, aber auch so unterschiedlich. So wie sich Geschwister häufig voneinander unterscheiden. Allerdings machte jeder von uns seine eigene Karriere: Du, ewiger Archetyp, wurdest zur unsterblichen Legende, nachdem du gestorben warst. Du starbst, weil du den Tod nicht auch zum dritten Mal überlisten wolltest. Wolltest, wohl bemerkt und nicht „nicht-mehr-konntest". Ich aber, modern und sterblich, wurde Psychiater, so wie viele Tausende anderer moderner Menschen auf dem Planeten Erde. Damit kann ich nicht einmal vorübergehend den Tod austricksen, wie meine Kollegen aus anderen medizinischen Fachgebieten. Die versuchen es mit ihren Apparaten, Skalpellen und Tinkturen. Manchmal schaffen sie es sogar – allerdings nur für begrenzte Zeit und mit begrenzter Haftung. Doch mein Psychiater-Beruf ermöglicht mir tiefe Einblicke in die Seelen von Menschen und ihre Beziehung zu Leben und Tod. Auch in deine unsterbliche Seele und deine Beziehung zu Leben und Tod. Und so kann ich die Ähnlichkeiten zwischen dir, der unsterblichen Legende, und mir, Erdenbewohner mit begrenzter Aufenthaltserlaubnis, erkennen und benennen.

Um von Anfang an Missverständnissen vorzubeugen, möchte ich schon an dieser Stelle klarstellen: Wenn ich von „ich" und „mir" oder „mein" spreche, meine ich mich als Repräsentant meiner sterblichen modernen Zeitgenossen. Wobei damit nur manchmal Psychiater und Psychologen gemeint sind, vielmehr und am häufigsten alle modernen Erdbewohner, oder zumindest die des Abendlandes. Übrigens, vielen Dank an dieser Stelle an dich und die anderen, die die Basis für die Entstehung unseres Abendlandes geschaffen haben.

Das „ich" ist also ein „wir", das „mir" meint „uns", und das „mein" ist „unser".

Du bist nicht nur **mein** Bruder, Sisyphos. Du bist **unser** Bruder.

Deine Wünsche, Sisyphos, sind manchmal – insgeheim oder nicht – auch meine bzw. unsere Wünsche.

Es sind die Wünsche des modernen Menschen.

Deine Arbeit, die legendäre Sisyphosarbeit, ist zwar nicht immer, aber manchmal – offensichtlich oder nicht – auch meine, unsere Arbeit.

Die Sisyphosarbeit des modernen Menschen.

Ich bin dir sehr dankbar dafür, dass du mir Zugang zu deinem Berg und deinem Felsblock gewährst. Allerdings kann ich dir nicht helfen, deinen Felsblock hinaufzuwälzen. Aber das willst du ja auch gar nicht. Ich will mit dir sprechen, obwohl ich weiß, dass ich nicht mit dir, sondern bloß zu dir sprechen werde. Ich empfange dennoch deine Botschaften. Botschaften, die du und deinesgleichen aus der Tiefe der Äonen zu mir, zu uns schicken.

Ich komme aus der Vergangenheit und aus der Gegenwart, und ich komme auch aus der Zukunft. Ich mache die lange Reise durch die Zeitdimensionen, um zu lernen, zu beichten und um Kraft zu schöpfen. Die Zeitdimensionen verschmelzen in einer einzigen, und ich durchschwebe sie und komme zu dir, um zu erkennen und mich selbst zu erkennen. Um durch Lernen und Lehren an die Quellen des Erkennens und des Erkenne-dich-selbst zu gelangen. Sei nicht überrascht, mein Bruder: Lernen und Lehren ist für mich ein und dasselbe – ich lerne auch durch Lehren. Nur Belehren ist mir weitgehend fremd. Hoffe ich.

Die drei Zeitdimensionen, die der Vergangenheit, der Gegenwart und der Zukunft, verschmelzen also in einer einzigen Dimension. Man könnte sie Ewigkeitsdimension nennen. Aber nein doch! Das ist fast eine Hybris. Nichts ist vermutlich für die Ewigkeit. Ja, es könnte sogar sein, dass es keine Ewigkeit gibt. Aber wie nennen wir dann die aus der Verschmelzung entstandene Zeitdimension? Kontinuitätszeitdimension? Menschheitszeitdimension? Aber brauchen wir überhaupt einen Begriff dafür, wenn wir beide so gut verstehen, was wir damit meinen und was wir sagen oder auch nicht sagen? Mir brauchst du nichts zu erklären über Götterflüche und Göttermetamorphosen, Ungeheuer und Mischwesen, Halbgötter und Nymphen. Und ich brauche dir nicht zu erklären, was Psychologie und Psychiatrie, Flugzeuge und Piloten, Fernsehen und Computer, Internet und soziale Netzwerke, was Nuklearkatastrophen sind. Ich brauche dich auch nicht aufzuklären, was Amerikaner und Deutsche, Engländer und Franzosen oder gar was Lateiner sind, obwohl sie alle Jahrhunderte und Jahrtausende nach dir die Bühne der Geschichte betraten. Du, Sisyphos, und ich, wir verstehen das alles, ohne es erklären zu müssen. Wir verstehen uns. Sprechen wir also über alles. In der Sprache, die Vergangenheit, Gegenwart und Zukunft vereint.

Bitte, mein Bruder, fühle dich nicht gestört, wenn ich dich bei deiner Sisyphosarbeit beobachte. Auch nicht, wenn ich offen dein Verhalten, dein Fühlen, dein Denken analysiere und einordne. Das ist das, was ich am besten kann, denn ich bin Psychiater. Nein, du brauchst dich nicht dankbar fühlen, wenn ich dich dadurch teilhaben lasse an aufkommenden Gedanken zu Biografien, Persönlichkeitseigenschaften, Tagen und Werken anderer mythischer Personen. Ich muss **dir** dankbar sein, dass du es mir erlaubst.

Ach, noch etwas, Sisyphos. Während meines Besuches bei dir werden wir einsam zu zweit, aber doch nicht alleine sein. Wir werden aus der Ferne von der Zunft der Psychiater, Psychologen, Psychosomatiker und Psychoanalytiker beobachtet, die das Erzählte kommentieren und uns ihr Wissen mitteilen werden. Ich hoffe, du fühlst dich dadurch nicht gestört.

3

Der Zwang. Oder: Ist Sisyphos glücklich?

3.1 Sisyphos Zwangsstörung

Ich weiß, Sisyphos. Zeit für Gespräche hast du nicht, und wohl auch keine Lust dazu. Möglicherweise möchtest du deine Kraft nicht für andere Dinge verschwenden, sondern sie nur und ausschließlich für deine Arbeit einsetzen. Du lebst ja nur für deine Arbeit – obwohl „Du lebst" nur metaphorisch gemeint sein kann. Denn du bist seit Jahrtausenden tot. Du lebst bloß in der Schattenwelt – tief in unserer Schattenwelt. Wie mag es sein, wenn alle Gedanken in deinem Kopf nur um das eine kreisen: den Felsblock hinaufzuwälzen! Von diesen Gedanken scheinst du regelrecht besessen. Sie lassen wahrscheinlich kaum Raum in deinem Kopf für irgendwelche anderen Überlegungen. Ich vermute, dass du selbst diese eindringlichen, anhaltenden Gedanken als quälend erlebst. Und dass du deshalb versuchst, sie loszuwerden. Das gelingt dir aber nicht. Sie kehren wieder und immer wieder zurück. Sie sind viel mächtiger als dein Wille, sie abzuwehren. Sie haben eine enorme Macht über dich, sie üben Zwang auf dich aus. Du bist ein Gefangener ihres Zwanges.

Der Zwang diktiert und bestimmt deine Arbeit, Sisyphos. Du schaust mich so fragend und zustimmend zugleich an. Wie ich darauf komme? Warum ich so etwas behaupte?

Weil du eine Zwangsstörung hast, mein Bruder. Darum.

A. Marneros, *Mein Bruder Sisyphos, mein Freund der Minotauros*,
https://doi.org/10.1007/978-3-662-55808-9_3

Sisyphos Zwangsstörung

Und die Zunft der Psychiater, Psychologen, Psychosomatiker und Psychoanalytiker fügt wissend hinzu:

In der Tat, die Sisyphosarbeit stellt den Archetyp der Zwangsstörung dar.

Als Zwangshandlungen definieren wir sich immer wiederholende Verhaltensweisen, zu denen sich die Person häufig als Reaktion auf schon vorhandene Zwangsgedanken (so kann etwa Angst vor Einbrechern zum zwanghaften Kontrollieren führen) oder aufgrund von streng zu befolgenden Regeln gezwungen sieht. Die Zwangshandlungen muten wie ein Ritual an. Sie können manueller Natur sein (etwa Händewaschen oder mehrfach wiederholtes Kontrollieren, etwa ob die Tür abgeschlossen oder der Herd ausgeschaltet ist, wiederholtes Ordnen der Wäsche im Schrank nach einem bestimmten System etc.). Zwangshandlungen können aber auch mentaler Natur sein, etwa in der Form von ständigem Beten, Singen einer bestimmten Melodie, nicht enden wollendem Zählen oder der unendlichen Wiederholung bestimmter Wörter.

Die große Mehrzahl der Betroffenen erkennt zwar, dass die Zwangshandlungen sinnlos sind, allerdings beeinflusst dies kaum deren Fortsetzung und Wiederholung. Diese ist unbedingt erforderlich, um die sonst auftretende Angst zu verhindern. Zwangshandlungen dienen also der Angstabwehr.

Zwangsgedanken sind immer wiederkehrende und anhaltende Gedanken (etwa etwas Bestimmtes falsch gemacht zu haben), Impulse (etwa jemanden zu schlagen oder zu erstechen) oder Vorstellungen (etwa von gewalttätigen Handlungen oder von Horrorszenen), die als unangenehm und aufdringlich empfunden werden und ungewollt sind. Solche Gedanken, Impulse oder Vorstellungen rufen bei den Betroffenen in der Regel großes Unbehagen oder auch ausgeprägte Angst hervor. Die Betroffenen versuchen, diese Gedanken, Impulse oder Vorstellungen zu ignorieren, zu unterdrücken oder sie mit anderen Gedanken oder Handlungen zu neutralisieren.

Zwangsgedanken und vor allem Zwangshandlungen sind in der Regel sehr zeitintensiv. So kann sich z. B. das Händewaschen oder die Türkontrolle über mehrere Stunden hinziehen. Beeinträchtigungen in sozialen, beruflichen und sonstigen zwischenmenschlichen Kontakten sind die Folge. Zwangshandlungen sind nicht nur zeitintensiv, sondern in der Regel auch okkupierend für den Menschen. So wie für Sisyphos.

Das ist des Mythos archetype Botschaft.

Ich habe dich beobachtet, wie du deinen Felsblock den Berg hinaufwälzt. Das erinnert mich sehr an das Bild, das Albert Camus von dir malt: *„So sehen wir nur, wie ein angespannter Körper sich anstrengt, den gewaltigen Stein anzuheben, ihn hinaufzuwälzen und mit ihm wieder und wieder einen Hang zu erklimmen; wir sehen das verzerrte Gesicht, die Wange, die sich an den Stein presst, sehen, wie eine Schulter den erdbedeckten Koloss abstützt, wie ein Fuß sich gegen ihn stemmt und der Arm die Bewegung aufnimmt, wir erleben die ganz menschliche Sicherheit zweier erdbeschmutzter Hände. Schließlich ist nach dieser langen Anstrengung, die sich an einem Raum ohne Himmel und einer Zeit ohne Tiefe misst, das Ziel* *erreicht. Und nun sieht Sisyphos, wie der Stein innerhalb weniger Augenblicke in jene niedere Welt hinabrollt, aus der er ihn wieder hoch auf den Gipfel wälzen muss.*“[21]

Das stimmt! Ganz genau so erlebe ich dich jetzt auch.

Mein Eindruck täuscht sicher nicht, dass du dich sehr anstrengst, um deine Arbeit korrekt, akkurat und gewissenhaft zu machen – obwohl du weißt, dass es dabei eigentlich keine Korrektheit gibt.

Du bemühst dich, deine Arbeit richtig zu erledigen – obwohl du weißt, dass du sie nie erledigen – geschweige denn richtig erledigen – wirst.

Du tust so, als ob sie einen Sinn hätte – obwohl du ganz genau weißt, dass sie sinnlos ist.

Du kennst keinen Auftraggeber, und du kennst keinen Aufseher – aber du wirkst so, als ob du einen unverletzbaren Auftrag zu erfüllen hättest und als ob ein strenger Aufseher dich ständig beaufsichtigt.

Ein Zwang ist für Außenstehende nicht erkennbar. Offensichtlich ist niemand da, der dich dazu zwingt.

Doch für dich ist der Zwang omnipräsent und omnipotent.

Und so beginnst du immer und immer von neuem.

Aber der immer neue Anfang hat nie ein Ende. Es ist bloß jedes Mal ein endloser neuer Neuanfang.

Was für eine sinnlose Arbeit, Sisyphos. Ja, ich weiß es, du erkennst selbst die Sinnlosigkeit deiner Handlungen. Aber du tust es trotzdem! Du kannst nicht anders!

Die Sinnlosigkeit der Zwangshandlung

Und die Zunft der Psychiater, Psychologen, Psychosomatiker und Psychoanalytiker fügt wissend hinzu:

In der Tat, die Sisyphosarbeit ist ein Archetyp auch für sinnlose Arbeit.

Das gerade Gesagte bestätigt Sisyphos Zwangsstörung. Fast alle von einer Zwangsstörung Betroffenen haben Einsicht in die Unsinnigkeit ihrer Zwangshandlungen. Nur eine verschwindend kleine Minderheit hat diese Einsicht nicht; wahrscheinlich, weil sie gleichzeitig auch an einer anderen Störung leiden, etwa einer Störung mit wahnhaften Gedanken. Doch trotz der Einsicht in die Unsinnigkeit ihrer Zwangshandlungen können die Betroffenen entweder überhaupt nicht damit aufhören oder nur mit größter Mühe. Der Zwang diktiert die Fortsetzung und die Wiederholung der unsinnigen Handlungen, die korrekt, akkurat, gewissenhaft und richtig erledigt werden müssen. Falls die Zwangshandlung unterbrochen oder verhindert wird, führt das zu Unbehagen, zu Unwohlsein, zu Angst, die sich bis zur Panik steigern kann.

Die sinnlose Handlung muss bei jeder Sisyphosarbeit weitergehen.

Das ist des Mythos archetype Botschaft.

---

[21] Albert Camus, in: Der Mythos des Sisyphos (2004) 6. Auflage, Rowohlt, Reinbek.

So verbissen, korrekt, akkurat und gewissenhaft, wie du versuchst, deine sinnlose Arbeit richtig zu erledigen, ist es verständlich, dass deine Anstrengung dir weder Lust noch überschüssige Kraft für Gespräche oder irgendetwas anderes lässt.

Und so bist du alleine, Sisyphos.

Was du da tust, ist keine Beschäftigung, die du mit anderen teilen kannst.

Was du da erleidest, ist kein Leiden, das andere mit dir teilen wollen.

Du bist einsam, sehr einsam.

Oh, mein Bruder Sisyphos, du bist so alleine! Deine Zwangslage ist ein Zwangslager. Du bist in Haft Sisyphos, in Isolationshaft!

Die Isolation, die aus der Zwangsstörung kommt

Und die Zunft der Psychiater, Psychologen, Psychosomatiker und Psychoanalytiker fügt wissend hinzu:

In der Tat, die Zwangsarbeit, die aus der Zwangsstörung entspringt, isoliert den Menschen. Dafür steht die Sisyphosarbeit als Archetyp.

Die Zwangsgedanken okkupieren den Menschen und lassen kaum Raum für andere Gedanken und Vorstellungen. Die Zwangshandlungen sind so zeitintensiv, dass sie den gesamten Tagesablauf beeinflussen. Zwangsgedanken und Zwangshandlungen können zum wesentlichen Lebensinhalt werden und die meisten sozialen und beruflichen Aktivitäten verdrängen. Abhängig von der Intensität der Störung wird die Lebensqualität reduziert. Das berufliche, familiäre und sonstige soziale Leben wie auch die zwischenmenschlichen Beziehungen können erheblich beeinträchtigt werden. Schwere soziale Beeinträchtigungen wiederum können den Betroffenen von seiner sozialen und beruflichen Umgebung isolieren. Je stärker die Störung, desto größer die soziale Beeinträchtigung und Isolation. Wie Sisyphos Isolationshaft.

Das ist des Mythos archetype Botschaft.

Mein Erscheinen hier ist eine große Ausnahme in deiner Isolationshaft. Frag mich bitte nicht, Sisyphos, wie es mir gelungen ist, hierher zu gelangen. Ich weiß nicht, ob meine Anwesenheit eine Unterbrechung oder gar ein kleines Durchlöchern deiner Isolationshaft bedeuten könnte. Ehrlich gesagt, weiß ich noch nicht einmal, ob du froh bist über meine Anwesenheit, oder ob ich dein Schweigen ein wenig willkürlich als Zeichen der Zustimmung zum Eindringen in deine bergige und felsige Isolationshaft interpretiert habe.

Wie auch immer, ich werde dich begleiten, Isolation hin, Isolation her. Und werde mit dir sprechen, auch wenn unser Gespräch – wie ich vermute – nur die Gestalt eines Monologes haben wird. Allerdings würde es mich sehr freuen, wenn du meinen Monolog wenigstens ab und zu unterbrechen und doch etwas sagen würdest. Auch wenn es nur kurze Bemerkungen sind, ein, zwei Worte vielleicht. Sogar eine kleine Geste oder ein Blick als Reaktion wären mir recht. Dann würde ich zumindest erkennen, dass du mir zuhörst.

Ich habe dir vieles zu erzählen, und ich will dich vieles fragen. Zuerst möchte ich gerne etwas mehr über deine Arbeit, die Sisyphosarbeit, wissen.

Hast du einmal daran gedacht, damit aufzuhören oder wenigstens eine Atempause zu machen?

Hast du einmal, als du wieder unten am Fuße des Berges standest, die geschwächten Arme kraftlos auf deinen Felsblock gestützt und gedacht „Was soll's? Der Fels kann bleiben, wo er jetzt ist. Ich kümmere mich nicht mehr um ihn"? Oder zumindest: „Der Stein kann warten, ich mache jetzt Pause"?

Nun, dein erstaunter, Unverständnis, ja auch Panik ausdrückender Blick verrät mir, dass du nie daran gedacht hast.

Ich kann dich verstehen, Sisyphos. Angst ist nämlich ein Begleiter der Unterbrechung von Zwangsritualen. Deshalb können Menschen mit einer Zwangsstörung ihre Zwangsrituale schwerlich oder gar nicht unterbrechen. Werden sie an deren Fortsetzung gehindert, dann werden sie von starkem Unbehagen überfallen, geraten sogar in Angst bis hin zur Panik.

Und deshalb machst du weiter und weiter, mein lieber gemarterter Bruder. Weiter in deiner ewigen Ewigkeit.

3.2 Sisyphos, der Nicht-Glückliche

„*Wir müssen uns Sisyphos als einen glücklichen Menschen vorstellen*" schreibt Albert Camus im letzten Satz des schon erwähnten Buches[22], das er dir gewidmet hat, Sisyphos.

Du schaust mich so fragend an. Ich nehme an, du fragst dich: Wie kommt er darauf?

Nun ja, dein französischer Biograph meint, du seiest der absurde Held. Obwohl das Wort absurd etwas meint, was dem gesunden Menschenverstand fern ist, etwas Widersinniges oder Unsinniges. Sei deshalb bitte nicht beleidigt. Widersinniges und Unsinniges ist an dieser Stelle von deinem großen Bewunderer nicht beleidigend gemeint.

Ich versuche, dir zu vermitteln, was der französische Intellektuelle mit seiner Behauptung meint, du seiest der absurde Held, und insofern müssten wir uns dich als einen glücklichen Menschen vorstellen.

[22] Albert Camus, in: Der Mythos des Sisyphos (2004) 6. Auflage, Rowohlt, Reinbek.

Camus meint, Glück und Absurdität seien Kinder ein- und derselben Erde. Sie seien untrennbar miteinander verbunden. Deine verborgene Freude bestehe darin, dass dein Schicksal dir gehöre. Dein Fels sei deine Sache. Du hättest die Menschen die höhere Treue gelehrt, die die Götter leugnet und Felsen hebt. Du fändest, dass alles gut sei. Du seiest der absurde Held, ebenso sehr aufgrund deiner Leidenschaften wie deiner Qualen. Deine Verachtung der Götter, dein Hass auf den Tod und dein leidenschaftlicher Lebenswille hätten dir die unsagbare Marter eingebracht, als Preis für die Leidenschaften dieser Welt. Und du seiest den Göttern, deinem Schicksal und dem Fels überlegen. Dein Kampf gegen Gipfel vermöge ein Menschenherz auszufüllen.

Du hast richtig gehört, Sisyphos, „überlegen" meint er. Überlegen den Göttern, dem Schicksal und dem Fels! Eigentlich geht es nicht mehr besser. Und noch dazu ein ausgefülltes Menschenherz und damit ein erfülltes Leben. In der Tat, glücklich derjenige, dem so etwas attestiert wird. Insofern schlussfolgert dein philosophierender französischer Bewunderer konsequent: *„Wir müssen uns Sisyphos als einen glücklichen Menschen vorstellen."*

Aber schieben wir das meiste gerade Erwähnte, was auf deinem französischen Attest steht, zunächst beiseite – obwohl wichtig, sehr wichtig. Deswegen bloß zunächst. Nur zunächst beiseiteschieben und später nochmals darauf zurückkommen. Konzentrieren wir uns zuerst nur auf die Aufforderung, uns dich als einen glücklichen Menschen vorzustellen.

Wie soll das gehen? Wie können wir uns denn dich als glücklichen Menschen vorstellen? Deine Leidensbrüder und Leidensschwestern versichern uns unisono mit allen Psychiatern, Psychologen, Psychosomatikern und Psychoanalytikern dieser Welt:

> Es gibt keinen Menschen, der an einer Zwangsstörung leidet, der glücklich sein könnte.

Sie sagen sogar:

> Wir müssen uns jeden an einer Zwangsstörung Leidenden als einen nicht-glücklichen Menschen vorstellen!

Der Zwangsstörung unangenehme Gesellen

Und die Zunft der Psychiater, Psychologen, Psychosomatiker und Psychoanalytiker fügt wissend hinzu:

In der Tat, Glücklichsein ist keineswegs Bestandteil einer Zwangsstörung. Und somit dürfen wir Sisyphos nicht als Archetyp dafür ansehen.

> Wie kann man glücklich sein, wenn der Zwangsstörungen häufige Begleiter Angst und Depressionen sind? Und wenn sie darüber hinaus auch von Essstörungen, Ticstörungen oder von zwanghaften Persönlichkeitsmerkmalen begleitet sein können?
> Wir müssen Sisyphos, unter anderem und trotz allem, auch als unglücklichen Menschen betrachten.
> Das ist des Mythos archetype Botschaft.

Außerdem frage ich mich, Sisyphos: Wie kann jemand glücklich sein, wenn er so eine Höllenstrafe zu verbüßen hat? Eine Höllenstrafe, die vier der schlimmsten Strafen vereint, nämlich

- Sinnlosigkeit,
- Zwangsverrichtung nutzloser Arbeit,
- totale Perspektivlosigkeit und
- Isolation.

Wobei die Sinnlosigkeit zweifelsohne die höchste aller vier hohen Strafen ist. Aber wir sprechen später getrennt über die vier Qualen.

Es ist kein Zufall, Sisyphos, dass als Synonyme für die Zwangsstörung Bezeichnungen wie „anankastische Störung", „anankastische Neurose", „Anankasmus" verwendet werden. Oder auch die Bezeichnung „Anankast" für den Träger einer solchen Störung. Leider übrigens eine etwas abwertende Bezeichnung, was für einen Leidenden nicht erlaubt sein sollte. Es ist kein Zufall deswegen, weil alle diese Synonyme abgeleitet werden von „Ananke" (Ανάγκη), einem Wort der uns gemeinsamen Sprache, das zwei Bedeutungen hat. Die eine Bedeutung ist Zwang, die andere Notwendigkeit bzw. Not. Dafür haben wir sogar eine gleichnamige Gottheit, Ananke eben – von den Lateinern später zu Necessitas pseudonymisiert. Eine mächtige Gottheit! Der gehorchen sogar alle anderen Götter. Ananke und ihre Schwester Adrastia (Αδράστεια), die „Unausweichliche" bilden ein unschlagbares Duo. Manche Gelehrten meinen sogar, dass das mächtige Zwangs-Duo älter als alle Olympischen Götter ist, und zugleich mit dem Chronos, der Zeit, entstanden ist. Von der Notwendigkeit, Ananke, und Chronos, der Zeit, stammen dann alle anderen Gottheiten ab. Nicht unter Eros, sondern unter Ananke stand der Anfang der Dinge, behauptet Platon. Kein Zufall also, dass wir bis heute in der uns gemeinsamen Sprache Sprüche haben wie: *„Der Ananke gehorchen sogar die Götter"*, und *„Es gibt nichts stärkeres als die Ananke"*. Kein Zufall auch, dass Ananke die Mutter der Moiren, der Schicksalsgöttinnen, sein soll. Zwang und Notwendigkeit prägen das Schicksal des Menschen. Was für eine Allherrscherin ist diese Göttin von Zwang und Not!

Zwang hast du. In Not bist du. Mein armer Bruder Sisyphos.

Doch nicht nur du. Jedes Opfer einer Zwangsstörung ist in Not.

Denn als Folge der Not und des Zwanges kommen bei vielen deiner Leidensgenossen Angst und Depressionen hinzu.

Du selbst sprichst nicht über dein Befinden, weder über Unglücklichsein, noch über Depressionen – deshalb das Missverständnis, du seist glücklich. Aber das heißt nicht, dass du nicht darunter leidest. Du kannst nicht die große glückliche Ausnahme innerhalb der nicht glücklichen Zwangsstörungsgemeinde sein, nicht wahr, Sisyphos? Aber du sprichst ja nie über dein Nicht-Glücklichsein.

Dennoch ist mein und sicherlich meiner gesamten Zunft Fazit:

> Wir müssen uns Sisyphos als einen nicht-glücklichen Menschen vorstellen.

Oder – die Schlussfolgerung des beeindruckenden Franzosen paraphrasierend und sie mit dem Fazit der Psychiater, der Psychologen, der Psychosomatiker und der Psychoanalytiker kontaminierend – können wir auch sagen:

> Wir müssen uns dich, Sisyphos, wegen deiner Missachtung der Götter, deines Austricksens des Todes und deiner leidenschaftlichen Verachtung des Schicksals zwar als einen stolzen Rebellen, ja sogar als einen unbeugsamen Revolutionär vorstellen. Aber als einen nicht-glücklichen Zwangsarbeiter dazu.

Nicht-glücklich ja, aber auch resigniert? Nicht doch! Wie sprechen später, im Verlauf dieser Begegnung, noch darüber.

4

Die Habgier und die Binsenweisheit

4.1 Midas Habgier und der Midas-Komplex

Mensch Sisyphos, hör' doch mal auf, nur an deine Arbeit zu denken. Zeige ein wenig Interesse an anderen Dingen, bei Zeus! Antworte doch endlich selbst auf die Frage, ob du glücklich oder unglücklich bist. Lass nicht weiter die anderen für dich Antworten geben. Wo der eine sagt, wir müssen uns dich als einen glücklichen Mann vorstellen, und der andere, nur unglücklich können wir dich uns vorstellen. Schließlich kennen nur du und Zeus die Wahrheit. Ich hoffe, du wirst sie eines Tages verkünden. Meine Hoffnung lege ich in Zeus Hände! Aber zu ihm hast du keine gute Beziehung, nicht wahr?

Entschuldige bitte, Sisyphos, das war unprofessionell. Vollständig unprofessionell! Therapeuten jeglicher Couleur und Richtung dürfen nicht so zu Zwangskranken sprechen, denn sie wissen am besten, dass die Armen nicht anders können. Auch ich weiß ja, dass es bei dir nicht anders sein kann. Und das mit Zeus und Zeus Händen ist nur so eine Redensart, nicht mehr. Hoffentlich hast du es so verstanden.

Aber höre trotzdem die folgende sehr interessante Geschichte. Ich möchte sie dir an dieser Stelle erzählen, obwohl es auf den ersten Blick keine Beziehung zu dir gibt. Dennoch erachte ich sie als sehr hilfreich, und zwar um deinen Charakter zu erkennen.

Es ist die Geschichte von König Midas. Du kennst sie nicht, weil sie wie viele dieser Geschichten erst nach dir entstanden ist. Du standest ja am Anfang der menschlichen Genealogie. Von dem, was vor deiner Zeit geschah, etwa der Entstehung der Götter, der Welt und der Menschen oder von Prometheus Werken und Tagen, hast du mir erzählt – als du mich in das Damals und das

A. Marneros, *Mein Bruder Sisyphos, mein Freund der Minotauros*,
https://doi.org/10.1007/978-3-662-55808-9_4

Immerwährende einführtest, als ich angefangen habe, die Welt des Heute und Gestern zu verstehen. Das war lange vor deiner ewigen Strafe. Es hat damals stattgefunden, als ich ein Kind war und meine ersten unsicheren Schritte in die mythisch-archetypische Ideenwelt machte, um eine Orientierung in der kompliziert-pragmatischen Gegenwartswelt zu erlangen. Jetzt freue ich mich, dir Geschichten aus dem Danach und dem Fortdauernden erzählen zu können, die du noch nicht kennst. Eine davon ist die Geschichte von König Midas. Es ist eine Geschichte der Habgier.

Habgier und ihre Begleiter

Und die Zunft der Psychiater, Psychologen, Psychosomatiker und Psychoanalytiker fügt wissend hinzu:

In der Tat, der Midas-Mythos gilt unter anderem als Archetyp der Habgier.

Habgier ist nichts anderes als das ungezügelte, heftige, übersteigerte oder sogar maßlose Streben und Verlangen nach Besitz. Sie ist Ausdruck egoistischen Verhaltens. Die Habgier gehört zweifellos zu den schlechtesten Eigenschaften des Menschen. Sie vergiftet den Geist, lässt kaum Raum für schöne, freie Gedanken. Sie liebt nicht die Gesellschaft von Empathie, Mitgefühl oder Menschlichkeit, sondern die des Egoismus und der Unsolidarität. Kein Wunder also, dass Habgier zwischenmenschliche Beziehungen zerstören kann und nicht selten zu Katastrophen führt. Auf jeden Fall zu innerer Verarmung.

Das ist des Mythos archetype Botschaft.

Die Pleonexie, wie die Habgier in der theologischen, der philosophischen und in der uns gemeinsamen Sprache heißt, ist eine Todsünde. Das sagen fast alle großen Religionen, die sich in den Jahrhunderten und Jahrtausenden entwickelt haben, nachdem der Mythos von Midas Habgier als Archetyp entstanden ist. Die gerade erwähnten schlechten Eigenschaften und üblen Begleiter der Habgier sind sicherlich der Grund dafür. Und auch dafür, dass große Philosophen wie Aristoteles die Habgier als eine schlimme Begleiterin von Untugend und Ungerechtigkeit erkannten.[23]

Es ist demnach kein Wunder, dass auch die Mythen die Habgier zu einem ihrer Themen machten. Und wie wir Spätmenschen inzwischen erkannt haben, sind die Mythen, die ihr Anfangsmenschen uns in die Wiege gelegt habt, nicht nur Träger von ewigen Wahrheiten, sondern auch von psychologischen Zusammenhängen, die sie durch die Äonen und durch die Völker transportieren.

Der Habgierige von heute hat seinen Archetyp in dem Midas von gestern.

[23] Aristoteles: Philosophische Schriften 3, nach der Übersetzung von Eugen Rolfes (1995) Felix Meiner, Hamburg.

Eine der Legenden um König Midas

Um König Midas ranken sich nicht nur viele Geschichten, sondern viele Variationen seiner vielen Geschichten. Aber nicht einmal über seine Herkunft und seine Heimat sind sich die Mythographen einig. Manche berichten, er sei ein nordgriechischer König in Zentral-Makedonien gewesen, wo sich auch seine berühmten Gärten befinden, in der Nähe von Mieza. Mieza ist die Stadt, wo die berühmte Schule von Aristoteles liegt, in der er Alexander den Großen und dessen meiste Weggefährten jahrelang erzogen hat. Andere wiederum meinen, Midas sei ein kleinasiatischer König in Phrygien gewesen. Und wieder andere gehen von beidem aus, er sei nämlich von Zentral-Makedonien nach Phrygien ausgewandert. Schließlich gibt es auch die Meinung, er habe sein zentralmakedonisches Reich auf das asiatische Phrygien ausgedehnt. Wie auch immer, ich erzähle dir zunächst nur eine Variation von nur einer der vielen Midas-Geschichten. Die nämlich von seiner Habgier und seiner Unersättlichkeit:

Der Gott Dionysos ist wieder einmal mit seiner Entourage auf Weinverkostungstour in Kleinasien. Am Ziel ihrer Reise stellen sie fest, dass einer fehlt: Silenos, der alte Erzieher des Dionysos. Das beunruhigt den Gott enorm, da er sich seinem geliebten Erzieher sehr verbunden fühlt. Silenos besitzt übrigens viel Mysterienwissen, eine Art von Geheimwissen. Dionysos und die anderen können ja nicht wissen, dass der gebeutelte Silenos – nicht nur von den vielen Jahren, die er auf dem Buckel hat, sondern auch von dem vielen Wein, den er in Bauch und Kopf mit sich trägt – im Wald zurückgeblieben ist. Bauern entdecken den komisch aussehenden, betrunkenen Kerl. Sie denken, er sei ein Spion oder so was. Sie nehmen ihn fest, fesseln ihn und bringen ihn zu König Midas. Der aber erkennt Silenos sofort, weil er in die dionysischen Mysterien eingeweiht ist. Er befreit Dionysos Erzieher umgehend, behandelt ihn mit großer Ehrerbietung und bringt ihn nach einer mehrtägigen Reise zu Dionysos zurück.

Man sagt, dass Silenos während dieser mehrtägigen Reise König Midas aus purer Dankbarkeit vieles von seinem Geheimwissen beibringt. Aber diese lange Geschichte will ich dir nicht erzählen, sie hat mit unserem Thema kaum etwas zu tun. Wie auch immer, nach einigen Tagen erreichen Midas und Silenos mit Gefolgschaft das Dionysos-Camp. Der Gott ist sehr erfreut, seinen geliebten Erzieher wieder bei sich zu haben. Als Dankeschön verspricht er, Midas jeden Wunsch zu erfüllen. Midas muss nicht lange nachdenken und wünscht sich, dass sich alles, was er berührt, in Gold verwandelt.

Manche bösen Zungen erzählen die Geschichte ein wenig anders und sagen, von wegen gute Behandlung des Silenos! Midas habe ihn gefangen genommen und ihn gezwungen, ihm sein Geheimwissen zu verraten. Danach sei er zu Dionysos gegangen und habe ihm angeboten, seinen geliebten Erzieher freizulassen, unter der Bedingung, dass der Gott ihm den Wunsch erfülle, dass sich alles, was er berühre, in Gold verwandle. Es sei also Geiselnahme mit Erpressung gewesen!

Wie dem auch sei, der Wunsch war derselbe, auch wenn die Methode des Wunscherfüllens so unterschiedlich überliefert ist. Es ist häufig der Fall im menschlichen Zusammenleben, der eine sagt so und der andere anders. Auf jeden Fall erfüllt Dionysos Midas Wunsch. Ob aus Dankbarkeit oder wegen der Erpressung bleibt dahingestellt.

Tatsache ist, dass sich fortan alles, was König Midas berührt, in Gold verwandelt. Midas ist überglücklich. Er sieht sich schon als den reichsten Menschen der Welt. Niemand würde so viel Gold besitzen wie er. Damit könnte er der mächtigste König auf Erden werden. Er könnte sich nicht nur Europa und Asien, sondern auch Ägypten und Libyen und wer weiß was noch kaufen und einverleiben. Unbeschreibliche Freude bei ihm!

Doch seine Freude hält nur bis zum Abendessen an. Als nämlich Midas ein Stück Brot ergreift, um es zu essen, wird es zu unessbarem Gold. Als er seinen Trinkbecher nimmt, verwandelt sich nicht nur der Becher, sondern auch der Wein in seinem Mund in untrinkbares Gold. Als er daraufhin verzweifelt seine staunende, besser gesagt in Panik geratene Tochter umarmt, verwandelt er sie auf der Stelle in eine leblose goldene Statue. Das ist der Katastrophe Krönung.

Unverzüglich begibt sich König Midas zu Dionysos und gesteht weinend seine Sünde ein – die Pleonexie, die Habgier also – und bittet mit herzzerreißenden Worten reuevoll um Vergebung. Der Gott zeigt Mitleid und Erbarmen mit dem armen, in Gold schwimmenden Midas, der um Erlösung fleht. Und er erlöst ihn: Der Gott empfiehlt Midas, sich im Fluss Paktolos zu waschen, was dieser unverzüglich tut. Seine zu Gold gewordenen Kleider, die goldene Unterwäsche, die goldenen Schuhe, die goldenen Haare und der goldene Bart verwandeln sich im Flusswasser zurück in ihren natürlichen Zustand. Der Fluss aber trägt bis heute das Gold des Midas in seinem Strom.

Der erlöste König Midas kehrt ohne Gold, aber glücklich und habgierfrei zurück. Oder glücklich, weil habgierfrei? Was denkst du, Bruder Sisyphos? Die midaische Habgier jedenfalls ist bis heute legendär und lehrreich. Die Psychoanalytiker unserer Zeit haben sogar einen „Midas-Komplex" kreiert.

Du schaust mich so ratlos an. Du fragst dich sicherlich, was das sein soll.

Als Midas-Komplex bezeichnen die Psychoanalytiker einen sehr früh in der Entwicklung eines Menschen entstandenen Besitzdrang, der sich im Horten von Gold und Geld und Reichtümern äußert, damit Elternliebe, Kindesliebe und die erotische Liebe ersetzend. Der Midas-Komplex kann zerstörerische Kräfte entfalten, die nicht nur Individuen, sondern ganze Gesellschaften und Staaten zerstören können, behaupten sie.[24,25,26]

Obwohl der „Midas-Komplex" auch im Kreise der Psychoanalytiker nicht unumstritten ist, verlangen manche davon gar eine Gleichstellung mit dem Allerheiligsten des psychoanalytischen Glaubens, dem „Ödipus-Komplex"[27].

[24] Man kann sich darüber informieren bei Ernest Bornemann: Psychoanalyse des Geldes (1977) Suhrkamp, Frankfurt.

[25] Oder bei Wolfgang Harsch: Der Midas-Komplex. Zur unbewussten Bedeutung von Gold, Geld und Kapital (2012) Psychosozial-Verlag, Gießen.

[26] Oder auch, wenn man das Kritische nicht verabscheut, bei Andreas Marneros „Warum Ödipus keinen Ödipus-Komplex hatte und Adonis keinen Schönheitswahn: Psychoanalyse und griechische Mythologie. Eine Beziehungsklärung.", (2019) Springer, Heidelberg.

[27] So etwa Wolfgang Harsch in dem oben zitierten Buch.

Mit deinem scharfen Verstand wirst du sicherlich fragen: Ist das, was manche Psychoanalytiker als Midas-Komplex bezeichnen, tatsächlich des Mythos archetype Botschaft? Doch Glaubensfragen wollen wir hier nicht anrühren, Sisyphos. Wie auch immer, Midas stellt den Archetyp der Habgier dar.

Midas also hatte Glück. Er hat glaubhaft Reue gezeigt, seine Habgier abgelegt und wurde so vom Gott von ihren Folgen befreit. Von seinem „Midas-Komplex" bzw. von seiner „Midas-Mentalität", je nach theoretischem Standpunkt, wurde er befreit und entwickelte sich zu einem weisen, besonnenen und naturverbundenen König.

4.2 Die Raubgier und die Harpyien

Midas Habgier ist selbstverständlich zu verurteilen, doch hat sie auch etwas Tragisches in sich. Andere Formen der Habgier haben nicht nur etwas Anstößiges, sondern zugleich etwas Aggressives, Antisoziales, etwas Räuberisches. Zu Recht werden solche Formen von Habgier auch als Raubgier bezeichnet. So etwa die Raubgier der Harpyien. Übrigens hat ihr Name die gleiche Wurzel wie Worte der uns gemeinsamen Sprache, die bis heute noch die Raubgier und raubgierige Menschen, Raubvögel und andere Raubtiere bezeichnen. So ist etwa „Zoon Harpaktikon" das Raubtier.

Die Legende von den Harpyien

Die Harpyien sind, wie du weißt, Mischwesen mit dem Kopf einer Frau und dem Körper eines großen Raubvogels. Sie sind schnell wie die Winde und schneller als alle anderen Vögel der Erde, dazu auch unverwundbar. Obwohl ihre Herkunft nicht eindeutig geklärt ist, wird gemunkelt, dass ihr Vater das Ungeheuer Typhon sei, Herrscher der warmen stürmischen Winde. Man sagt, er lebe noch und verbreite bis heute als zerstörerischer Sturmwind Angst und Schrecken bei den Menschen. In fremden Sprachen wird sein griechischer Name Typhon zu „Taifun" oder „Tayfun" oder etwas ähnlichem.

Wie auch immer, die Harpyien rauben alles, was sie kriegen können. Ein Beispiel dafür ist das Martyrium des Sehers Phineus. Dieser gequälte Seher herrschte einst als König gemeinsam mit seiner Frau Kleopatra am europäischen Ufer des Bosporus. Von Apollon hatte er die Prophezeiungsgabe geschenkt bekommen. Weil er allerdings mit dieser außergewöhnlichen Gabe nicht sorgsam genug umgeht, wird er im hohen Alter von den Göttern bestraft – zunächst mit Blindheit, dann mit den Harpyien.

In dem Moment, in dem Phineus etwas zu essen versucht, stürzen sich die Harpyien im Sinkflug auf ihn, rauben ihm die Speisen aus Mund, Händen und Teller, kippen Becher und Krüge um und trinken, was sie trinken können. Doch das reicht ihnen noch nicht: Sie verschmutzen mit ihrem Kot und Urin das Übriggebliebene und machen es ungenießbar. Die Umgebung stinkt so, dass sich kein Mensch mehr dort aufhalten kann. Mit Ausnahme des Phineus, der wegen seiner Blindheit und auch als Teil der Strafe nirgendwo anders hin kann. Der tief unglückliche, verzweifelte, abgemagerte König wünscht sich nichts sehnlicher als einen Befreier, sei es auch der Tod.

Zu seinem Glück kommen eines Tages die Argonauten vorbei. Unter der Führung des jungen Prinzen Iason sind sie unterwegs nach Kolchis, um das Goldene Vlies nach Griechenland zurückzubringen. Sie wollen von dem blinden Seher erfahren, welchen Weg sie weiter nehmen müssen. Phineus verspricht Iason, ihm die Route zu offenbaren, unter der Voraussetzung, dass er ihn von seinen Peinigerinnen befreit. Glücklicherweise gehören zur Mannschaft der Argonauten auch die Boreaden, die Söhne des Nordwindes Boreas, Zetes und Kalais. Die beiden schnellen Jungen verjagen nach einer stürmischen Jagd durch die Lüfte die Harpyien und hätten sie beinahe getötet. Doch die Götter retten die Harpyien vor dem sicheren Tod, nachdem sie den Boreas-Söhnen das Versprechen gegeben haben, den alten König nicht mehr zu belästigen. Die Boreaden lassen die Harpyien also in Richtung Süden ziehen. Dann bringen die Argonauten dem nun erlösten Phineus wohlschmeckende Speisen und köstlichen Wein. Endlich kann er seinen Hunger und seinen Durst stillen. Dankbar offenbart er den Argonauten die sichere Route nach Kolchis, wo sich das Goldene Vlies befindet.

Es ist erwiesen, dass die Harpyien, diese Raubwesen, auch nicht davor zurückschrecken, Menschen zu rauben und sie als Sklaven zu verkaufen, z. B. an irgendwelche Baumwollplantagen. Legendär ist bis jetzt der Raub der Töchter des Pandareos geblieben.

Den Töchtern des Pandareos hat Zeus die Eltern genommen und sie zu Waisen gemacht, nachdem ihr Vater schwer gesündigt hatte. Pandareos hat den goldenen Hund, der als Wächter vor Zeus Tempel auf Kreta stand und dem Zeus das Leben geschenkt hatte, entführt. Die kleinen Töchter, es waren wohl zwei, obwohl spätere Erzähler von dreien sprechen, bleiben alleine zurück. Doch die Göttinnen des Olymps spüren Mitleid mit ihnen. Vor allem Kypris Aphrodite sowie die alabasterarmige Hera und die bogentragende Artemis kümmern sich zusammen mit Pallas Athena rührend um die Mädchen. Kein Wunder also, dass sie zu Prachtexemplaren des menschlichen Geschlechts heranwachsen. Als sie ins heiratsfähige Alter kommen, macht Aphrodite sich zu Vater Zeus auf, um ihn zu bitten, für die Mädchen eine Heirat zu arrangieren. Während Kypris Aphrodite noch auf dem Olymp verweilt, um dem Vater von Menschen und Göttern ihre Bitte vorzutragen, werden die Mädchen von den Harpyien in die Höhe gerissen und den peinigenden Erinnyen als Sklavinnen übergeben. Leider ist die Entlohnung bzw. die Art der Gegenbegünstigung vonseiten der Erinnyen für die Harpyien nicht überliefert.

Man sagt übrigens, dass die Harpyien ins Exil flogen, nachdem die Boreaden sie aus Nordgriechenland in Richtung Süden verjagt hatten. Nach langer Flucht und langem Flug landeten sie auf einem damals unbekannten Kontinent, der heute Südamerika heißt. Man sagt auch, dass sie bis heute dort leben. Sie haben ihren Namen beibehalten und heißen bis heute Harpyien. Nur ihre Gestalt haben sie etwas verändert. Sie sehen vollständig aus wie Raubvögel, und das Menschengesicht haben sie vollständig verloren. Die Harpyie ist heute eine sehr große, kräftig gebaute Greifvogelart, die in den tropischen Wäldern Mittel- und Südamerikas lebt und sich vor allem von Faultieren und Affen ernährt. Ob sie die beiden genannten Tierarten mit Menschenkindern, wie etwa den Töchtern des Pandareos, verwechseln? Wer weiß!

Wären die Harpyien nicht so hab- und raubgierig gewesen, hätten sie nicht ins Exil gehen müssen! Sie hätten auch nicht ihre halbwegs menschliche Gestalt verloren.

Ich denke, Sisyphos, es ist nicht so abwegig, wenn manche heute sagen, dass die Verwandlung der Harpyien in den Vogel Harpyie nur die eine Wahrheit darstelle. Die andere Wahrheit sei, dass die Harpyien nach ihrer Verjagung durch die Boreaden vollständig menschliche Gestalt angenommen und sich nicht nur in Südamerika, sondern überall auf der Welt verbreitet haben. Man kann sie bis heute überall finden, unter den verschiedensten Namen. Manche modernen Menschen nennen sie Haie, nach dem furchterregenden Raubtier der Meere. Sie werden als Immobilienhaie, Finanzhaie oder auch mit anderen Hai-Kombinationen bezeichnet. Raubtierisches aber bleibt das gemeinsame Merkmal aller Hai- bzw. Harpyien-Konstellationen. Sie bereichern sich skrupellos und schamlos, ohne Rücksicht auf ihre Mitmenschen oder auch auf die Natur. Ohne die geringsten Schuldgefühle, selbst wenn andere Menschen, ja ganze Nationen dadurch ruiniert werden. Ohne sich Gedanken darüber zu machen, dass sie durch ihre Raubzüge gegen die Natur ihre eigenen Kinder und Kindeskinder der Lebensgrundlage berauben. Diese Harpyien-Haie machen sich keine Gedanken darüber, dass wegen ihnen irgendein Phineus verhungert oder irgendwelche Pandareos-Töchter versklavt werden.

Raubgier und antisoziales Verhalten

Und die Zunft der Psychiater, Psychologen, Psychosomatiker und Psychoanalytiker fügt wissend hinzu:

In der Tat, der Mythos von den Harpyien steht als Archetyp für aggressive und räuberische Habgier.

Habgier ist ein Ausdruck egoistischen Verhaltens, wie wir schon vorher festgestellt haben. Aber Raubgier ist darüber hinaus Ausdruck antisozialen Verhaltens. Das äußert sich in der Durchsetzung eigener Interessen ohne Rücksicht auf Gefühle und Interessen der Mitmenschen, ohne Skrupel darüber, dass dadurch anderen Menschen geschadet wird. Insofern sind Empathie und Solidarität den Raubgierigen fremd. Deshalb kann Raubgier Merkmal der antisozialen bzw. dissozialen Persönlichkeitsstörung sein.[28] Aber auch wenn die raubgierige Persönlichkeit die Dimension einer antisozialen Persönlichkeitsstörung nicht erreicht, sind diese Verhaltensmuster doch Ausdruck von antisozialem Verhalten, das im Kontrast steht zu prosozialem Verhalten. Ein Archetyp prosozialen Verhaltens ist übrigens Sisyphos, wie wir bald hören werden. Und die Harpyien können als Archetyp raubgierigen Verhaltens gelten.

Das ist des Mythos archetype Botschaft.

[28] Sie wird in Abschn. 21.4 dargestellt.

Hast du das gehört, Sisyphos? Du bist unter anderem ein Archetyp prosozialen Verhaltens. Darüber sprechen wir anschließend. Doch lass mich dir vorher noch eine kleine Episode aus König Midas Leben erzählen.

4.3 Midas Eselsohren und die Binsenweisheit

Die Legende von Midas Eselsohren und der Binsenweisheit

König Midas hat seine Lektion aus seinem Goldumwandel-Abenteuer gelernt. Durch die Taufe im Fluss Paktolos wird er von seiner sündhaften Habgier befreit. Seitdem ist er nicht nur ein gerechter und empathischer König, sondern wendet sich auch der Natur zu. Er macht lange Spaziergänge durch die Wälder und genießt das kristallklare Wasser der Wildbäche ebenso wie die Früchte der Bäume. Er fühlt sich glücklich, eins mit der Natur zu sein. Er praktiziert viele Äonen vorher, was der Gründer der stoischen Philosophie, mein zyprischer Landsmann Zenon von Kition, empfiehlt: Leben im Einklang mit der Natur.

Einmal wird er in der Nähe des Tmolos-Gebirges in Phrygien Zeuge eines Streits zwischen Pan, dem Gott der Wälder, und Apollon, dem Gott der Musik. Pan vertritt die Auffassung, dass seine berühmte Panflöte bessere Töne produziert als Apollons Lyra. Die beiden Kontrahenten einigen sich, einen Wettbewerb zu veranstalten und den ehrwürdigen gleichnamigen Gott des Tmolos-Gebirges als Schiedsrichter entscheiden zu lassen. Der zufällig anwesende Midas darf mithören. Nachdem die beiden Rivalen einige Musikstücke auf ihren Instrumenten zum Besten gegeben haben, entscheidet sich der Schiedsrichter für Apollons Lyra. Dies trifft allerdings nicht Midas Geschmack, und in aller Offenheit sagt er, dass er anderer Meinung ist als der Schiedsrichter: Pans Musik sei die bessere. Apollon traut seinen Ohren nicht. Was für eine Unmusikalität und was für eine Frechheit dazu von diesem seltsamen Sterblichen, den Geschmack der Götter anzuzweifeln. Und er sagt: „Nur Eselsohren können Pans primitive und wilde Töne besser finden als meine kultivierte und gehobene Musik. Wenn sie dir so gut gefallen, sollst du auch Eselsohren bekommen." Und tatsächlich beginnen König Midas Ohren zu wachsen. Sie werden spitz, beweglich und mit Haaren bedeckt – richtige Eselsohren also. Midas versucht seitdem mit allen Mitteln, sie zu verbergen. Durch lange Haare, große Kopfbedeckungen und ähnliches.

In der Tat kann Midas sein Geheimnis gut vor den Menschen verbergen, mit einer Ausnahme: Seinem Friseur können die Ohren natürlich nicht verborgen bleiben. Midas verlangt von ihm einen Eid, dass er niemals einem Menschen davon erzählen wird. Der Friseur ist jedoch zu schwach, um die Last des Geheimnisses allein zu tragen. Er spürt den Drang, dieses Wissen loszuwerden. Doch er darf es keinem Menschen erzählen, er ist durch seinen Eid gebunden. Er findet eine Lösung, indem er eines Tages an das Flussufer geht, dort eine Grube in den Sand gräbt und in sie hinein seine Erkenntnis spricht. Dann verschließt er die Grube mit Sand. Obwohl der Friseur an einem öffentlichen Platz – einem allgemeinen Platz – sein Wissen offenbart hat, hat kein Mensch etwas gehört. Nun wachsen dort aber Binsen. Der Friseur hat natürlich nicht daran gedacht, dass sie mithören. Die eine Binse flüstert das Wissen des Friseurs der anderen Binse zu. Und der Wind, der das Flüstern der Binsen belauscht, verbreitet des Friseurs Wissen und Midas Geheimnis überall. Schließlich wissen alle davon.

So kommt die Binsenweisheit in die Welt!

Und der Friseur wird dadurch sehr, sehr unglücklich!

Seitdem bezeichnet man als Binsenweisheit oder Binsenwahrheit eine allgemein bekannte Information, einen Allgemeinplatz also. Und so wird eine von jemandem als interessant vorgetragene Erkenntnis abqualifiziert als etwas, was im Grunde keinen besonderen Wert besitzt. Du weißt schon, in der uns gemeinsamen Sprache nennen wir es „Kinós Tópos" („Κοινός Τόπος") was „allgemeiner Platz" bedeutet. Und so wurde diese Bezeichnung auch in anderen Sprachen als „Allgemeinplatz" oder sogar „Allgemeintopos" übernommen.

Die Binsenweisheit

Und die Zunft der Psychiater, Psychologen, Psychosomatiker und Psychoanalytiker fügt wissend hinzu:

In der Tat, Midas, sein Geheimnis und sein Friseur wurden zum Archetyp der Binsenweisheit.

Ein gefährliches Instrument ist die Abqualifizierung von Mitteilungen als Binsenweisheit. Diese Abwertung kann den Übermittlern einer Nachricht schaden, kann sie verletzen. Die Mitteilenden erhoffen sich nämlich aus unterschiedlichen Gründen, dass die Erkenntnis, die sie mitteilen, von Bedeutung ist, dass sie nicht wertlos ist.

Die Tendenz, Binsenweisheiten als vermeintlich wichtige Erkenntnis zu deklarieren, findet sich am ehesten bei Menschen mit niedrigem Selbstwertgefühl, die dadurch eine soziale Bestätigung erhoffen – vor allem von Personen, die ihnen relevant erscheinen. Und man findet sie auch bei Menschen mit gesteigertem Geltungsbedürfnis. Erstere sind in der Regel schwache, selbstunsichere oder gar abhängige Persönlichkeiten – so wie des Midas Friseur vermutlich eine war –, die auch leicht verletzbar sind. Letztere, die mit dem Geltungsbedürfnis, sind Persönlichkeiten mit narzisstischen Eigenschaften, die überdurchschnittlich kränkbar sind.

Wenn als Reaktion auf die Übermittlung einer vermeintlich wertvollen Erkenntnis die abwertende, ja sogar verachtende Formulierung „Das ist eine Binsenweisheit" folgt, dann sind Enttäuschung und Kränkung des Bestätigung und Geltung Suchenden allerdings verstehbar. Wie auch immer, der König, sein Friseur und die Binsen verstricken sich gemeinsam als ungewollte Archetypen für allgemein verbreitete, aber für exklusiv gehaltene Weisheiten.

Das ist des Mythos archetype Botschaft.

Allerdings stört mich ehrlich gesagt etwas an dieser Geschichte mit Midas. Ich finde, Sisyphos, der König wurde zu Unrecht von Apollon bestraft. Eigentlich hätte er für seine Haltung gelobt und in seiner Meinung respektiert werden müssen. Du schaust mich wieder so fragend an. Ja, das ist meine Auffassung, und ich kann sie dir auch erklären.

Midas war mehr oder weniger zufällig Zeuge eines Streits zwischen zwei Göttern, Pan und Apollon. Ein dritter Gott, der Berggott Tmolos, sollte den Streit schlichten. Das hat er getan und eine Entscheidung getroffen. Midas, der Sterbliche, hatte so viel Mut und Aufrichtigkeit, den drei Unsterblichen seine Meinung offen zu sagen. Und das tat er, obwohl er wusste, dass sie dem mächtigen Gott Apollon nicht gefallen würde.

Ist so etwas nicht lobenswert, Sisyphos? Ist das nicht die Haltung des mündigen Menschen, die man fordern und fördern muss? Und sag mir bitte nicht: „Naja, das waren andere Zeiten damals". Nein, waren sie nicht! Nicht für die pluralistische olympische Religion, mit ihrem regen Austausch zwischen Göttern und Menschen. Im Gegensatz zum autokratischen, alleinherrschenden und alles beherrschenden Gott der orientalischen Religionen, die vom Menschen Unterwerfung und Knechtschaft diesem Gott gegenüber verlangen, kannte die olympische Religion so etwas nicht, wie du auch weißt. Die Bestrafung von Haltungen, wie die des Midas, ist also eine schwere Verfehlung der Götter. Oder auch die Bestrafung deines Verhaltens, als du dich einem verzweifelten Vater gegenüber empathisch behilflich und solidarisch gezeigt hast. Damit bestätigt sich noch einmal, was die alten Griechen, deine Zeitgenossen, schon immer wussten:

Götter sind nicht frei von Sünde!

Danke für den zustimmenden Blick.

Das zeigt übrigens auch der Fall Sisyphos. Dein Fall, mein Bruder. Aber wem sage ich das!

5

Die Empathie und der Altruismus, die Philanthropie und die Misanthropie

5.1 Sisyphos, der empathische Altruist

Ja, wem sage ich das. Aber dennoch warst du, mein Bruder Sisyphos, von Beginn an für mich ein Paradoxon: Einerseits bist du frei von jeglicher Midas-Mentalität.

Ja, du bist immer ein Anti-Midas gewesen!

Andererseits bist du immer wie Midas gewesen.

Oder besser gesagt: Was die Habgier betrifft, bist du ein Archetyp des Anti-Midas. Was den Mut betrifft, gegen mächtige Götter anzutreten, bist du ein „Midas hoch X".

Du hast nämlich schon in jungen Jahren gezeigt, dass dir jegliches Streben nach materieller Bereicherung und jegliches Verlangen nach persönlicher Belohnung für getanes Gutes fremd ist, ebenso wie das Horten von Reichtümern. Im Gegenteil! Die dir zustehenden Belohnungen und Dankesgeschenke hast du immer an deine Mitmenschen weitergeleitet. Und statt Geschenke, Belohnungen und Entschädigungen für dich persönlich verlangtest du Wohltaten für die Allgemeinheit.

Das ist deine Anti-Midas-Mentalität, ebenfalls „hoch X".

Aber deine noble Anti-Midas-Mentalität hat dich leider nicht vor der Zwangsarbeit bzw. der Zwangsstörung geschützt, konnte es auch nicht. Sie steht sogar am Anfang deines Leidensweges, der zur Höllenstrafe ewiger Zwangsarbeit geführt hat. Aber ganz zu Beginn deines Leidensweges war da zunächst einmal deine Haltung gegenüber dem mächtigsten Gott.

Das ist die Midas-Haltung in dir.

A. Marneros, *Mein Bruder Sisyphos, mein Freund der Minotauros*,
https://doi.org/10.1007/978-3-662-55808-9_5

Die Legende von Sisyphos als Midas und Anti-Midas

Ich spreche von deiner Beobachtung, wie der mächtige Zeus die junge Ägina, die Tochter des Flussgottes Asopos, entführt und sie auf die Insel bringt, die bis heute noch ihren Namen trägt – die Insel Ägina. Dein Mitgefühl, ja Mitleid mit dem verzweifelten Vater ist groß. Diese edlen menschlichen Gefühle bezeichnet man heutzutage in meiner Fachsprache als „Empathie" – mit einem Wort also aus der uns gemeinsamen Sprache, obwohl es da etwas ganz anderes bedeutet, wie wir anschließend hören werden. Wie auch immer, die menschlichen Empathiegefühle sind für dich stärker und wichtiger als der Respekt und die Angst vor der göttlichen Macht. So entschließt du dich, dem Flussgott, dem leidenden Vater, mitzuteilen, was geschehen ist.

Also, du teilst dem einen Gott (dem schwächeren) mit, was der andere Gott (der mächtigste) mit seiner Tochter gemacht hat. Der eine der beiden Götter belohnt dich für deine Hilfe, das entführte Mädchen Ägina zu finden. Das ist der verzweifelte Vater, der Flussgott. Der andere, der Vater von Menschen und Göttern, Zeus also, bestraft dich aus genau demselben Grund. Offensichtlich sind sich die Götter nicht einig, was Tugend und was Verfehlung ist, was Gut und was Böse. Was für den einen Gott gut, tugendhaft und belohnungswürdig ist, findet der andere verwerflich, böse und bestrafungswürdig.

Wie dem auch sei, als der Flussgott seine Bereitschaft zeigt, dich für deine Solidarität und Hilfe zu belohnen, bittest du ihn, nicht für dich persönlich etwas zu tun, stattdessen für die Allgemeinheit. Die von dir gegründete Stadt Korinth leidet nämlich seit langem an chronischem Wassermangel. Das wenige Wasser reicht kaum für die dringendsten Alltagsbedürfnisse der Bewohner. Die Äcker der korinthischen Ebene sind in der meisten Zeit ausgetrocknet und deshalb unfruchtbar. Du bittest also den Flussgott, er möge als deine Belohnung die Stadt und die Ebene bewässern. Der Flussgott erhört deine Bitte und schickt reichlich Wasser zur Stadt Korinth und ihren Äckern. Und so haben seitdem nicht nur die Bewohner der Stadt und die Bauern der Umgebung reichlich Wasser, sondern auch die zahlreichen Athleten und Besucher der von dir gegründeten Isthmischen Spiele. Dies hat übrigens direkt dazu beigetragen, dass die Isthmischen Spiele zu einer Konkurrenzveranstaltung der Olympischen Spiele emporgestiegen sind.

Der Verzicht auf das Horten von Gütern ist deine Anti-Midas-Haltung.

Deine Entscheidung, den Zorn des mächtigen Gottes zu ignorieren und nach deinem Gewissen zu handeln, ist deine Midas-Haltung. So wie er den Zorn des mächtigen Apollon ignoriert, um eine eigene Meinung zu äußern.

Deine Motive dafür, dem leidenden und bedrängten Vater zu helfen, entsprangen purer Empathie!

Zeige nicht diesen Gesichtsausdruck, der eine unangenehme Überraschung verrät. Ich habe ja schon angedeutet, dass das moderne Wort „Empathie", wie es seit einigen Jahren in fremden Sprachen verstanden wird, nicht dasselbe ist wie das, was du und ich aus der uns gemeinsamen Sprache kennen. Das passiert immer dann, wenn Fremde sich unserer Sprache bedienen, ohne tiefe Kenntnisse davon zu haben und ohne die Biografie einer Sprache zu berücksichtigen. So kann es zu manchen semantischen und linguistischen Kuriositäten kommen.

Die Empathie

Und die Zunft der Psychiater, Psychologen, Psychosomatiker und Psychoanalytiker fügt wissend hinzu:

In der Tat, Sisyphos Haltung dem verzweifelten Vater gegenüber gehört zu Empathie-Archetypen.

Als Empathie wird heutzutage die Fähigkeit oder die Bereitschaft bezeichnet, sich einfühlend in die Gefühle anderer Menschen hineinzuversetzen und Mitgefühl zu entwickeln. Man kann das auch als *„emotionale Empathie"* oder *„emotionale Sensitivität"* bezeichnen. In einem weiteren Sinne bedeutet aber der Begriff auch die Fähigkeit, Gedanken, Motive und Absichten von anderen zu erkennen und zu verstehen und daraus ihr Verhalten richtig zu interpretieren. In diesem Falle kann man von einer *„kognitiven Empathie"* sprechen. Eine noch weitere Bedeutung des Begriffes umfasst die Fähigkeit und Bereitschaft, komplexe soziale Strukturen, soziale Interaktionen, unterschiedliche Mentalitäten und unterschiedliche Wertvorstellungen zum Zwecke eines positiven und konstruktiven Miteinanderlebens und Miteinanderinteragierens zu verstehen. Man kann diese Form als *„soziale Empathie"* bezeichnen.

Unsere Zunft versteht als Empathie am häufigsten die erste Form, die sogenannte emotionale Empathie, deren Korrelat und auch Resultat die Entwicklung von Mitgefühl ist. Mitgefühl zu entwickeln bedeutet, dass man in der Lage ist, Leid, Trauer, Schmerz, Enttäuschung, aber auch Freude und Glück mitzuempfinden. Daraus resultieren unter anderen Solidarität und Hilfsbereitschaft – so wie Sisyphos dem verzweifelten Vater Asopos gegenüber Solidarität und Hilfsbereitschaft gezeigt hat und damit zum Archetyp emotionaler Empathie wurde.

Das ist des Mythos archetype Botschaft.

Ich weiß, ich weiß. Du magst das Wort Empathie nicht. Ich mag zwar den Inhalt, den die moderne Psychologie, Philosophie und Soziologie diesem Wort gegeben haben, allerdings nicht das Wort, das dafür extra kreiert worden ist.

Das Wort Empathie, wie es heutzutage in fremden Sprachen verstanden wird, ist nämlich ein künstliches Wort. Darüber hinaus scheint mir die moderne Bedeutung von Empathie auch ein Produkt der Schwierigkeiten zu sein, die sich aus dem Versuch der richtigen und exakten Übersetzung eines Wortes von der einen in die andere Sprache ergeben.[29]

---

[29] Laut Online Etymology Dictionary wurde der Begriff Empathie zum ersten Mal 1848 vom deutschen Philosophen Rudolf Hermann Lotze verwendet, um einen Zustand der intensiven Gefühlsregung zu bezeichnen. Unter der heutigen Bedeutung machte „Empathie" kurioserweise als Übersetzung des deutschen Wortes „Einfüh-

Wie auch immer, Tatsache ist, dass für die Griechen das, was die modernen Menschen heute Empathie nennen, zu allen Zeiten heilig war. Deshalb gab es sogar einen eigenen Empathie-Gott, den Gott Eleos, zuständig auch für Barmherzigkeit. Die beiden Tugenden, Empathie und Barmherzigkeit, sind ja, wie du weißt, eineiige Zwillinge. Aus tiefstem Herzen haben wir den Gott Eleos verehrt, so dass wir zu seinen Ehren sogar einen Altar mitten in Athen errichtet und darüber hinaus nicht nur seine Eigenschaften, sondern auch seinen Namen in der christlichen Theologie weitergegeben haben. Bis heute beten die Christen in den meisten fremden Sprachen ein „Κύριε ελέησον" (Kyrie eleïson), was übersetzt bedeutet „Oh, Herr schicke uns deinen Eleos". Frei übersetzt „Oh Herr, erbarme dich unser".

In der uns gemeinsamen Sprache ist das Wort Empathie (Εμπάθεια) eine Kombination aus dem Element „Em" bzw. „En", was in diesem Zusammenhang „in" oder „innerhalb" bedeutet, und aus dem Wort „Pathos", das ist „das Leiden", „das Fühlen", „das Empfinden von starken Gefühlen". Empathie bedeutet also ursprünglich „starke Gefühle in mir fühlen", wobei die Art der Gefühle unterschiedlich sein kann.

Exakt mit dieser Bedeutung wurde der Begriff in der Sprache, in der ich jetzt schreibe, Mitte des neunzehnten Jahrhunderts der neuen Chronologie zunächst verwendet. Im Laufe der Entwicklung der griechischen Sprache bekam der Begriff „Empathie" jedoch eine negative Konnotation im Sinne des Empfindens von starken Gefühlen der Feindseligkeit oder der Gehässigkeit oder der Voreingenommenheit. „Sympathie", also „Mitgefühl", wäre das richtigere Wort, für das, was heute in manchen Sprachen unter Empathie verstanden wird. So geschah es, dass unter dem Einfluss der amerikanischen linguistischen Dominanz auch in der deutschen Sprache allmählich das falsche Wort „Empathie" das richtige Wort „Einfühlung" und die ursprüngliche Bedeutung der griechischen „Sympathie" zu verdrängen begann.

Aber was soll's, Sisyphos, wir haben ja unseren barmherzigen Gott, den Eleos, nicht verloren. Er entschädigt uns für manche merkwürdigen Missverständnisse, die der Übersetzungsdämon veranstaltet.

Wie auch immer, Empathie, wie sie heute verstanden wird, ist eine positive und sozial erwünschte Persönlichkeitseigenschaft, sagt die Zunft, die unseren

lung" Karriere, nämlich bei Übersetzungen aus Werken von deutschen Philosophen (etwa Rudolf Lotze oder Theodor Lipps). Dies tat offenbar zum ersten Mal Edward B. Titchener im Jahr 1909, der auf die Schwierigkeit der Übersetzung hinweist und gleichzeitig als „wahres" Übersetzungsanalogon in englischer Sprache das Wort „empathy" auswählte. Später wurde dasselbe Wort bei der Übersetzung des deutschen Wortes „Einfühlung" in den Werken von Sigmund Freud verwendet.

empathischen, monologisierenden Dialog von Beginn an wissend kommentiert.

Empathie ist eine Tugend, sagen philosophierend die Ethiker.

Empathie ist die Fürstin der Tugenden, sagen poetisch die Poeten.

Über diese Fürstin der Tugenden, poetisch gesprochen, aber sachlich gemeint, möchte ich gerne später mit dir noch einmal sprechen, Sisyphos.

Doch zunächst will ich zurückkommen auf deine Anti-Midas-Haltung, mit der du – statt dich selbst zu bereichern – deine Mitmenschen bereicherst. Das nennt man Altruismus!

Wenn Empathie die Fürstin der Tugenden ist, dann ist der Altruismus ihr erhabener Bruder.

Wo die eine ist, ist der andere nicht weit. Sie sind eng miteinander verbundene Geschwister.

Du hast die Götter gelehrt, was Empathie und Altruismus ist, mein geliebter Bruder! Manche Götter sollten sich an dir ein Beispiel nehmen!

Um jemandem zu helfen, hast du dich sogar mit dem Obersten Gott angelegt. Und obwohl offensichtlich war, dass du es teuer bezahlen würdest, hast du trotzdem altruistisch gehandelt. Alle Achtung! In der Tat, der Oberste hat dich mit der höchsten Strafe für einen Sterblichen bestraft. Mit der Todesstrafe!

Empathie und Altruismus

Und die Zunft der Psychiater, Psychologen, Psychosomatiker und Psychoanalytiker fügt wissend hinzu:

In der Tat, Sisyphos gehört zu den Archetypen mutig-altruistischen Verhaltens.

Es mag sein, dass Empathie in der poetischen Sprache die Fürstin der Tugenden ist. Damit ist aber die Form der Empathie gemeint, oder vor allem gemeint, die in unserer wissenschaftlichen Sprache als „emotionale Empathie" definiert ist. Die Fähigkeit und Bereitschaft eines Menschen also, sich in die Gefühle anderer Menschen hineinzuversetzen und Mitgefühl zu entwickeln sowie darauf basierend Handlungen der Solidarität und Hilfsbereitschaft vorzunehmen.

Sisyphos ist auf jeden Fall ein Archetyp sowohl von Empathie als auch von Altruismus.[30] Das vorher metaphorisch Gesagte, dass nämlich Altruismus ein Bruder der Empathie ist, und zwar ein ihr eng verbundener Bruder, ist sachlich auch nicht falsch. Wir verstehen Altruismus als eine Denk- und Handlungsweise, die durch Uneigennützigkeit, Selbstlosigkeit und Rücksichtnahme auf andere gekennzeichnet ist. Altruismus ist also genau das Gegenteil vom Egoismus, der durch Ichbezogenheit gekennzeichnet ist. Während der Egoist seine Interessen in den Mittelpunkt seines Denkens und Handels stellt und keine Rücksicht auf

[30] Darüber werden wir auf den nachfolgenden Seiten noch einiges hören.

andere nimmt, ist der Altruist bereit, auf seine eigenen Kosten zu handeln und Nachteile auf sich zu nehmen, zugunsten anderer. Allerdings ist Empathie nur eine der möglichen Motivationen des Altruismus. Altruistisches Verhalten kann auch das liebe Kind von sozialen und ethischen Einstellungen sein. Bei Sisyphos könnte ein Bündel von all dem das Motiv gewesen sein.

Das ist des Mythos archetype Botschaft.

Über beide Persönlichkeitseigenschaften – oder Tugenden, wie die Ethiker sagen würden – werden wir uns im Verlauf unseres monologisierenden Dialoges noch unterhalten.

In diesem Zusammenhang fällt mir etwas Ähnliches ein, das sich viele Jahrhunderte nach dir abgespielt hat; übrigens nicht mythologisch, sondern historisch gesichert. Protagonist war diesmal der große Lehrer des Abendlandes[31] und Begründer der Ethik, Aristoteles – Fürst der Philosophen, wie manche ihn nennen. Du aber kennst ihn gar nicht. Er hat die Bühne der Geschichte viele, sehr viele Jahrhunderte nach dir betreten. Und weil du so besessen bist von deinen jenseitigen Zwangsgedanken und Zwangshandlungen, nimmst du nicht wahr, was auf der Erde geschieht. Ich möchte dir gerne eine Geschichte erzählen, während ich dich beim Hinaufwälzen deines Felsblocks weiter begleiten darf. Eine Geschichte, die eindrucksvoll eine verblüffende Gemeinsamkeit zwischen dir und dem großen Philosophen belegt.

Die Legende von einer Gemeinsamkeit zwischen Sisyphos und Aristoteles

Die Geschichte ist die: Philipp von Makedonien lädt Aristoteles ein, die Erziehung seines Sohnes Alexander, des späteren Großen, zu übernehmen. Aristoteles stammt selbst aus Makedonien, aber aus der Stadt Stagira, die sich damals den Athenern verbunden fühlt. In der Zeit vor der Vereinigung Griechenlands tobten noch kriegerische Auseinandersetzungen zwischen den beiden griechischen Großmächten, Athen und Makedonien, und zwar zur Frage, wer von beiden die Vorherrschaft in Griechenland übernimmt. Im Rahmen dieser Auseinandersetzungen besiegt der makedonische König Philipp Aristoteles Heimatstadt - treue Verbündete der Athener–, zerstört sie und versklavt die Bewohner. Ein Teil davon geht als Sklaven an seine Landsleute, ein anderer Teil wird in alle Himmelsrichtungen verkauft.

Aristoteles, der übrigens als Kind mit Philipp im königlichen Palast der makedonischen Hauptstadt Pella gespielt hatte, weil sein Vater der Leibarzt von Philipps Vater war, nimmt die Einladung an, Alexanders Lehrer zu werden. Aber er stellt Bedingungen. Einige dieser Bedingungen haben eine rein pädagogisch-philosophische Bedeutung, andere haben mit seinem Honorar zu tun. Plutarch

[31] So nennt ihn Helmut Flashar in seinem Buch „Aristoteles, Lehrer des Abendlandes" (2013), C. H. Beck, München.

nennt uns dieses „hohe Honorar"[32]: Aristoteles verlangt vom Makedonenkönig Philipp statt eines sehr hohen persönlichen Honorars a) den Wiederaufbau seiner Heimatstadt Stagira, b) die Befreiung aller Bewohner der Stadt, die Philipp und seine Gefolgschaft als Sklaven halten, c) den Rückkauf aller Stagiriten, die irgendwohin als Sklaven verkauft worden sind und d) die Repatriierung aller geflüchteten Bewohner der Stadt.

Der König akzeptiert die Bedingungen des Philosophen uneingeschränkt.

Na, Sisyphos, erinnert dich das an jemanden? Nicht so bescheiden, mein Bruder. Du hast Maßstäbe gesetzt!

Doch für dich gab es außer dem dankbaren und segensreichen Flussgott Asopos auch den strafenden Gott. Das war der tobende Entführer, der Göttervater Zeus. Aus purer Rache schickte er dir den Gott des Todes, Thanatos. Doch du hast ihn überlistet! Darüber – über die List und die Intelligenz, die Angst vor dem Tod und den Sieg über den Tod – werden wir etwas später noch ausführlich sprechen.

Doch jetzt lass uns zu meiner Freude, mein Bruder, erst einmal über deinen Altruismus und dein prosoziales Verhalten sprechen.

Das prosoziale Verhalten

Und die Zunft der Psychiater, Psychologen, Psychosomatiker und Psychoanalytiker fügt wissend hinzu:

In der Tat, Sisyphos stellt sich als Archetyp prosozialen Verhaltens dar.

Die Art von Altruismus, wie sie Sisyphos in Bezug auf seine Mitbürger zeigte, kann man korrekter als prosoziales Verhalten bezeichnen. Sisyphos hat sich nämlich nicht egoistisch verhalten, er hat also nicht seine eigenen Interessen und Vorteile über die von anderen Menschen gestellt. Er hat die Interessen und Vorteile der Anderen höher bewertet als seine eigenen. Er hat im Sinne des Wohlergehens seiner Mitmenschen gehandelt. Das war tatsächlich altruistisch und speziell, was man heutzutage als prosoziales Verhalten bezeichnet.

Das ist des Mythos archetype Botschaft.

Du, Sisyphos, folgtest dabei, bewusst oder unbewusst, dem Beispiel des größten Philanthropen und der Ikone des Altruismus, Prometheus. Der erhabene Titan war ein Vorbild für dich, darf ich das so sagen? Danke für deinen zustimmenden Blick.

[32] Plutarch tat es in seinen „Parallelen Biographien" (griechisch), die auch auf Deutsch zu lesen sind, etwa als „Große Griechen und Römer. Ausgewählte Lebensbilder" (2009), Anaconda, Köln.

5.2 Prometheus, der empathische Philanthrop

Du hast mir damals mit großer Begeisterung von Prometheus und seinen Taten erzählt.[33] Prometheus existierte lange vor den Menschen. Er war ja der Schöpfer der Menschen. Die Legenden um Prometheus gehören zu der Zeit vor dir, und so kanntest du seine Geschichte. Du hast sie mir damals erzählt, als ich noch ein Kind war und von euch, den Alten, die Rüstung für das Leben bekam. Und so hatte ich das Glück, die Geschichte von dir persönlich zu hören, als du mich in das Damals und das Immerwährende einführtest.

Ich kann mich erinnern, dass du Prometheus sehr verehrt hast. Er war so eine Art Vorbild für dich, wie auch für andere Menschen von damals, nicht wahr?

Du, Sisyphos, hast Prometheus als den Archetyp der Philanthropie bezeichnet.

Die Philanthropie

Und die Zunft der Psychiater, Psychologen, Psychosomatiker und Psychoanalytiker fügt wissend hinzu:

In der Tat, Prometheus dürfen wir als Archetyp einer edlen Philanthropie betrachten.

Die Philanthropie ist eine Ausdrucksform prosozialen Verhaltens, wie es gerade definiert wurde. Das griechische Wort „Philanthropie" setzt sich zusammen aus den Wörtern „Philos" (Φίλος), das ist der Freund, der Liebende, und „Anthropia" (Ανθρωπεία), das ist die Menschlichkeit. Der Philanthrop ist also der Menschlichkeitsfreund, das ist etwas mehr als ein Menschenfreund. Der Philanthrop hat alle Eigenschaften, die der Mensch mit einem prosozialen Verhalten hat, Empathiefähigkeit und Altruismus inklusive. Allerdings muss man bei philanthropischen Taten aufpassen. Die prometheischen Philanthropien, die mit großen Risiken, ja auch Lebensgefahr für den Philanthropen verbunden sind, können ohne weiteres als Kinder von prosozialem Verhalten, Empathiefähigkeit und Altruismus bezeichnet werden. Groß-philanthropische oder sogar megaphilanthropische Taten können zwar auch Ausdruck der gerade erwähnten noblen Eigenschaften sein. Sie können aber genauso Ausdruck von Kalkül und Abwägung sein, ebenso wie Ausdruck von Narzissmus und Geltungsbedürfnis. Wenn etwa ein Milliardär bombastische Museen oder andere gemeinnützige Einrichtungen baut, die dann seinen Namen tragen und deren Eingang noch dazu ein großes Bild von ihm ziert oder gar seine Statue an der Front des Gebäudes

[33] Alle Episoden, Ansichten, Worte, Taten und Werke, die Prometheus betreffen und bei dieser Begegnung mit Sisyphos erwähnt werden, sind – teilweise modifizierte und angepasste – Auszüge aus den Protokollen der Gespräche zwischen Prometheus und Herakles. Getreu wiedergegeben in: Andreas Marneros (2015) „Feuer für ausgebrannte Helden. Die Suche nach Orientierung. Ein Abenteuer mit Prometheus und Herakles". CMZ, Rheinbach.

auf die vorübergehenden Menschen hinababschaut, dann kann man annehmen, dass er eventuell doch zur letztgenannten Kategorie gehört. Seine Tat ist dann eine Art von Streben nach Unsterblichkeit – Unsterblichkeit durch Vermächtnis[34]. Aber für die prometheischen Philanthropien gibt es keinen Zweifel, dass sie nicht nur uneigennützig und aus edlen Gefühlen entstanden sind, sondern auch aufopfernd, das eigene Wohl in Gefahr bringend. Die Philanthropie eines Prometheus, der sich dadurch in große Gefahr brachte, ist die reinste Form uneigennütziger Philanthropie.

Das ist der Mythen archetype Botschaft.

Prometheus philanthropische Apotheose fand, wie du sagtest, in Verbindung mit einem Diebstahl statt. Wahrscheinlich freust du dich, wenn ich dir berichte, dass die modernen, aufgeklärten Menschen voller Begeisterung und Bewunderung bis heute davon erzählen. Sie erklären Prometheus sogar zum *„vornehmsten Heiligen und Märtyrer im philosophischen Kalender“*[35]. Sie bringen die ganze Entwicklung des Abendlandes mit ihm in Verbindung. Sie sagen: *„In dem Prometheus-Mythos hat sich offensichtlich von früh an die abendländische Menschheit in ihrem eigenen Kulturbewusstsein gedeutet. Er ist wie ein Schicksalsmythos des Abendlandes. Die Geschichte seiner Deutung erzählen heißt daher, die Geschichte der abendländischen Menschheit selbst zu erzählen.“*[36]

Ich habe noch lebhaft die Legende von den zwei philanthropischsten Diebstählen der Menschheitsgeschichte in Erinnerung, die du mir erzählt hast, und auch ihre Konsequenzen. Beide wurden von Prometheus begangen.

Die Legende vom philanthropischsten Dieb der Menschheitsgeschichte. Und von einem seiner philanthropischen Diebstähle[37]

Zeus ist wieder einmal sehr unzufrieden mit der Menschheit, berichten einstimmig die verschiedenen Erzählquellen. Die Menschen sind ihm nicht gut genug. Sie hätten ihm nicht würdevoll genug gehuldigt. Sie hätten ihm nicht genügend und ausreichend teure Opfer gebracht.

Auf jeden Fall will er alle Menschen vernichten und neue erschaffen. Er plant zu diesem Zwecke eine Sintflut. Prometheus, einer der Titanen, die den olympischen Göttern angeschlossen sind, ist weder mit Zeus Meinung, noch mit seinen Plänen einverstanden. Er vertritt nämlich die Auffassung, dass man nicht durch

[34] Siehe Kap. 13.
[35] Diese Erklärung gibt der Atheist Karl Marx, s. Fußnote 18.
[36] Hans Georg Gadamer aus „Prometheus und die Tragödie der Kultur“ (1946) In: Gadamer H-G (Hrsg.) Gesammelte Werke. Band 9. Ästhetik und Poetik (1993). Mohr, Tübingen, 1946.
[37] Modifiziert, verkürzt und angepasst aus dem vorher erwähnten Gespräch zwischen Prometheus und Herakles, s. Fußnote 13.

Strafe, sondern mit Erziehung, Fürsorge, Liebe, Verstehen, Verzeihen, Bildung, Fortschritt und Wohlstand die Menschen bessern kann. Dies hat er dem Obersten Gott auch deutlich so vorgetragen. Doch Zeus will davon nichts wissen. Während alle anderen Götter eingeschüchtert schweigen, protestiert Prometheus nicht nur, sondern entschließt sich, die Sache mit der Erziehung, der liebevollen Fürsorge und der Unterstützung der Menschen selbst in die Hand zu nehmen.

Und so kommt Prometheus auf die Idee mit seinem zweiten philanthropischen Diebstahl. Der erste war der Diebstahl der Hoffnung – darüber werden wir bald an anderer Stelle sprechen. Prometheus zweiter philanthropischer Diebstahl ist der Diebstahl des Feuers. Das Feuer besaßen bis dahin nur die Götter. Damit besaßen sie auch die Macht über alles. Prometheus ist der Ansicht, der richtigen Ansicht meine ich, was auch die nachfolgenden Äonen belegen, dass das beherrschte und verwaltete Feuer und das Wissen über den Umgang damit der Kern, der Motor, ja die Voraussetzung jeder Zivilisation und jedes Fortschritts sind. Und so entschließt er sich dazu, den Göttern das Feuer zu stehlen, um es dann den Menschen zu geben und ihnen beizubringen, wie sie damit umgehen können. Wie sie es verwalten und kontrollieren und was sie damit machen können.

Ich kann mich noch ganz genau erinnern, mit welcher Spannung, mit welcher Bewunderung ich an deinen Lippen gehangen habe, als du mir damals erzähltest, wie Prometheus den Göttern das Feuer gestohlen hat. War es nicht so, dass er ein Rohr genommen hat, einen sogenannten Narthex, ein Riesenfenchelstängelrohr, in dem er Weidenzweige versteckt hatte? Damit ist er heimlich in der Nacht auf den Olymp gestiegen. Dort hat er sich versteckt und gewartet, bis der Gott Helios, alias Apollon, der Sonnengott, mit seinem Feuerwagen an ihm vorbei zieht, um die Erde zu beleuchten und zu erwärmen. Als es soweit ist, zündet er mit dem göttlichen Feuer des Helios die Weidenzweige an und versteckt sie in seinem Narthex. So kann auch Äolos, der Gott der Winde, sie nicht sehen und nicht löschen. Dann kommt Prometheus unbemerkt auf die Erde, geht zu den Menschen und bringt ihnen bei, wie sie das Feuer beherrschen, verwalten und benutzen können. Und nicht nur das, er bringt den neuen Herrschern des Feuers mit viel Geduld alle Künste bei, die er einst von Athena und Hephästos erlernt hat.

Somit hat Prometheus den Menschen nicht nur das Feuer, sondern Zivilisation und Fortschritt gebracht und macht schließlich damit auch deren Emanzipation möglich. Das große Abenteuer des Menschen kann beginnen: Die Baumkletterer und Savannevagabunden können bald Sternenmarschierer werden. Die Reise in Richtung Himmel geht los, die Reise zu den Sternen. Und noch weiter, Sisyphos: Die Reise zu sich selbst nämlich, zu dem „Erkenne-dich-selbst"!

Aber du sagtest mir damals auch, dass Prometheus von Anfang an genau wusste, so etwas kann den Göttern nicht verborgen bleiben. Er wusste, was für eine furchtbare Strafe dafür auf ihn wartete. Er war aber sicher, dass die Menschen gelernt haben würden, wie sie das Feuer verwalten und beherrschen können, bis die Götter den Diebstahl entdecken. Und dass sie dann selbstbewusste Besitzer der Autonomie sein würden. Dass die Menschen nicht nur das Feuer haben würden, sondern auch den Stolz des Selbstbestimmenden. Und dass ihnen beides niemand jemals wieder wegnehmen könnte.

Prometheus zeigte uns durch seine weiteren Taten auch, wie eng Philanthropie und Gerechtigkeit miteinander verbunden sind.

5.3 Prometheus, der gerechte Philanthrop

Ich glaube, ich spreche auch in deinem Sinne, mein Bruder Sisyphos, wenn ich die Auffassung vertrete, dass Gerechtigkeit die Mutter vieler Tugenden ist. Eine edle Grundform menschlicher Tugenden sozusagen. Kein Wunder also, mein gerechter Bruder, dass bei uns die Gerechtigkeit durch eine der prominentesten Göttinnen vertreten wird. Du weiß schon, Dike – ihr Name bedeutet „Gerechtigkeit". Sie ist eine der Horen, deren Aufgabe es ist, sich um den geregelten Ablauf der Welt zu kümmern. Sie bekam später ein Pseudonym, das weißt du sicherlich noch nicht, weil es viele Jahrhunderte nach dir geschah; durch ein junges Volk, das der Lateiner. Dikes Pseudonym heißt Justitia. Dike, die Göttin der Gerechtigkeit, ist nicht nur durch ihre Aufgaben so prominent, sondern auch durch ihre Herkunft und ihre Familie insgesamt. Wie du sicherlich auch weißt, ist ihr Vater der Oberste Gott Zeus. Ihre Mutter ist Themis, eine der Ur-Göttinnen, die sogar schon vor Zeus existierte; selbst Kind der Göttereltern Ouranos, des Himmels, und Gäa, der Erde. Dike ist die Schöpferin des Rechtes und der Wissensliebe. Aber weißt du auch, dass Dike, die Gerechtigkeit, zwei wunderbare Schwestern hat? Eunomia, die „gute Ordnung", und Irene, was „Frieden" bedeutet! Darüber hinaus ist sie auch die Mutter der begehrten Hesychia, der Göttin der harmonischen Ruhe, wonach sich alle Menschen sehnen.

Nebenbei gesagt, findest du es nicht auch schön, dass bis heute alle diese Bezeichnungen, wie etwa „gute Ordnung", „Frieden", „Ruhe" ebenso wie hunderte anderer Begriffe in der uns gemeinsamen Sprache noch die Namen der alten Göttinnen und Götter tragen? Diese sprachliche Kontinuität zwischen den mythischen und den modernen Zeiten fand ich immer faszinierend.

Eine wunderbare Familie hat also Dike, diese erhabene Göttin der Gerechtigkeit. Ihre Rolle und ihr hohes Ansehen privilegieren sie dazu, auf dem Olymp direkt neben Zeus zu sitzen und für Recht und Ordnung zu sorgen – und natürlich für die Bestrafung von Unrecht. Sie ist, wie du mir einmal erzählt hast, eine der liebsten Göttinnen des Obersten Gottes.

Die Göttin sorgt dafür, dass bei den Erdbewohnern Recht und Gerechtigkeit herrscht. Werden sie verletzt, dann mobilisiert sie das „Team Nemesis". Dieses Team besteht aus Dike selbst, weiter aus der unbestechlichen Nemesis, der Göttin der gerechten Strafe, einer Göttin der ersten Stunde, und aus ihrer Begleiterin Ädos, Göttin der Scham. Übrigens sagt man, dass die Göttin

Ädos die Tochter des erhabenen Titanen Prometheus ist, über den wir gerade sprachen. Wie du ja schon weißt, bestraft Nemesis vor allem die Hybris und die Missachtung des von Themis geschaffenen göttlichen Rechts und der Sittlichkeit.

Ich finde es übrigens sehr schade, dass in manchen modernen Sprachen des Auslandes Nemesis als Rächerin bezeichnet wird. Das ist sie nicht, wie wir wissen. Sie ist vielmehr die unbestechliche Strafvollstreckerin, die die Gerechten liebt und die Ungerechten bestraft.

Gerechtigkeit

Und die Zunft der Psychiater, Psychologen, Psychosomatiker und Psychoanalytiker fügt wissend hinzu:

In der Tat, Prometheus gehört zu den Gerechten.

Nicht nur aus dem Prometheus-Mythos, sondern auch aus vielen anderen geht eine Konformität mit heutigen Auffassungen zu Gerechtigkeit hervor. Danach ist Gerechtigkeit zuerst ein Gefühl, dann eine Haltung einer Person – der gerechten Person. Sie stellt die Voraussetzung dafür dar, das zu schaffen, was unsere Kollegen von den Rechtswissenschaften beschäftigt: eine Grundform menschlichen Zusammenlebens. Sie sorgt für einen angemessenen und damit gerechten Ausgleich von Interessen, für die Verteilung von Gütern sowie für den Schutz der Unantastbarkeit des menschlichen Lebens und der menschlichen Würde.

Wichtige Voraussetzung für die soziale und rechtliche Gerechtigkeit, die eine wesentliche Aufgabe des Staates ist, stellt die persönliche Einstellung und Haltung jedes einzelnen Menschen dar. Kein Wunder also, dass große Philosophen wie Platon und Aristoteles eine gerechte Haltung als edle Charaktereigenschaft, als menschliche Grundtugend betrachten. Diese edle Grundtugend führt zu weiteren positiven und schönen Eigenschaften, darunter auch die Philanthropie. Darüber hinaus entspringt die Gerechtigkeit einer Persönlichkeitsstruktur mit sozialpsychologisch positiven Eigenschaften.

Das ist vieler Mythen archetype Botschaft.

Prometheus also als Archetyp auch des Gerechten, und zwar des gerechten Philanthropen. Kein Wunder. Philanthropie, die echte, die nicht kalkulierende, die nicht narzisstische Philanthropie, hat ihre Quellen nämlich nicht nur in Empathie und Altruismus, sondern auch in einem ausgeprägten Gerechtigkeitsgefühl.

Als psychologischer Archetyp für die Philanthropie erzeugende Gerechtigkeit bzw. für die Gerechtigkeit erzeugende Philanthropie steht also wieder unser vornehmster Heiliger des Märtyrerkalenders, der edle Titan Prometheus.

Prometheus Philanthropie fand viele Wege, sich immer wieder sichtbar und spürbar zu machen, wie du mir erzähltest. Ich möchte dir bei der Gelegenheit berichten, dass die modernen Menschen einen besonderen Helden kennen, der in einem fernen hyperboräischen Land, in einem Land des hohen Nordens also, lebte. Das Land hieß Agglia, heutzutage nennt man es England. Diesem Helden gaben sie den Namen Robin Hood und erzählen, dass er die Güter der Reichen stahl, um sie den Armen zu geben. Ich bin mir nicht sicher, ob Robin Hood das wusste, aber auch dafür ist gewissermaßen wieder unser Prometheus der Archetyp. Und was für einer! Wie auch die Legende belegt, die du mir vor langer Zeit erzählt hast. Hör bitte zu, ob ich sie richtig erinnere.

Die Legende von der der gerechtesten und philanthropischsten Täuschung der Menschheitsgeschichte

Nach jener Legende waren die Menschen, nachdem Prometheus ihnen das Feuer gebracht hatte und sie damit Autarkie, Zivilisation und Selbstvertrauen gewonnen hatten, nicht mehr bereit, den Göttern alles zu opfern. Das missfiel den Göttern ganz ungemein, aber die Menschen setzten sich mit Prometheus Hilfe durch – kurz bevor er dazu verurteilt wurde, an den Kaukasus gefesselt zu werden. Nur ganz wenige Jahrtausende vorher.[38]

Über die Aktion wird Folgendes berichtet: Die Götter verlangen von den Menschen immer mehr Nahrungsmittel als Opfer. Prometheus macht sich wieder zum Anwalt der Menschen. Er vertritt die Auffassung, dass die Menschen die Speisen und die Reichtümer der Erde selbst benötigen, um zu leben und zu überleben. Die Götter dagegen brauchen sie nicht, denn sie sind völlig unabhängig davon. Wie wir beide wissen, verzehren die Götter Nektar und Ambrosia nur zum Vergnügen. Götter sind unsterblich, also brauchen sie keine Nahrung. Reine Verschwendung oder sogar pure – und sinnlose dazu – Machtdemonstration und Prasserei ist deshalb ihr Verlangen nach den Gütern der Menschen.

Prometheus vertritt die Meinung, dass die Forderung der Götter nach materiellen Opfern von den Menschen nur dazu dient, das Ego der Götter zu befriedigen und die Taschen und Bäuche ihrer selbsternannten Stellvertreter oder Diener auf Erden zu füllen. Mit hoher Diplomatie gelingt es Prometheus, Zeus davon zu überzeugen, dass er nicht alles von den Menschen als Opfer verlangt, sondern nur so viel, dass ihnen selbst noch genug zum Überleben bleibt. Er arrangiert zu diesem Zweck ein Treffen von Göttern und Menschen in Mekone auf dem Peloponnes. Dabei soll entschieden werden, was die Götter bekommen und was die Menschen behalten dürfen. Allerdings hat Prometheus alles so eingefädelt, dass er zum Schiedsrichter ernannt wird. Tatsächlich wird er der Moderator, wie man heute sagen würde. Und so kann er seinen Trick anwenden: Ein Ochse wird zerlegt, und Zeus soll entscheiden, welcher Teil für die Götter ist und was die Menschen bekommen. Geschickt bearbeitet Prometheus die Knochen des geschlachteten Ochsen mit Fett, steckt sie in einen Hautsack und präpariert alles so raffiniert, dass es sehr einladend aussieht. Das Fleisch und die brauchbaren Eingeweide wie Herz und Leber versteckt er dagegen in dem unappetitlich aussehenden, geradezu abstoßend wirkenden Magen des Ochsen. Zeus wählt, wie von Prometheus erhofft, den schön präparierten Haut-

[38] Aus denselben protokollierten Gesprächen zwischen Prometheus und Herakles wie vorher erwähnt.

sack mit den Knochen. Der passt mit seinem appetitlichen Aussehen und dem wohlriechenden Fettaroma ganz genau zu Zeus Super-Ego.

Und so kommt es dazu, dass seitdem den Göttern Knochen und gut riechendes Fett auf den Altären geopfert werden. Für die Menschen bleiben das nahrhafte Fleisch, das Herz und die Leber.

Manche aber sagen, dass der Oberste Gott mit seinen alles sehenden Augen Prometheus Täuschung durchschaut habe. Doch er habe zusätzliche Gründe gesucht, um Prometheus zu bestrafen und die Menschen doch noch zu vernichten. Daher habe er zunächst mitgespielt. Diese Methode ist bis heute bei den Mächtigen dieser Erde sehr beliebt.

Die Geschichte von der philanthropischen Täuschung der Götter ist sicherlich ein Paradebeispiel für eine Philanthropie erzeugende Gerechtigkeit.

Und dann kam Prometheus Bestrafung, worüber wir etwas später noch sprechen werden.

Aber, wie gesagt, Prometheus hat nichts davon, aber gar nichts, bereut!

Auch du wurdest hart, sehr hart, bestraft für deine empathisch-philanthropische Haltung dem verzweifelten Vater der entführten Tochter gegenüber. Doch ebenso wie Prometheus bereust du deine philanthropische Tat nicht. Richtig, mein Bruder Sisyphos? Schön, dass du durch deine Mimik zustimmst.

Ja, natürlich braucht man Mut dazu, das kannst du sicher bestätigen. Über die Besonderheiten deines Mutes werden wir im Verlauf unserer Begegnung vielmals und vielfältig sprechen. Bevor ich allerdings wieder zurück zu deinen Werken komme, möchte ich gerne noch einige beeindruckende Episoden aus dem großartigen prometheischen Zyklus erwähnen. Aber halt, etwas Wichtiges fällt mir noch ein: Vorher möchte ich noch über das Gegenteil von Philanthropie, die Misanthropie also, mit dir sprechen und deren Archetypen darstellen.

5.4 Knemon, der Misanthrop

Philanthropie macht glücklich, Sisyphos! Doch wem sage ich das! Du weißt das sehr gut aus eigener Erfahrung. Könnte es sein, dass dir das dein Martyrium irgendwie erträglich macht? War das ein Zucken um deine Augen? Wie auch immer, sicher ist, dass die Philanthropie den Philanthropen glücklich macht. Genauso sicher ist es, dass Misanthropie den Misanthropen unglücklich, ja verbittert macht. Es gibt so viele Geschichten, die genau das belegen. Ich erzähle dir eine davon, die du sicher nicht kennst, weil sie zum ersten Mal erzählt wurde, als du schon deine Felsenstrafe verbüßtest. Es ist die Geschichte des Misanthropen Knemon.[39]

Die Legende vom Misanthropen

Knemon lebt nahe Athen, auf einem kleinen Hof neben einem Nymphen-Heiligtum. Dieser Knemon ist maßlos unmenschlich. Er ist unleidlich gegen alle. In seinem langen Leben hat er nie mit einem Menschen ein freundliches Wort gewechselt, auch nie als erster jemanden gegrüßt – nur notgedrungen den Nachbarn und dann auch nur mit geringster Höflichkeit. Dennoch findet er eine Ehefrau, und zwar eine Witwe, die schon einen Sohn hat. Mutter und Sohn behandelt er sehr schlecht. Mit seiner Frau streitet er Tag und Nacht. Er führt ein unglückliches Leben und eine unglückliche Ehe, obwohl er in dieser Ehe noch Vater eines hübschen Mädchens wird. Seine Frau kann dieses Leben nicht lange ertragen. Sie zieht fort vom gemeinsamen Hof und geht zu ihrem inzwischen erwachsenen Sohn. Danach lebt Knemon allein mit seiner Tochter und einer alten Dienerin. Beim geringsten Fehler beschimpft er die alte Dienerin fürchterlich und bestraft sie schwer und schmerzhaft. Seine Tage verbringt er mit Holz- und Feldarbeiten. Sein Leben ist bestimmt vom Hass gegen alle Menschen. Er hasst nicht nur seine Frau und seine Nachbarn, sondern alle in seiner Umgebung. Er lässt sogar die Pilger, die zum benachbarten Nymphen-Heiligtum kommen, seinen Hass und seine Menschenverachtung im Übermaß spüren.

Knemons Tochter wächst trotz allem zu einer tugendhaften und schönen Frau heran. Doch durch das Verhalten ihres Vaters ist sie sozial isoliert und einsam. Eines Tages sieht Sostratos, ein junger Aristokrat aus Athen, das Mädchen, als er zufällig in der Nähe auf der Jagd ist, und verliebt sich in sie. Er ist so verliebt, dass er sie sofort heiraten und auf jegliche Mitgift und Brautgeschenke verzichten will. Er schickt seinen Begleiter zum Vater des Mädchens, um ihn um ihre Hand zu bitten. Schon beim Betreten des Grundstücks, bevor er noch ein einziges Wort sagen kann, wird der Abgesandte von dem Misanthropen fürchterlich beschimpft, mit Steinen, Erdklumpen und Holzpfählen beworfen und brüllend vom Grundstück gejagt. Knemon attackiert auch den verliebten Sostratos, den er auf der Straße antrifft. Der junge Aristokrat versucht verzweifelt, Zugang zu ihm zu finden, weil er um die Hand der Tochter anhalten will. Der Misanthrop aber lässt niemanden an sich heran.

Bis es eines Tages eine dramatische Wendung gibt: Als er seiner alten Dienerin nachjagt, die er wegen einer Verfehlung verprügeln will, fällt er versehentlich in den Brunnen. Beinahe wäre er ertrunken, doch Menschen, die er vorher immer schlecht behandelt hat – unter anderem auch sein Stiefsohn und der verliebte Aristokrat – eilen herbei und retten ihn in einer konzertierten, für sie nicht ungefährlichen Aktion. Erst da, im Angesicht des Todes, merkt Knemon, dass niemand ohne die Solidarität der Mitmenschen überleben kann. Er erkennt, dass Solidarität und Menschlichkeit die Basis des menschlichen Zusammenlebens sind. Nach der Rettung kommt endlich eine Veränderung zum

[39] Die Geschichte von Knemon wird vom großen Athener Komödienschreiber Menandros erzählt. Übersetzt in: Menander, Dyskolos/Der Menschenfeind, Griechisch/Deutsch, (2007), Reclam, Stuttgart.

Besseren. Der Misanthrop ist auch danach nicht der lupenreine Philanthrop, doch immerhin.

Ach ja, die Entscheidung bezüglich der Verlobung seiner Tochter mit dem jungen Aristokraten überträgt er seinem Stiefsohn, seinem von ihm inzwischen aufgewerteten Retter. Und der entscheidet natürlich zugunsten der Verliebten!

Ja, der Misanthrop Knemon wurde auch durch die erschütternde neue Lebenserfahrung nicht zu einer Ikone der Philanthropie, wie gesagt. Das Nichtvorhandensein von Misanthropie bedeutet keineswegs Philanthropie. Auch das Erkennen der Solidaritätsnotwendigkeit ersetzt keine Empathie. Aber eine zwischenmenschliche Solidarität, auch ohne erkennbare empathische Züge, ist ein hohes Gut. Dieses Grundprinzip des menschlichen Zusammenlebens hat eine große psychologische Bedeutung – wie du sicherlich selbst erfahren hast, mein Bruder, etwa mit deiner damaligen solidarischen Haltung zu deinen leidenden korinthischen Landsleuten: Es ist das Gefühl von Menschen, dass sie zusammengehören. Es ist das Gefühl, dass man nicht alleine ist, dass man mit gegenseitiger Hilfe und mit einem Füreinandereintreten rechnen kann. Es ist das Gefühl der Zusammengehörigkeit und der Verbundenheit mit anderen Menschen. Solidarisch sein zu können ist eine Fähigkeit und eine Tugend.

Solidarität kann zwar nicht mit den edlen Eigenschaften der Empathie, des Altruismus und der Philanthropie eines Prometheus konkurrieren, aber immerhin: Zwischenmenschliche Solidarität und Zusammengehörigkeitsgefühl schützen vor Misanthropie.

Misanthropie

Und die Zunft der Psychiater, Psychologen, Psychosomatiker und Psychoanalytiker fügt wissend hinzu:

In der Tat, Knemon kann als Archetyp der Misanthropie gelten.

Misanthropie bezeichnet eine psychologische Einstellung, deren Kern das Empfinden von Verachtung oder gar Hass gegen die Mitmenschen ist. Das Wort Misanthropie ist eine Kombination von zwei griechischen Wörtern: „miso" (μισώ), „ich hasse" und „Anthropos" (Άνθρωπος), „der Mensch". Misanthropie bedeutet also „Menschenhass". Der Misanthrop ist folgerichtig der Menschenhasser.

Der Misanthrop vermag an keinem Menschen etwas Schönes und Erhabenes, Angenehmes und Erfrischendes, Lobenswertes und Liebenswertes, Sympathisches und Freundliches zu erkennen. Der Misanthrop ist ein sozial wenig kompetenter Mensch. Darüber hinaus ist er auch ein unglücklicher Mensch. Er pflegt nämlich eine misstrauische Grundhaltung gegenüber anderen Menschen, die von einer dysphorischen Grundstimmung begleitet wird und ihn sozial isoliert. Sie macht ihn für andere Menschen unsympathisch und hält jegliche

Lebensfreude von ihm fern. Misanthropie macht in der Tat den Misanthropen einsam, antipathisch und unglücklich.

Das ist des Mythos archetype Botschaft.

5.5 Warum die Frösche Frösche sind – die selektierte Empathie

Ich war damals als Kind sehr beeindruckt, Sisyphos, als du mir davon erzähltest, wie die Frösche entstanden sind. Ich weiß nicht, ob du dich noch daran erinnerst? Die Legende der Entstehung der Frösche hängt eng mit der Geburt von Apollon und Artemis zusammen, sagtest du. Obwohl ich davon ausgehe, dass du die Geschichte der göttlichen Niederkunft noch in- und auswendig kennst, erlaube ich mir, ein paar Worte davon zu wiederholen. Nur so zur Auffrischung deiner durch die Zwangsgedanken stark strapazierten Erinnerung:

Die Legende von der Entstehung der Frösche

Zeus hat wieder einmal eine außereheliche Affäre. Diesmal mit Leto, die zwar wunderschön ist, aber nur eine Göttin zweiter Ordnung. Nachdem die Schwangerschaft der unverheirateten Leto sichtbar wird, beginnt die notorisch eifersüchtige Ehefrau Hera, Verdacht zu hegen, und verlangt von ihrem Mann Zeus eine Erklärung. Dass sie ihren Mann als ersten potentiellen Vater verdächtigt, ist ja nicht unbegründet. Sie weiß nur zu gut, wie stark ihr Ehemann auf dem Gebiet des Fremdgehens engagiert ist. Zeus gesteht kleinlaut seine Schuld. Die wütende Hera verlangt von dem ertappten Ehemann, seine Geliebte aus dem Olymp zu verbannen. Zeus, der den heftigen Ehekrach beenden will, erfüllt der mächtigen Göttin den Wunsch und verbannt – man sagt, schweren Herzens – die hochschwangere Leto aus den göttlichen Palastanlagen. Als ob das nicht Strafe genug wäre für die arme werdende Mutter, verhängt Hera noch eine weitere Strafe: Leto soll kein festes Land finden, wo sie niederkommen kann. So irrt die hochschwangere Göttin gequält durch die Welt, verzweifelt nach einem Ort für ihre Niederkunft suchend. Schließlich erreicht sie die Insel Delos in der Ägäis. Zu ihrem Glück ist Delos noch kein festes Land; die Insel schwimmt durch die Meere, ihren endgültigen Platz noch suchend. Leto kann also auf Delos niederkommen. Zwei prächtige Kinder werden geboren, Apollon und Artemis, aus denen später prominente und einflussreiche olympische Götter werden.

Als Hera erkennt, dass ihr Bann nicht erfolgreich ist, verjagt sie wutentbrannt die junge Mutter mit ihren beiden Neugeborenen von der Insel. Leto ist erschöpft, entkräftet und verzweifelt. Die Milch in ihrer Brust versiegt, so dass die Neugeborenen Hunger leiden müssen. Die schreienden Kinder an ihre Brust gedrückt, kommt die Göttin an einen Ort, wo gerade glühende Hitze herrscht. Der Ort liegt in Kleinasien, genau gesagt in Lykien. Die erschöpfte, entkräftete, verzweifelte und sehr durstige Leto ist erleichtert, als sie plötzlich einen kleinen Teich aus kristallklarem Wasser erblickt. An dessen Ufer ernten Bauern Weiden und Schilf. Sie läuft zum Wasser und lässt sich auf die Knie sinken, um ihren Durst zu stillen. Doch die Bauern hindern die junge Mutter mit bösen Worten daran, von dem Wasser zu trinken! Sehr verwundert fragt Leto die Bauern nach dem Grund. Gewässer sind doch Gemeingut. Wie die Luft, das Licht und wie alle Gaben der Natur gehören auch die Gewässer allen Wesen. Jeder darf von dem Wasser trinken, so wie jeder auch die Luft atmen darf. Obwohl sie ein Anrecht auf das Wasser hat, bittet sie die Bauern inbrünstig darum, von dem rettenden Wasser trinken zu dürfen. Vor Durst und Erschöpfung kaum in der Lage zu sprechen, bittet sie die Bauern, doch wenigstens mit ihren zwei Neugeborenen Mitleid zu haben. Doch die Bauern bleiben stur – in einem bemerkenswerten Zusammenhalten mit gegenseitiger Verstärkung. Dies sei ihr Wasser, kein Fremder dürfe von ihrem Wasser trinken. Mit Beschimpfungen und Drohungen versuchen sie, die verzweifelte Mutter zu verjagen. Das Wasser gehöre der Gemeinde, ihrer Gemeinde. Und kein Fremder und vor allem keine Ausländerin dürfe davon trinken. Sie sehe ja so aus, als ob sie aus der Gegend um den Olymp stamme, aus dem angrenzenden Makedonien oder Thessalien. Und sie spreche auch mit Akzent, wie eine Ausländerin. Und dann kommt die boshafte Krönung dessen, was die lykischen Bauern tun: Sie steigen in das Wasser und wirbeln mit Füßen und Händen den Schlamm auf, sodass das Wasser trübe und untrinkbar wird. Und dabei schreien, schimpfen und drohen sie unablässig.

Damals, als du mir zum ersten Mal diese Geschichte erzähltest, kam ich aus dem Staunen nicht heraus. Ich dachte, so etwas sei undenkbar. Doch du meintest, es gebe Leute, die das Undenkbare denkbar machen. Inzwischen habe ich im Laufe meines langen Berufslebens als Psychiater, aber auch im sozialen Leben erkannt, dass du Recht hast: Es gibt solche Menschen. Und leider sind es nicht wenige.

Wie auch immer, das Verhalten der Bauern reicht jetzt auch der Göttin. Ich kann mich erinnern, wie du es damals, als du mir die Geschichte erzähltest, formuliert hast: „Das reichte der Göttin jetzt aber dicke". Und so erhebt Leto, neben ihren im Gras liegenden weinenden Babys, wütend und gleichzeitig flehend die Arme in Richtung Himmel und spricht: „Zeus, mein Oberster Gott und Geliebter, lass es bitte geschehen, dass diese unbarmherzigen Menschen auf ewig in dem Tümpel leben, wo sie jetzt gerade strampeln und schreien!" Du, Sisyphos, hast mir erklärt, dass sie selbst nichts machen kann, weil sie Gottheit zweiten Grades ist. Und Zeus erfüllt umgehend der Mutter seiner Kinder diesen Wunsch.

Schon verändert sich das Aussehen der Bauern. Bald sehen ihre Köpfe wie plattgedrückt aus; sie müssen sie aus dem Wasser strecken, um Luft zu holen. Ihre aufgeblähten Hälse schwellen an, die Beschimpfungen und Drohungen aus den aufgerissenen Mäulern werden immer unverständlicher und hören sich schließlich wie „Quak, Quak" an. Ihr Rücken verlängert sich und reicht bis zum Kopf, der Hals verschwindet. Der Bauch macht bald den größten Teil ihres Körpers aus. Die Beine werden dünn und so lang, dass die Füße, die inzwischen wie Flossen aussehen, den Schlamm berühren.

Und so wurden aus den bösen, unbarmherzigen Bauern die Frösche. Bis zu unseren Tagen kommen sie nur gelegentlich aus dem Wasser heraus, um ihre Beschimpfungen und Drohungen, nun aber als quäkendes Quengeln, fortzusetzen.

Allerdings, meine ich, mein Bruder Sisyphos, ist es wohl möglich, dass die furchtbare Haltung der furchtbar Bestraften gar nicht ihre permanente Haltung, nicht ihre generelle Handlungsweise war. Wir wissen es nicht.

Man muss nicht den Verdacht hegen, dass die lykischen Froschmenschen tiefe Menschenliebe in ihren Brüsten hegten, als es noch Menschenbrüste waren. Sie stehen keineswegs im Verdacht, große Philanthropen gewesen zu sein. Nein, das waren sie sicherlich nicht. Aber es gibt auch keinen Beweis dafür, dass sie generell Menschenhasser waren; keinen Beweis dafür, dass sie **die** Misanthropen par excellence waren.

Man kann nicht behaupten, dass die Teichbauern von Empathie und Hilfsbereitschaft durchtränkt waren. Aber es gibt auch keinen Hinweis darauf, dass sie generell unempathisch waren.

Man kann sicherlich die Hilfsunwilligkeit der Schilf- und Binsenbauern als hässlich empfinden. Aber niemand weiß, ob sie immer und für jeden hilfsunwillig und unsolidarisch waren.

Es kann nicht ausgeschlossen werden, dass sie sich in der einen oder anderen Situation und gegenüber anderen Menschen, etwa Verwandten, Freunden oder Nachbarn, doch empathisch, hilfsbereit und solidarisch zeigen konnten. Es könnte sein, dass ihre unempathische Haltung Leto und deren Kindern gegenüber Ausdruck von Fremdenfeindlichkeit war. Natürlich wäre das auch hässlich, aber damit könnte man ihre fehlende Empathie auch erklären.

Empathie und Altruismus können selektiert und temporär sein.

Genauso selektiert und temporär kann Menschenhass sein – etwa gegenüber einer Gruppe ethnischer, religiöser, sozialer oder sonstiger Prägung. Ja, genauso selektiv und temporär wie aus ähnlichen Gründen Egoismus und Altruismus sein können.

Du schaust so fragend, Sisyphos. Hältst du das für unmöglich? Nein, das ist es nicht, mein Bruder. Ich sehe an deinem Gesichtsausdruck, dass du so etwas von dir nicht kennst. Aber es gibt es doch.

Ich habe später, lange Zeit, nachdem du mir die Geschichte erzählt hast, während meiner beruflichen Tätigkeit gelernt, dass es sie gibt:

Die selektierte Empathie, die selektierend zum Ausdruck kommt.

Die partielle Hilfsbereitschaft, die nur manchmal und manchen zugutekommt.

Die fokussierte Solidarität, die nur umrissen und nur für einige gezeigt wird.

Selektive Empathie

Und die Zunft der Psychiater, Psychologen, Psychosomatiker und Psychoanalytiker fügt wissend hinzu:

In der Tat, es ist wohl möglich! Auch bei den Froschmenschen des Mythos kann man nicht sicher wissen, dass sie immer und für jeden unempathisch waren.

Obwohl Empathie und ihre Begleiter – Hilfsbereitschaft und Solidarität – in der Regel Persönlichkeitseigenschaften sind, die einen Menschen lebenslang charakterisieren und sein Tun und Lassen mitbestimmen. Allerdings können sie bei manchen Menschen auch veränderbar sein. Es gibt Persönlichkeitsstrukturen, wie etwa die schwere narzisstische Persönlichkeitsstörung oder die dissoziale Persönlichkeit, die zwar von einem Mangel an Empathie, Hilfsbereitschaft und an Solidarität gekennzeichnet sind, allerdings in manchen Situationen und manchen Personen gegenüber doch solche Eigenschaften zeigen können. Sogar die Kombination der Eigenschaften der narzisstischen und der dissozialen Persönlichkeitsstörung, die zur Entstehung des sogenannten „malignen Narzissmus"[40] – einer der gefährlichsten Persönlichkeitsstörungen – führt, kann partiell und temporär von den genannten positiven Einstellungen begleitet sein.

Auch die fehlende Empathie kann selektiert und fokussiert sein.

Das ist mancher Mythen archetype Botschaft.

[40] Im Gespräch mit Minotauros wird darüber gesprochen, Abschn. 29.5.

6

Der Mut und die Strafe, der Stolz und die Vergebung

6.1 Der Mut und der Mut zur eigenen Meinung

Ja, Sisyphos, Misanthropie und Unempathie, selektive oder generelle, sind klare anti-prometheische Eigenschaften, die auch dir sicherlich zuwider sind. Eine der beeindruckendsten Episoden des prometheischen Zyklus, die du mir einmal erzählt hast, hat mit Mut zu tun. Du hast mir erzählt, wie mutig Prometheus bei seinen philanthropischen Taten handelt. In vollem Bewusstsein um die schlimmen Konsequenzen, die ihm deswegen drohen. Das ist natürlich großartig, aber großartig ist auch die Lehre, die wir daraus ziehen können: Prometheus klagt und jammert nicht über eine Situation, sondern er handelt und verändert die Situation. Er bleibt nicht auf der Stufe des Klagens und Kritisierens, vielmehr zeigt er Mut zur Veränderung der Zustände. Er hat den Mut, die Initiative zu ergreifen, ohne Angst vor Strafe oder Repressionen. Er weiß im Vorhinein, dass die harte Strafe kommt, aber dennoch hat er den Mut zu handeln. Und Prometheus sagt:

> Alles Zukünftige weiß ich ja vorher genau, und deshalb wusste ich auch im Vorhinein, was auf mich zukommt. Kein Leid wird mir unerwartet zugefügt. Aber die verhängte Strafe muss derjenige leicht ertragen, der die Macht der Ananke, der zwingenden Notwendigkeit, erkennt.[41]

Wenn das kein Mut ist!

---

[41] In Anlehnung an Äschylos „Prometheus in Fesseln“ (Vers 101–105).

A. Marneros, *Mein Bruder Sisyphos, mein Freund der Minotauros*,
https://doi.org/10.1007/978-3-662-55808-9_6

Der Mut

Und die Zunft der Psychiater, Psychologen, Psychosomatiker und Psychoanalytiker fügt wissend hinzu:

In der Tat, Prometheus ist neben vielem anderen ein Archetyp von Mut im Allgemeinen, aber auch für den „Mut zur eigenen Meinung".

Mut ist eine Charaktereigenschaft oder aber auch eine situativ und temporär bedingte Handlungsbereitschaft, die jemanden dazu befähigt, sich ungeachtet möglicher persönlicher Nachteile für eine als richtig und notwendig erkannte Sache einzusetzen. Diese Handlungsbereitschaft zeigt sich entweder in Form von Handeln oder von Verweigern. Beide mutigen Handlungsweisen setzen positive Persönlichkeitseigenschaften und Einstellungen voraus, so etwa Wertebewusstsein, Autonomie, starken Willen und Durchsetzungsvermögen. Wobei temporärer und situativer Mut auch unabhängig davon gezeigt werden kann.

Der Mutige ist nicht unbedingt ein angstfreier Mensch. Man kann gleichzeitig Mut und Angst haben, aber letztere wird überwunden – durch die Kraft des Mutes. Man kann die drohenden negativen oder gar schmerzhaften Konsequenzen voraussehen, begegnet ihnen aber mit der gerade erwähnten Kraft des Mutes.

Das ist des Mythos archetype Botschaft.

Der „Mut zur eigenen Meinung" ist eine besondere Mutform, die wir in der uns gemeinsamen Sprache „to thárros tis gnómis sou" (το θάρρος της γνώμης σου) nennen. Wörtlich übersetzt bedeutet es in der Sprache, in der ich schreibe: „Der Mut zur eigenen Meinung". Und zwar nicht nur mit der Bedeutung „Mut zur eigenen Meinung", sondern darüber hinaus im Sinne von „der Mut, der aus der eigenen Meinung entspringt". Danach soll die eigene Meinung immer gesagt und unverhüllt präsentiert werden. Mut braucht man, um die eigene Meinung zu sagen, und zwar unabhängig von den Konsequenzen, auch wenn es harte Bestrafung bedeutet. Aber auch Mut, um daran zu glauben und Mut daraus zu schöpfen. Ein bisschen poetisch-romantisch, und doch, das muss ich zugeben, mein Bruder, auch ein bisschen ironisierend: Welch eine Auszeichnung, wenn du deswegen die Rache und die Macht der Mächtigen zu spüren bekommst. Wenn du deshalb auf den Kaukasus gefesselt wirst! Das bedeutet solch eine Haltung.[42] Das ist die prometheische Haltung, von der du mir damals begeistert und fasziniert erzähltest. Ich stimme dir vollständig zu, Sisyphos. Ja, das ist durchaus eine prometheische Haltung, sogar **die** prometheische Haltung par excellence.

[42] Einige Lehrstunden zu diesem Thema sind zu finden in: „Das Doppelherz des Odysseus und warum Ithaka in Deutschland liegt. Eine pathetische Liebeserklärung an Deutschland", niedergeschrieben von Andreas Marneros im Jahr 2012, ANA, Köln.

Wie schon vorher erwähnt, war Prometheus weder mit Zeus Meinung, noch mit dessen Plänen zur Vernichtung des angeblich sündhaften menschlichen Geschlechtes einverstanden. Er vertrat, wie auch schon gesagt, die Auffassung, dass nicht Strafe, sondern Erziehung, Fürsorge, Liebe, Verstehen, Verzeihen, Bildung, Fortschritt und Wohlstand die Menschen bessern können. Auch manche andere Götter waren Prometheus Meinung. Aber während alle anderen Götter schwiegen, von Zeus eingeschüchtert, zeigte Prometheus „thárros tis gnómis“, Mut zur eigenen Meinung. Er protestierte nicht nur, sondern entschloss sich zu handeln. Und so beging er seinen legendären philanthropischen Feuerdiebstahl.

6.2 Die Strafe und die Unfähigkeit, aus Strafe zu lernen

Nach vielen Tausend Jahren und nachdem die Menschen mit Hilfe des Feuers und des Wissens Städte und Zivilisationen gegründet und sich damit bemerkbar gemacht hatten, nahmen auch die Götter den Diebstahl wahr. Wer aber hatte den Dieb an Zeus verraten? Unfassbar, mein Bruder, die großen Profiteure des Diebstahls haben ihn verraten! Ja, du hast mir damals erzählt, dass es die Menschen waren. Diese Geschichte müssen wir unbedingt später noch behandeln.

Die Legende von Prometheus Bestrafung

Nachdem die Menschen Prometheus an Zeus verraten haben, schäumt der Oberste Gott vor Wut und Enttäuschung. Wut, die er schon lange wegen des Diebstahls hat; die Enttäuschung über den Dieb ist neu. Denn schließlich hat er den edlen Titanen Prometheus immer bewundert. Doch Wut und Enttäuschung sind stärker als Bewunderung. Und so gibt Zeus den Befehl an zwei erbarmungslose Titanen, die in seinen Diensten stehen – Kratos, also die Macht bzw. Staatsmacht, und Bia, die Gewalt –, Hephästos dabei zu helfen, Prometheus an den Felsen oben im Kaukasus zu fesseln. Diese beiden erbarmungslosen Gesellen schleppen Prometheus tatsächlich in den Kaukasus. Unterwegs beschimpfen sie ihn fürchterlich, nennen ihn einen Verräter, einen Verbrecher, den feindlichsten Gott aller Götter. Sie stimmen Zeus Strafe schadenfreudigst zu. Sie können es nicht fassen, dass jemand die Philanthropie über göttlichen Willen und göttliche Macht stellt.

Sie fesseln Prometheus wie befohlen an eine Felswand, mit scheinbar nicht zu lösenden Ketten, von Hephästos, dem Gott der Vulkane und oberstem Schmied der olympischen Götter, selbst geschmiedet. Doch Hephästos hat großes Mitleid mit Prometheus, denn er gehört zu Prometheus Bewunderern. Er macht nur widerwillig mit, den Befehlen des Obersten folgend, zeigt Empathie für den Verurteilten und ist traurig. Des widerwilligen und empathievollen

Hephästos bereitwillige und empathielose Assistenten, Macht und Gewalt, können das nicht verstehen. Prometheus hat nach ihrer Vorstellung das größte aller Verbrechen begangen: Er hat sich dem Machtsystem des Obersten Gottes nicht untergeordnet!

Trotz Hephästos Unbehagen wird die Fesselung an den Kaukasus-Felsen vollzogen. Und als ob die alleine nicht gereicht hätte, schickt Zeus jeden Tag einen Geier. Manche Ästheten der Grausamkeit sagen, es sei ein Adler gewesen. Der Geieradler durchbohrt jeden Tag mit seinem Schnabel Prometheus Körper an der Seite, wo die Leber sitzt, und frisst sie. Doch jede Nacht wächst die Leber wieder nach. Am Tag kommt wieder der Geieradler, und am Tag danach wieder, und wieder, und wieder ... Das Martyrium dauert sehr lange.

Man sagt 30.000 Jahre!

Was denkst du, Sisyphos: Was wollte Zeus eigentlich mit dieser harten Strafe bezwecken? Wollte er etwa Einstellungen und Verhalten von Prometheus ändern? Muss man denn jede Haltung und jede Handlung, die der Obrigkeit nicht gefällt, ein sogenanntes diskonformes Verhalten, sofort durch Strafe zu ändern versuchen? Es obrigkeits-, situations- und gesellschaftskonform machen? Werden denn Einstellungen und Verhalten durch Strafen wirklich verändert?

Strafe und Verhalten

Und die Zunft der Psychiater, Psychologen, Psychosomatiker und Psychoanalytiker fügt wissend hinzu:

In der Tat, Zeus konnte Prometheus Überzeugungen nicht ändern, und so konnte auch die Strafe die Einstellung des Bestraften nicht verändern.

Über die korrektive Wirkung der Strafe gibt es unterschiedliche Meinungen. Manche von uns vertreten die Auffassung, dass sich durch die Strafe unter manchen Bedingungen Verhalten ändern kann. Andere sind der Meinung, dass Strafen oft nicht wirken, weil sie zum einen Widerstand provozieren und zum anderen als von außen verhängte Sanktionierung erlebt werden. Dauerhafte Verhaltensänderungen würden aber eigene innere Überzeugungen erfordern. Manche von uns sind deswegen etwas skeptisch, wenn zur Diagnose der antisozialen bzw. dissozialen Persönlichkeitsstörung das Merkmal „Unfähigkeit, aus Strafe zu lernen" als diagnostisches Kriterium hinzugezogen wird. Diese Unfähigkeit, aus Strafe zu lernen, kann nämlich viele Gründe haben. Und Prometheus, der nicht bereit war, aus seiner Strafe zu lernen, ist mit Sicherheit kein Antisozialer. Im Gegenteil, er ist der Prosoziale par excellence.

Das ist des Mythos archetype Botschaft.

Das denke ich übrigens auch, Sisyphos, was die „Unfähigkeit aus Strafe zu lernen" betrifft. Ich denke an manche stolzen Gefangenen, die aus politischen, religiösen oder sonstigen ideologischen Gründen bestraft werden. Wenn sie ihren Überzeugungen treu bleiben, eine starke Persönlichkeit besitzen und keine opportunistischen Tendenzen haben, dann werden sie aus der Strafe nicht „lernen". Die Ideen, für die sie bestraft werden, werden sie nicht ablegen, die Taten, die sie begangen haben, nicht als Unrecht bezeichnen. Die Strafe wird keine „korrigierende" Wirkung auf sie haben. Antisozial ist das sicherlich nicht.

Lass mich dir folgendes Beispiel geben: In der Zeit und in dem Land, in denen ich lebe, gibt es die sogenannte „Prognosebeurteilung" für Strafgefangene. Das heißt, dass spezialisierte Vollzugbedienstete, in der Regel Psychologen, und dann auch ein sogenannter externer Gutachter, in der Regel Psychiater oder Psychologe, beurteilen, wie hoch die Wahrscheinlichkeit ist, dass der Gefangene nach seiner Entlassung wieder straffällig wird. Ein wichtiges Beurteilungskriterium ist die erwähnte Fähigkeit bzw. Unfähigkeit „aus Strafe zu lernen". Du kannst dir gut vorstellen, dass der aus dem vorherigen Beispiel, der stolze, der aus politischen, religiösen oder ideologischen Gründen Bestrafte, seine Einstellungen nicht ändern wird. In diesem Falle würde die Beurteilung lauten: „Er ist unfähig, aus Strafe zu lernen". Er würde weiter in Gefangenschaft bleiben, bis er auch den letzten Tag seiner Strafe verbüßt hat.

Ein solch stolzer Gefangener „mit der Unfähigkeit, aus Strafe zu lernen", war auch Prometheus, wie wir bald hören werden.

Wenn aber eine Strafe in bestimmten Fällen keine korrigierende Wirkung haben kann, muss man in diesen Fällen zusätzlich zur Sanktionierung und zur Isolierung von der übrigen Gesellschaft nicht auch andere Gründe für die Verhängung der Strafe in Betracht ziehen? Etwa Machtausübung – das kennen wir gut in der Tyrannis, heutzutage sagen wir Diktatur dazu. Der Mächtige bestraft jemanden auch, um andere einzuschüchtern, um sie gefügig zu machen. War die Bestrafung von Prometheus durch Zeus – vollstreckt durch dessen Gehilfen und Knechte Macht und Gewalt – nicht ein Ausdruck grenzenloser Macht? War das nicht auch eine Demonstration seiner Macht gegenüber potentiellen Dissidenten und Abweichlern? Oder war es bloß Rache? So wie deine Bestrafung durch den Obersten Gott eine Art Rache war? Oder vielleicht beides zusammen? Nicht ungewöhnlich, sicherlich, wie die Äonen uns lehren!

6.3 Der Stolz und die Fähigkeit, aus Strafe nichts zu lernen

Höchst bewundernswert, ehrfurchteinflößend, paradigmenstiftend, wie Prometheus auch nach so vielen tausend Jahren Fesselung und Martyrium seinen Einstellungen und Taten treu bleibt.

Prometheus stolze Unbeugsamkeit

Während des Jahrtausende anhaltenden Martyriums bekommt Prometheus immer wieder einmal Besuch. Zuerst von den Töchtern des Okeanos, den Okeaniden, die ihm ihre Solidarität und ihr Mitgefühl bekunden. Prometheus beklagt zwar sein Leiden, erklärt aber auch, dass er stolz ist auf das, was er getan hat. Du weißt schon: Er hat den Sterblichen die Hoffnung eingepflanzt und ihnen gleichzeitig die Fähigkeit genommen, in die eigene Zukunft zu sehen. Und damit das Schicksal, ein Leben lang auf den eigenen Tod und das zu erwartende Leiden zu starren. Darüber werden wir bald ausführlich sprechen. Und er hat ihnen dazu noch das Feuer und die Zivilisation gebracht sowie bei der Verteilung der Güter die Götter zugunsten der Menschen ausgetrickst. Nichts davon bereut er, versichert er den Okeaniden. Auch ihren Vorschlag, dass ihr Vater Okeanos einen Vermittlungsversuch bei Zeus unternehmen könnte, schlägt Prometheus aus. Um Gnade bitten wird er nicht. Dabei will Zeus nur ein Zeichen der Reue von ihm, so klein es auch sein mag, damit er das Martyrium beenden kann, ohne sein Gesicht zu verlieren.

Zeus selbst schickt seinen Boten Hermes zu Prometheus, um ihn umzustimmen. Dem zeigt Prometheus jedoch seine stolze Haltung, beschimpft Hermes als „Gottesknecht" und schleudert ihm geradezu ins Gesicht: *„Mit deinem Frondienst möchte ich mein Unglück nicht tauschen, das sollst du dir ganz genau merken."*[43] Er zeigt seine Verachtung für all die anderen, die keinen Charakter zeigen und den Mund nicht aufmachen, um Zeus Plänen zu widersprechen, obwohl sie sie nicht gut finden. Prometheus möchte nicht so sein wie diese Opportunisten und Karrieristen. Trotz des Martyriums bleibt er in seiner Haltung konsequent und lehnt alle Kompromissangebote ab, die Hermes im Auftrag von Zeus übermittelt. Er bleibt sich selbst treu. Dein französischer Biograf, auch ein großer Bewunderer von Prometheus, schreibt in diesem Zusammenhang[44]: *„So erinnert der Mythos des Prometheus daran, dass jede Einschränkung des Menschen nur vorübergehend sein kann und dass man dem Menschen nur dient, wenn man ihm ganz dient. Der gefesselte Held bewahrt inmitten von Blitzen und göttlichem Donner seinen ruhigen Glauben an den Menschen."*

Der als Knecht Gottes geschmähte Hermes versteht diese Haltung, die er als Starrsinn bezeichnet, überhaupt nicht. *„Wahrhaftig, nur bei Geistesgestörten sind solche Gedanken und Worte zu hören wie deine"*[45]. Hermes erkennt

[43] Das sagt er Äschylos in „Prometheus in Fesseln", Vers 966–967.
[44] Ich meine natürlich Albert Camus, seine Worte stammen aus „Prometheus in der Hölle" (1946). In: Heimkehr nach Tipasa. In: Storch W, Damerau B (Hrsg.) Mythos Prometheus: Texte von Hesiod bis René Char (2005). Reclam, Leipzig.
[45] Auch in Äschylos „Prometheus in Fesseln". Vers 1054–1055.

nicht, dass Prometheus mit seiner unbeugsamen stolzen Haltung und seinem konsequenten Handeln den Zustand der Freiheit erlangt hat: Frei von Autoritätszwängen, frei im Sinne des nach bestem Wissen und Gewissen Handelnden.

Prometheus Haltung widerspricht auch dem Gottesknecht Kratos, Personifizierung der Macht, der, als sie ihn fesseln, die vieldeutigen, durch die Jahrtausende vagabundierenden berühmten Worte spricht: *„Denn frei ist niemand außer Zeus"*[46] *(„ελεύθερος γαρ ούτις εστί πλήν Διός")*. Damit drückt er blinden Gehorsam oder Pessimismus oder Fatalismus oder Pragmatismus oder Glaube oder bloß Gewissensberuhigung und Externalisierung von Schuld und Verantwortung oder auch alles zusammen aus.

Oh, mein Bruder Sisyphos, ich weiß, ich weiß, was du denkst, wenn du mich so anschaust. Du denkst sicherlich: Wenn das stimmt, dass niemand außer Zeus frei ist, dann sind meine Zwangsarbeit, mein unfreiwilliges Angekettetsein an die Arbeit und meine Isolationshaft nichts anderes als Erscheinungsformen der Unfreiheit jedes Menschen. Ich denke, das sind deine Gedanken. Habe ich Recht? Danke für die nonverbale Bestätigung. Aber gerade Prometheus konsequente Haltung widerspricht der Meinung von Zeus Knechten, diesen Personifikationen von Macht und Gewalt. Genau durch seine Haltung erlangt Prometheus eine besondere Freiheit:

Die Freiheit von Autoritätszwängen, die Freiheit von Opportunismus,
die Freiheit von kompromittierenden Kompromissen,
die Freiheit, die jemandem das Handeln nach bestem Wissen und Gewissen verleiht.

Unfreiheiten, die uns Menschen plagen, und die sind leider alltäglich und universal, inklusive deiner Zwangsarbeit, sind Unfreiheiten, die uns irgendwelche Knechte irgendeines Zeus auferlegen. Und leider ist nicht jeder von uns ein Prometheus – besser gesagt, nur die allerwenigsten haben den prometheischen Mut und Stolz.

Des gefesselten Prometheus stolze Haltung ist nicht nur verständlich, sondern auch berechtigt. Er hat jeden Grund, stolz zu sein.

Der Stolz

Und die Zunft der Psychiater, Psychologen, Psychosomatiker und Psychoanalytiker fügt wissend hinzu:

[46] Ebenda, Vers 50.

In der Tat, Prometheus ist eindeutig auch ein Archetyp des positiven, des erhabenen Stolzes.

Der Stolz ist eine elementare Emotion, die von dem subjektiven Gefühl großer Zufriedenheit mit sich selbst sowie von Steigerung der Selbstachtung und des Selbstwertgefühls begleitet wird, und zwar unabhängig davon, ob Quelle des Stolzes die eigene Person ist oder eine Erfahrung im Verbund mit anderen, etwa Familie, Gruppe etc. Voraussetzung für die Entstehung von Stolz ist die Gewissheit, dass man etwas Besonderes geleistet hat, das kompatibel mit dem eigenen Wertehorizont und der eigenen Weltanschauung ist und was im besten Falle auch von der Gesellschaft anerkannt ist. In idealer Form wird die Selbstachtung durch Achtung und Anerkennung von anderen begleitet und komplettiert.

Den persönlichen Stolz mit seinen Begleiterscheinungen mögen die Mächtigen – Tyrannen aller Art und Götter jeglicher Couleur – überhaupt nicht. Das ist ein Grund, warum unter anderem institutionalisierte Religionen den Stolz, unter welcher Bezeichnung auch immer, nicht selten als Tod- bzw. Hauptsünde deklarieren. Sie fürchten den stolzen, freien, sich selbst achtenden, unabhängigen Menschen.

Allerdings kann eine religiöse Ethik, die den Stolz verurteilt, in bestimmter Hinsicht Recht haben. Man muss nämlich aufpassen: Nicht jeder Stolz darf positiv bewertet und als Ausdruck der Selbstachtung, der Erhabenheit oder der Würde betrachtet werden. Neben dem positiven Stolz, der aus der Gewissheit resultiert, etwas Gutes, Positives und Richtiges für sich selbst oder für andere geleistet zu haben, gibt es auch den falschen Stolz. Etwa den des Söldners, der stolz darauf ist, viele Menschen getötet zu haben. Oder den des Betrügers, dessen Stolzhöhe mit der Länge seiner Betrugsliste einhergeht. Falscher Stolz ist auch der Stolz auf etwas, das man nicht selbst geschaffen hat.

Und dann gibt es noch den krankhaften Stolz, etwa als Merkmal einer Persönlichkeitsstörung. Vor allem des Narzissten, des geltungsbedürftigen Psychopathen[47]. Oder als kompensatorische Strategie bei schwachen, sogenannten asthenischen, oder dependenten, d. h. von anderen abhängigen Persönlichkeiten. Der prometheische Stolz ist der erhabene Stolz.

Das ist des Mythos archetype Botschaft.

6.4 Vergebung und Reputation

Aus welchen Gründen auch immer, endlich beschließt Zeus, seinen Widersacher befreien zu lassen. Nachdem Prometheus lange, manche sagen 30.000 Jahre lang, an den Kaukasus gefesselt war. 30.000 Jahre, in denen jeden Tag aufs Neue – weit über 10 Mio. Male (!), kannst du dir das vorstellen, Sisyphos? – seine Leber von dem Geieradler gefressen wurde.

[47] S. Kap. 29.

Die Legende von Prometheus Befreiung

Zeus, hast du mir damals erzählt, gibt diskret und heimlich die entsprechende Anweisung. Diskret und heimlich, weil er vor Göttern und Menschen nicht als unglaubwürdig dastehen will. Seine Anweisung kann deshalb nur eine ihm absolut loyale und vertrauensvolle Person ausführen, nämlich Herakles, sein Lieblingssohn. Der bekommt den Auftrag, Prometheus möglichst unauffällig von seinen Ketten zu befreien. Herakles tötet zuerst mit seinen Pfeilen den leberfressenden Geieradler. Nebenbei bemerkt: Zeus war so erleichtert, nachdem die von ihm angeordnete Geheimmission gelungen war, dass er aus heller Begeisterung und Jubelstimmung den Pfeil des Herakles, der den Geier getötet hatte, in den Himmel hob. So sagen es manche Mythographen. Die Menschen sehen ihn bis heute am Firmament als Gestirn der Sagitta, was „der Pfeil" bedeutet. Die Zentauren meinen allerdings, der Pfeil habe gar nicht dem Herakles gehört, sondern einem von ihnen. Der Streit ist bis heute nicht entschieden.

Wie auch immer. Du, Sisyphos, hast mir damals erzählt, dass es ein hartes Werk war – sogar für Herakles, den Helden der Helden –, die Ketten des Hephästos, des olympischen Schmiedes, zu brechen, mit denen Prometheus gefesselt war. Denn sie waren tatsächlich für die Ewigkeit geschmiedet. Doch Herakles hat es bekanntlich geschafft, das Ewige zu brechen oder besser gesagt zu sprengen. Und das, obwohl er damals nur ein Halbgott war und noch kein Vollgott. Das ist offensichtlich einer der Gründe, warum die Menschen später, viel später, begonnen haben, darüber nachzudenken, ob alles, was als „ewig" bezeichnet wird, so wie die göttlichen Fesseln, tatsächlich für die Ewigkeit gemacht ist.

Prometheus Befreiung konnte natürlich nicht unentdeckt bleiben. Nach der bekannten Weisheit, dass nichts geheim bleibt, worauf Helios blickt. Seitdem spekulieren die Menschen darüber, wieso Zeus seine Entscheidung von der ewigen Strafe für Prometheus revidiert und nach bloß 30.000 Jahren dessen Begnadigung angeordnet hat.

Die einen sagen, es sei bloß Ausdruck von Dankbarkeit gewesen. Zeus nämlich habe unbedingt eine Liebesaffäre mit der wunderschönen Meeresnymphe Thetis anfangen wollen. Prometheus, der „Im-Vorhinein-Denkende" und auch „Voraus-Sehende" habe gewusst, dass das nicht gut ausgehen würde. Er konnte nämlich voraussehen, dass Thetis einen Sohn zur Welt bringt, der stärker als der Vater wird. Zeus wäre dann in Gefahr gewesen, von seinem eigenen Sohn entmachtet zu werden. So wie er selbst einige Jahrtausende vorher seinen Vater Kronos entmachtet hatte. Der vorausblickende Prometheus habe Zeus über das, was passieren wird, informieren lassen. Und so habe der Oberste Gott in Sorge um die eigene Degradierung und Angst vor Entmachtung die Finger von Thetis gelassen. So wird er übrigens, wenn auch nur vorübergehend, von der grassierenden Götterkrankheit, der Götterphobie, befreit und entgeht zunächst der Gefahr.[48] Und so kam es dazu, dass er die geheime Befreiungsanweisung an seinen Lieblingssohn Herakles gab. An dieser Stelle sei in Parenthese gesagt, Sisyphos: Das ist typisch Prometheus! Der Gepeinigte rettet seinen Peiniger! Erhabenheit pur, nicht wahr?

Andere wiederum sagen, von wegen Dankbarkeit! Es stimme zwar, dass Prometheus Zeus gewarnt habe, allerdings nicht, weil er ihm einen Gefallen tun wollte oder um Milde oder gar Gnade bei ihm zu erlangen, sondern weil er sich

[48] S. Kap. 25.

Sorgen um die Ordnung der Welt machte. Prometheus sei davon überzeugt gewesen, dass Zeus olympische Mannschaft die beste Göttermannschaft ist, die das Pantheon bis jetzt anzubieten hat. Und aus Sorge um die Menschen auf der Welt habe er nicht gewollt, dass die herrschende Weltordnung zu bröckeln beginne.

Wie auch immer. Auch wenn es so gewesen sein sollte, dann ist es ein Ausdruck von prometheischer Größe. Auf jeden Fall! Zeus sei sehr, sehr beeindruckt gewesen von Prometheus uneigennütziger und vor allem verbitterungs- und rachefreier Warnung – obwohl der seit 30.000 Jahren sein gefesselter und gemarterter Gefangener war (!). Und so habe er mit der Geheimoperation durch Herakles seine Dankbarkeit und Bewunderung gezeigt.

Wieder andere sagen schließlich, dass das Ganze überhaupt nichts mit Prometheus Warnung an Zeus zu tun hatte. Zeus, der im Kern kein so schlechter Kerl sei, habe sich aus purer Bewunderung für Prometheus Edeleigenschaften entschieden, dem in seinen Augen Sündigen zu vergeben.

Und das, obwohl Prometheus während der Jahrtausende andauernden Strafe nichts, aber auch gar nichts bereut hat. Dieser Punkt geht an Zeus, meinst du nicht auch?

Wie auch immer, Zeus zeigte eine der vornehmsten Tugenden eines Herrschers – nach Aristoteles –, die Fähigkeit zur Vergebung eben.[49] Allerdings ist Vergebungsfähigkeit nicht nur für Herrscher, sondern für jeden Menschen eine positive psychische und Persönlichkeitseigenschaft. Doch für den Mächtigen ganz besonders, vor allem wenn man nicht darum gebeten wird. Und wenn der andere sich nicht beugen lässt, um Vergebung zu erlangen. So wie in Prometheus Fall.

Die Vergebung

Und die Zunft der Psychiater, Psychologen, Psychosomatiker und Psychoanalytiker fügt wissend hinzu:

In der Tat hat Prometheus Zeus nicht um Vergebung gebeten, geschweige denn sie von ihm gefordert. Er hat sich nicht beugen lassen. Und bereut hat er auch nichts.

Vergebung ist ein primär innerseelischer Vorgang und bedeutet den Verzicht einer Person, die sich als geschädigt empfindet, auf den Schuldvorwurf gegen den Täter und den Verzicht auf Konsequenzen, etwa Wiedergutmachung. Die Vergebung kann Resultat von Einsicht und Reue des Täters sein, aber auch unabhängig davon.

Vergebung kann, bewusst oder unbewusst, auch von Vorteil für den Vergebenden sein. Sie ist nämlich eine kompensatorische Bewältigungsstrategie, eine sogenannte Copingstrategie, mit der eine geschädigte Person die belastenden Folgen eines psychischen Traumas bewältigen kann. Insofern kann Vergeben

[49] So schreibt er in seiner Nikomachischen Ethik.

positive psychische Auswirkungen auch für den Geschädigten haben. Der Vergebende befreit sich dadurch aus der Opferrolle. Positive Auswirkungen kann Vergebung auch für den Schädiger bzw. den Täter haben. Die Vergebung betrifft den Täter (als Empfänger) und den Geschädigten (als Vergebenden), aber nicht die Tat. Allerdings sind manche Menschen unfähig zu vergeben. So etwa sehr nachtragende Persönlichkeiten, wie es die narzisstische, die antisoziale und auch die paranoide Persönlichkeit sein kann.

Es ist nicht überraschend, dass Zeus 30.000 Jahre gebraucht hat, um Prometheus zu vergeben. Vergeben ist nämlich oftmals ein länger dauernder Prozess. Beim Menschen braucht es natürlich nicht so lange, doch was sind 30.000 Jahre für Götter?

Allerdings darf die Großzügigkeit von Zeus nicht kleingeredet werden. Vergebung kann nämlich von niemandem gefordert werden. Sie erfolgt ausschließlich nach freier Entscheidung des Geschädigten bzw. des Opfers. Natürlich kann eine Entschuldigung bzw. Bitte von Seiten des Täters hilfreich sein. Sie ist allerdings keine Voraussetzung dafür.

Das ist des Mythos archetype Botschaft.

Ich denke, es ist klar, dass derjenige, der die Fähigkeit und die Bereitschaft zur Vergebung hat, eine hohe moralische Reputation in seiner sozialen Umgebung und vielleicht sogar in der breiten Öffentlichkeit genießt. Ganz besonders gilt das für den vergebenden Mächtigen. Die Öffentlichkeit nimmt so etwas als großmütig und als Ausdruck von Gütigkeit wahr. Für Zeus aber war so ein Ruf offenbar von geringerer Bedeutung als seine Reputation und seine Glaubwürdigkeit. Er wollte unter keinen Umständen sein Gesicht verlieren. Und so entstand folgende Legende, die du, Sisyphos, mir einmal erzählt hast.

Zeus verliert sein Gesicht nicht – und wie der Schmuck entstanden ist

Zeus gibt zwar Herakles den heimlichen Auftrag, Prometheus zu befreien, sieht aber darin eine Gefahr: Dass nämlich seine Glaubwürdigkeit, seine Standfestigkeit und seine Reputation angezweifelt werden könnten. Er befürchtet, als Schwächling, als unglaubwürdig und mit einem irreparablen Gesichtsverlust dazustehen. Die Strafe, die er Prometheus auferlegt hatte, sollte ja für alle Ewigkeit gelten, dies hatte Zeus der ganzen Welt verkündet. Und nun lässt er des Widersachers Ketten sprengen und ihn vom Felsen befreien! Um das Gesicht nicht zu verlieren und seine Reputation nicht zu schädigen, schlägt er also einen Kompromiss vor. Prometheus soll in alle Ewigkeit um den Hals und um den Arm ein Stück seiner Ketten tragen – gleichzeitig oder abwechselnd. Und sowohl in die Halskette als auch in das Armband soll ein kleines Stück des Kaukasus-Felsens eingearbeitet sein. Damit ist Prometheus symbolisch noch an den Felsen gekettet. Und so verliert Zeus sein Gesicht nicht. Prometheus sieht in dieser Lösung nichts Verwerfliches, er verrät damit keines seiner Prinzipien. Im Gegenteil, er hilft jemanden dabei, sein Gesicht zu wahren.

Die Menschen, die Prometheus nach seiner Befreiung triumphal empfangen, nehmen sein Armband und die Halskette mit dem eingearbeiteten Steinchen wahr. Sie gefallen ihnen, bald werden die Stücke kopiert. Und im Verlauf der Jahre ersetzen Edelsteine die einfachen Kaukasussteinchen.

Zeus Reputation ist gerettet. Und der Schmuck ist geboren. Wahrscheinlich werden Ketten und Armbänder die Menschen schmücken, solange es Menschen gibt.

Reputation und Vermeidung von Gesichtsverlust kann im sozialen Leben eines Menschen sehr bedeutsam sein. Ja, für manche Menschen oder Gesellschaften ist das wichtiger als manche Tugenden, wie etwa Großmut und Gütigkeit. Zeus hat es uns vorgemacht. Aber auch Prometheus hat uns ein Beispiel gegeben: Es gehört auch zu den Tugenden, nicht dazu beizutragen, dass der andere sein Gesicht verliert, sondern vielmehr ihm dabei zu helfen, es zu wahren.

Reputation

Und die Zunft der Psychiater, Psychologen, Psychosomatiker und Psychoanalytiker fügt wissend hinzu:

In der Tat, Prometheus hat Zeus geholfen, sein Gesicht und seine Reputation zu wahren. Somit steht er auch als Archetyp für die Fähigkeit, jemand anderen sein Gesicht wahren zu lassen.

Reputation bezeichnet das Ansehen einer Person oder einer – in der Regel institutionalisierten – Gruppe. Sie ist Ausdruck der Anerkennung, die einer Person oder einer Personengruppe von der Gesellschaft zuteilwird. Insofern ist Reputation auch ein wichtiger Aspekt von Selbstwertgefühl und Selbstdefinition einer Person. Schädigung oder gar Verlust der Reputation, „Gesichtsverlust", ist nicht nur für das soziale Leben, sondern auch für das Selbstwertgefühl der Person und ihre Zufriedenheit mit sich selbst von hoher negativer Bedeutung.

Es gehört zu den positiven sozialen Eigenschaften einer Person, das „Gesicht" ihres Interaktionspartners nicht zu schädigen, sondern ihm vielmehr dabei zu helfen, sein Gesicht zu wahren. Im Großen und Ganzen gilt die Regel: Wer anderen Ansehen verleiht, gewinnt damit zugleich selbst an Ansehen.

Das ist des Mythos archetype Botschaft.

Ja, mein lieber Bruder Sisyphos, es ist eine edle Sache, jemandem dabei zu helfen, sein Gesicht zu wahren. Und, da sind wir uns sicher einig, Prometheus war ohne Zweifel ein edler Titan.

7

Dankbarkeit und Verantwortung

7.1 Die Dankbarkeit

Vorher haben wir angedeutet, wer Prometheus an Zeus verraten hat. Was du mir damals erzählt hast, war für meine kindliche Welt unfassbar, mein Bruder. Die großen Profiteure des Diebstahls, die Menschen, haben ihn verraten! Was du mir damals darüber berichtet hast, hat mich tief erschüttert. Ich habe Dankbarkeit und nicht Undankbarkeit und Verrat dem Wohltäter gegenüber erwartet. Das habe ich von deiner damaligen Erzählung noch in Erinnerung:

Die Legende von einer Undankbarkeit und einem Verrat

Nachdem Prometheus den Menschen das Feuer gebracht und sie in die Kunst seiner Verwaltung und Beherrschung eingeführt hat, entwickeln sie mit seiner Hilfe und der seiner besten Freundin, der Weisheitsgöttin Athena, wie auch mit Unterstützung des Gottes des Handwerkes, Hephästos, das Handwerk, die Künste und die Zivilisation. Sie bauen die Polis auf und machen daraus die Politik. Sie werden immer selbstbewusster und können die Natur weitgehend beherrschen – zumindest glauben sie das. Dann, davon haben wir ja schon gesprochen, trickst Prometheus die Götter aus, indem er ihnen bei der Sitzung in Mekone die wertloseren Opfergaben unterjubelt, während er für die Menschen die fetten, schönen Teile der geopferten Tiere zurückhält. Und du hast mir noch erzählt, wie Prometheus den Menschen mit der Einpflanzung der Hoffnung tief in ihre Brust Energie, Initiative, Kreativität und Gestaltungsmöglichkeiten für das eigene Leben und die eigene Zukunft gegeben hat – zumal er die Menschen von der Last des Wissens um die eigene Zukunft befreit hat. Darüber werden wir uns auch bald unterhalten. Bei Zeus, Sisyphos, was für ein Segen ist über die Menschen hereingebrochen. Was für unsagbar kostbare Geschenke sind es, die sie mit den prometheischen Gaben bekommen haben!

A. Marneros, *Mein Bruder Sisyphos, mein Freund der Minotauros*,
https://doi.org/10.1007/978-3-662-55808-9_7

Jeder hätte gedacht, dass Prometheus damit der ewigen und unerschütterlichen Dankbarkeit des Menschengeschlechtes gewiss sein kann. Weit gefehlt, sagtest du mir, als du mir die Geschichte erzähltest. Die Menschen taten genau das Gegenteil. Die dachten es nicht nur, sondern sagten es auch: „Wir haben es satt, jeden Morgen und jeden Abend daran zu denken, dass wir alles das nicht selbst erreicht haben, sondern einem anderen verdanken. Und wem denn? Einer zweitrangigen Gottheit, einem Titanen, der seinesgleichen überlebt hat, weil er rechtzeitig eine Allianz mit Zeus geschlossen hat. Wenn er mindestens ein olympischer Gott, also ein erstklassiger Gott, wäre. Doch das ist er nicht. Und ihm sollen wir ewig danken, ihn immerfort preisen? Nein, genug davon. Viel klüger ist es, wenn wir uns einem erstklassigen, einem olympischen Gott anschließen. Toll wäre es natürlich, wenn wir diesen erstklassigen olympischen Gott auch dazu bringen, sich uns gegenüber zu Dank verpflichtet zu fühlen. Am besten wäre der Oberste Gott, also Zeus persönlich. Das wäre Klasse! Außerdem können wir viel mehr erreichen, wenn wir dem Obersten Gott gefällig sind. Da schlagen wir zwei Fliegen mit einer Klappe: Zum einen ist uns eine Belohnung durch Zeus gewiss, zum anderen lösen wir uns endlich von der lästigen Dankbarkeitspflicht Prometheus gegenüber."

Gedacht, gesagt, getan.

Eine Delegation der Sterblichen besucht einen Altar des Unsterblichen. Man sagt, es sei der Altar des Olympischen Zeus in Olympia gewesen. Dort offenbaren die Abgesandten dem Vater von Menschen und Göttern alles: Wer den Göttern das Feuer gestohlen und es den Menschen gegeben hat. Und auch wie Prometheus in Mekone die Götter ausgetrickst hat. Und wie er schließlich den Göttern die Hoffnung entwendet und sie in die Brust der Sterblichen eingepflanzt hat, während er gleichzeitig die Fähigkeit des Zukunftvoraussehens entfernt hat. Irgendwie hatte Zeus von all dem wohl schon etwas geahnt, auch wenn die Götter von damals – im Gegensatz zu den heutigen – nicht alles wussten und nicht alles konnten. Wie es auch sein mag, diese Loyalitätserbietung von Seiten der Menschen erfreut den Obersten sehr, und deshalb macht er ihnen tatsächlich das größte Geschenk, das er in seiner Schatzkammer hat:

Die ewige Jugend!

Zeus steckt alles, was zur ewigen Jugend gehört, in einen Sack: die ewige Schönheit, die immerwährende Gesundheit, die unerschöpfliche Kraft, die unerschütterliche Lebensfreude und vieles andere. Er übergibt den Sack den Menschen und sagt mahnend:

„Passt sehr gut auf dieses kostbare Geschenk auf! Lasst es nie aus den Augen! Und vor allem: Geht verantwortungsvoll mit ihm um!"

Eigentlich, Sisyphos, hätte ich erwartet, dass der Oberste Gott diese undankbaren Menschen, die ihren Wohltäter ohne Not verrieten, nicht belohnt, sondern bestraft. Ich habe damals gedacht, dass Wohltaten, wie die des Prometheus, ewige und uneingeschränkte Dankbarkeit verdienen.

Schon wieder schaust du mich mit diesem fragenden, etwas ironisch-staunenden Blick an. Du denkst vermutlich: „Wie naiv, wie naiv!" Naja, damals als du mir all das erzähltest, großer Bruder, war ich ein Kind und unerfahren. Jetzt bin ich das nicht mehr, und zu meiner Lebenserfahrung kommt noch das Wissen des Psychiaters. Inzwischen weiß ich, dass man wohl Anspruch auf Dankbarkeit hat, aber einfordern kann man sie nicht. Ich habe daraus etwas noch Wichtigeres gelernt:

Erwarte keine Dankbarkeit für eine Wohltat. Sei vielmehr vorbereitet auf Undankbarkeit.

Die Undankbarkeit

Und die Zunft der Psychiater, Psychologen, Psychosomatiker und Psychoanalytiker fügt wissend hinzu:

In der Tat, das ist eine Lehre, die wir gezogen haben. Und so können wir die Haltung der Menschen Prometheus gegenüber als Archetyp dafür annehmen.

Undankbarkeit dem Wohltäter gegenüber entsteht durch die asymmetrische Beziehung zwischen Wohltäter und Wohltatempfänger. Der Wohltäter ist der Geber und insofern der Stärkere in der Zweierbeziehung. Der Wohltatempfänger strebt – bewusst oder unbewusst – danach, seine Rolle als der Schwächere zu verändern und eine symmetrische Beziehung zu dem Stärkeren, seinem Wohltäter, herzustellen. Selbst wenn es nur subjektiv ist, kann er damit vielleicht sein Selbstwertgefühl steigern. Einstellungen und Handlungen des Wohltatempfängers zur Verstärkung des eigenen Selbstwertgefühls können zur Einschränkung, vorläufigen Suspendierung oder gar Eliminierung seiner Dankbarkeit dem Wohltäter gegenüber führen.

Das ist des Mythos archetype Botschaft.

Ach, ein wenig Verständnis dafür habe ich doch, Sisyphos. Wer will schon der Schwächere sein? Ich billige Undankbarkeit natürlich nicht, ich verurteile sie sogar auf schärfste, aber ich kann ihre Entstehung verstehen.

Es gibt übrigens sogar Experten, die das, was die Menschen Prometheus angetan haben, weder als Undankbarkeit, noch als Verrat bezeichnen, sondern als edle und großartige Tat. Das überrascht dich, nicht wahr, Sisyphos? Die Tat sei eine Verbeugung vor dem Göttlichen und das Erkennen des Frevelhaften, sagen sie. Das behaupten sogar manche, die *„die Undankbarkeit als ein Verbrechen, das nahezu alle anderen Verbrechen in sich einigt"*, bezeichnen[50].

Ansichtssache! Oder, Sisyphos?

7.2 Die Last der Verantwortung

Ja, man hätte erwartet, dass die Menschen ein so großartiges göttliches Geschenk, das der ewigen Jugend, wie ihren Augapfel hüten und voller Verant-

[50] Das sind die Worte von Sir Francis Bacon in seinem Buch „Die Weisheit der Alten" (1609), herausgegeben von Philipp Rippel (1990), Fischer, Frankfurt a. M.

wortungsgefühl mit ihm umgehen. Man hätte das erwartet, doch geschehen ist es nicht, wie du mir erzählt hast. Deine Geschichte von damals habe ich noch sehr lebendig in Erinnerung:

Die Legende vom Verlust der ewigen Jugend

Als Zeus den Menschen den Sack mit den vielen Segnungen und Gütern der ewigen Jugend schenkt, bricht in allen Winkeln der Erde Jubel aus. Gesang und Tanz und Völlerei beherrschen tage- und nächtelang die Feste, die die Menschen feiern. Aber niemand will den Sack mit den Gütern der ewigen Jugend auf seinen Schultern tragen. Die Menschen haben nämlich festgestellt, dass das Tragen der ewigen Jugend sehr schwer ist. Sie beschließen also, einem Esel den Sack auf den Rücken zu binden und ihn für sich tragen zu lassen. Unbekümmert setzen sie ihre Festlichkeiten fort. Niemand fühlt sich verantwortlich, weder für die Unversehrtheit des Sackes, noch für das Wohlergehen des Esels, obwohl alle wissen, dass das arme Tier eine schwere Last zu tragen hat. Sie vertrauen darauf, dass der angeblich anspruchslose, gehorsame und geduldige Esel nichts Falsches tut. Keine Belohnung ist von ihnen vorgesehen für den Träger der schweren Last. Sie vergessen sogar, Hunger und Durst des Esels zu stillen.

Der so vernachlässigte Esel bekommt immer größeren Hunger und vor allem unerträglichen Durst. Er wartet mit übergroßer Geduld, dass die Menschen ihm etwas zu fressen und vor allem zu saufen geben. Vergeblich! Aber auch eines Esels Geduld geht irgendwann zu Ende. Schließlich macht sich der Esel selbstständig und geht auf die Suche nach einer Quelle und einer Wiese mit saftigem Gras. Und siehe da, schon nach wenigen Metern findet er eine Quelle mit kristallklarem Wasser. Hocherfreut rennt er zu ihr hin – wobei „rennt" vielleicht ein wenig übertrieben ist, wenn man an die schwere Last denkt, die er zu schleppen hat. Als er endlich mit seinem Maul die Wasseroberfläche berührt, hört er eine schrille, zischende, Stimme, die ihn beschimpft und ihm droht. Es ist die Stimme einer Riesenschlange, die dem Esel zuzischt, er solle gefälligst von ihrer Quelle verschwinden. Dem zu Tode erschrockenen, durstigen Esel kommen die Tränen. Weinend bittet er die Schlange, ihm doch zu erlauben, etwas von ihrem Wasser zu trinken. Und er erzählt ihr, wie die Menschen ihn vernachlässigen, obwohl er für sie eine so schwere, aber vor allem eine so kostbare Last trägt.

Beim Wort „kostbar" wird die Schlange aufmerksam und neugierig. Sie stellt ihr Zischen für einen Moment ein. Und der Esel erzählt ihr die Geschichte von Zeus Geschenk der ewigen Jugend an die Menschen. Die Worte „ewige Jugend" elektrisieren die Schlange. Schlagartig ändert sie ihre Haltung und versucht, freundlich zu sein. Dabei hypnotisiert sie den erschöpften Esel mit ihren Augen und gibt sich verführerisch. Sie bekundet ihr Mitleid mit dem leidenden Tier und ihre Abscheu vor den unverantwortlichen Menschen. Dann macht sie ein Angebot: Der Esel darf so viel Wasser aus ihrer Quelle trinken, wie er will und kann. Dafür aber muss er den Sack mit den Gütern der ewigen Jugend bei ihr lassen. Das sei eine angemessene Entschädigung für das durststillende Wasser, sagt sie listig. Und außerdem auch eine Erleichterung für den gequälten und von den Menschen vernachlässigten Esel. Der, immer noch getrieben von brennendem Durst und angewidert von dem Verhalten der verantwortungslosen Menschen, entscheidet sich nach kurzer Überlegung, das Angebot der Schlange anzunehmen.

Und so kam es dazu, dass die Menschen das Geschenk der ewigen Jugend für ewig verloren haben.

Es bleibt bei der Schlange, die alle paar Wochen eine neue Haut bekommt, die immer schön glänzend und jung aussieht. Während die Menschen Tag für Tag älter werden.

Als du mir das damals erzählt hast, mein Bruder, war ich offen gestanden erschrocken. Ich habe bei mir gedacht: „Was für eine Verantwortungslosigkeit! Was für eine unglaubliche Pflichtverletzung beim Umgang mit einem göttlichen Geschenk! Wie konnten die Menschen bloß so unverantwortlich und unsorgsam mit so einem Schatz umgehen! Dafür haben die Menschen zu Recht schwer gebüßt."

Verantwortung ist auch eine Pflicht

Und die Zunft der Psychiater, Psychologen, Psychosomatiker und Psychoanalytiker fügt wissend hinzu:

In der Tat, das genau soll uns der Mythos archetypisch vermitteln.

Verantwortung hat viele Bedeutungen und beinhaltet Unterschiedliches. Aber eine davon ist der Aspekt der Pflicht. Die Pflicht des Menschen, als Individuum oder als organisierte Gesellschaft dafür zu sorgen, dass alles Notwendige getan wird, um möglichst das Beste und Richtigste in dem jeweiligen Kontext zu erreichen und keinen Schaden oder Verlust entstehen zu lassen. Die mit der Verantwortung verknüpfte Pflicht hat nicht nur moralische Aspekte, sondern auch psychosoziale Funktionen. Sie trägt nämlich dazu bei, dass innere Zufriedenheit und Selbstachtung sowie Achtung und Anerkennung durch die anderen, aber auch ein Gefühl der Sicherheit und Zuverlässigkeit für den diese Pflicht Erfüllenden entstehen. Das Gegenteil trifft für den die Pflicht nicht Erfüllenden zu. Die Art, wie jemand mit der Pflicht der Verantwortung umgeht, wird von der Gesellschaft belohnt oder bestraft. Er trägt die Konsequenzen seines verantwortungsvollen oder verantwortungslosen Handelns.

Das ist des Mythos archetype Botschaft.

Es ist erstaunlich, Sisyphos, wie häufig Menschen sich unverantwortlich verhalten, obwohl sie eigentlich wissen müssten, dass die Verletzung der Verantwortungspflicht zu schmerzhaften Konsequenzen führen kann. Ein schwaches Verantwortungsgefühl haben wir häufig bei unreifen und infantilen wie auch bei dissozialen Persönlichkeiten. Das Wort „Verantwortung" als solches deutet übrigens schon auf Konsequenzen hin. Die Etymologen sagen uns, dass „verantworten" zwar antworten bedeutet, aber mit der besonderen Konnotation „vor Gericht antworten". Und somit auch „für etwas einstehen" und „sich rechtfertigen".

Schade, schade, dass sich die Menschen damals so unreif und infantil verhielten. Für ihre damalige Verantwortungslosigkeit mussten sie einen so hohen Preis bezahlen: Den ewigen Verlust der ewigen Jugend. Wobei an dieser Stelle betont werden muss, dass „ewig" nur als „lebenslang" verstanden werden kann. Die Ewigkeit der Sterblichen ist nicht gleichzusetzen mit der Ewigkeit der Unsterblichen.

8

Hoffnung und Hoffnungslosigkeit, Optimismus und Pessimismus

8.1 Hoffnung und Hoffnungslosigkeit

Lass uns, Sisyphos, lieber zu erfreulicheren Dingen zurückkehren – zum Beispiel zu all dem, was du mir früher über den edlen Prometheus erzählt hast.

Beeindruckt war ich, wie Prometheus immer wieder seine legendäre Philanthropie zeigte. Schon bevor er den olympischen Göttern das Feuer für die Menschen stahl und bevor er die Opfergaben an die Götter zu Gunsten der Menschen regelte, machte er seinen Geschöpfen ein unschätzbares Geschenk:

Die Hoffnung!

In der Tat, Prometheus machte den Menschen gleich mit ihrer Schöpfung das kostbare Geschenk der Hoffnung. Ja, kostbares Geschenk habe ich gesagt, Sisyphos. Und das ist sicherlich noch eine Untertreibung. Ich hätte sagen müssen „das kostbarste aller Geschenke". Ja, ja ich weiß, manche sind nicht dieser Meinung, aber dazu später. Die Betrachtung der Hoffnung als kostbarstes Geschenk macht es verständlich, warum wir für die Hoffnung eine eigene Göttin haben: Elpis, später von den Lateinern zu Spes pseudonymisiert.

Du hast mir, als du mich in das Damals und das Immerwährende einführtest, erzählt, dass die Menschen an unterschiedliche Schöpfungsgeschichten glauben. Auch diejenigen, die ausschließlich der Überzeugung sind, dass sie von niemand anderem geschaffen wurden als von Prometheus – dazu gehören auch wir beide, nicht wahr? –, erzählen ihre Entstehungsgeschichte unterschiedlich. Aber im Großen und Ganzen gilt heutzutage, dass die promethei-

A. Marneros, *Mein Bruder Sisyphos, mein Freund der Minotauros*,
https://doi.org/10.1007/978-3-662-55808-9_8

sche Schöpfung des Menschen so zu Stande gekommen ist, wie du es mir damals erzählt hast. Ich erinnere mich daran wie folgt[51]:

Die Legende von der Erschaffung des Menschen, vom philanthropischsten Dieb der Menschheitsgeschichte und seinem ersten philanthropischen Diebstahl

Irgendwann wurde Zeus sehr unzufrieden mit der Schöpfung. Es fehlte nämlich dabei ein Wesen, das allen anderen Tieren an Intelligenz und Fertigkeiten überlegen war, fähig zum höheren Denken, fähig zur sprachlichen Äußerung seiner Gedanken. Er gab also Prometheus die Anweisung, so ein Geschöpf zu erschaffen. Prometheus wurde dadurch zum Demiurgen, zum Schöpfer der Menschen. Lange bevor manche anderen Götter sich des Schöpfungsplagiats verdächtig machten.

Nach ausführlicher Beratung mit seiner besten Freundin, das war Athena, Göttin der Weisheit, erschuf Prometheus die Menschen wie folgt: Er nahm Lehm von der Gäa, der Erde also, in der noch Samenkörner des Himmels, des Urgottes Uranos, vorhanden waren. Diesen mischte er mit Wasser aus dem Okeanos, dem riesigen Fluss, der die Erde umrundet, Namensgeber der Ozeane. Er fügte etwas Blut der verschiedensten, eigentlich von allen Tieren hinzu und formte so ein neues Wesen. Den Menschen. Dabei orientierte er sich am Aussehen, aber auch an den Charaktereigenschaften der Götter, nicht nur der olympischen, sondern auch der unzähligen untergeordneten Gottheiten. Das mit der Ähnlichkeit der Charaktereigenschaften zwischen Göttern und Prometheus Geschöpfen ist sehr, sehr wichtig, sagtest du mir. Das erklärt nämlich, warum der Mensch nicht nur genauso aussieht wie seine Götter, sondern auch ihre guten und schlechten Charakterzüge hat. Prometheus hatte es viel leichter als andere Demiurgen, die nur einen einzigen Gott als Vorbild hatten, sich selbst nämlich, wodurch für die Menschheit das Problem entstand, dass der allmächtige Alleinherrscher will, dass seine Geschöpfe ihm möglichst ähnlich sind.

Nein, Prometheus hatte als Vorbild für seine Geschöpfe nicht nur die Olympier, sondern auch die unzähligen Gottheiten zweiter und dritter Ordnung sowie Nymphen und Titanen. So konnte Prometheus unzählige und sehr unterschiedliche Exemplare seiner Schöpfungen formen.

Prometheus hat alle Menschen zwar aus demselben Material geformt, aber die Mischung aus irdischem Lehm mit den göttlichen Samenkörnern, dem ozeanischen Wasser und dem Blut der unterschiedlichsten Tiere variierte von Mensch zu Mensch. Daher die verschiedenen Typen und Charaktere. Doch alle Menschen hatten etwas gemeinsam: Während alle anderen Wesen gebeugt zu Boden blicken, gab Prometheus den Menschen ein hoch erhobenes Antlitz, ließ sie den Himmel betrachten und ihre Gesichter stolz zu den Sternen erheben. Und so kam es dazu, dass er dem neuen Geschöpf den Name „Anthropos" gab: „Der-nach-oben-Blickende". Das ist die Bedeutung dieses Namens in der uns gemeinsamen Sprache.

Dann aber, so erzähltest du mir, Sisyphos, machte Prometheus noch etwas Großartiges. Das war seine erste philanthropische Tat, der erste philanthropische Diebstahl der Menschheitsgeschichte: Der Diebstahl der Hoffnung. Später

[51] Sisyphos hat die Geschichte etwa so erzählt, wie sie in den schon zitierten Protokollen der Gespräche zwischen Prometheus und Herakles steht (s. Fußnote 33).

folgte der zweite philanthropische Diebstahl, der Diebstahl des Feuers. Und dann noch etwas: Das Austricksen der Götter bei der Verteilung der Opfergaben zu Gunsten des Menschen. Aber das haben wir ja schon erwähnt.

Und als ob das nicht gereicht hätte, tat er noch etwas Großartiges; auch das hatte ich schon angedeutet. Er hat gleichzeitig den Menschen etwas aus der Brust entnommen und den Göttern zurückgegeben: Die Fähigkeit, die die Menschen vorher – aufgrund der göttlichen Samenkörner in der Schöpfungsmischung – besaßen, nämlich die Fähigkeit, ihre Zukunft vorauszusehen. Darauf komme ich gleich zurück.

Wozu brauchen die Götter die Hoffnung? So hat Prometheus vor dieser Doppeloperation gedacht, wie du mir erzählt hast, mein Bruder. Die Götter brauchen nicht zu hoffen! Sie können alles haben und alles so gestalten, wie sie es wollen. Die Menschen aber nicht, die brauchen die Hoffnung. Seitdem weilt die Göttin der Hoffnung, Elpis, auf der Erde unter den Menschen und nicht mehr in himmlischen Gefilden. Wir haben ja eben schon darüber gesprochen. Nur zu Besuch und als Trägerin der Bitten und Hoffnungen der Menschen zu den Oberen kommt sie in die olympischen Paläste.

Das war genial von Prometheus! Es war genial, gleich mit der Schaffung der Menschen ihnen die Hoffnung in die Brust einzupflanzen. Hoffnung erwies sich nämlich für alle Sterblichen als eines der wichtigsten Lebenselixiere.

Bei dem ersten philanthropischen Diebstahl der Menschheitsgeschichte hat also Prometheus den Göttern die Hoffnung gestohlen und sie tief in die Brust der Menschen eingepflanzt! Die Hoffnung erwies sich als ein kräftiges Organ. Wenn sie nicht funktioniert und Hoffnungslosigkeit ihren Platz einnimmt, lebt der Mensch in einem Martyrium. Die Hoffnung ist eines der höchsten Güter, das der Mensch besitzt. Obwohl manche meinen, sie sei ein Übel.

Die Hoffnung

Und die Zunft der Psychiater, Psychologen, Psychosomatiker und Psychoanalytiker fügt wissend hinzu:

In der Tat hat sich Prometheus bei dem ersten philanthropischen Diebstahl der Menschheitsgeschichte genauso genial verhalten wie beim zweiten, dem Stehlen des Feuers! Damit ist Prometheus nicht nur der Archetyp des Phosphoros, des Lichttragenden, sondern auch des Elpidophoros, des Hoffnungsträgers.

Hoffnung ist eine emotionale Ausrichtung des Menschen, alles umfassend oder fokussiert auf bestimmte Aspekte der Zukunft. Hoffnung ist prinzipiell eine Haltung, gleichzeitig ist sie in der Regel aber auch handlungsbestimmend. Diese zuversichtliche innere Haltung, die eine positive Erwartung mit sich bringt, dass etwas, was man sich wünscht, eintreten wird, herrscht auch dann – oder gerade dann –, wenn keine wirkliche Gewissheit darüber besteht. Hoffnung verleiht dem Menschen die innere Kraft, an einen positiven Fortgang seines Lebens zu glauben, diesen zu erwarten oder daran zu arbeiten.

Allerdings kann Hoffnung auch zur Falle werden, wenn sie unbegründet und irreal ist. Wenn sie sich zum verblendeten Wunschdenken auswächst. Aber wenn die Hoffnung prinzipiell verloren geht und stattdessen eine allgemeine Hoffnungslosigkeit den Menschen beherrscht, dann ist der Mensch womöglich schwer krank. Er ist womöglich depressiv.

Hoffend verhält sich der Mensch lebensbejahend und schreibt sich Fähigkeiten zu, die zur Bewältigung von Lebenswidrigkeiten unabdingbar sind. Die Hoffnung bastelt bei vielen Menschen Vorstellungen von Paradiesen und Palästen, die im Jenseits liegen. Sie kreiert damit Perspektiven auf ein Leben im Jenseits, das vermeintlich besser ist als das diesseitige. Schön, wenn man auf Perspektiven hofft, auch wenn sie weder verifizierbar noch falsifizierbar sind. Wie auch immer, Tatsache ist, dass die irdische, die diesseitige Hoffnung ein unantastbares Lebenselixier bleibt.

Das ist des Mythos archetype Botschaft.

Das von Prometheus eingepflanzte Organ der Hoffnung ist erwiesenermaßen ein kraftvolles Organ. Es gibt Impulse für Lebensenergie, Visionen, Erwartungen und kreative Lebensgestaltung. Prometheus Operation erwies sich also als eine gelungene lebensgestaltende, ja auch lebenserhaltende Maßnahme.

Was für ein kraftvolles Organ das prometheische Geschenk der Hoffnung ist und warum ihre Göttin Elpis so beliebt ist, merke ich dann ganz eindeutig, wenn ich Patienten mit einem Syndrom von Hoffnungslosigkeit behandele. Das sind in der Regel schwer depressive Patienten.

Das Syndrom der Hoffnungslosigkeit und andere Losigkeiten

Und die Zunft der Psychiater, Psychologen, Psychosomatiker und Psychoanalytiker fügt wissend hinzu:

In der Tat ist das prometheische Geschenk der Hoffnung an die Menschen ein kostbares Geschenk, und sein Verlust ein schmerzhafter Verlust.

Das Syndrom der Hoffnungslosigkeit besteht darin, dass der Mensch seine Fähigkeit zu hoffen vollständig verliert. Das ist ein Kernmerkmal der Depression, das prometheische Organ der Hoffnung funktioniert dabei nicht mehr. Der Betroffene hofft nicht mehr auf Besseres, auf Erträglicheres, auf Erfreulicheres, auf Positives. Er befürchtet nur das Schlimmste, das Unerträgliche, das Unerfreuliche, das Negative. Die Hoffnungslosigkeit ist ein Übel, das bei Depressionen von manchen anderen üblen Gesellen begleitet wird: Von der Perspektivlosigkeit, der Freudlosigkeit, der Genusslosigkeit, der Initiativlosigkeit, der Sinnlosigkeit des Lebens und anderen „Losigkeiten". Sie konstituieren zusammen ein „Syndrom der Losigkeit", das Kernsyndrom der schweren Depression, einem der schlimmsten Leiden des Menschen.

Aber auch bei Fällen, bei denen das Syndrom der Hoffnungslosigkeit nicht im Rahmen einer schweren Depression, sondern autonom oder als Begleiter von anderen psychischen Zuständen auftritt, wird es gewöhnlich von Zukunftsangst begleitet. Und auch von der Sorge, dass nichts Erwünschtes eintreten wird. Verzweiflung und Resignation sind die Folge, die letztendlich doch auch zur Depression führen können.

Das ist des Mythos archetype Botschaft.

Ich habe als Psychiater viele Menschen getroffen, die furchtbar am Syndrom der Losigkeit litten. Eins sage ich dir Sisyphos: Ich wünsche es niemanden!

8.2 Wir müssen uns Sisyphos als einen optimistischen Menschen vorstellen

Naja, genial war Prometheus Tat schon. Aber Hoffnung und Hoffnungsbereitschaft sind offensichtlich unterschiedlich verteilt und gedeihen auf unterschiedlichen Böden. Und so bevölkern seitdem nicht nur Optimisten die Welt, sondern auch Pessimisten und Dazwischenstehende.

Von Optimismus und Pessimismus

Und die Zunft der Psychiater, Psychologen, Psychosomatiker und Psychoanalytiker fügt wissend hinzu:

In der Tat gibt die prometheische Schöpfungsgeschichte, die von der Unterschiedlichkeit der menschlichen Persönlichkeiten ausgeht, auch die Richtung der Entfaltung des Hoffnungspotenzials bei den verschiedenen Individuen vor. Die prometheische Schöpfungsgeschichte ist also auch in dieser Hinsicht archetypisch: Prometheus hat die unterschiedlichsten Menschen geschaffen, auch bezüglich ihrer Hoffnungsbereitschaft.

Von Bedeutung ist auch, in wessen Brust die Hoffnung eingepflanzt wird. Das heißt mit anderen Worten, in was für einer Persönlichkeit die geschenkte Hoffnung gedeiht. Dieses prometheische Geschenk kann unterschiedlich wachsen und entfaltet sich abhängig vom Nährboden, den die Persönlichkeit des jeweiligen Menschen ihm bietet. Andererseits ist aber auch richtig, dass ein reichlich vorhandenes Hoffnungspotenzial die Persönlichkeit seines Trägers prägt. Ist das Hoffnungspotenzial reichlich, dann ist sein Träger durch Optimismus gekennzeichnet, ist es das nicht, dann ist er durch Pessimismus gebrandmarkt.

Optimismus, von dem lateinischen „optimum" – „das Beste" – abgeleitet, bezeichnet eine zuversichtliche und lebensbejahende, nicht selten dazu auch heitere Grundhaltung. Ihr Hauptmerkmal ist eine grundsätzlich positive Erwartung hinsichtlich der Entwicklung einer Sache oder der Zukunft insgesamt. Die optimistische Grundhaltung kann sowohl von Lebensumständen wie auch von den Grundeigenschaften der Persönlichkeit des jeweiligen Menschen determiniert sein. Optimisten sind in der Regel besser dafür gerüstet, Widrigkeiten und

Stress im Leben zu bewältigen und stabile soziale Systeme zu gründen. Außerdem wächst ein starkes Selbstwertgefühl am besten auf dem kraftvollen Boden einer optimistischen Persönlichkeitsstruktur.

Der Pessimismus dagegen, vom lateinischen „pessimus" abgeleitet – was „der Schlechteste" bedeutet und der Superlativ von „malus", „schlecht", ist –, kennzeichnet eine gegensätzliche Grundhaltung zum Optimismus: Die Erwartungen an die Zukunft sind negativ, Hoffnung auf positive Entwicklungen ist grundsätzlich nicht vorhanden. Entsprechend gegensätzlich zum Optimisten sind die Fähigkeiten und Lebenseinstellungen des Pessimisten. Er ist also schlechter gerüstet, die Widrigkeiten und den Stress im Leben zu bewältigen. Er hat Schwierigkeiten, stabile soziale Systeme zu gründen, sowie ein schwaches Selbstwertgefühl.

Das ist des Mythos archetype Botschaft.

Das kann ich aus meiner beruflichen Erfahrung übrigens bestätigen, mein Bruder. So wie du das auch aus deinem Leben kannst, Sisyphos. Wärest du kein Optimist gewesen – ich meine in der Zeit, als du noch bei den Erdbewohnern weiltest –, dann hättest du dich nicht gegen Zeus und gegen den Tod gestemmt, vermute ich. Ach nein, was sage ich da. Ich bin mir sicher, dass es so ist. Nur ein Optimist kann so etwas wagen!

Die Rüstung des Optimisten, die Mängel des Pessimisten

Und die Zunft der Psychiater, Psychologen, Psychosomatiker und Psychoanalytiker fügt wissend hinzu:

In der Tat, Sisyphos musste ein Optimist sein.

Wie auch immer, die Grundhaltung des Optimisten führt dazu, dass er hoffnungsvoll durch die Welt geht und das Leben positiv und zuversichtlich betrachtet. Seine Lebensbejahung macht aus ihm nicht selten eine angenehme, ja auch heitere Persönlichkeit; dadurch kann er Lebensprobleme leichter lösen. Wird aber das prometheische Geschenk der Hoffnung in eine gegensätzliche Mischung von Persönlichkeitselementen eingepflanzt, dann entsteht auch die gegensätzliche Haltung, die pessimistische Grundhaltung.

Natürlich kann eine optimistische oder pessimistische Haltung auch temporär und bezogen auf bestimmte Situationen zum Ausdruck kommen. Allerdings scheint es so, dass während Optimisten sich selbst als Urheber von Problemlösung, von Überwindung der Widrigkeiten, von Erfolg und angenehmen Entwicklungen betrachten und Misserfolge oder Schwierigkeiten als temporär erleben, Pessimisten genau die gegensätzliche Ursachenzuschreibung betreiben. So kommt es dazu, dass die Optimisten unangenehme Ereignisse für vorübergehend halten, während Pessimisten sie als einen dauerhaften Zustand erleben. Geschieht etwas Unangenehmes, lässt der Optimist keine allgemeine Beeinträchtigung seines Lebens zu, der Pessimist aber doch. Und noch dazu: Der Pessimist sieht sich in der Regel selbst als unfähig an, die Widrigkeiten des Lebens zu überwinden. Vielmehr hält er sich selbst für einen Teil des Problems. Insbesondere dann, wenn das Element des Selbstwertgefühls in der prometheischen Mischung nicht stark vorhanden ist und vielleicht noch dazu durch die genannte negative Grundhaltung atrophiert ist.

Das ist des Mythos archetype Botschaft.

Du warst also auf der Erde ein Optimist, Sisyphos. Und offensichtlich hast du dir auch hier in der Unterwelt deinen Optimismus erhalten – trotz deiner schweren Zwangsstörung. Wärest du kein grundsätzlicher Optimist, dann würdest du diese ganze Sisyphosarbeit nicht tun. Du würdest denken „Ich schaffe es nie, das Ganze hat sowieso keinen Sinn, der Felsblock wird wieder und wieder den Berg hinunterrollen. Die Arbeit ist nicht zu bewältigen". Aber so denkst du nicht, im Gegenteil! Du hast also deinen Optimismus, zumindest einen Teil davon, in dein unterweltliches Arbeitslager mitgebracht.

Du bleibst ein Optimist, obwohl dir die Sinnlosigkeit deines Optimismus bewusst ist – bewusst sein müsste. Oder nicht?

Die Optimismus GmbH

Und die Zunft der Psychiater, Psychologen, Psychosomatiker und Psychoanalytiker fügt wissend hinzu:

In der Tat, die Sinnlosigkeit der Sisyphosarbeit belegt die Notwendigkeit des sinnvollen Optimismus.

Zweifelsohne ist der Optimismus eine positive, produktive und lebensbejahende Eigenschaft. Allerdings nur dann, wenn er nicht grundlos und sinnlos ist. Gibt es in einer bestimmten Situation oder für eine bestimmte Sache keinen Grund zum Optimismus und hat er keinen Sinn, dann verliert er alle seine positiven Aspekte. Vor so einem Optimismus muss man warnen. Er kann zu einem verblendeten Wunschdenken führen, zu Ignoranz und Fehleinschätzungen, zu zweckloser Verschwendung von Energie, zu sinnlosem Handeln. Ein grenzenloser Optimismus kann ebenso wie ein grenzenloser Pessimismus zu einer Falle für den Menschen werden. Auch diesbezüglich gilt die aristotelische Prämisse: Die Mitte ist die via regia.

Optimismus ist eine GmbH: Grundhaltung mit begrenzter Haftung.

Das ist des Mythos archetype Botschaft.

Aber gerade wegen seiner Sisyphosarbeit müssen wir uns Sisyphos als einen optimistischen Menschen vorstellen.

Nicht wahr, Sisyphos?

8.3 Das Prinzip Hoffnung und der Optimismus mit Trauerflor

Du hast mir einmal erzählt, dass es eine Allegorie gibt zu Prometheus Einpflanzung der Hoffnung in die Brust der Menschen, und zwar die Legende von Pandora und Epimetheus, des Prometheus Bruder. Erinnerst du dich, wie du mir damals Pandoras Allegorie zur prometheischen Hoffnung erzählt hast? Du erklärtest mir, wenn die Erinnerung des kleinen Bruders nicht täuscht, folgendes:

Die Legende von Pandora und ihrer Büchse

Nachdem Prometheus den Menschen die Hoffnung eingepflanzt, das Zukunftsvoraussehen entfernt, ihnen das Feuer geschenkt und den besseren Anteil der Opfergaben für sie gesichert hat, sind die Menschen sehr glücklich. Glückliche Menschen aber machen Götter neidisch. Zeus und alle anderen Götter können so viel Glück bei den Menschen nicht ertragen. Sie fürchten um ihre Autorität und die Zukunft der Gottheiten und des Gottseins. Wozu brauchen denn die Menschen Götter, wenn sie auch ohne göttliches Zutun glücklich und übellos leben können? Die Götter beschließen also, das zu ändern. Mit einem perfiden Plan wollen sie das übellose Leben der Menschen übelvoll machen und das glückliche Dasein mit Unglück übergießen.

Dazu lässt Zeus von Hephästos, dem Gott des Handwerks, eine wunderschöne künstliche Frau schaffen. Heutzutage auf der Erde haben wir eine Bezeichnung dafür, Anthropoid nämlich. Du weißt schon, in der uns gemeinsamen Sprache ist Anthropos der Mensch, und die Endung -id bedeutet „ähnlich". Anthropoid ist also „etwas, was dem Menschen ähnlich ist". Hephästos macht die künstliche Frau zum Ebenbild von Aphrodite, der Göttin der Liebe und der Schönheit – seiner Frau, die ihn leider ständig mit schönen Männern betrügt. Denn Hephästos ist zwar tüchtig und genial, aber hässlich, wie wir wissen. Man sagt, dies sei eine Entschuldigung für Aphrodites Verhalten. Naja.

Nachdem Zeus Hephästos wunderschöner Kreation Leben eingehaucht hat, schenkt Aphrodite ihr Anmut, Weiblichkeit, Zärtlichkeit und die Fähigkeit zur erotischen Hingabe. Die künstliche Frau ist ab da also weder künstlich, noch Anthropoid, sondern vielmehr eine wunderschöne und noch dazu hochbegabte junge Frau. Durch die Geschenke der Götter vereint sie nämlich so viele schöne Eigenschaften und Begabungen in sich, wie sie bis heute kein anderer Sterblicher je besessen hat. Und sie wird nie untreu, weil andere Göttinnen und Götter ihr auch Tugenden geschenkt haben, die Aphrodite nicht hat. So bekommt sie von Athena die Weisheit, von Hestia die häuslichen Tugenden, von Apollon und Artemis deren Begabungen in Kunst, Schnelligkeit und Jagdfertigkeit. Auch alle anderen Götter und die Chariten – viele Menschen kennen sie heute besser unter ihrem lateinischen Pseudonym „Grazien" – schenken der neuen Frau irgendetwas Schönes und Erstrebenswertes. Deshalb bekommt sie von den Göttern und den Menschen den Namen „Pandora", die „Allbeschenkte". Als letztes erhält sie von Zeus einen verriegelten Pithos. Das ist die berühmte „Büchse der

Pandora", die aber keine Büchse war, sondern ein großes Tongefäß, ein Pithos also.

Wie auch immer, du hast mir damals gesagt, dass es noch nicht endgültig geklärt gewesen sei, was eigentlich in der „Büchse der Pandora" hermetisch eingeschlossen war. Nach der gängigen Meinung hatte Zeus darin alle von ihm gerade geschaffenen Übel eingeschlossen. Und dann schickt der Oberste Gott diese wunderbare Frau zu dem jüngeren Bruder des Prometheus, zu Epimetheus. Sie soll dessen Ehegattin werden. Ihr Pithos, meinetwegen ihre Büchse, ist der Braut Mitgift. Es sei hier bemerkt, dass Pandora nicht weiß, was in dem Pithos eingeschlossen ist. Dies bleibt ein Geheimnis der Götter. Es soll eine Überraschung für den Bräutigam sein, sagt Zeus beim Abschied zu ihr. Prometheus, der „Im-Vorhinein-Denkende", warnt seinen jüngeren Bruder Epimetheus, den „Im-Nachhinein-Denkenden", er solle das Geschenk der Götter, Braut und Büchse, nicht annehmen. Nach dem Motto „Traue keinem Gott, der ungebeten einem Menschen ein Geschenk macht, und zudem noch ein so anmutiges und schönes". Epimetheus aber, zutiefst beeindruckt von der faszinierenden Pandora, hört nicht auf diesen Rat. Nach der Hochzeit öffnen die Frischvermählten, neugierig und gespannt, den Pithos. Sofort strömen die von den Göttern geschaffenen Übel heraus und fliegen in die Welt hinein, zu den Menschen. Und seitdem quälen sie die Erdbewohner und machen sie unglücklich.

Nach dieser Legende wird dem Obersten Gott auch noch eine zusätzliche Perfidie zugeschrieben, wie du mir erzählt hast: Er habe die Übel lautlos gemacht, sodass sie die Menschen unbemerkt überfallen können. Es wird darüber hinaus berichtet, dass Pandora und Epimetheus, als sie die Katastrophe bemerken, hastig versuchen, den Deckel wieder zu schließen. Aber nur die Hoffnung ist noch im Pithos. Sie konnte nicht entfliehen, weil sie unter dem Rand der Öffnung feststeckte. Und so bleibt den beiden und ihren Nachfahren die Hoffnung erhalten.

Aber das ist nur eine Version der Legende, sagtest du mir bei meiner Einführung in das Damals und das Immerwährende. Du erzähltest mir eine zweite Version, nach deiner Meinung die nachvollziehbarere. Danach wendet Zeus eine noch perfidere List an, um die glücklichen Erdbewohner unglücklich zu machen. In Pandoras Pithos schließt er nicht die Übel ein, sondern die guten und edlen Güter, die er in der ganzen Welt zusammengesammelt hat. So befinden sich darin Güter wie Gesundheit, Klugheit, Wohlstand, Freude, Glücksgefühle, Gelassenheit, Kontemplation und vieles mehr. Darunter auch die Hoffnung.

Nach dem Öffnen des Pithos sind alle Güter in Windeseile verschwunden. Hinauf zum Olymp, zu den Göttern. Und so besitzen die Götter alle guten Dinge, die sie nach Lust und Laune in alle Himmelsrichtungen verstreuen. Das ist der Anfang der mühsamen Jagd der Menschen nach den einzelnen verstreuten Gütern. Eine Jagd, häufig voll des Schweißes, der Tränen oder sogar des Blutes. Das ist der Grund, warum die Menschen nur einzelne dieser Güter einfangen können – wenn überhaupt. So können wir gut beobachten, wie manche Menschen die Gesundheit, aber eben nicht die Klugheit fangen. Andere wiederum den Wohlstand, aber nicht die Gesundheit. Wieder andere die Gelassenheit, aber nicht den Wohlstand. Und so weiter und so fort. Und Zeus Güter haben auch eine andere Besonderheit: Sind sie unbeständig und haben den Drang, immer wieder weg- und weiterzufliegen. Sie haben die Tendenz, nicht bei dem Menschen zu bleiben, der sie einmal eingefangen hat. Die von den Göttern in alle Windrichtungen verstreuten Güter sind seit dieser Zeit unstetig, kaum anhänglich, bleiben selten einem Besitzer treu. Die Menschen müssen einiges tun,

> um den Drang der Güter, davon zu fliegen und zu entfliehen, zu bändigen und sie möglichst lange bei sich zu behalten.
>
> Nur die Hoffnung konnte das junge Brautpaar festhalten, in Pandoras Büchse eingeschlossen.
>
> Oder in des Menschen Brust, allegorisch gesprochen.

Und so kann die Hoffnung den Menschen begleiten, ihn aus der Dunkelheit in das Licht bringen und immer wieder zu Eos Rhododaktylos, der rosenfingrigen Göttin der Morgenröte, führen. Ihre purpurnen Farben und ihr frischer, Leben erweckender Atem können die Farben und der Hauch der Hoffnung sein.

Wenn ich dich so sehe, Sisyphos, mit welcher Hingabe du deinen Felsblock den Berg hinaufwälzt, trotz deiner langen gegenteiligen Erfahrung hoffend, dass er auf dem Gipfel liegen bleiben wird. Und wie du hinter ihm her saust, wenn er den Berg hinunter rollt, um dann hoffnungsvoll wieder von vorne zu beginnen. Dann denke ich an einen Philosophen der neuen Zeit, an Friedrich Nietzsche nämlich. Er schreibt in seinem Buch „Menschliches, Allzumenschliches“, dass das, was in Pandoras Pithos zurückgeblieben ist, die Hoffnung nämlich, und was der Mensch für das größte Glücksgut halte, nichts anderes sei als ein Übel – so bezeichnet er die Hoffnung wortwörtlich, ehrlich! Und er schreibt noch: *„Zeus wollte nämlich, dass der Mensch, auch noch so sehr durch die anderen Übel gequält, doch das Leben nicht wegwerfe, sondern fortfahre, sich immer von Neuem quälen zu lassen. Dazu gibt er dem Menschen die Hoffnung: sie ist in Wahrheit das übelste der Übel, weil sie die Qual der Menschen verlängert.*“[52]

Wenn man das so liest, Sisyphos, könnte man meinen, dass du dem germanischen Philosophen als Modell gedient hast. Wenn man dich so erlebt, kann man sich des Eindruckes nicht erwehren, dass Nietzsche deine Hoffnung meinte, wodurch sich deine Qual verlängert. Weil du nicht aufhörst, sondern fortfährst, dich immer von neuem zu quälen. So führt deine Hoffnung letztlich zur unendlichen Verlängerung deiner Qualen.

Aber wie gesagt: Wir müssen uns dich, Sisyphos, als einen optimistischen Mensch vorstellen.

In diesem Sinne könnte man tatsächlich meinen, dass Friedrich Nietzsche Recht hat, wenn er behauptet, dass die Hoffnung das übelste der Übel sei, weil sie die Qual der Menschen verlängere.

Doch das ist nicht so! Definitiv nicht, Sisyphos, obwohl alles so gut zu deiner Qual passt, was der große Philosoph sagt. Allerdings spiegelt Nietzsches

[52] Friedrich Nietzsche: Menschliches, Allzumenschliches: Ein Buch für freie Geister (2000) Insel, Frankfurt a. M.

Behauptung die Ausnahme wider, meine ich, die nicht zur Regel gemacht werden darf. Das Gegenteil ist die Regel:

Nicht die Hoffnung ist das übelste Übel, sondern die Hoffnungslosigkeit.

Insofern finde ich die zweite Version der Legende von Pandora und ihrer Büchse, die du mir erzählt hast, die angemessenere: Die Güter waren es, die in Pandoras Pithos eingeschlossen waren und leider entflohen sind, und nur ein einziges Gut ist für den Menschen übrig geblieben – in seine Brust eingepflanzt, allegorisch gesprochen. Aber was für ein Gut:

Die Hoffnung!

Hoffnung bewegt die Geschichte, sagt ein anderer Philosoph der Neuzeit, und er erklärt sie zu einem Prinzip.[53] Er meint, dass das Prinzip Hoffnung die ganze Gesellschaft, sogar die ganze Geschichte in einer Vorwärtsbewegung hält. Allerdings ist es gut, dass du das in der Unterwelt nicht mitbekommen hast. Dieser Philosoph hat jahrzehntelang diktatorische Regime als die Hoffnungsträger der Geschichte deklariert, etwa das stalinistische System der Sowjetunion oder das der DDR. Beides sagt dir wahrscheinlich nichts, aber gut, dass du sie nicht kennengelernt hast. So viel kann ich dir sagen: Die Geschichte hat leider die genannten Systeme nicht als Hoffnungsträger der Menschheit bestätigt. Die Hoffnungen, die man mit solchen Systemen in Verbindung gebracht hat, erwiesen sich als falsche Hoffnungen. Ein Übel waren sie vielmehr, mit vielen Qualen und vielen Opfern.

Das Prinzip Hoffnung

Und die Zunft der Psychiater, Psychologen, Psychosomatiker und Psychoanalytiker fügt wissend hinzu:

In der Tat, die Legende gibt es her, dass Pandora den Menschen keine Übel, sondern viele gute Güter gebracht hat. Dass sie aber leider nur eines davon festhalten konnten.

Es ist wahr, dass Hoffnung trügerisch sein kann. Dass sie Leiden verlängern, Individuen und Gesellschaften falsch führen oder gar Katastrophen verursachen kann. Hoffnung kann auch die Mutter des Wunschdenkens, des verblendeten, sein. Aber nichtsdestotrotz, die Hoffnung ist ein hohes Gut für den Menschen, als Individuum, aber auch für Gesellschaften. Hoffnungslose Menschen, hoffnungslose Gesellschaften sind unglückliche Menschen, unglückliche Gesellschaften. Auch wenn Hoffnungen nicht erfüllt werden können, wenn sie manchmal trügerisch sind, wenn sie manchmal zu Unglück führen, ist die Hoffnung doch ein hohes Gut und kein Übel.

Das ist des Mythos archetype Botschaft.

[53] Dieser Philosoph ist Ernst Bloch in seinem Werk „Prinzip Hoffnung" (1954–1959) Suhrkamp, Frankfurt a. M., (Auflage 1977).

Insofern finde ich eine Formulierung des eben zitierten Philosophen, der die Hoffnung zum Prinzip machte, sehr treffend. Er warnt vor ungeprüftem Optimismus und plädiert stattdessen, bildhaft und prägend, für einen „*Optimismus mit Trauerflor*".[54]

Es tut mir so leid, Sisyphos, dass die Hoffnung gerade bei dir in deinem unterweltlichen Dasein in ihrer schlimmsten Gestalt, nämlich der Nietzsche'schen, erscheint, also als Verlängerung der Qual. Es tut mir leid, dass auch dies zu deiner Zwangsstörung gehört.

[54] Ebenda.

9

Zukunftsvorschau

9.1 Die Last des Wissens von der Zukunft

Damals als Kind, nachdem du mir die Geschichte von Prometheus Doppeloperation erzählt hattest, habe ich gedacht: Naja, die Hoffnung eingepflanzt – das verstehe ich. Aber warum hat dieser Vorausdenker, dieser Demiurg der Menschen, seinen Geschöpfen die Möglichkeit genommen, die eigene Zukunft vorherzusehen? Wofür sollte das gut sein?

Heute aber, mit so langer Lebens- und Berufserfahrung als Psychiater, glaube ich die Antwort zu kennen. Vor allem, nachdem du mir später noch eine andere Geschichte erzählt hast. Eine Geschichte, die belegt, wie schwach die menschlichen Schultern sind. Viel zu schwach, um die Last des Vorauswissens der eigenen Zukunft zu tragen. Erinnerst du dich, Sisyphos? An die Legende von Okyrhoë?

Die Legende von dem Mädchen, das unter der Last des Zukunftswissens zusammenbrach und zur Stute wurde

Apollon ist wieder einmal verliebt, diesmal in das schönste Mädchen Thessaliens – Koronis aus Larissa. Apollons Begleitvogel, der Rabe, der damals noch schneeweißes Gefieder hatte, weiß von der Liebelei seines Herrn. Eines Tages sieht der Rabe, wie Koronis an der Seite eines schönen Jünglings unterwegs ist. Er fliegt zu seinem Herrn und informiert ihn. Rasend vor Eifersucht nimmt Apollon seinen silbernen Bogen und schießt im Affekt mit seinem das Ziel nie verfehlenden Pfeil auf die nichtsahnende Koronis. Tödlich getroffen sinkt sie zu Boden. In derselben Sekunde, zutiefst betroffen, bereut Apollon seine Tat, so wie fast jeder Affekttäter. Doch es ist zu spät. Koronis stirbt, aber sie trägt Apollons Sohn in ihrem Bauch. Der laut weinende Apollon kann kraft seiner

A. Marneros, *Mein Bruder Sisyphos, mein Freund der Minotauros*,
https://doi.org/10.1007/978-3-662-55808-9_9

göttlichen Fähigkeiten das Kind – einen Jungen – dem Leib der sterbenden Mutter noch entreißen. Er bringt es in die Obhut des weisen Zentaurus Chiron, der nicht nur große allgemeine Weisheit besitzt, sondern auch Meister der ärztlichen Kunst ist. Den auf seine Belohnung wartenden Raben jedoch verflucht der aufgewühlte Apollon. Schwarz wie die Finsternis soll er werden. Und seitdem ist der Rabe schwarz.

Natürlich erzählen manche diese Geschichte auch etwas anders. Ich bleibe bei der Version, die du mir erzählt hast: Apollon war ein Affekttäter, aber auch der Retter des Kindes.

Apollons Sohn wächst also in Chirons Obhut heran, der sich glücklich schätzt, einen Gottessohn als Zögling zu haben. Gut informierte Kreise berichten, dass dieser Gottessohn kein geringerer war als der spätere Gesundheitsbeauftragte des Olymps, Asklepios nämlich. Manchen ist er unter seinem späteren lateinischen Pseudonym Äskulap bekannt. Von seinem Vater Apollon, der im olympischen Pantheon unter anderen auch zuständig für die schnelle Heilung ist, und von Chiron, dem weisen Arzt, wird Asklepios in alle Geheimnisse der Medizin eingeführt. Die Ausbildung des Jungen ist so erfolgreich, dass er die wichtigste Säule der abendländischen Medizin und Schutzpatron der Mediziner für alle Zeiten geworden ist.

Beim Zentauren Chiron lebt auch dessen junge Tochter Okyrhoë. Ihr Name bedeutet „die Raschdahinströmende". Sie bekam diesen Namen, weil ihre Mutter, die Nymphe Chariklo, sie am Ufer eines reißenden Stromes gebar. Dem Vater verdankt sie ihre Weisheit, der Mutter die Fähigkeit der Prophezeiung und des Zukunftsvorhersehens. Eines Tages, kurz nachdem der Junge vom Zentauren als Pflegesohn aufgenommen wurde, gerät sie in Prophezeiungsrage. Plötzlich steht ihr die ganze Zukunft des sich in der Obhut ihres Vaters befindenden Gottessohnes vor Augen. Sie sieht, dass der Sohn Gottes den Menschen Heil bringen, dass er Kranke heilen und Tote auferstehen lassen wird. Doch das Besiegen des Todes kann der Oberste Gott Zeus nicht tolerieren. Es war nicht so wie bei dir, Sisyphos. Du hast den Tod bloß ausgetrickst. Asklepios aber hat ihn besiegt! Gerade das, das Besiegen des Todes, erzeugt den Zorn seines Großvaters und Obersten Gottes. Zeus erlebt das als Frontalangriff auf eines der wichtigsten Götterprivilegien: Die Unsterblichkeit. Darüber hinaus ist Zeus der Meinung, dass das Besiegen des Todes durch Menschen seine Naturgesetze durcheinanderbringt und die Weltordnung zerstört. Darum wird Asklepios vom Herrscher des Himmels und der Erde fürchterlich bestraft: Mit seinen Blitzen wird Zeus ihn zu Asche verbrennen. Das ist es, was Chirons Tochter vorhersieht.

Okyrhoë weint bitterlich und verzweifelt wegen der von ihr vorhergesehenen Zukunft des Jungen.

Und sie sieht noch mehr: Sie sieht, wie ihr unsterblicher Vater eines Tages von Schlangen gebissen wird und an den Folgen lange und fürchterlich zu leiden hat. Er wird deswegen die Götter inbrünstig bitten, ihn zum Sterblichen zu machen und ihm die Gnade des Sterbens zu schenken. Und die Götter werden aus tiefem Mitleid seinen Wunsch erfüllen. Und Chiron, der Unsterbliche und Weise, wird in das Schattenreich des Hades befördert.

Okyrhoë weint bitterlich und verzweifelt wegen der von ihr vorhergesehenen Zukunft des Vaters.

Und sie sieht noch mehr: Sie sieht noch etwas, das schlimmer sein würde als alles andere. Ihre eigene Zukunft! Ja, sie sieht ihre eigene Zukunft vorher. Sie ist so schockiert, dass sie nicht sprechen und uns somit nicht bekunden kann, was sie sieht.

Okyrhoë weint bitterlich und verzweifelt wegen der von ihr vorhergesehenen Zukunft, ihrer eigenen Zukunft.

Je tiefer sie in ihre eigene Zukunft sieht, umso heftiger ist das Weinen, umso größer die Verzweiflung. Sie schreit: „Oh Gott, oh Gott, warum, aber warum auch das? Warum musste ich so weit in meine Zukunft sehen? Ich wünsche mir, ich hätte die Zukunft nie gekannt! Olympische Götter, rettet mich, rettet mich! Nehmt bitte diesen bitteren Kelch von mir, oh Götter!"

Dann bricht Okyrhoë zusammen und liegt regungslos auf dem Boden. Wegen der vorhergesehenen eigenen Zukunft.

Und die Götter des Olymps zeigen in der Tat Mitleid mit dem die Zukunft vorhersehenden Mädchen.

Sie verwandeln Okyrhoë in eine Stute. Sie kann fortan sorglos auf den saftigsten Wiesen weiden, von der Last des Zukunftvorhersehens für immer befreit.

Die unerträgliche Last des Zukunftvorhersehens! Das wolltest du mir damals vermitteln, nicht wahr, Sisyphos? Du lächelst ja schon wieder so bedeutungsvoll!

Die Last des Zukunftvorhersehens

Und die Zunft der Psychiater, Psychologen, Psychosomatiker und Psychoanalytiker fügt wissend hinzu:

In der Tat, das ist es, was der Mythos uns mitteilt. Und Okyrhoë steht als Archetyp dafür.

Die Last des Zukunftsvorhersehens kann nicht nur unerträglich, sondern auch kontraproduktiv sein. Wenn man weiß, wie das eigene Leben bis zu seinem Ende verlaufen wird, kann man leicht zwischen Skylla und Charybdis geraten.

Einerseits: Besäße man die Fähigkeit, die Zukunft vorherzusehen, dann bräuchte man keine eigene Initiative zu entfalten, keine kreative Gestaltungsphantasie und keine Gestaltungskräfte zu entwickeln. Man bräuchte keine kämpferische Grundhaltung zur Überwindung von Schwierigkeiten und Hindernissen zu mobilisieren. Darüber hinaus würde die Spannung fehlen, die die Erwartung, die Hoffnung und das Unbekannte auslösen. Und auch die prickelnde, horizonterweiternde Neugier wäre dann größtenteils obsolet. Der Wissensdurst und der Forschergeist würden viel von ihrer Dynamik einbüßen. Ohne das Zukunftvorhersehen gibt es dagegen Initiative, Gestaltung, Kreativität, Träume, Visionen und die Hoffnung auf Glück.

Andererseits: Gäbe es ein Zukunftvorhersehen und würde der Mensch schon von vornhinein sein mögliches Unglück, Leiden, Schmerz, Verluste, Ausweglosigkeit oder Perspektivlosigkeit kennen, dann könnte er eine solche Last vielleicht nicht ertragen und würde schon zu Beginn des Lebens zusammenbrechen. Wie Chirons Tochter.

Das ist des Mythos archetype Botschaft.

Nachdem du mir Okyrhoës Geschichte erzählt hattest, konnte ich nachvollziehen, dass Prometheus, der große Philanthrop, es nicht mitansehen konnte, was den Menschen zugemutet würde, wenn sie die Fähigkeit behalten hätten, ihr eigenes Schicksal, ihre eigene Zukunft vorherzusehen. Prometheus sagte dazu: „*Vom Hinstarren auf den eigenen Tod befreite ich die Menschen*".[55]

Mit der Fähigkeit, alles über ihre Zukunft zu wissen, hätten die Menschen vorhersehen können, was in zehn, in zwanzig, in dreißig Jahren mit ihnen passieren würde. In der Folge wären sie traurig gewesen, hätten ihre Zukunft beweint, wären betroffen und pessimistisch gestimmt, schon Jahre und Jahrzehnte, bevor ein trauriges Ereignis überhaupt eintrat. Die Menschen wären dadurch von Anfang an unmotiviert gewesen, das eigene Leben in die Hand zu nehmen. Sie hätten nämlich gewusst, dass alles keinen Zweck hat. So hätten sie sich verhalten, wenn sie für sich selbst eine schwere Zukunft vorhergesehen hätten.

Hätten sie dagegen vorhergesehen, dass in ihrem Leben irgendwann definitiv das Glück auf sie wartet, dann hätten sie sich schon Jahre und Jahrzehnte vorher darauf gefreut, hätten aber nichts mehr getan, um ihr Leben zu gestalten. Sie hätten keine Initiative entfaltet, keine neuen Ideen entwickelt, keine Mühen auf sich genommen. Und auf das vorhergesehene Glück hätten sie ohne jede eigene Anstrengung gewartet.

Weil aber im Leben eines Menschen nicht nur traurige und nicht nur erfreuliche Dinge passieren, sondern beider Art Ereignisse sich abwechseln, wären die Menschen sehr verwirrt gewesen. Sie wären desorientiert durchs Leben getaumelt, eher traurig und verzweifelt als glücklich und zielsicher. Nicht nur, weil in der Regel traurige Ereignisse häufiger als erfreuliche im Leben eines Menschen vorkommen, sondern auch, weil das Traurige – wenn auch manchmal subjektiv überbewertet – prägender und nachhaltiger ist als das Erfreuliche.

Das konnte der Menschenfreund Prometheus nicht mit ansehen. Er wusste ja, dass die Himmelskörner, die in der Schöpfungsmischung enthalten waren, auch die Fähigkeit des Vorhersehens der eigenen Zukunft beinhalteten. Und er wusste, was das für Konsequenzen haben könnte. Also entfernte er bei den Menschen diese Fähigkeit des Zukunftsvorhersehens und pflanzte ihnen stattdessen die von den Göttern gestohlene Hoffnung ein.

Eine kluge Entscheidung von Prometheus, sage ich dir, Sisyphos. Ein für den Menschen durchaus vorteilhafter Austausch, meine ich. Hätten die Menschen die Fähigkeit des Vorhersehens der eigenen Zukunft behalten, wäre nach allem gerade Gesagten die Hoffnung in ihrer Wirksamkeit stark reduziert.

[55] Er sagte es in Äschylos „Prometheus in Fesseln", Vers 248.

9.2 Apollons Affekttat

Heute, mit meiner Erfahrung als Psychiater, erkenne ich in der Legende von Apollon und Koronis, die du mir damals erzählt hast, übrigens auch einige Nebenaspekte. Der erste ist die Ermordung von Koronis durch Apollon. Apollon begeht damit ein Affektdelikt, eine Affekttat.

Affekttaten

Und die Zunft der Psychiater, Psychologen, Psychosomatiker und Psychoanalytiker fügt wissend hinzu:

In der Tat, so handelt er auch. Damit begeht Apollon, als er Koronis tötet, eine Tat, die als einer der Archetypen von Affektdelikten in den Mythen gelten kann.

Affekttaten bzw. Affektdelikte sind impulsiv-aggressive Handlungen, begangen im Zustand hoch gespannter Affektregung. Sie sind gerichtet auf jemanden, der eine relevante Beziehung zum Täter hat, d. h. es besteht eine spezifische Vorgeschichte der Tat, die aus der Täter-Opfer-Beziehung abgeleitet ist.

Die Täter-Opfer-Beziehung ist zwar nicht ausschließlich, aber am häufigsten erotisch-partnerschaftlicher Natur. Die spezifische Vorgeschichte der Tat besteht am häufigsten darin, dass das Opfer diese Beziehung beenden will oder sich irgendwie anders orientiert. Der Täter ist durch diese Absicht bzw. Haltung erschüttert und gekränkt. Aus einem situativen, manchmal nichtigen Anlass kann er seine Affekte nicht oder nur schwer kontrollieren. Folge des eruptiven Affektausbruchs ist die impulsiv-aggressive Handlung gegen das Opfer. Unmittelbar danach realisiert der Täter, sozusagen durch Aufwachen in der Realität, was er getan hat. Er gerät in Panik oder Verzweiflung, bereut seine Tat und versucht, zu retten was zu retten ist. In der Regel ist es aber für eine Wiedergutmachung zu spät.[56]

Das ist eine weitere des Mythos archetype Botschaft.

Der zweite Nebenaspekt der Geschichte von Okyrhoë ist Apollons Bestrafung des Raben – der, der Koronis verraten hat. Damit bestätigt sich die alte Weisheit: Den Verräter mag niemand, auch nicht der, der von seinem Verrat profitiert.

Diese beiden letztgenannten Aspekte der Geschichte sind in der Tat Nebenaspekte.

Das kann man allerdings vom dritten Aspekt keineswegs sagen; er ist kein Nebenaspekt, sondern vielmehr ein ganz zentraler. Ich spreche vom Besiegen

[56] Wenn man Interesse hat, mehr darüber zu erfahren, könnte man es versuchen in: „Affekttaten und Impulstaten. Forensische Beurteilung von Affektdelikten" (2007), oder auch in: „Intimizid. Die Tötung des Intimpartners" (2008), beide bei Schattauer, Stuttgart, erschienen, und beides von Andreas Marneros geschrieben.

des Todes und damit vom Sprengen der Naturgesetze. Von der Hybris des Ignorierens der Grenzen des Menschseins durch Asklepios.

Davon abgesehen habe ich die Botschaft von Prometheus Doppeloperation verstanden, Sisyphos: Die Menschen haben durch die Entfernung der Fähigkeit des Vorhersehens der eigenen Zukunft und durch das Einpflanzen der Hoffnung lebensnotwendige Voraussetzungen erlangt: Die Initiative zur Lebensgestaltung, die Möglichkeit, mehr oder weniger autonom zu handeln, sich Lebensziele zu setzen und für deren Verwirklichung zu kämpfen. Und zu hoffen. Das bedeutet:

Sinn in ihrem Leben zu sehen und ihrem Leben Sinn zu geben! Denn die Hoffnung trägt nicht unwesentlich dazu bei, dass einem das Leben sinnvoll erscheint.

Der Hoffnung sei Dank! Der Hoffnung auf die uns unbekannte Zukunft inklusive!

Prometheus hat euch und zweifelsohne auch mir immer die besten Geschenke gemacht. Nehmt sie dankend an und geht sorgsam damit um. Auch mit der Hoffnung, dieser sinngebenden. Das würdest du uns sicher empfehlen, nicht wahr, Sisyphos?

10 Sinn und Sinnlosigkeit, Selbst- und Fremdwahrnehmung

10.1 Sinn und Sinnlosigkeit

Die Hoffnung, die sinngebende, haben wir sie genannt. Goldrichtig, nicht wahr Sisyphos? Sinn im Leben zu sehen und dem eigenen Leben Sinn zu geben. Das ist ein weiteres Lebenselixier!

Derjenige darf sich glücklich schätzen, der Sinn in seinem Leben sieht und der dem eigenen Leben Sinn gibt.

Unglücklich dagegen ist derjenige, der keinen Sinn in seinem Leben, in seinem Tun, in seinem Lassen sieht. Der sich sinnlos durch das Leben treiben lässt, der Unglückliche.

Ich denke, du bist unglücklich geworden, Sisyphos. Damals auf der Erde war es Sinn deines Lebens, deinen Mitbürgern durch deine Taten zu Wohlstand und Glück zu verhelfen. Das Schicksal herauszufordern und es zu bekämpfen. Und zwar alles ungeachtet der Gefahren für dich selbst, die damit verbunden waren. Auch wenn du die Götter provozieren musstest, um das zu erreichen. Aber du warst glücklich. Du hast dadurch deinem Leben Sinn gegeben. Doch nach deiner Verurteilung zur ewigen Zwangsarbeit voller Sinnlosigkeit hatte dein postmortales Leben keinen Sinn mehr. Und so wurdest du unglücklich. Dies bringt mich zu einer weiteren Paraphrasierung der berühmten Aufforderung deines berühmten Biografen an uns[57]: „*Wir müssen uns Sisyphos als einen glücklichen Menschen vorstellen!*"

Kannst du ahnen, mein Bruder, zu welcher?

---

[57] Natürlich ist damit Albert Camus gemeint.

A. Marneros, *Mein Bruder Sisyphos, mein Freund der Minotauros*,
https://doi.org/10.1007/978-3-662-55808-9_10

Zu dieser: „*Wir müssen uns Sisyphos während seines irdischen Lebens als einen glücklichen Menschen vorstellen!*"

Jawohl, mein Bruder! Du warst im irdischen Leben ein glücklicher Mensch, weil du diesem Leben Sinn gegeben hast. Du wurdest in deinem postmortalen Leben – nach deiner Verurteilung zur ewigen Zwangsarbeit voller Sinnlosigkeit – unglücklich. Dein postmortales Leben ist statt mit Sinn erfüllt zu sein, durch Sinnlosigkeit ausgehöhlt.

Du musstest also unglücklich werden, mein Bruder. Oder etwa nicht?

Du antwortest nicht, Sisyphos. Ich meine, mir antwortest du nicht. Aber ich vermute, dass du in deinem Inneren eine präzise Antwort auf diese Frage hast. Du, nur für dich! Ich hoffe, es wird mir gelingen, die Antwort aus dir heraus zu explorieren. Explorieren – etwas herausfinden – sagt man in der Psychiatrie und Psychologie.

Ich wiederhole mich bewusst: Wie kann jemand glücklich sein, wenn er so eine Höllenstrafe zu verbüßen hat wie du? Eine Höllenstrafe, die vier der schlimmsten Strafen vereint – die Sinnlosigkeit, die Zwangsverrichtung nutzloser Arbeit, die totale Perspektivlosigkeit und die Isolation. Wobei die Sinnlosigkeit für mich den anderen Strafen gegenüber eine gewisse Priorität in der Schwere besitzt.

Der Sinn im Leben, im Verbund mit der Hoffnung und auch mit manchem anderen, was wir im Verlauf der Durchforstung des mythischen Archetypenarchivs treffen werden, ist unser Lebenselixier. Die Bedeutung vom Sinn im Leben wird uns meist erst dann bewusst, wenn er bei uns zur Mangelware wird oder wir ihn vollständig verloren haben.

Ich gehe davon aus, dass wir uns verstehen, Sisyphos. Aber um kein Missverständnis aufkommen zu lassen, möchte ich es dennoch klarstellen: Wir sprechen nicht vom Sinn *des* Lebens, sondern vom Sinn *im* Leben. Sinn im Leben des einzelnen Menschen. In meinem Leben, in deinem Leben, in unserem Leben, Sisyphos. Mit Sinn meine ich keine komplizierten oder großartigen philosophischen oder theologisch-metaphysischen Konstrukte, sondern einfache, konkrete, erfüllende und lebensfüllende Dinge und Ambitionen, Ziele und Intentionen. Wenn sie auch noch so banal, noch so alltäglich, noch so pragmatisch sein mögen. Etwa einen Beruf zu erlernen, ein Studium abzuschließen, eine Familie zu gründen und für sie zu sorgen, eine Tätigkeit auszuüben, die den Tag füllt und das Gemüt erfüllt. Den Wissensdurst zu stillen, Bücher zu lesen oder gar Bücher zu schreiben, und vieles andere mehr. Banales und Gehobenes, Einfaches und Anspruchsvolles.

Hauptsache, sinnvoll!

Sinnvoll für das jeweilige Individuum. Die Suche nach Sinn *im* Leben schließt natürlich keinesfalls die Suche nach dem Sinn *des* Lebens aus. Es schließt nicht aus, darüber zu meditieren oder zu philosophieren, das Erhabene und das Anspruchsvolle philosophisch oder theologisch zu suchen. Aber der Sinn im Leben des Einzelnen braucht nicht immer erhaben und anspruchsvoll zu sein. Er muss weder kompliziert noch abstrakt sein. Der Sinn im Leben des Einzelnen kann das Leben des Menschen füllen und erfüllen. Der Sinn des Lebens im Allgemeinen kann Menschen führen und Taten durchführen.

Beide, der Sinn des Lebens und der Sinn im Leben, sind kostbare Güter! Aber den philosophischen oder theologisch-metaphysischen Sinn des Lebens wollen wir jetzt nicht weiter vertiefen. Jetzt und hier sprechen wir nur vom ersteren, dem füllenden und erfüllenden Sinn im Leben. Allerdings bringt Verlust des ersteren fast immer auch den Verlust des letzteren mit sich, falls er jemals vorhanden war. Wie in der pathologischen Sinnlosigkeit der Depression oder der Zwangsstörung. So ist es, Sisyphos. Der Verlust des Sinns im Leben, die Sinnlosigkeit, kann krankhafte, pathologische, behandlungsbedürftige Dimensionen erreichen.

Krankhafte Sinnlosigkeit

Und die Zunft der Psychiater, Psychologen, Psychosomatiker und Psychoanalytiker fügt wissend hinzu:

In der Tat, die krankhafte Sinnlosigkeit behandeln archetypisch viele Mythen.

Wir haben die Sinnlosigkeit schon als einen üblen Gesellen der Hoffnungslosigkeit kennengelernt. Wobei es auch umgekehrt richtig ist, die Hoffnungslosigkeit als übler Begleiter der Sinnlosigkeit. Wir haben festgestellt, dass die Sinnlosigkeit ein Übel ist, das bei Depressionen mit manchen anderen üblen Gesellen auftritt. Mit der Hoffnungslosigkeit, der Perspektivlosigkeit, der Freudlosigkeit, der Genusslosigkeit, der Initiativlosigkeit, und manchen anderen „Losigkeiten". So konstituiert die Sinnlosigkeit zusammen mit den gerade erwähnten Symptomen ein „Syndrom der Losigkeit". Das ist das Kernsyndrom der schweren Depression, einem der schlimmsten Leiden des Menschen.

Wir haben die Sinnlosigkeit als Bestandteil einer Zwangsstörung kennengelernt. Der Zwang diktiert die Fortsetzung und ständige Wiederholung der unsinnigen Handlungen, die korrekt, akkurat und gewissenhaft in der richtigen Weise erledigt werden müssen. Falls es eine Unterbrechung oder Verhinderung der Zwangshandlungen gibt, wird der Betroffene von Unbehagen, von Unwohlsein, von Angst, die sich bis zur Panik steigern kann, überwältigt. Trotz des Wissens um die Sinnlosigkeit der Handlungen.

Das ist mancher Mythen archetype Botschaft.

Wir haben es schon festgestellt. Du selbst sprichst nicht über deine Depressionen, Sisyphos. Doch das heißt nicht, dass du nicht darunter leidest. Du kannst nicht die große glückliche Ausnahme innerhalb der unglücklichen Zwangsstörungsgemeinde sein, Sisyphos. Du sprichst auch nie über dein Unglücklichsein oder die Sinnlosigkeit deines Tuns. Doch das heißt nicht, dass du nicht darunter leidest.

Sag mal, Sisyphos, ist mein Verdacht richtig, dass du die Sinnlosigkeit deiner Zwangsarbeit zum Sinn deines posthumen Schattenlebens umwandeln willst? Du schaust wieder so überrascht und fragend. Wegen des Oxymorons „Sinn in der Sinnlosigkeit"? Ich denke, du kennst das Wort Oxymoron, oder hat unsere gemeinsame Sprache das erst nach deiner Zeit kreiert? Wie auch immer, der Begriff Oxymoron besteht aus zwei Worten, oxys (οξύς) „scharf" – in diesem Zusammenhang „scharfsinnig" – und moros (μωρός) „dumm". Oxymoron bedeutet also, dass eine Formulierung aus zwei gegensätzlichen, einander widersprechenden oder sich gegenseitig ausschließenden Begriffen besteht. Um mein Oxymoron „Sinn der Sinnlosigkeit" erklären zu können, bitte ich dich, mir beim Folgenden zu folgen. Oder noch besser, versuche doch bitte, mir eine ganz ehrliche Antwort auf meine Frage zu geben:

Was willst du tun, wenn einmal der Felsblock auf dem Gipfel des Berges bleibt und nicht wieder zurückrollt?

Ach schau mich doch nicht mit diesem fast panikartigen fragenden Blick an, Sisyphos. Du sagst zwar nichts, aber dein angsterfüllter Blick spricht Bände. Lass mich dir sagen, was ich vermute, wie deine Reaktion darauf höchstwahrscheinlich sein wird:

Zuerst wirst du erstaunt sein, dass das unmöglich Erscheinende doch möglich wurde – der Felsblock bleibt auf dem Gipfel liegen! Dann wirst du vor Freude strahlen, ja eventuell sogar in Begeisterungsrufe ausbrechen. Ja, die unendlich scheinende Aufgabe ist doch zu Ende gebracht! Mission erfüllt sozusagen. Dann aber werden, zuerst leise und dann immer lauter, Zweifel in dir aufkommen, ob die Mission tatsächlich erfüllt ist. Du wirst dich fragen, ob du sie korrekt und richtig ausgeführt hast. Und falls du diese Zweifel überwindest und nicht sofort erneut mit der Aufgabe beginnst, um sie noch korrekter zu erledigen, dann wirst du etwas anderes erleiden. Dann wirst du in das bodenlose Loch der großen Leere, des unendlichen Vakuums eingesogen. Während du hineinstrudelst, wirst du von der quälenden Frage gegeißelt:

Was tue ich ohne Aufgabe?

Die Aufgabenlosigkeit wird von dir als Sinnlosigkeit erlebt werden, als Leben ohne Sinn. Das Aufgeben der Sinnlosigkeit wird selbst zur Sinnlosigkeit pervertiert.

Und somit werden für die Depression Tür und Tor geöffnet. Sie kommt in galoppierendem Tempo zu dir und überfällt dich. Je nach Schwere der Depression Suizid nicht ausgeschlossen. Ja gut, bei dir mit deinem Jenseitsleben ist Suizid metaphorisch gemeint. Aber nicht bei deinen diesseitigen Leidensgenossen.

Um der Leere, dem Vakuum, der Depression zu entfliehen, wirst du den Felsblock selbst den Berg hinunterschubsen und mit einem neuen Neuanfang beginnen.

Und so wird die Sinnlosigkeit deines Tuns wieder zum Sinn deines Zwanges. Das ist der Sinn deiner Sinnlosigkeit. Deiner Zwangsstörung. Jeder Zwangsstörung!

Du senkst den Kopf, dein Blick streift über den Boden. Danke für die vielsagende nonverbale Bestätigung meiner traurigen Diagnose.

10.2 Befreiung und Versklavung

Mein lieber Bruder Sisyphos, wenn ich dich so beobachte, wie du deinen Felsblock den Berg hinaufwälzt, erinnert mich das sehr an das Bild, das dein Martyriumberichterstatter der Neuzeit, Albert Camus, von dir malt:

> So sehen wir nur, wie ein angespannter Körper sich anstrengt, den gewaltigen Stein anzuheben, ihn hinaufzuwälzen und mit ihm wieder und wieder einen Hang zu erklimmen; wir sehen das verzerrte Gesicht, die Wange, die sich an den Stein presst, sehen, wie eine Schulter den erdbedeckten Koloss abstützt, wie ein Fuß sich gegen ihn stemmt und der Arm die Bewegung aufnimmt, wir erleben die ganz menschliche Sicherheit zweier erdbeschmutzter Hände. Schließlich ist nach dieser langen Anstrengung, die sich an einem Raum ohne Himmel und einer Zeit ohne Tiefe misst, das Ziel erreicht. Und nun sieht Sisyphos, wie der Stein innerhalb weniger Augenblicke in jene niedere Welt hinabrollt, aus der er ihn wieder hoch auf den Gipfel wälzen muss.[58]

Ja, so oder so ähnlich siehst du auch jetzt aus.

Was meint aber dein erwähnter französischer Biograf, wenn er über dein verzerrtes Gesicht, das sich an den Stein presst, schreibt:

> Ein Gesicht, das sich so nahe dem Stein abmüht, ist selbst bereits ein Stein.[59]

Meint er: Ein ausdrucksloses Gesicht?

Ein emotionsloses Gesicht?

Ein leeres, zombieartiges Gesicht?

Ein Abgestumpftheit widerspiegelndes Gesicht?

---

[58] In seinem schon zitierten Mythos von Sisyphos.

[59] Ebenda.

Ein fehlende Zielorientierung verratendes Gesicht?

Vielleicht meint dein französischer Bewunderer auch gar keins davon. Vielleicht aber meint er folgendes:

Ein Befreiung ausstrahlendes Gesicht!

Befreiung? Ja, Befreiung!

Du lächelst ja so wissend, mein lieber Bruder.

Warum Befreiung? Das könnten manche, die dich nicht gut kennen, mit Verwunderung fragen. Oder genauer gesagt diejenigen, die die befreiende Wirkung der Aufgabenpflicht und der Zielorientiertheit nicht hoch genug schätzen gelernt haben. Und die vor allem die Hingabe – die Hingabe an die Aufgabenerfüllung, an das Hinarbeiten auf ein Ziel –, die Hingabe, die befreiende, nicht gut kennen.

Nicht nur du, sondern jeder Aufgabenträger, der seine Aufgabenpflicht als eine permanent geltende Anforderung wahrnimmt, auf ein Ziel hinzuarbeiten, weiß es: Die Aufgabenpflicht bedeutet Verpflichtung zu ordnungsgemäßer Erfüllung des Aufgabenzieles. Das heißt auch, Rechenschaft ablegen zu müssen. Und wenn man Rechenschaft vor dem großen Auftraggeber, d. h. vor sich selbst, ablegen muss, dann sind die Regeln am schärfsten. Und Hingabe in höchstem Maße ist erforderlich. Es bleibt dann kaum Raum für andere Gedanken, für Sorgen, für Wahrnehmungen, für Emotionen. Davon ist man frei, aber an das Ziel und vom Ziel gefesselt. Der Vorstellungsraum ist dann besetzt mit den Erfordernissen der gestellten Aufgabe.

Nennt man so etwas Befreiung?

Wie man es nimmt. Wie man es wahrnimmt. Ob man das Ziel als einen positiven Endzustand betrachtet. Ob man Zielinhalt und Zielrahmen nicht als das Wichtigste betrachtet, sondern nur die Zielerfüllung. Eine Zielerfüllung, die man nicht als von außen geforderte, sondern als ureigenes Streben erlebt.

Ist es denn nicht so, Sisyphos, dass das Ziel, das du dir gesetzt hast, nämlich den Felsblock auf den Gipfel zu bringen, deinem Alltag Struktur und Bedeutung gibt? Würdest du dich denn in einem unstrukturierten und bedeutungslosen ewigen Alltag nicht verloren fühlen?

Nichtdestotrotz, Aufgabenpflicht und Zielstrebigkeit kann zum Janus-Kopf werden.

Janus-Kopf? Ach ja, du kennst den doppelgesichtigen römischen Gott nicht. Der betrat die Religionsbühne lange nach deiner Zeit. Er ist übrigens einer der sehr wenigen eigenen Beiträge der Römer zum Pantheon. Fast alle anderen Gottheiten haben sie von uns entliehen, und zwar meist pseudonymisiert, aber doch nicht unkenntlich gemacht. Ja, ich weiß, mein Bruder, doppelgesichtige Gottheiten hatten wir auch, lange bevor die Römer kamen. Etwa Boreas, den Gott des Nordwindes.

Wie es auch sein mag. Warum ich der Aufgabenpflicht und der Zielstrebigkeit einen Janus-Kopf verpassen will?

Weil eine rigide Zielsetzung und eine strenge Aufgabenpflicht von nicht zu unterschätzenden negativen Nebeneffekten begleitet werden können. Ein zu enger Zielfokus macht blind für alles andere. Die Hingabe an eine Aufgabe kann zum Aufgeben von Aufgaben führen. Die erlebte oder gewähnte Hauptaufgabe kann alles andere zu Nebenaufgaben degradieren und sie damit zum Vernachlässigtwerden verurteilen, sie damit zerstören. Dabei zwischenmenschliche Beziehungen, beruflichen Werdegang, soziales Leben, allgemeine Interessen, Erholung und Muße und möglicherweise auch den pflichtbewussten Aufgaben- und Zielträger selbst zerstörend.

Die Befreiung wird damit zu Versklavung.

10.3 Selbstwahrnehmung, Fremdwahrnehmung und die Danaiden

Ich habe dich beobachtet, Sisyphos, wie du deine Leidensgenossinnen, die Danaiden, betrachtest. Die fünfzig Töchter des Danaos – eigentlich neunundvierzig, wie wir noch erfahren werden – haben eine ähnliche Strafe zu verbüßen wie du. Es ist mir nicht entgangen, du hast es mir durch Mimik und Gestik verraten, dass du dich sehr wunderst über die Sinnlosigkeit des Tuns der Danaiden. Aber die Danaiden tun das gleiche wie du, mein lieber Bruder! In der Tat, sie machen nichts anderes als du.

Um das zu erkennen, erzähle ich dir kurz ihre Geschichte:

Die Legende von den Danaiden

Die Geschichte der Danaiden begann vor langer Zeit und hat ihre Wurzeln wieder einmal in einem außerehelichen Abenteuer des Gottvaters Zeus. Sie lief so ab: Ihr Vater Danaos – daher der Name Danaiden, was in der uns gemeinsamen Sprache „Töchter des Danaos" bedeutet – war ein Spätprodukt einer der unzähligen außerehelichen Beziehungen des diesbezüglich unermüdlichen Zeus. Dieses Mal aus seiner Verbindung mit Io, der Tochter des Flussgottes Inachos. Nachdem Zeus eifersüchtige Ehefrau Hera die Beziehung mit Io herausgefunden hat, bestraft sie das inzwischen schwangere Mädchen, indem sie es in eine Kuh verwandelt. Noch dazu schickt sie eine große Bremse, um sie ständig zu quälen. Halb wahnsinnig wegen deren Attacken flieht Io über das Meer, das bis heute ihren Namen trägt, das „Ionische Meer". Eine abenteuerliche Flucht durch die halbe damals bekannte Welt nimmt damit ihren Anfang und endet schließlich in Ägypten. Dort wird Io von Zeus erlöst und von den Ägyptern als Göttin Isis identifiziert. Und so entsteht der weltberühmte Isiskult. Aus der Verbindung mit Zeus bringt Io einen Sohn zur Welt, Epaphos. Dieser wird später

König von Ägypten, heiratet mit Memphis eine Tochter des Flussgottes Nil und gründet eine Stadt, die er zu Ehren seiner Frau Memphis nennt.

Zur Nachkommenschaft von Epaphos und Memphis zählen unter anderem Libya, Namensgeberin des gleichnamigen Landes, Agenor, Stammvater der Phönizier, sowie die Zwillinge Ägyptos und Danaos, die das nordafrikanische Reich unter sich aufteilen. Ägyptos bekommt Ägypten, das seitdem seinen Namen trägt, und Danaos Libyen. Ägyptos jedoch ist habgierig und unersättlich, und nachdem er erkannt hat, dass Ägypten stärker als Libyen ist, ordnet er eine Zwangsehe an zwischen seinen fünfzig Söhnen, die er mit vielen verschiedenen Frauen hat, und den fünfzig Töchtern von Danaos, den Danaiden, ebenfalls von vielen verschiedenen Frauen dem Danaos geboren. Damit hätte Ägyptos Libyen ohne Krieg und völlig legal geschluckt. Dies wollen jedoch weder Danaos, noch seine Töchter, weil es für sie und für das Volk Libyens Demütigung und Sklaverei bedeuten würde. Sie fliehen mit einem Schiff, übrigens dem ersten Fünfzig-Ruderer-Schiff der Geschichte, wie man sagt, das sie mit Hilfe der Athena gebaut haben. So kommen sie nach Argos, der Ursprungsheimat ihrer Ahnin Io. Dort bitten sie König Pelasgos um Asyl, der dadurch in eine schwierige Lage gerät, denn die Flotte der Ägypter macht Jagd auf die Flüchtlinge. Er weiß, dass er mit der Invasion der Ägypter rechnen muss, wenn er den Flüchtlingen Asyl gewährt. Doch Asyl ist heilig, von Zeus selbst gestiftet. Und so gewährt König Pelasgos den Asylsuchenden Danaiden und ihrem Vater Schutz, trotz des großen damit verbundenen Risikos.[60] Und in der Tat, die Ägypter kommen. Vor deren Übermacht kapituliert Danaos und gibt sein Einverständnis zur Ehe seiner fünfzig Töchter mit den fünfzig Söhnen des Ägyptos. Er bewaffnet aber jede seiner Töchter mit einem Dolch und gibt ihnen den Auftrag, in der Hochzeitsnacht ihre Bräutigame zu töten. So geschieht es. Nur die älteste, Hypermnestra, folgt dem väterlichen Auftrag nicht, weil sie sich in den ihr frisch angetrauten Ehemann verliebt hat.

Die Ermordung der schlafenden und somit wehrlosen Bräutigame gefällt Zeus überhaupt nicht. Es sei heimtückisch und unmoralisch, tobt er. Und so werden die Danaiden als Sünderinnen von Zeus zur höchsten aller Strafen verurteilt: zu dem Bündel von Sinnlosigkeit, Zwangsarbeit und Verrichtung nutzloser Tätigkeit. Konkret verurteilt er die Danaiden dazu, in der Unterwelt ununterbrochen Wasser von einer Quelle zu einem großen Wasserspeicher zu transportieren. Zu einem löchrigen Wasserspeicher, in löchrigen Gefäßen, manche sagen aus Weidenzweigen geflochten. Allerdings wurden nicht alle fünfzig dazu verurteilt, sondern neunundvierzig. Hypermnestra, die unbeteiligte, wird exkulpiert.

Somit wurden auch die Danaiden von Zeus mit der höchsten aller Strafen bestraft. Sie verbüßen seitdem ihre Höllenstrafe in ähnlicher Weise wie du, mein Bruder. Auch sie verrichten, zwanghaft und verbissen, in ewiger und ständiger Wiederholung, akribisch und gewissenhaft, sinnlose und nutzlose Zwangsarbeit.

Und sie tun es in alle Ewigkeit. Bis heute noch nach ähnlichem Muster. So wie du, Sisyphos.

[60] Diese Konfliktsituation ist meisterhaft durch Äschylos dargestellt in seinem Drama „Die Hiketiden" – die Schutzflehenden also. Für die psychologische Kommentierung könnte man auch einen Blick werfen in Andreas Marneros (2013): „Irrsal! Wirrsal!

Ich sehe, mein Bruder, dass dein Gesicht einen mitleidigen Ausdruck annimmt. Offensichtlich hast du Mitgefühl mit den Danaiden und nimmst Anteil an ihrem Unglück. Ich verstehe dich. Nein, wir dürfen uns die Danaiden genau wie dich – und alle anderen an einer Zwangsstörung Leidenden – nicht als glückliche Menschen vorstellen. Sondern vielmehr als sehr, sehr unglückliche.

Ich habe, das muss ich dir im Vertrauen gestehen, irgendwie Verständnis für die verzweifelte Tat der Danaiden. Ich vermute sogar, dass heutige Juristen für die armen Danaiden verschiedene mildernde Umstände finden würden. Doch Zeus fällte sein Urteil in einer Zeit vor jeglicher menschlicher Rechtsform. Es war noch vor der Zeit, als Athena den Menschen in Athen die Gerichtsbarkeit geschenkt hat. Wie auch immer, du sollst aber nicht glauben, dass ich ihre Tat billige. Keineswegs! Um Zeus Willen!

Allerdings, ich denke, dass die Katastrophe vermeidbar gewesen wäre. Wenn sich nämlich Ägyptos mit seinem mächtigen und reichen Ägypten zufrieden gegeben hätte. Wenn er nicht von Habgier und Unersättlichkeit gesteuert gewesen wäre. Dann hätte er seine Söhne nicht verloren und die Danaiden nicht zu Mörderinnen gemacht.

Midas und die Harpyien, denen wir schon begegnet sind, lassen grüßen!

Offensichtlich nimmst du das Unglück der Danaiden wahr, Sisyphos. Sonst hättest du nicht diesen mitfühlenden, anteilnehmenden, aber auch befremdeten Gesichtsausdruck. Du nimmst das fremde Unglück wahr. Tust du das denn auch mit deinem eigenen Unglück? Etwa nicht? Wenn nicht, dann haben wir ein klassisches Beispiel von Diskrepanz zwischen Selbstwahrnehmung und Fremdwahrnehmung.

Selbstwahrnehmung ist nicht nur die Wahrnehmung des eigenen Körpers. Der Begriff hat sich erweitert und meint die Wahrnehmung von eigenen Persönlichkeitseigenschaften und Fähigkeiten, von eigenem Verhalten und Befinden, von eigener Wirkung und sonstigen psychischen Eigenschaften.

Fremdwahrnehmung dagegen ist die Art, wie andere Menschen unsere eben angesprochenen Eigenschaften und unser Verhalten wahrnehmen.

Manchmal gibt es eine Diskrepanz zwischen Selbstwahrnehmung und Fremdwahrnehmung. Bei manchen psychischen Störungen bzw. Persönlichkeitsstörungen, wie etwa der narzisstischen oder der dissozialen, ist die Diskrepanz zwischen den beiden Wahrnehmungsmodi so eklatant, dass sie als pathologisch bezeichnet werden muss.

Wahnsinn! Persönlichkeit, Psychose und psychische Konflikte in Tragödie und Mythen“, Schattauer, Stuttgart.

Ja, ich vermute, nein, ich bin mir sogar sicher: Du, Sisyphos, nimmst das Unglück der Danaiden sehr wohl wahr. Aber erkennst du auch, dass dein Felsblock, der dir Sinn und Halt gibt, genau das gleiche ist wie die löchrigen Wassergefäße der Danaiden? Ich vermute nein. Ehrlich gesagt bin ich mir auch da ziemlich sicher: Du erkennst es nicht.

Sonst wärest du längst zusammengebrochen, mein Bruder Sisyphos.

11

Resignation und erlernte Hilflosigkeit, Rebellion und Regression

11.1 Resignation und Fatalismus

Wie auch immer. Irgendwie ist auch gut, dass du eine beanspruchende Aufgabe hast und glaubst, sie erfüllen zu müssen – wenn die auch eine Sisyphosarbeit ist. Deine Arbeit, mein Bruder, zeigt uns, dass du keine Versagensängste hast. Sonst hättest du sie gar nicht erst in Angriff genommen. Und sonst hättest du dir nicht das Ziel gesetzt, den Felsblock auf dem Gipfel des Berges so zu befestigen, dass er nicht mehr zurückrollen kann.

Sag mal, Sisyphos, liege ich richtig, wenn ich folgendes behaupte: Wichtig für dich ist einzig und alleine, dass die Erreichbarkeit deines Zieles in deinem Bewusstsein existiert?

Egal, ob die Erfahrung und die objektive Betrachtung die Unerreichbarkeit deines Zieles zeigt?

Egal, ob Pragmatiker, richtige oder sogenannte, aber vor allem Fatalisten dir zurufen, dass dein Ziel nie erreicht werden kann?

Egal, ob die Existenzverweigerer eines freien Willens dir einzureden versuchen, deine Entscheidung, weiter zu machen, sei nicht deine freie Entscheidung?

Egal, ob die Theologen murmeln, dass Zeus dich jeder anderen Entscheidungsmöglichkeit beraubt hat?

Egal, ob dir die Psychiater attestieren, dass das, was du tust, bloß Zwangsarbeit ist, von einer Zwangsstörung diktiert?

Vermutlich hast du dir selbst solche Fragen gestellt und weißt das alles schon. Aber trotzdem.

A. Marneros, *Mein Bruder Sisyphos, mein Freund der Minotauros*,
https://doi.org/10.1007/978-3-662-55808-9_11

Trotzdem?

Trotzdem!

Was für ein trotziges Trotzdem.

Egal?

Egal!

Was für ein unvernünftiges Egal.

Sicherlich ein trotziges Trotzdem. Ein unvernünftiges Egal. Aufgabenpflicht, Zielesetzen und Konsequenz sind für dich bedeutsam … aber auch für mich … für uns alle. Doch sie machen uns noch nicht glücklich. Erst das Erreichen, hörst du, Sisyphos, das Erreichen (!) von persönlichen Zielen kann zu Wohlbefinden und Glücklichsein beitragen. Du erreichst dein Ziel nicht. Insofern ist es für mich schwer vorstellbar, dass du glücklich sein kannst!

Auch deswegen können wir uns dich, Sisyphos, nicht als einen glücklichen Mann vorstellen.

Denn du erreichst dein Ziel nie. Du kannst nie glücklich sein.

Wir müssen uns also dich, Sisyphos, weiterhin als einen unglücklichen Menschen vorstellen!

Habe ich Recht? Oh, Sisyphos, du schweigst wie eine Sphinx!

Das Ziel bleibt also unerreichbar. Und so wälzt du deinen Felsblock ewig den Berg hinauf. Doch du resignierst nicht, du kapitulierst auch nicht. Die Göttin der Unausweichlichkeit, Adrastia, die Schwestergöttin von Ananke, der Göttin der Notwendigkeit – der Göttin nicht nur der Notwendigkeit, sondern auch des Zwanges, was die Lateiner später zu Necessitas pseudonymisierten, wie wir schon erwähnt haben, als wir über den Zwang sprachen – hat es nicht geschafft, dich zu Resignation und Kapitulation zu zwingen.

Sag mal Sisyphos, gehört das auch zu deiner Neigung, gegen die Götter zu rebellieren? Gegen Zeus, gegen Thanatos, gegen Hades und nun auch gegen Adrastia und Ananke? Siehst du auch das als eine deiner Aufgaben an, von denen du nicht lassen kannst?

Wie auch immer, ich vermute, dass die Tatsache, dass weder Adrastia noch Ananke dich zu Resignation und Kapitulation zwingen konnten, ein wichtiger Grund ist, der dazu führt, dass du trotz der ewigen Zwangsarbeit so robust, so vital, so energiebeladen und so kämpferisch aussiehst. Andere wären wohl längst ein Häufchen Elend. Aber du – du zeigst nicht einmal das geringste Zeichen von Resignation! Resignation ist nicht dein Ding, nicht wahr, Sisyphos?

Resignation

Und die Zunft der Psychiater, Psychologen, Psychosomatiker und Psychoanalytiker fügt wissend hinzu:

In der Tat, Sisyphos hat nicht resigniert. Glücklich ist er zwar damit nicht geworden, aber er fühlt sich auch nicht ohnmächtig und hilflos. Und er stellt auch nicht seine Aktivitäten und Initiativen ein.

Resignation, vom lateinischen „resignare" abgeleitet, bedeutet „das Signum senken" (Signum ist das Feldzeichen), also kapitulieren. Oder die eigene Unterschrift zurückziehen und damit zu widerrufen. Resignation bezeichnet eine Haltung des Sichfügens in einer unausweichlichen Situation, zum Beispiel wegen Aussichtslosigkeit.

Die Resignation kann durch die Einsicht ausgelöst werden, dass ein angestrebtes Ziel aus verschiedenen Gründen nicht erreichbar ist. Daraus können Auswirkungen auf die Befindlichkeit und das Verhalten des Resignierenden resultieren. Man fühlt sich ohnmächtig und hilflos, traurig bis depressiv, in seiner Lebendigkeit reduziert. Oder man stellt sogar seine Aktivitäten und Initiativen ein. Resignation macht depressiv, und umgekehrt ist die Resignation ein Symptom der Depression. Sisyphos, der nie-Resignierende, stellt auch seine Aktivitäten nicht ein.

Das ist des Mythos archetype Botschaft.

Ich habe, als wir über deinen Zwang sprachen, die Auffassung vertreten, dass es mir schwer fällt, mir dich als einen glücklichen Mensch vorzustellen. Durch deine Weigerung, zu resignieren und dich zu demotivieren, vor der Ausweglosigkeit zu kapitulieren, wirst du vor erlernter Hilflosigkeit geschützt. Du bist sogar der personifizierte Gegensatz der erlernten Hilflosigkeit. Sicher grübelst du jetzt darüber nach, was diese „erlernte Hilflosigkeit" sein mag.

Erlernte Hilflosigkeit

Und die Zunft der Psychiater, Psychologen, Psychosomatiker und Psychoanalytiker fügt wissend hinzu:

In der Tat, Sisyphos resigniert nicht und wird nicht demotiviert. Und so ist er vor den Folgen der erlernten Hilflosigkeit geschützt.

Erlernte Hilflosigkeit ist im Grunde genommen nichts anders als ein Ohnmachts-Syndrom, das verschiedene Aspekte beinhaltet[61]. Der erste Aspekt ist der Motivationsverlust. Wenn jemand denkt, dass Ereignisse unbeeinflussbar sind durch seine Anstrengungen, sein Tun und sein Lassen, dann ist es nachvollziehbar, dass er keinerlei Motivation mehr hat, den Versuch zu machen, sie dennoch zu beeinflussen. Passivität, Initiativlosigkeit, Resignation bis hin zur Apathie können Folge der Entmotivierung sein.

[61] Siehe etwa Martin E. P. Seligman. „Erlernte Hilflosigkeit" (1979), Urban und Schwarzenberg, München, Wien, Baltimore.

Insofern ist dann auch die Lernfähigkeit für neue Bewältigungs- und Verwirklichungsstrategien abgestumpft. Die Realisierung des Kontrollverlustes über ein Ereignis kann zuerst Angst erzeugen, gefolgt von einer Art von Aktionismus – angestrengten und hektischen Bemühungen –, um die Kontrolle wieder zu erlangen. Dann aber folgt das Gefühl der Ohnmacht, der Hilflosigkeit. Und so rutscht man in eine Depression.

Sisyphos Weigerung, zu resignieren und sich zu demotivieren, ist sein Schutzmechanismus.

Das ist des Mythos archetype Botschaft.

Nein, Sisyphos. Du resignierst nicht und wirst du auch nicht demotiviert. Und so rollst du deinen Felsblock ewig weiter hinauf.

Keine Hilflosigkeit, weil bei dir keine Hoffnungslosigkeit besteht. Du setzt die Akzeptanz des faktisch Unveränderbaren gegen die Resignation.

Wir verstehen uns, mein Bruder: Wie sprechen von faktisch, ich betone faktisch, unveränderbar. Nicht von etwas, was aus irgendeinem Glauben heraus als unveränderbar etikettiert wird.

Akzeptanz des faktisch Unveränderbaren ist keine Resignation

Und die Zunft der Psychiater, Psychologen, Psychosomatiker und Psychoanalytiker fügt wissend hinzu:

In der Tat, Sisyphos akzeptiert die Schwierigkeit, aber er resigniert nicht. Und insofern ist vor den genannten Übeln geschützt.

Wenn jemand eine problematische, schwierige, momentan nicht lösbare Situation akzeptiert, ohne zu resignieren, dann bedeutet das, dass er Hoffnung auf einen prinzipiell möglichen glücklichen Ausgang hat, den man durch irgendwelche weiteren Anstrengungen, Strategien, Methoden und Überlegungen erreichen könnte. Akzeptanz in diesem Sinne schützt den Menschen vor Fatalismus, Depressionen und sogar vor Suizid.

Sisyphos resigniert nicht, er akzeptiert.

Das ist des Mythos archetype Botschaft.

11.2 Sisyphos ist kein Fatalist

Ich habe viele Gründe, dich zu bewundern, mein Bruder Sisyphos. Einer davon ist, dass du zwar das Unveränderbare akzeptierst, aber nie die Hoffnung aufgibst, das Ziel zu erreichen, auch das Schicksal zu besiegen. Dass du nie resignierst. Wie könntest du auch? Du, der Rebell, der du den Göttern das Schicksal entreißen, ja das Schicksal sogar abschaffen wolltest! Du bist der Kämpfer par excellence. Du kämpfst auch jetzt in deinem jenseitigen Leben dafür, dein Ziel zu erreichen: Den Felsblock auf den Gipfel des Berges zu bringen und ihn dort zu befestigen. Nein, Fatalismus ist nicht deine Sache.

Fatalismus

Und die Zunft der Psychiater, Psychologen, Psychosomatiker und Psychoanalytiker fügt wissend hinzu:

In der Tat, Sisyphos ist kein Fatalist. Sisyphos, der Unermüdliche, fügt sich seinem Schicksal nicht. Er kämpft dagegen, allerdings das faktisch Unveränderbare akzeptierend, und fordert das Schicksal geradezu heraus. Mit dem Ziel, es als unausweichliche und vorprogrammierte, von oben diktierte Größe abzuschaffen.

Der Fatalismus (vom lateinischen „Fatum", „das Schicksal", abgeleitet) bedeutet eine Haltung bzw. eine Überzeugung, dass Geschehnisse im Leben und in der Natur unabänderlich und unausweichlich sind, vom Schicksal bestimmt. In einem psychologischen Zusammenhang bedeutet so eine Haltung oder Überzeugung eines Individuums, dass es keine Bereitschaft hat, gegen Widrigkeiten des Lebens zu kämpfen, weil sie unausweichlich, vom eigenen Willen unbeeinflussbar scheinen.

Fatalismus ist aber auch eine Weltanschauung – meist religiös untermauert –, die davon ausgeht, dass ein Schicksal existiert, dass die eigene und allgemeine Entwicklung unabänderlich vorherbestimmt.

Das ist des Mythos archetype Botschaft.

Ehrlich gesagt, ich finde es sehr bewundernswert, mein Bruder, dass du trotzdem kein Fatalist bist. Trotzdem? Ja, trotzdem. Weil du von Anfang an wusstest, dass deine Strafe eine von einem Gott verhängte Strafe ist. Der Fatalismus als Weltanschauung und religiöser Glaube geht davon aus, dass ein Gott – eine Vorsehung – die Welt und das individuelle Leben lenken. Der Wille des Menschen könne also gegen einen lenkenden – damit auch einen strafenden – Gott nichts ausrichten. Aber du legst dich mit dem Gott an! Du willst etwas doch ausrichten.

Ist das auch ein Grund deines Stolzes? Eines Stolzes, den man gelegentlich mit Glücklichsein verwechselt? Du glaubst nicht an das Schicksal, nicht wahr? Obwohl du mir damals bei der Einführung in das Immerwährende und Fortdauernde so viel von der Göttin Heimarméne bzw. Peproméne, die das Schicksal bestimmt, wie auch von den anderen Schicksalsgöttinnen, den Moiren, die das Schicksal vollstrecken, erzählt hast. Erinnerst du dich?

Wie das Schicksal erfunden wurde

Die Menschen hatten die Überzeugung, dass es keinem lebenden Wesen möglich ist, seinem vorbestimmten Gang durchs Leben zu entgehen. Dafür erfanden sie die Heimarméne, auch unter dem Namen Peproméne bekannt, die Göttin des unausweichlichen Schicksals, von den Lateinern mit Fatum übersetzt. Und die Moiren, die später von den Lateinern zu Parzen pseudonymisiert wurden, die Göttinnen der Vollstreckung des Schicksals. Zuerst erfanden sie nur eine Moira, dann zwei, und am Ende drei. Nach den Vorstellungen bzw. der Phantasie der Menschen warten die Moiren darauf, dass einem jeden sein Schicksal von der Wiege bis zum Grabe zugeteilt wird. Der Name Moira hat seine Wurzeln in Wörtern, die „Teil", „teilhaben", „Anteil" bedeuten, so hast du es mir erklärt. So bedeutet Moira der Anteil am Leben, der mit allen seinen Wechselfällen, insbesondere mit dem Todesgeschick des Menschen, einem jeden schon zu Beginn seines Lebens zugemessen wird. Anteil also an Glück und Unglück, Erfolg und Misserfolg, Lebensdauer und Sterben. Am Anfang war eine Moira, sagtest du, für Lebenslauf und Schicksal eines Individuums zuständig. Dann erkannte man, dass sie drei Schwestern sind mit unterschiedlichen Funktionen. Seitdem wird jede von ihnen bei jedem Sterblichen in anderer Weise tätig. Klotho, was die Spinnerin bedeutet, spinnt bei der Geburt jedes Menschen einen Lebensfaden, bestehend aus Glück und Unglück, Erfolg und Misserfolg, Gesundheit und Krankheit und manchem anderen. Ihre Schwester Lachesis, die Loserin, die die Schicksale der Menschen verlost, wickelt diesen Lebensfaden auf. Die letzte ist Atropos, die Unabwendbare, die den Lebensfaden abschneidet. Atropos haben wir übrigens zur Namensgeberin einer tödlichen Substanz gemacht, die das Leben des Menschen beenden kann. Atropin.

Offensichtlich sind die Schicksalsgöttinnen älter als die Olympischen Götter, wahrscheinlich Töchter der Urgottheiten Erebos, der Finsternis, und Nyx, der Nacht. Die Schicksalsgöttinnen sind so mächtig, dass sie angeblich sogar den Olympiern ihren Willen diktieren können. So stellen sie sich gegen die Götter, wenn die die Absicht haben, das Schicksal ihrer Günstlinge zum Besseren zu wenden. Doch das geht nicht. Das können die Schicksalsgöttinnen nicht akzeptieren. Die Weltordnung wäre in Gefahr, wenn die Schicksale der Menschen beliebig veränderbar wären. Deshalb wacht Heimarméne/Pepromène als Göttin des zwingenden Schicksals über den richtigen Zeitpunkt des Lebensendes.

Und nicht nur Zeus, sondern auch sie hast du, Sisyphos, mit dem Austricksen des Todes herausgefordert.

Was für ein unerschrockener Rebell du doch bist, Sisyphos, mein großer Bruder!

Des Menschen Lebenslauf ist vorprogrammiert? Von der Wiege bis zur Bahre vorbestimmt? In die Hände der drei Töchter von Finsternis und Nyx gelegt? Nicht doch! Nicht für Sisyphos! Nicht für den stolzen Rebellen! Das zweimalige Austricksen des Thanatos ist zugleich ein Austricksen der Schicksalsgöttinnen, insbesondere der Atropos. Du rebellierst damit gegen das Schicksal und führst es ad absurdum.

Deine Rebellion gegen die Diktatur des Schicksals ist eine Rebellion gegen die Diktatur der Götter.

Du bist der erste Mensch, mein Bruder, der dem Beispiel eines Titans folgte. Nämlich Prometheus, des ersten Rebellen bzw. Revolutionärs im Pantheon.

Eine Unterscheidung zwischen Rebell und Revolutionär müsse gemacht werden, meinen manche Psychoanalytiker unter uns, und nicht nur sie.[62] Nach deren Ansicht besteht ein essenzieller Unterschied zwischen Revolutionär und Rebell. Als Revolutionär kann man demnach jemanden bezeichnen, der das Ausmaß, in dem seine Gesellschaft die vorgegebenen Ideale nicht erfüllt, kritisch darzustellen vermag und verlangt, die Diskrepanz zwischen Ideal und Wirklichkeit zu beseitigen. Diese Diskrepanz wird von vielen seiner Zeitgenossen aus Furcht vor schmerzlicher Erkenntnis oder aus materiell-egoistischen Gründen ignoriert. Damit verbunden ist der konstruktive Wunsch, eine bessere Welt aufzubauen. Als Paradigma dafür steht Prometheus, der gegen Zeus gehandelt hat, um Ungerechtigkeiten zu beseitigen. Während alle anderen Götter ihre Wertvorstellungen in der schon erwähnten dramatischen Sitzung auf dem Olymp aufgegeben und Kompromisse mit dem Unzulänglichen, mit der Feigheit, mit dem Opportunismus usw. geschlossen haben, hat sich Prometheus entschieden, die entstandene Kluft zwischen Ideal und Wirklichkeit zu beseitigen. Es besteht also nicht der geringste Zweifel daran, dass Prometheus ein Revolutionär ist. Hätte er bloß eine Rebellion angezettelt, hätte er nichts anderes getan als in eine Regression zu verfallen. Rebellion ist nach Ansicht von manchen Psychoanalytikern ein Ausdruck von Regression, die aber mit destruktivem Verhalten einhergehen kann – was weder Prometheus noch du je gezeigt habt. Was damit gemeint ist?

Die Regression

Und die Zunft der Psychiater, Psychologen, Psychosomatiker und Psychoanalytiker fügt wissend hinzu:

In der Tat, Prometheus ist nicht die Verkörperung des Destruktiven, sondern ein Archetyp des Konstruktiven. Aber auch Sisyphos kann man dazu zählen, wie die Ergebnisse seines Tuns gegen Zeus, den Entführer von Ägina, belegen. Auch seine Bestrebungen, das Schicksal abzuschaffen und die Gestaltung der Zukunft in des Menschen Hände zu legen, gehören dazu.

Regression bedeutet wörtlich Rückschritt. Das ist im Grunde genommen ein Zurückschreiten von einer höheren Entwicklungsstufe zu einer früheren, niedrigeren. Dieses Phänomen hat in der Biologie schon Charles Darwin beschrieben. In unseren Fachdisziplinen bedeutet Regression das Wiederauftreten von entwicklungsmäßig früheren, infantilen Verhaltensweisen.

Im Zusammenhang mit der Rebellion behaupten die psychoanalytischen Verfechter dieser Ansicht, der Rebell sei auf seinen pubertären Vaterhass fixiert und kämpfe gegen eigene unbewusste Bedürfnisse nach kindlicher Abhängigkeit. Der Revolutionär dagegen habe die unreife, pubertäre Phase überwunden

[62] Etwa Margarete Mitscherlich in ihrem Buch „Das Ende der Vorbilder", (1978). Piper München.

und sei in der Lage, eine gegenwärtige gesellschaftliche Situation treffend zu analysieren, daraus eine Theorie ihrer möglichen Änderung abzuleiten und sein Handeln danach zu richten. Demnach sei revolutionäres Handeln ein konstruktives Handeln, während die rebellischen Handlungen destruktiv, quälsüchtig, kritisch und kritiklos zugleich sein können. So könne die Definition der Rebellen auf viele Terroristen zutreffend sein: Ihre „Utopie" scheine vorwiegend destruktiv zu sein. Ihre Handlungen seien eine schockierende Zurschaustellung purer Destruktion.[63]

Prometheus Handlungen sind überaus konstruktiv!

Das ist des Mythos archetype Botschaft.

Du hast Prometheus Paradigma vom Olymp auf die Erde gebracht.

An dir nahmen sich die Philosophen ein Beispiel. Gleich mit der Geburt der Philosophie im siebten und sechsten Jahrhundert vor der neuen Chronologie begann die philosophische Revolution. Auch die Philosophen stemmten sich gegen das Schicksal. Auf ihre Weise, sie brachten die Idee der Willensfreiheit auf die intellektuelle und moralische Bühne. Und damit begann ein jahrhundertelanger Streit zwischen Antifatalisten und Fatalisten. Wichtigste Vertreter der Antifatalisten unter den Philosophen sind die Platoniker und die Aristoteliker, angefangen natürlich mit Platon. Wir wollen uns aber nicht in den Streit der Philosophen einmischen und uns sowieso nicht in den philosophischen Gefilden verirren. Doch lass mich, Sisyphos, nur in einer kurzen Zusammenfassung die schöne Parabel erzählen, mit der Platon seine Anti-Schicksals-Kampagne untermauert und für Willensfreiheit plädiert.[64]

Platon erzählt uns, wie der freie Wille des Menschen die Schicksalsgöttinnen dirigiert

Platon beschreibt Szenen aus der Unterwelt. Eine davon betrifft die Vorbereitung der Seelen für die Wiedergeburt, nach tausendjährigem Aufenthalt im Schattenreich. Die Seelen dürfen entscheiden, was für ein Leben sie nach der Wiedergeburt führen möchten, und müssen einen bestimmten Lebensstil wählen. Dazu kommen sie in einen Bereich, in dem eine Lichtsäule vom Himmel auf den Boden leuchtet. Dieses Licht ist das Band des Himmels, welches wie die Streben bei den Triëren, den dreirudrigen Kampfschiffen also, den Rumpf zusammenhält. An seinen Enden ist die Spindel der Ananke, der Göttin der Notwendigkeit und des Zwanges, befestigt. Die Wulst der Spindel besteht aus in absoluter Harmonie ineinanderpassenden Röhren. Bei der Drehung der Spindel im Schoß der Ananke singen die anwesenden Sirenen jeweils nur einen einzigen

[63] Ebenda.

[64] Man findet die erwähnte Parabel ganz am Ende von Platons „Politeia" („Der Staat") (614a–621d).

Ton. Alle Stimmen und Töne zusammen jedoch bilden eine perfekte Symphonie. Neben der Ananke sitzen, jede auf einem eigenen Thron, die Moiren. Die Göttinnen, die für die Vollstreckung der Schicksale zuständig sind. Klotho, Lachesis und Atropos. Sie sind auch diejenigen, die die Spindel der Ananke drehen. Währenddessen komplettieren sie die Symphonie – Klotho vom Gewesenen, Lachesis vom Gegenwärtigen und Atropos vom Bevorstehenden singend. Ein Prophet übersetzt für die anwesenden Seelen, die für das irdische Leben wiedergeboren werden sollen, was Lachesis im Lied des Gegenwärtigen sagt:

„Es wird euch kein Geist zugelost, sondern ihr selbst werdet den Geist, der euch im Leben begleiten wird, wählen. Ob man die Tugend wählt oder nicht, ist eure eigene Verantwortung. Der Gott ist völlig schuldlos daran. Vor euch sind die Umrisse der Lebensweisen ausgebreitet. Jeder darf die auswählen, die er für richtig hält. Jeder hat die Möglichkeit, die beste Lebensweise zu wählen oder auch nicht. In jeder Lebensweise ist Glück und Unglück gemischt, in unterschiedlicher Weise. Es liegt an euch, all das zu unterscheiden und selbst die für euch beste Mischung zu wählen. Allerdings ist die Mitte der sicherste Weg zum guten Leben. Wenn jemand mit Vernunft seine Lebensweise gewählt hat, dann hat er die Chance, ein gutes Leben zu führen. Es liegt in eurer Verantwortung."

Nachdem alle Seelen ihre Lebensweise gewählt haben, treten sie zu Lachesis. Diese reicht ihnen dann den begleitenden Geist, den jeder für sich gewählt hat und der zum Hüter des Lebens und Vollstrecker der gewählten Lebensweise ernannt wird. Anschließend werden sie zu Klotho weitergeleitet, die dann das von jedem gewählte Geschick festschreibt.

Die Wahl der Lebensführung unterliegt also der Verantwortung jedes Einzelnen. Die Schicksalsgöttinnen sorgen nur für einen ordnungsgemäßen Ablauf des gewählten Lebens.

Jeder hat die Wahl und die Freiheit, aber auch die Verantwortung für seine Lebensgestaltung.

Aktivität und Initiative gehören dazu. Genauer gesagt, mein Bruder Sisyphos, sind sie auch Folgen der freien Wahl. Und Resignation und Fatalismus sollen keinen Platz im Leben eines frei gestaltenden Menschen haben.

12

Hörigkeit und Unabhängigkeit

12.1 Der hörige Held

Prometheus und du, Sisyphos, ihr seid die Archetypen des Unabhängigkeitsbestrebens, das zur Autonomie führt. Hörigkeit ist dagegen der Autonomie Totengräber. Allerdings ist Hörigkeit nicht unbedingt ein permanentes Persönlichkeitsmerkmal, sondern sie kann temporär und situativ bedingt sein. Und mit einer Unabhängigkeitserklärung des bis dato Hörigen beendet werden. Das Beispiel von Herakles ist nicht nur dafür ein Archetyp, sondern auch dafür, dass sogar Helden situativ bedingt und temporär der Hörigkeit verfallen können. Allerdings zeigt Herakles Hörigkeitsepisode auch, dass der autonome Held irgendwann wieder erwacht.

Die Legende von Herakles in Frauenkleidern

Herakles hat einen sehr guten, sehr treuen Freund namens Iphitos. Als sich die beiden einmal auf der Mauer von Tiryns auf dem Peloponnes befinden, befällt Herakles eine ähnliche psychotische Attacke wie die, die Jahre später in Theben dazu führt, dass er seine drei Söhne und seine geliebte Frau tötet[65]. In Tiryns verkennt er seinen lieben Freund als Feind. Und so stößt er ihn von der hohen Stadtmauer. Der Unglückliche kommt dabei um. Als Herakles zu sich kommt und wahrnimmt, was er getan hat, ist er völlig verzweifelt und zutiefst traurig.

Die Tötung von Iphitos, obgleich in akutem psychotischen Zustand – und dadurch im Zustand der Schuldunfähigkeit – verübt, lastet schwer auf Herakles. Er wandert von Priesterkönig zu Priesterkönig und bittet um Katharsis, um Bereinigung von der Blutsünde. Keiner will ihn aufnehmen. Nicht einmal das Orakel von Delphi will ihm das verzeihen, obwohl er doch schuldlos schuldig geworden

[65] Wie in Kap. 27 erzählt wird.

A. Marneros, *Mein Bruder Sisyphos, mein Freund der Minotauros*,
https://doi.org/10.1007/978-3-662-55808-9_12

ist. Tief deprimiert und verzweifelt sucht er Erlösung in Kleinasien, genauer gesagt in Lydien.

Omphale, die schöne und jung aussehende Königin des Landes, nimmt ihn auf, eigentlich ohne Eigennutz. Aber vielleicht doch. Es wird nämlich gemunkelt, dass die Aufnahme von Herakles für sie doch ein Gewinn ist, und zwar im Bett. Es scheint etwas dran zu sein, allerdings interessieren uns solche Bettgeschichten nicht im Geringsten. Sie sind Privatsache, und die Privatsphäre ist heilig. Wie auch immer, aus Dankbarkeit für die herzliche Aufnahme – egal welche Motive sie hatte – und die Katharsis von der Bluttat befreit Herakles Königin Omphales Land von Bösewichtern, besiegt ihre Feinde, vernichtet deren Städte und kümmert sich um die Sicherheit ihres Landes.

Herakles ist der Königin sehr dankbar, dass sie ihn aufgenommen hat. Sie hat dazu beigetragen, dass er von der Blutsünde, die er an seinem Freund Iphitos begangen hat, befreit wurde. Allerdings verachtet er auch die Segnungen ihres aufregenden Bettes nicht.

Doch alles hat seinen Preis. Sogar einen sehr hohen Preis angesichts Herakles Herkunft – Sohn von Zeus – und seiner sozialen Position – Held der Helden! Und der Preis: Herakles wird von Omphale abhängig und ihr hörig, was sie ausgiebig genießt und ausnutzt. So wird Herakles, der stolze Held der Helden, der Gottessohn, zum abhängigen, hörigen, der Lächerlichkeit preisgegebenen Opfer einer skrupellosen Herrin.

Herakles beginnt zu leben wie sie: Er vergisst im üppigen Leben des Morgenlandes die Lehre von der Tugend, die Richtung also, die er am Scheideweg gewählt hatte – auch eine Legende, auf die wir noch kommen werden – und versinkt in großer Abhängigkeit von Omphale. Bald beginnt sie, den Stärksten der Starken, den Held der Helden, den Halbgott und inzwischen auch Verliebten zu dominieren und zu demütigen. Sie nimmt ihm sogar sein Löwenfell weg – wovon Herakles sich sonst nie trennte – und trägt es fortan selbst. Unvorstellbar, nicht wahr, Sisyphos? Dieses Löwenfell hat er bis dahin nur in Ausnahmefällen und wenn, dann nur für ganz kurze Zeit, abgelegt. Und noch tragischer, Herakles hat es sogar freiwillig zugelassen. Das Fell des Löwen von Nemea, das vor allerlei Pfeilen und Schwertern schützt, trägt jetzt diese Frau.

Es kommt sogar noch schlimmer, mein Bruder. Herakles muss statt seines Löwenfells Frauenkleider anziehen. Oh Zeus, es schmerzt mir das Herz, Sisyphos, wenn ich dir das jetzt so erzähle. Herakles soll sich schminken und Weiberschmuck tragen, das ist ihr Wille. Und er tut es! Unerhört! Er muss zu ihren Füßen sitzen, wie ein Weib weben und ihr Geschichten erzählen. Und er tut es! Auch andere Arbeiten muss er für sie verrichten und wird noch dazu von ihr gescholten, was er widerspruchslos hinnimmt.

Herakles erträgt alles. Er ist ihr immer noch unendlich dankbar – und verliebt dazu!

Abhängige, hörige Opfer haben offensichtlich eine starke und langandauende Leidensfähigkeit.

Ein Sohn Gottes, ein Halbgott, der größte Heros – ein Opfer der Hörigkeit! Schwer vorstellbar. Doch möglich, wie du siehst, Sisyphos.

Hörigkeit

Und die Zunft der Psychiater, Psychologen, Psychosomatiker und Psychoanalytiker fügt wissend hinzu:

In der Tat steht die Beziehung von Herakles zu Omphale als Archetyp für eine zeitweilige und freiwillige Hörigkeit.

Hörigkeit ist die Unterwerfung des eigenen Willens unter den Willen einer anderen Person. Es gibt einen Unterschied zwischen erzwungener und freiwilliger Unterwerfung. Bei der erzwungenen Unterwerfung folgt die unterlegene Person zwar dem Willen der dominierenden, allerdings mit innerer Distanz und Ablehnung, die bis zu Widerstand und schließlich Unabhängigkeit führen kann.

Die eigentliche Hörigkeit ist die freiwillige, bei der der Unterlegene bereitwillig dem Willen des Dominierenden folgt und sein Verhalten entsprechend anpasst. Die Basis dieser Art von Abhängigkeit kann sexueller oder auch nur psychischer Natur sein. Bei dieser asymmetrischen Beziehung zwischen den agierenden Personen wirkt die Hörigkeit auf Außenstehende als missbräuchliche Nutzung des Abhängigkeitsverhältnisses, was in der Regel auch der Fall ist. Sie kann bis zu öffentlicher Demütigung und Entwürdigung der hörigen Person reichen, ohne deren Widerstand zu provozieren. Sie kann zeitweiliger oder andauernder Natur sein.

Das ist des Mythos archetype Botschaft.

Du willst sicherlich wissen, wie die Geschichte von Herakles und Omphale ausging.

Das Erwachen des Hörigen

Irgendwann beginnt Herakles zu erkennen, dass er seine Selbstachtung verloren hat, wie auch die Achtung der anderen. Depressionen und Schamgefühle werden bei ihm stärker und stärker. Schuldgefühle und Selbstvorwürfe kommen hinzu: „Wie konnte ich zulassen, dass es so weit kommt?" Eine Frage, eine sehr wichtige Frage, die einem Weckruf, ja einem rettenden Weckruf gleich kommt. Und so geschieht es, dass Herakles eines Tages aus diesem paralysierenden und entwürdigenden Zustand der Hörigkeit erwacht und endlich erkennt, um was es geht. Es geht um seine Selbstachtung und die Achtung der anderen. Und damit letzten Endes darum, glücklich oder unglücklich zu sein! Er erkennt, dass er ausbrechen muss. Und so schüttelt er die Hörigkeit ab und befreit sich davon. Er wirft Weiberkleider und Weiberschmuck weg und reißt mit Entschiedenheit der perplexen Omphale sein Löwenfell vom Körper. Er nimmt seine legendäre Keule und kehrt zu seinen Heldentaten zurück. Er erringt schließlich die Achtung der anderen wieder. Und – viel wichtiger – seine Selbstachtung.

Er wird wieder glücklich. Richtig glücklich.

Herakles spürt, dass er erst jetzt wirklich von seiner Bluttat gereinigt ist.

12.2 Selbstachtung und Tugend

Ja, Sisyphos, mein Bruder. Das ist die Selbstreinigung durch Selbstachtung.

Der Segen der Selbstachtung

Und die Zunft der Psychiater, Psychologen, Psychosomatiker und Psychoanalytiker fügt wissend hinzu:

In der Tat ist Herakles Befreiung aus den Fängen von Königin Omphale ein archetypisches Beispiel für die Befreiung aus der Hörigkeit und die Wiedererlangung der Selbstachtung.

Selbstachtung, das Gefühl der eigenen menschlichen Würde und des sich selbst Respektierens, ist für jeden Menschen die wichtigste Voraussetzung für psychisches Gleichgewicht und innere Harmonie. Ist die Selbstachtung gering oder fehlt sie sogar vollständig, dann macht sie Platz für Selbstzweifel, Unsicherheit, Hilflosigkeit, geringes Selbstwertgefühl, ein Gefühl des Unglücklichseins bis hin zu Depressionen. All das lässt keinen Platz für das Glücklichsein.

Ist die Selbstachtung aber vorhanden, dann ist sie eine der wichtigsten Voraussetzungen dafür, Widrigkeiten zu trotzen, Schwierigkeiten zu überwinden sowie Entbehrungen und Verfolgungen zu ertragen.

Darüber hinaus ist sie eine der sichersten Rüstungen, die man besitzt, um dem Zustand der Demütigung zu entgehen und günstige Voraussetzungen für das Glücklichsein zu schaffen.

Das ist des Mythos archetype Botschaft.

Und so geht Herakles weiter seinen Weg, den er selbst in jungen Jahren gewählt hat. Den Weg der Tugend.

Dazu passt übrigens die Geschichte, die zu erzählen ich dir versprochen habe, nämlich die Legende von Herakles am Scheideweg. Darin können wir erkennen, wie es ihm möglich wurde, seine Selbstachtung wiederzuerlangen.

Herakles am Scheideweg

Als Herakles volljährig wird, steht er an einem Scheideweg und muss entscheiden, welche Richtung er einschlagen will. Auf dem einen Weg sitzt auf einem bequemen Sitz eine sehr verführerische, leicht bekleidete, reichlich geschmückte und geschminkte Frau. In der einen Hand hält sie einen Becher mit Wein, mit der anderen streicht sie über einen Korb voller süßer Früchte. Unaufgefordert stellt sie sich vor mit dem Namen Hedone, und wie du weißt, bedeutet dieser Name in der uns gemeinsamen Sprache „Glückseligkeit durch Genuss". Sie flüstert verführerisch, dass viele sie auch Eudämonia nennen, was unter anderem auch in etwa „Glückseligkeit durch Luxus und Reichtum" bedeutet. Lebhaft und mit einladenden Bewegungen verspricht sie ihm ein angenehmes Leben, das nur Genuss, Feste, Feiern und Ähnliches kennt.

Auf dem anderen Weg sitzt auf einem gefällten Baumstamm eine sehr schöne, sittsam aussehende, etwas schüchterne, aber doch strahlende junge Frau, die in eine Stickarbeit vertieft ist. Herakles fragt sie nach ihrem Namen, und sie antwortet leise „Arete". Das bedeutet „die Tugend". Mit freundlichen Gesten lädt sie Herakles ein, ihren Weg zu gehen. Auf seine Frage, was er zu erwarten hat, wenn er es tut, verspricht auch sie ihm Glückseligkeit – allerdings durch Arbeit, Tugendhaftigkeit, Gerechtigkeit und Altruismus.

Nachdem Herakles das eine gegen das andere abgewogen hatte, folgt er Arete, der Tugend.

Herakles reagiert traurig, wenn er so manches Mal feststellen muss, dass er es nicht geschafft hat, der Arete permanent treu zu sein, also immer tugendhaft zu bleiben. So wie im Falle seiner Hörigkeit in Omphales Palast.

Menschlich, allzu menschlich, würde ich sagen, Sisyphos.

Der Mensch, der es schafft, das ganze Leben ohne die geringste Abweichung auf dem Weg der Arete zu bleiben, ist eher die Ausnahme und nicht die Regel.

Aber immerhin hat Herakles seine Unabhängigkeit erklärt, hat seine Selbstachtung zurückgewonnen – und sich damit befreit!

13

Das Unsterblichkeitsstreben und wie man den Tod austrickst

13.1 Sisyphos List

Sag mal ganz ehrlich Sisyphos, warum hast du den Tod ausgetrickst?

Du musst ja diese ewig endlose und ewig sinnlose Arbeit verrichten, weil du den Tod überlistet hast. Und das gleich zweimal! Welchem Sterblichen ist es jemals gelungen, den Sterbegott zu täuschen? Keinem! Man sagt zwar, dass Asklepios durch seine Medizinkunst Tote wieder lebendig machte, aber medizinische Wiederbelebung hat mit Austricksen des Todes und des Totengottes nichts gemein.

Das erste Mal ist der Tod zu dir gekommen, weil du etwas Gutes, Gerechtes und Tapferes getan hast. Du hast beobachtet, wie Zeus Ägina, die Tochter des Flussgottes Asopos, entführt hat. Und du, furchtlos dem Mächtigsten gegenüber, gehst zu dem verzweifelten, vergeblich suchenden Vater und teilst ihm mit, wer das Unrecht begangen hat. Der eine Gott hat dich dafür belohnt, der andere, aus genau demselben Grund, bestraft. Mit dem Tod bestraft! Bestraft? Das war keine Strafe, es war ein Racheakt des Mächtigsten. Der erstere, der dich belohnt hatte, war der verzweifelte Vater, der Flussgott. Wie schon früher erwähnt, erfüllte er zur Belohnung deine Bitte und bewässerte reichlich die von dir gegründete Stadt Korinth. Der andere aber, Zeus, der tobende Übeltäter und Mädchenentführer, schickte Thanatos, den Gott des Todes, zu dir – aus purer Rache.

Du weißt natürlich, was geschehen ist. Du selbst hast alles erlebt. Aber wie wäre es denn, wenn du die Geschichte, deine Geschichte, von einem anderen, einem Unbeteiligten hörst? Manchmal erzählt der andere, der Unbeteiligte,

A. Marneros, *Mein Bruder Sisyphos, mein Freund der Minotauros*,
https://doi.org/10.1007/978-3-662-55808-9_13

eine Geschichte anders als der Geschichteneigentümer selbst sie in Erinnerung hat. Bei der Fremderzählung der eigenen Geschichte ist es so, als ob der Fremde uns einen Spiegel vorhält. Ist der Spiegel einwandfrei, dann sehen wir unser Gesicht so, wie wir es kennen. Ist der Spiegel aber ein Zerrspiegel, dann sehen wir es lustig verzerrt. Ist der Spiegel sogar defekt und schwer beschädigt, dann erkennen wir unser Gesicht kaum, so hässlich verzerrt blickt es uns daraus entgegen.

Also höre bitte deine Geschichte von mir erzählt. Ich hoffe, dass ich den richtigen Spiegel in meinen Händen halte.

Sisyphos zweimaliges Überlisten des Todes

Zeus schickt dir also Thanatos, den Gott des Todes. Doch du überlistest ihn! Als er nämlich zu dir kommt, um dich ins Totenreich zu befördern, empfängst du ihn nicht etwa mit Geschrei und Angst oder mit würdelosem Flehen, dich doch bitte zu verschonen. Nein, du empfängst ihn freundlich und empathisch, ja fast mitleidig. „Mensch, Thanatos, wie siehst du denn aus? Du bestehst ja nur aus Knochen, so als ob du seit einer Ewigkeit nichts mehr zu essen bekommen hast. Gibt es etwa niemanden, der sich liebevoll um dich kümmert? Der dir etwas Gutes zu essen gibt? Komm, iss und trink etwas. Es gibt doch keinen Grund zur Eile. Zum Totenreich können wir immer noch gehen. Es wird ja nicht verschwinden. Nimm dir die Zeit, genieße Speis und Trank. Du solltest doch nicht so furchtbar dünn und knochig aussehen."

Von einem so ausgesprochen freundlichen und ungewöhnlichen Empfang ist der Tod sehr überrascht und hocherfreut. Niemand hat ihn bisher auf diese Weise begrüßt. Im Gegenteil, fast alle versuchen, ihn wegzujagen. Geschweige denn, dass ihm jemals jemand sogar Gastfreundschaft und Bewirtung angeboten hat. Und er nimmt dein listiges Angebot an, der Leichtsinnige. Er weiß nicht, wen er vor sich hat: Den intelligentesten aller Menschen seiner Zeit! Dabei hätte er es schon durch deinen Namen erahnen können. Die Etymologen sagen uns nämlich, dass der Name Sisyphos aus uralten Wurzeln der uns gemeinsamen Sprache abzuleiten ist und etwa „Der, der so weise wie ein Gott ist" bzw. „Der Superweise" bedeutet. Und dann machst du deinem Name aller Ehre: Als der Tod am Tisch sitzt und sich genießerisch bewirten lässt, fesselst du ihn mit einem Strick an seinen Stuhl. So fest, dass er sich aus eigener Kraft nicht befreien kann[66]. Und so bleibt er dort lange, lange Zeit. Gefesselt und ungefährlich. Große Freude bricht unter den Menschen aus, da niemand mehr Angst vor dem Tod hat. Er ist ja jetzt dein machtloser Gefangener. Niemand stirbt in dieser Zeit. Die Todgeweihten erholen sich, die Greise fühlen sich wieder jung.

[66] Schön poetisch beschreibt Edward Bulwer Lytton die Szene in seinem Gedicht „Verlorene Geschichten des Melitus" im Jahr 1866, nachzulesen in „Mythos Sisyphos", Bernd Seidensticker und Antje Wessels (2001).

Aber die freudige Stimmung und die Jubelveranstaltungen sind die eine Seite deines Tuns, Tumulte und Proteste die andere. Der Hades bekommt keinen Nachschub mehr, und ihm und seinen Gehilfen in der Unterwelt droht die Arbeitslosigkeit. Gäa, die Mutter Erde, stöhnt unter der Last der unsterblich gewordenen Sterblichen, die sich ständig vermehren. Aber auch eine Menge von Berufsständen, die in der einen oder anderen Weise vom Tod leben, sind im Aufstand. Soldaten, die niemanden mehr töten können. Ärzte und Bestattungsunternehmer, oder auch die Priester, die bei Beerdigungen tüchtig abkassieren. Bis hin zu erwartungsvollen Erben und manchen anderen[67].

Die Tumulte und Proteste erwecken Zeus Aufmerksamkeit. Als sein Bruder Hades zu ihm kommt und sein Elend beklagt, nennt er auch den Übeltäter: Dich, mein Bruder. Der Oberste Gott tobt vor Zorn, als er erfährt, was du angestellt hast. Schäumend vor Wut schickt er sofort den Kriegsgott Ares los, um Thanatos zu befreien. Ares erfüllt seine Mission mit Eifer und Freude. Er ist ja einer der durch deine List Geschädigten. Denn es gab seit langem keinen Krieg mehr, zumindest keinen Krieg mit Toten. Und so war auch Ares, der Kriegsgott, arbeitslos geworden. Wusstest du übrigens, Sisyphos, dass viele Jahrhunderte nach dir dieser Gott des Krieges von dem jungen Volk der Lateiner zu Mars pseudonymisiert wurde? Wahrscheinlich nicht, denn als die Lateiner begannen, aus ihren Lehmbehausungen herauszukommen und langsam, langsam die Bühne der Weltgeschichte zu betreten, warst du schon seit einigen Jahrtausenden mit deinem Felsblock beschäftigt.

Wie auch immer, der Kriegsgott ist erfolgreich. Er befreit den Tod und verhaftet dich. Und noch schlimmer, er übergibt dich dem Tod. Dein vorheriger Gefangener ist nun dein Herr. Der ist aus zwei Gründen sehr froh: Zum einem hat er dich endlich in seiner Gewalt, zum anderen kann er wieder aktiv sein. Seitdem ist der Tod voll beschäftigt und wurde von niemandem mehr überlistet.

Ich spreche übrigens, wie vorher erklärt, nicht von den Wiederbelebungsversuchen der Asklepiaden. Die gehören ja nicht in die Kategorie „Austricksen". Auch die dem Zeussohn Herakles mit Zustimmung der Götter gelungene Rückführung von Alkestis aus dem Hades hatte mit Austricksen nicht das Geringste zu tun[68].

Und dann hast du es geschafft, den Tod auch zum zweiten Mal zu überlisten! Diesmal indirekt und komplizierter als beim ersten Mal. Denn der Tod war ja durch dich schlau geworden, genauer gesagt etwas schlauer.

[67] Auch schön poetisch dargestellt von R. C. Trevelyan im Jahr 1908, ebenda.
[68] S. Abschn. 19.2.

Beim zweiten Mal hast du, kurz bevor der Tod kam, um dich abzuholen, deine Frau Merope, Atlas Tochter, instruiert, keine Bestattungszeremonien zu veranstalten und dir vor allem keine Totengeschenke für den Hades mitzugeben. Dort angekommen, wirst du deshalb von Hades bemitleidet und gefragt, wie es dazu gekommen sei, dass du mittellos, geschenkelos und zeremonienlos in die Unterwelt geschickt wurdest. Allerdings – das muss auch gesagt werden – ist diese Haltung des Hades keineswegs Ausdruck purer Empathie, nicht Ausdruck von Mitleid oder Mitgefühl. Nein, vielmehr ist es reiner Eigennutz, denn normalerweise bekommt er die Geschenke, die die Lebenden den Toten mitgeben. Und es gefällt ihm natürlich überhaupt nicht, dass er bei dir leer ausgeht. Nein, er ist darüber ausgesprochen verärgert. Aber du weißt, wie du in dieser Situation reagieren musst. Als nämlich der Herr der Unterwelt zornig die ihm zustehenden Geschenke verlangt, beginnst du mit einer bitteren Klage gegen deine Frau. Sie habe dich ehrlos, würdelos und geschenkelos in die Unterwelt gehen lassen. Daher gebe es auch nichts für deren ehrenwerten Boss, gar nichts. Schande auf des Weibes Haupt! Aber du versprichst ihm, alles wieder gutzumachen. Du kündigst ihm sogar viel mehr Geschenke an als er normalerweise zu erwarten gehabt hätte. Was er nicht alles bekommen wird, wenn ..., ja wenn er dich wieder zurück zu den Lebenden schickt, um selbst die kostbaren, sehr kostbaren Geschenke zu holen und zu ihm zu bringen. Du bist offensichtlich so überzeugend, dass auch er auf dich hereinfällt. Er macht tatsächlich bei dir die große Ausnahme. Er lässt zu, dass du wieder zu den Lebenden gehst, wenn auch nur vorübergehend – zumindest denkt er das.

Du gehst. Und kommst nicht zurück. Du, Sisyphos, bleibst lieber bei den Lebenden.

Nach vielen, vielen Jahren, im hohen Alter, stirbst du schließlich eines natürlichen Todes. Erst im Greisenalter folgst du freiwillig der Aufforderung des sanften Gottes Hermes Psychopompos, des Seelenbegleiters, und lässt dich von ihm friedlich in den Hades begleiten.

Dort allerdings wartet auf dich die ewige Höllenstrafe.

Die Sisyphosarbeit.

Ich hoffe, mein Bruder Sisyphos, ich habe dir den richtigen Spiegel vorgehalten. Oder?

Sag mal, erkenne ich da ein Lächeln auf deinem Gesicht?

Wie auch immer. Damit wurdest du der erste Mensch, der den Tod überlistet hat. Und, wenn ich mich nicht irre, auch der Mensch, der die List in die Welt brachte. Natürlich gab es auch vor dir die List, aber nur bei den Göttern und den gottähnlichen Titanen. Götter tricksen und listen ja seit eh und je. Du hast dir das von ihnen abgeguckt und die List aus ihrem Himmel auf die Erde gebracht. Du hast eine göttliche Fähigkeit vermenschlicht. Wenn das kein Grund für die Götter ist, dir böse zu sein!

Naja, eigentlich bin ich mir nicht so sicher, ob die Götter wegen der List wirklich böse auf dich sind. Ich denke, sie lieben und schützen die Listreichen. Ich vermute sogar, dass sie dich insgeheim bewundern. Darüber möchte ich gerne später mit dir sprechen. Und auch über die List, und zwar ausführlich, aber eben etwas später. Ich glaube, dass der wichtigste Grund, warum die Götter böse auf dich wurden, nicht die Vermenschlichung der List ist, sondern ein anderer. Ja, ich bin mir sogar sicher, es ist die Unsterblichkeit! Ja, die Unsterblichkeit ist der Grund. Hättest du sie erreicht, hättest du den Göttern ihre wichtigste Eigenschaft und ihr wichtigstes Wiedererkennungsmerkmal, ja ihr Alleinstellungsmerkmal entrissen. So etwas können Götter niemals ertragen und niemals verzeihen.

Aber weißt du, was ich noch vermute? Ich vermute, dass die Götter dich missverstanden haben. Jawohl, missverstanden! Ich denke, du wolltest gar nicht unsterblich werden. Nein! Das Streben nach Unsterblichkeit ist nicht dein Ding. Das Streben nach Unsterblichkeit ist ein Fluchtweg für Psychopathen, für Narzissten, für Feiglinge, für Unersättliche, für Träumer und für Geistergläubige. Du bist keiner davon. Und keiner von denen ist so wie du. Die Unsterblichkeit ist nicht das Ding eines Mannes wie du, Sisyphos!

Das Streben nach Unsterblichkeit

Und die Zunft der Psychiater, Psychologen, Psychosomatiker und Psychoanalytiker fügt wissend hinzu:

In der Tat, man findet in vielen Mythen der Menschheit Archetypen für das Streben nach Unsterblichkeit.

Dieses eint *fast* alle Menschen, wenn auch nicht alle. Entzweit aber sind die Menschen über die Wege, die dazu führen sollen. Die vier am häufigsten geglaubten oder gewähnten Wege, die zur Erfüllung des Wunsches nach Unsterblichkeit führen sollen, sind längst von den Gelehrten ausgemacht und benannt[69]:

Erster Weg: Körper und Geist können zusammen weiterleben wie jetzt und heute.

Zweiter Weg: Der Mensch stirbt zwar, wird aber eines Tages wieder auferstehen.

Dritter Weg: Der Körper stirbt, aber der Geist lebt fort.

Und vierter Weg: Unsterblichkeit wird durch ein Vermächtnis erreicht.

Das ist vieler Mythen archetype Botschaft.

Die Wege zur Unsterblichkeit können sich aber als Irrwege erweisen. Und das Streben nach Unsterblichkeit todbringend sein.

Die Anhänger des ersten Weges – Körper und Geist können zusammen ewig weiterleben – lassen nichts unversucht, um das erwähnte Ziel zu erreichen. Und halten damit ganze Industriezweige in Schwung. Manche lassen

[69] Wegbeschreibung nach dem englischen Philosophen Stephen Cave: „Unsterblich. Die Sehnsucht nach dem ewigen Leben als Triebkraft unserer Zivilisation" (2012) S. Fischer, Frankfurt a. M.

sich einfrieren, andere schlucken Tonnen von Pillen und trinken Unmengen von Elixieren. Andere wiederum bevölkern die Tempel der Trainingsindustrie. Die Medizin entwickelt ständig neue raffinierte und kostspielige Methoden, die das Leben verlängern sollen. Verlängern vielleicht ja, aber zu welchem Preis? Zu dem Preis, dass manchmal die Verlängerung des Lebens um wenige Tage, wenige Wochen, wenige Monate oder höchstens wenige Jahre zu einem kaum lebenswerten Leben führt. Nicht selten bleibt dabei die Würde des Menschen auf der Strecke.

Das gewaltsam verlängerte Leben schlägt nämlich zurück: Mit dem Tithonos-Effekt!

Ja, unser Tithonos ist gemeint, Sisyphos, der Geliebte der Morgenröte. Aber bevor wir uns darüber unterhalten, lass uns die weiteren genannten Wege zur Unsterblichkeit erkunden.

Der zweite Weg, der der Auferstehung, ist zwar nur ein frommer Wunsch, hält aber manche Religionen am Leben. Eine Religion, die viele Jahrtausende nach deinem Tod entstanden ist, hat diesen Glauben bis heute in ihrem Credo. Dieses Glaubensbekenntnis endet mit dem Satz: „*Wir erwarten die Auferstehung der Toten und das Leben der kommenden Welt. Amen*“[70].

Auch der dritte Weg, der Glaube nämlich, dass die Unsterblichkeit zwar nicht für den Körper gilt, aber für die Seele, was auch immer das sein mag, ist zentraler Inhalt der meisten Religionen. Auch diese Version der Unsterblichkeit ist Wunsch und Glaube in einem, weit weg von jeder Beweisbarkeit.

Der letzte Weg, der zu der geglaubten oder gewähnten Unsterblichkeit führen soll, ist der des Vermächtnisses. Das kann ein Motor der Zivilisation sein. Oder einer ihrer Zerstörer. Der Dichter, der Maler, der Ingenieur, der Wissenschaftler, der Entdecker und alle, die durch ihr Wirken die Unsterblichkeit anstreben, bewusst oder unbewusst, bringen die Zivilisation des Menschen voran. Unsere jahrtausendealten Zivilisationen, ebenso wie spektakuläre wissenschaftliche Errungenschaften, Moral, Religion und erstaunliche Kunstwerke, sind Kinder dieses Strebens. Und dann gibt es die Kriegsherren und Eroberer, die durch vermeintlich ruhmreiche Kriege und Schlachten ewig im Gedächtnis der Menschheit bleiben wollen. Sie sind Zivilisations- und Menschlichkeitszerstörer. Zu ihnen gehören auch die Wissenschaftler, die sich dem Machbaren, aber Unerlaubten verschreiben und damit Mensch und Natur zerstören.

Wenn wir jetzt so viel über Unsterblichkeit sprechen, mein Bruder, dann lass uns auch Eos, die Morgenröte, nicht vergessen.

Ja, es ist an der Zeit, über sie zu sprechen.

[70] Credo Nikäno-Konstantinopolitanun der christlichen Kirchen.

14

Das Bis-zu-Ende-Denken und der Kokon des Tithonos

14.1 Die Morgenröte und die Unsterblichkeit

Du schaust mich wieder so fragend an, Sisyphos. Sicherlich willst du wissen, was die Morgenröte mit uns zu tun hat und wieso wir über sie sprechen, richtig? Weil, wie du weißt, die Morgenröte keine geringere ist als die wunderschöne Göttin Eos – in der unübertroffenen Sprache Homers ist sie die Eos rhododaktylos, die rosenfingrige Eos. Eine der beliebtesten Göttinnen überhaupt. Jeden Morgen erfreut sie aufs Neue Sterbliche und Unsterbliche mit ihren Purpurfarben.

Sie macht uns alle glücklich.

Nur sie selbst ist unglücklich.

Und das hat mit unserem Thema zu tun, das wir gerade besprechen: Mit der Unsterblichkeit nämlich – nicht nur, weil sie selbst unsterblich ist. Sie soll uns also jetzt zu Hilfe kommen, um indirekt eine bestimmte Antwort auf eine bestimmte Frage zu finden. Auf die ich bei meinem hochintensiven und aufregenden dialogisierenden Monolog mit dir bisher keine Antwort erhalten habe.

Auf die Frage nämlich, ob du vor dem Austricksen der Götter dein Vorhaben bis zu Ende gedacht hast.

Darum brauchen wir die Geschichte der unglücklichen Glücksgefühlespenderin, der Göttin der Morgenröte.

Zunächst aber wollen wir uns diese wichtige Episode aus Eos unsterblichem Leben in Erinnerung rufen.

A. Marneros, *Mein Bruder Sisyphos, mein Freund der Minotauros*,
https://doi.org/10.1007/978-3-662-55808-9_14

Die Legende von der unsterblichen Eos und dem sterblichen Tithonos

Eos, die rosenfingrige Göttin der Morgenröte – die später, viel später, vom jungen Volk der Lateiner das Pseudonym Aurora bekam – liebte schöne Männer. Sie entführte und verführte sie gern. Eines Tages erblickt sie den schönen makedonischen, andere Quellen sagen trojanischen Prinzen Tithonos. So kommt es dazu, dass sie, die Unsterbliche, sich unsterblich in den Sterblichen verliebt – und ihn auf der Stelle entführt, um ihn zu verführen. Und Tithonos verliebt sich sogleich in seine schöne Entführerin. Aber ihre Liebe ist mit einem bedrohlichen Problem behaftet: Eos ist unsterblich, Tithonos sterblich. Die Liebe, diese Liebe, kann also nicht ewig dauern. Um für alle Ewigkeit mit ihm zusammen sein zu können, bittet Eos den Gottvater Zeus, ihren Geliebten auch unsterblich zu machen. Zeus erhört die Bitte der allseits beliebten Eos und macht in der Tat Tithonos unsterblich. Die Verliebten verbringen einige wunderbare Jahre miteinander und bekommen zwei Söhne, Emathion und Memnon. Emathion regiert später in Makedonien, wo der Name der Provinz Emathia bis heute an ihn erinnert. Memnon wird Herrscher in Äthiopien und führt seine Äthiopier in den trojanischen Krieg. Das verlorengegangene Epos Äthiopis bzw. Memnonis preist seine Heldentaten.

Eos und Tithonos verbringen also glückliche Jahre miteinander. Bis die Göttin der Morgenröte an ihrem Gatten beunruhigende Zeichen der Veränderung zu entdecken beginnt: Seine Haare werden von Tag zu Tag grauer, dünner, sie verlieren ihre einst strahlende Farbe. Immer mehr Falten zeichnen sein früher scharfgeschnittenes Gesicht, die Muskeln werden schwach und schwächer. Seine einst dunkle, kraftvolle Stimme wird brüchig, seine Sehkraft schwindet, und seine Manneskraft verlässt ihn schließlich vollständig. Er ist gebrechlich und immer häufiger krank. Mit anderen Worten, der den unsterblichen Göttern nicht bekannte Alterungsprozess hat Tithonos fest im Griff. Die Alterung ihres Geliebten wird für die Morgenröte immer klarer sichtbar, hörbar, fühlbar.

Sehr beunruhigt geht Eos eines frühen Morgens zu Vater Zeus und sagt: „Ewiger Vater von Menschen und Göttern, mein geliebter Mann, den du dankenswerterweise unsterblich gemacht hast, altert, jeden Tag mehr, so wie Sterbliche altern! Stell dir vor, Vater unser. Ich stehe für alle Ewigkeit in voller Jugendblüte, strahlend mit purpurfarbenem Gesicht und rosenfarbigen Händen, umgeben von blutjungen und schönen Männern. Aber mein Mann wird für alle Ewigkeit ein Greis sein! Was hast du mit ihm gemacht, Gottvater?"

„Nichts anderes als das, um was du mich gebeten hast, meine liebe Eos", antwortet der Himmelsherrscher. „Du hast mich gebeten, ihn unsterblich zu machen. Das habe ich dir zuliebe getan, nicht weniger, aber auch nicht mehr. Du hast damals in deiner Verliebtheit die Sache nicht bis zu Ende gedacht. Sonst hättest du mich gebeten, ihm Unsterblichkeit **und** ewige Jugend zu schenken. Jeder, der seine Dinge nicht bis zu Ende denkt und voreilig handelt, muss die Konsequenzen tragen. Auch eine Göttin. Das hättest du wissen müssen, mein liebes Kind." So spricht der Vater von Menschen und Göttern und beendet damit die Privataudienz für die wunderschöne und taufrische, aber zutiefst unglückliche Eos, die schweren Herzens zu ihrem greisen, gebrechlichen, kränkelnden, aber unsterblichen Mann zurückkehrt.

Tithonos wird von Tag zu Tag immer älter und älter, gebrechlicher und gebrechlicher, kränkelnder und kränkelnder, kleiner und kleiner. Er schrumpft und schrumpft. Eines Tages ist er so winzig klein geworden, dass Eos ihn in einen

Kokon einwickelt und in einem kleinen Korb an ihrer Seite ewig schlafen lässt. Manche behaupten, dass sie ihn nach einiger Zeit aus dem Kokon nahm und ihn in eine Zikade verwandelte. Und dass man ihn bis heute hören kann, wie er mit klagender Stimme zirpt und der nicht-erreichten ewigen Jugend nachweint.

Würdest du, Sisyphos, durch das Austricksen des Todes ewig leben wollen? Ewig, aber mickrig und fiepsig in einen Tithonos-Kokon gehüllt? Oder – meinetwegen – ewig als Zikade zirpen? Unvorstellbar, nicht wahr?

Der Kokon des Tithonos

Und die Zunft der Psychiater, Psychologen, Psychosomatiker und Psychoanalytiker fügt wissend hinzu:

In der Tat, der Tithonos-Mythos ist ein Archetyp für den hohen Preis, den man für das Streben nach Unsterblichkeit zahlen muss.

Zweifelsohne findet man in vielen Mythen der Menschheit den Archetyp für das menschliche, allzu menschliche Streben des Menschen nach Unsterblichkeit. Um sie zu erreichen, nehmen Menschen vieles auf sich. Niemand hat bis jetzt biologische Unsterblichkeit erreicht. Doch eine stetige Verlängerung der Lebenszeit des Menschen im Verlauf seiner Geschichte ist unbestreitbar. Der Preis, den der Mensch dafür zahlen muss, ist allerdings hoch, sehr hoch. Damit ist zunächst der materielle Preis gemeint. Kosten auf Kosten, um die schon erreichte Lebensverlängerung weiter zu verlängern. Aber je länger ein Mensch lebt, desto größer ist die Gefahr, mit vielen anderen Einbußen dafür zu bezahlen. Körperliche und psychische Gesundheit können dabei so beschädigt sein, dass sie die Lebensqualität beträchtlich einschränken. Altersheime und Krankenhäuser und sonstige Anstalten können für den lang lebenden modernen Menschen der Kokon des Tithonos werden.

Das ist des Mythos archetype Botschaft.

Das ist das, was die Wissenschaftler heutzutage als Tithonos-Effekt bezeichnen.

Damit ist eine extreme Langlebigkeit gemeint, jedoch ohne körperliche und mentale Kraft und ohne Gesundheit. Die Folgen des Tithonos-Effektes sind alarmierend – oder müssten alarmieren. Kein Wunder, dass moderne Gelehrte beim Tithonos-Effekt ein Tithonos-Problem erkannten[71].

Dem Tithonos-Problem sind in erster Linie die Anhänger des ersten Weges der Sehnsucht nach Unsterblichkeit verfallen. Erinnerst du dich? Diesen Weg gehen diejenigen, die glauben, dass Körper und Geist gemeinsam ewig weiterleben können. Und wie schon erwähnt, lassen sie nichts unversucht, um ihr Ziel zu erreichen. Inzwischen sind die Anhänger dieses Weges eine fast religi-

[71] So etwa Stephen Cave, wie vorher zitiert.

öse Bewegung geworden. Sie nennen sich Transhumanisten. Und sie befinden sich im Krieg mit Anhängern anderer Religionen oder Fast-Religionen.

Die Transhumanisten glauben, dass der Mensch in seiner Evolution gegenwärtig in eine Übergangsphase eintritt und sich vom bloßen Menschen zu etwas weit Höherem entwickelt – zum posthumanen Unsterblichen.[72] Manche von denen träumen sogar von einem „Homo Deus", der den Homo sapiens ablösen wird.[73] Die Transhumanisten werden zwar von vielen Seiten kritisiert, aber richtig bekämpft werden sie von den Anhängern des zweiten und dritten Weges, den Anhängern von Religionen. Echten Religionen, die an die Auferstehung oder das ewige Leben einer Seele glauben. Die Transhumanisten glauben, dass sie die Wissenschaften an ihrer Seite haben. Die Religiösen ihren Gott.

Ich denke, Sisyphos, die Transhumanisten irren sich, wenn sie glauben, dass die Wissenschaft an ihrer Seite steht.

Die seriöse Wissenschaft zeigt bedeutungsvoll auf Tithonos und seinen Kokon. Wie auch auf sein Problem, das Tithonos-Problem.

14.2 Unsere Schwester, die Morgenröte

Obwohl ich mir ziemlich sicher bin, dass du durch das Austricksen des Todes nicht einem Eos-Wunsch nach ewigem Leben nachgejagt bist, vermute ich eine folgenreiche Ähnlichkeit mit der Göttin der Morgenröte. Eine Ähnlichkeit, die sie fast zu unserer Schwester im Geiste macht. Warum denn das, wirst du dich fragen.

Also zumindest *meine* Schwester im Geiste. So wie du mein Bruder im Geiste bist. Zwischen mir und ihr gibt es manche Ähnlichkeiten und manche Unterschiede, genau wie zwischen mir und dir, mein Bruder Sisyphos. So wie es eben bei Geschwistern ist. Mit biologischen ebenso wie mit Geschwistern im Geiste. Mit Eos, der Morgenröte, verbindet mich vieles, und vieles unterscheidet mich von ihr. Ich habe zum Beispiel nicht im Entferntesten ihre homerisch besungene purpurne Schönheit. Rosenfingrig bin ich ebenfalls nicht. Und auch nicht allseits beliebt, glaube ich. Es gibt immer jemanden, der jemanden nicht leiden kann. Auch mich sicherlich und, wie ich denke, auch dich. Dann habe ich auch nicht die weltweite Beliebtheit und Popularität der Morgenröte. Im Entferntesten nicht. Und nie habe ich eine Schönheit

[72] Ebenda.

[73] So etwa Yoval Noah Harari in seinem Buch „Homo Deus. Eine Geschichte von Morgen", 2017, C. H. Beck, München.

entführt, wie sie den schönen Tithonos – und manchen anderen – entführt hat. Du schaust mich wieder fragend an. Entführt habe ich gesagt, Sisyphos, nicht verführt, klar!

Doch was verbindet uns, zumindest mich, aber ich vermute doch auch dich, so geschwisterlich mit der Göttin der Morgenröte? Sicher kannst du erahnen, was für einen fundamentalen Fehler sie gemacht und damit ihr Glück zerstört hat, nicht wahr?

Sie hat nicht bis zu Ende gedacht, Sisyphos!

Das ist der Vorwurf, den Zeus, der Vater von Menschen und Göttern, ihr gemacht hat.

Das ist ihr Fehler. Nicht bis zu Ende gedacht!

Das verbindet mich geschwisterlich mit ihr, mein Bruder Sisyphos!

Das Nicht-bis-zu-Ende-denken!

Ach bitte, denke nicht, dass ich jammere oder dass ich übertreibe. Nein, so habe ich das nicht gemeint. Natürlich denke ich viele Dinge bis zu Ende. Manche Dinge denke ich sogar vom Ende her. Aber nicht immer. Bei manchen, sogar bei manchen lebensentscheidenden und lebensgestaltenden Dingen denke ich doch wie Eos, die Morgenröte. Nicht bis zu Ende.

Sag mir ehrlich, mein Bruder Sisyphos: Hast du es damals, als du den Tod ausgetrickst hast, bis zu Ende gedacht? War dieses Ende, das du jetzt hast, das Ende deines Denkens? Wenn du es wirklich bis zu Ende gedacht und erkannt hättest, dass dein Ende diese unendliche Strafe sein wird, hättest du es dann überhaupt getan?

Oh, bei Zeus, Sisyphos! Lese ich deinen Blick richtig? Lese ich es richtig, dass du es trotz und alledem getan hättest?

Du schweigst. Ja, ich verstehe!

Wie auch immer, ich möchte an dieser Stelle noch etwas anderes hinzufügen. Manche meinen, es gibt eine psychologische Gemeinsamkeit zwischen denjenigen, die ewig in ihrem Körper leben möchten, und denen, die ihren Körper lebenslang schön erhalten wollen. Auf Männer übertragen nennen sie die Tendenz der letzteren den „Adonis-Komplex".[74] Du kennst diesen Komplex nicht; er ist ein Produkt der modernen Zeiten. Ich erkläre ihn dir gerne. Doch dafür müssen wir uns erst den Lebenslauf von Adonis in Erinnerung rufen.

Warum schaust du mich so verzweifelt an, mein Bruder? Ach ja, weil eine Adonis-Biografie zu erstellen eine Sisyphosarbeit ist. Nicht wahr, Sisyphos? Versuchen wir es trotzdem, und versuchen wir, aus den unzähligen Erzählungen eine möglichst plausible Synthese zu schaffen.

---

[74] So etwa Harrison Pope, et al. in: „Der Adonis-Komplex. Schönheitswahn und Körperkult bei Männern" (2001), dtv, München.

15

Sexuelle Abweichungen

15.1 Eine ungewöhnliche Liebe

Eines will ich noch voranstellen: Der Weg, dem wir jetzt folgen müssen, um zu Adonis zu kommen, führt über manche sexuelle Besonderheiten und Abweichungen, die ich erläutern muss.

Um die Sisyphosarbeit einer Adonis-Biografie zu erleichtern, nehmen wir als Ausgangspunkt diejenigen Erzählungen, die von einer merkwürdigen erotischen Begierde berichten. Genauer gesagt zwei merkwürdigen erotischen Begierden. Du kennst diese Geschichten nicht, weil all das geschah, nachdem du die Oberwelt verlassen hattest. Erlaube mir also, sie dir zu erzählen.

Die Legende von einer ungewöhnlichen sexuellen Begierde

Adonis ist ein Urenkel des berühmten zyprischen Künstlers und Königs Pygmalion. Der begnadete Künstler und mächtige König arbeitet gerade mit großer Hingabe an einer Skulptur aus Elfenbein. Die Skulptur soll eine Frau darstellen, so schön und ästhetisch vollkommen, wie sie in Pygmalions Wünschen, Vorstellungen und Träumen unzählige Male vorgekommen ist. Nach langer, von Besessenheit gekennzeichneter Arbeit ist das Agalma, die Skulptur, endlich fertig. Und sie ist in der Tat vollkommen: Ästhetik und Anmut, Ausdruck und Haltung verleihen ihr ideale Schönheit und ekstatische Ausstrahlung. So unbeschreiblich schön und so märchenhaft erotisch ist sie, dass ihr Schöpfer sie stundenlang, ja tagelang sprachlos bewundert. Die Faszination der schönen Statue hat Pygmalion inzwischen voll im Griff: Er vergisst zu essen, er geht nicht mehr nach draußen, er vernachlässigt die Staatsgeschäfte und alle seine Freunde. Er schläft zu Füßen der Schönheit und träumt nur von ihr. Er umarmt sie, streichelt sie, küsst sie, spricht zu ihr. Er hat sich unsterblich in seine Skulptur verliebt! Doch er liebt, umarmt, streichelt, küsst eine leblose Statue! So schön

A. Marneros, *Mein Bruder Sisyphos, mein Freund der Minotauros*,
https://doi.org/10.1007/978-3-662-55808-9_15

sie auch sein mag, sie ist bloß ein Agalma. Eine kalte, leblose Skulptur. Sie kann seine Liebesbekundungen und zärtlichen Gesten weder empfangen noch erwidern. Der Verliebte klagt darüber und leidet darunter. So wie jeder unsterblich Verliebte, wenn seine Liebe unerwidert bleibt.

Aber, den Göttern sei Dank, eine Lösung ist in Sicht: Von der Liebe, von seinem Pathos und der Sehnsucht des Zypernkönigs ist die Herrin von Zypern, die Liebesgöttin Aphrodite, sehr gerührt. Mit Hilfe ihrer göttlichen Kräfte erweckt sie die leblose Elfenbeinstatue zum Leben. Und so wird endlich die Liebe des überglücklichen Pygmalion erwidert.

Später, viel, viel später, gaben die Menschen der ins Leben erweckten Schönheit den Namen Galatea, was, wie du weißt, in der uns gemeinsamen Sprache „die Milchweiße" bedeutet. Pygmalion und Galatea leben verliebt und glücklich lange Zeit miteinander und bekommen eine schöne Tochter, der sie den Namen Paphos geben. Pygmalions Tochter Paphos gebar Kinyras, den berühmtesten mythischen König Zyperns. Dieser Kinyras baute eine schöne Stadt, die er zu Ehren seiner Mutter Paphos nannte. So heißt diese Stadt, die zu römischen Zeiten die Hauptstadt von Zypern war, bis heute. Davon hat Aphrodite neben Kypris – was die Zyprerin bedeutet – auch den Beinamen Paphia, weil nämlich Paphos das weltweit berühmte Zentrum des Aphroditekultes war.

Die Liebe Pygmalions zu seiner Statue markiert auch den Anfang der Adonis-Biografie.

Du schaust so erstaunt-amüsiert, Sisyphos. Wegen der erotischen Liebe zu einem Agalma etwa? Doch, Sisyphos, erotische Gefühle zu einer Statue gibt es. Aufgrund meiner jahrzehntelangen Erfahrungen mit diesem Thema kann ich dir eines sagen: Im Sexualleben des Menschen gibt es nichts, was es nicht gibt.

Die Agalmatophilie

Und die Zunft der Psychiater, Psychologen, Psychosomatiker und Psychoanalytiker fügt wissend hinzu:

In der Tat, im Pygmalion-Mythos findet man den Archetyp der Agalmatophilie.

Agalmatophilie bezeichnet eine sexuelle Präferenz gegenüber – in der Regel nackten – Statuen. Oder auch Puppen, sogenannten Sex-Puppen.

Der Begriff Agalmatophilie setzt sich zusammen aus dem griechischen Wort „Agalma" (Άγαλμα), also Statue, und dem ebenfalls griechischen Wort Philia (Φιλία), was nicht nur Freundschaft, sondern auch Liebe und Zuneigung, unter anderem auch die erotische Zuneigung, bedeutet.

In Anlehnung an die Legende von Pygmalion nennt man die erotische Neigung zu Statuen deshalb „Pygmalionismus". Auch diese Art von Liebe gibt es.

Das ist des Mythos archetype Botschaft.

In der Zeit, aus der ich komme, Sisyphos, wird die Agalmatophilie nicht mehr so häufig an richtigen Agalmata, Statuen also, die im öffentlichen Raum oder privaten Werkstätten stehen, praktiziert. Sondern vielmehr in raffinierterer Form, mithilfe von Technik und Elektronik in den privaten Schlafzimmern der Agalmatophilen.

Pygmalion lebt bis heute, Sisyphos, und Galatea ebenfalls!

Aber nicht mehr als Mythos und Romantik, sondern als Maschine und Elektronik! Kalt und Gruselig!

Doch war Pygmalion ein Pygmalionist? Hatte er eine sexuelle Abweichung, eine sogenannte Perversion in Form der Agalmatophilie?

15.2 Sexuelle Begierde und sexuelle Perversion

Das Problem beginnt mit der Definition von „Normalität" und von „Perversion". Ich meine in diesem Zusammenhang die sexuelle Normalität und die sexuelle Perversion. Du schaust mich so nachdenklich an, Sisyphos. Du willst mich vermutlich fragen:

Was ist Perversion?

Allerdings wäre es richtiger, mich zu fragen: Wo und ab wann beginnt Perversion?

Warum? Weil eine so formulierte Frage impliziert: Wo und ab wann endet die „Normalität"? Wo und ab wann beginnt die „Anomalität", die „Perversion" also?

Schon das Wort Perversion – wie auch Normalität und Anomalität – ist problematisch. „Pervers" kommt aus dem Lateinischen und bedeutet „verkehrt". Und nun stellt sich die Frage:

Was ist in der Sexualität des Menschen verkehrt und was nicht?

Die Antwort auf diese Frage ist nicht einfach zu geben, und auch nicht einheitlich. Unterschiedliche Kulturen in unterschiedlichen Zeiten haben unterschiedliche Antworten darauf gegeben. Einige definieren Perversion sehr rigide: Alles, was nicht mit einer vaginalen Penetration einer erwachsenen Frau durch einen erwachsenen Mann zu tun hat, sei pervers. Die Sache wird noch komplizierter, wenn man auch sozialen Faktoren eine Rolle bei der Definition der Perversion zugesteht, wie etwa bei Sexual-Tabus. Also Verbote nach dem Muster: Es ist pervers, wenn du mit deiner Mutter, deinem Vater, deiner Tochter, deinem Sohn, deinen Geschwistern sexuelle Beziehungen unterhältst oder sie sexuell begehrst. Dabei ist es nicht das Sexuelle per se, sondern das Soziale, das die Perversion definiert.

„Sexuelle Normalität" und „sexuelle Perversion" wurden und werden immer wieder neu definiert. Epochal und kulturell bedingt.

Viele kritisieren den Begriff Perversion als ungenau. Es gibt eben keine feste Grenze zwischen Normalität und Anomalität. Andere kritisieren ihn, weil sie in den verschiedenen Variationen sexuellen Lebens eine Bereicherung menschlichen Erlebens sehen und nichts Krankhaftes erkennen können. Wieder anderen erscheint die Bezeichnung Perversion zu biologistisch oder, im Gegenteil, zu psychologisierend. Man darf vermuten, dass kaum jemand mit diesem Begriff zufrieden ist. Daher wurden verschiedene Bezeichnungen vorgeschlagen, um entweder den Begriff der Perversion abzulösen oder ihn zu ergänzen oder einzuschränken.

In der Medizin und Psychologie hat sich die Bezeichnung „Paraphilie" durchgesetzt. Der Begriff wird aus zwei griechischen Worten gebildet: „Para" (παρά), was „neben", „daneben", „anders", „abweichend" bedeutet. Das zweite Wort ist „Philia", das, wie schon erwähnt, Neigung oder Liebe bedeutet. Warum hat der Begriff „Paraphilie" sich durchgesetzt? Weil er weitgehend theorieneutral und ohne die gesellschaftlich diskriminierende Konnotation der Bezeichnung „pervers" ist. Damit wird die Störung beschrieben, unabhängig vom psychologischen oder biologischen Hintergrund. Meine Psychiater-Kollegen und ich stellen die Diagnose „Paraphile Störung" oder früher auch einfach „Paraphilie" nur dann, wenn bei einer Person vom Durchschnitt abweichende Impulse und Handlungen pathologische Dimensionen erreichen. Was pathologisch ist und was nicht, werde ich dir übrigens gleich erklären, Sisyphos. Für nicht pathologische sexuelle Abweichungen wird häufig der Begriff „sexuelle Devianz" verwendet, was ebenfalls Abweichung bedeutet.[75]

Auch wenn man den Begriff „Paraphilie" statt „Perversion" verwendet, bleibt die Frage:

Ab wann muss man bei einem Menschen mit abweichendem, devianten sexuellen Verhalten von Paraphilie sprechen?

Ein Blick auf Pygmalions erotisches Verhalten kann uns helfen, diese Frage zu beantworten.

Ich kann dir schon an dieser Stelle versichern, Sisyphos, dass Pygmalion mit seiner einmaligen und vorübergehenden Agalmatophilie keine Paraphilie im Sinne einer Störung hatte.

Pygmalion war kein Pygmalionist!

Du schaust erstaunt, Sisyphos, doch es ist so. Pygmalion war nicht sexuell pervers, er hatte also keine paraphile Störung. Obwohl er eine unbändige Liebe zu seiner Skulptur verspürte. Der Grund, warum ich die Diagnose der Paraphilen Störung bei Pygmalion vermeide, ist folgender: Nicht wenige

[75] Aus (und mehr darüber in): Andreas Marneros: „Sexualmörder, Sexualtäter, Sexualopfer. Eine erklärende Erzählung" (2007) Psychiatrieverlag, Bonn.

Menschen können einmalig, für eine begrenzte Dauer oder sporadisch abweichende sexuelle Vorstellungen oder gar Neigungen haben, ohne deswegen eine Paraphie Störung zu haben. Lass es uns anhand der Stufen der Paraphilie erklären.

Paraphilie und ihre Stufen: von Perversität und Perversion

Und die Zunft der Psychiater, Psychologen, Psychosomatiker und Psychoanalytiker fügt wissend hinzu:

In der Tat, Pygmalion steht als Archetyp für eine zwar abweichende, aber vorübergehende sexuelle – eine paraphile – Neigung.

Die Paraphilien bezeichnen sexuelle Neigungen, die deutlich von der empirischen Norm abweichen. Mit „empirischer Norm" werden Erfahrungswerte gemeint, die den Durchschnitt repräsentieren. Zu den Paraphilien zählen insbesondere ausgeprägte und wiederkehrende abweichende sexuelle Phantasien, Bedürfnisse oder Verhaltensweisen, durch die eine Person Lustgewinn und sexuelle Befriedigung erlangt. Krankhaft sind aber die Paraphilien nur dann, wenn sie Leidensdruck bei der Person erzeugen oder Leiden bei anderen Menschen verursachen. Dann spricht man auch von Paraphilen Störungen.

Bei allen Menschen ist es nämlich möglich, dass eine abweichende sexuelle Phantasie als eine Art von Impuls, auch wenn sie sehr intensiv ist, nur einmalig oder nur für begrenzte Zeit oder sporadisch auftaucht. Das macht noch keine Paraphilie aus. So etwas erleben viele Menschen mit ganz normalem Sexualleben.

Es könnte aber auch die erste Stufe einer sich entwickelnden Paraphilen Störung sein.

Abweichende sexuelle Phantasien oder Impulse können auftreten, ohne dass die generelle, die nicht abweichende sexuelle Orientierung des Menschen davon beeinflusst ist. Manche sprechen in diesem Falle von „Perversität". Wobei der Begriff der Perversität weitgehend dem entspricht, was moderne diagnostische Systeme als „Paraphile Neigung" bezeichnen. Dabei gibt es weder einen Leidensdruck beim Betroffenen, noch eine Gefährdung für andere – im Gegensatz zur Paraphilen Störung. Das könnte die zweite Stufe einer Entwicklung zur sexuellen Perversion bzw. Paraphilie sei. Man kann dann noch von einem Grenzfall zwischen unproblematischen und problematischen Verhaltensweisen sprechen. So könnte es auch bei Pygmalion gewesen sein.

Ganz anders liegen jedoch die Dinge bei der dritten Stufe der Paraphilie, bei der die sexuelle Orientierung eindeutig abweichend ist. Die „Perversität" wird zur „Perversion", die „Paraphile Neigung" zur „Paraphilen Störung". Sexualität ist ohne die unüblichen sexuellen Phantasien und Handlungen kaum noch möglich. Oder wenn, dann nur selten und kaum befriedigend.

Und in einer schwereren Form, der sogenannten „progredienten Verlaufsform" der Paraphilie, der vierten Stufe, ist Sexualität ohne die abweichenden Vorstellungen und Praktiken gar nicht mehr möglich. In den schlimmsten Fällen hat die Paraphilie einen Süchtigkeitscharakter, d. h. dass der Betroffene den Drang verspürt, seine abweichenden sexuellen Wünsche auf jeden Fall und um jeden Preis zu befriedigen, genauso wie ein Süchtiger seine Sucht. Diese Form ist eine sehr schwere Paraphile Störung, sehr problematisch. Vor allem, wenn sie aggressive und sadistische Elemente beinhaltet, auch eine sehr gefährliche Form der Sexualität, die bis zum Sexualmord führen kann[76].

Die Geschichte von Pygmalion zeigt uns, dass er zwar eine erotische Liebe zu seiner Skulptur entwickelte, die aber vorübergehender Natur war. Nachdem mit der lebenden Galatea seine erotischen Wünsche und Träume in Erfüllung gingen, entwickelte er nie wieder erotische Neigungen zu leblosen Skulpturen. Er hat die erste oder zweite Stufe der Perversion nie überschritten. Sie blieb eine einmalige und zeitlich begrenzte Perversität. Seine Liebe zu einem Agalma beschränkte sich auf einen kurzen und umschriebenen Lebensabschnitt, auf eine spezielle Situation.

Das ist des Mythos archetype Botschaft.

Insofern ist Pygmalion nicht als paraphil gestört bzw. als sexuell pervers zu bezeichnen. Weder als Pygmalionist noch als agalmatophil.

[76] Ebenda.

16

Verbotene Liebschaften

16.1 Eine verbotene Liebe

Aber noch eine zweite Merkwürdigkeit, auch sexueller Natur, steht am Anfang der Adonis-Biografie. Die erste war Pygmalions agalmatophiles Verhalten. Die zweite beruht auf der folgenden Geschichte, die ich dir etwas ausführlicher erzählen möchte. Ich beabsichtige nämlich, den darin beschriebenen Kampf zwischen Erlaubtem und Verbotenem als Paradigma für das Leiden mancher Menschen, die ihn austragen müssen, darzustellen. Das ist die Geschichte:

Die Legende von einer ungewöhnlichen Vaterliebe

Der schon erwähnte König Kinyras, Pygmalions Enkel, hat nicht nur Glück in seinem Leben, so wie es eben das Schicksal der meisten Erdbewohner ist. Aber das Unglück Kinyras ist von ganz besonderer Art. Seine Frau Kenchreïs hatte ihm eine Tochter geboren, die auf den Namen Myrrha, wahlweise auch Smyrna, hört. Viele meinen, sie habe beide Namen gehabt und auf beide gehört. Wie es auch sei, Tatsache ist, dass das Mädchen zu einer wunderschönen jungen Frau heranwächst.

Viele edle junge Männer aus ganz Zypern und auch aus dem Ausland begehren die schöne Prinzessin. Doch sie erwählt keinen davon. Besorgt fragt sich ihr Vater, wieso denn das. Unter den Bewerbern gibt es doch so viele schöne, wohlhabende und einflussreiche junge Prinzen. Was kann denn wohl der Grund für die Ablehnung sein?

Der ist so einfach wie kompliziert. Einfach, weil Myrrha einen anderen Mann liebt, der nicht zum Kreis der Bewerber gehört. Nur diesen einzigen Mann begehrt sie, nur mit ihm will sie sich sexuell vereinigen. Kompliziert, weil dieses Objekt ihrer Begierde ihr eigener Vater ist.

A. Marneros, *Mein Bruder Sisyphos, mein Freund der Minotauros*,
https://doi.org/10.1007/978-3-662-55808-9_16

Ja, Sisyphos, ihr Vater! Tatsächlich ihr eigener Vater! Unerhört auch zu euren mythischen Zeiten, in denen noch alles im flüssigen Werden war – Moral, Ethik und Gesetze inklusive.

Manche sagen, dass Myrrhas sündhafte Liebe und Begierde eine Strafe gewesen sei. Ihre Mutter Kenchreïs habe sich nämlich einmal damit gebrüstet, dass ihre Tochter schönere Haare habe als Aphrodite selbst. Man weiß natürlich nicht, ob die stolze Mutter das nur metaphorisch gemeint hat. Wie auch immer, Aphrodite fühlt sich beleidigt und bestraft die Mutter mit der abartigen Begierde der Tochter. Sie schickt ihren hyperkinetischen, unbändigen und rücksichtlosen kleinen Begleiter Himeros, den Gott des sexuellen Verlangens zu ihr, der sofort von ihr Besitz ergreift. Und was kann die arme Myrrha dafür? Ein unschuldiges Opfer also. Doch die Götter scheren sich nicht darum, nicht wahr, mein Bruder?

Übrigens muss dieser berühmteste aller mythischen Könige von Zypern, Kinyras also, ein sehr attraktiver Mann gewesen sein – wenn sogar die Schönheits- und Liebesgöttin Aphrodite nicht nur in ihn verliebt war, sondern wenn sie ihm auch einen Sohn gebar, den sie Kypros nannte. Ja, genau, davon hat Zypern seinen Namen. In der uns gemeinsamen Sprache heißt ja das kupferreiche Land „Kypros". Allerdings steht in mancher Geburtsurkunde, dass Kypros eine Tochter und kein Sohn von Aphrodite und Kinyras war. Na ja, das Geschlecht spielt wohl keine Rolle. Vom Sohn oder der Tochter oder von beiden hat die Insel Zypern ihren Namen, ebenso wie das Kupfer. „Cyprum" (spätlateinisch „Cuprum") ist nämlich der lateinische Name für „zyprisches Erz", Kupfer also. Und „Cyprus" (spätlateinisch „Cuprus") die lateinische Aussprache des griechischen Kypros.

Zurück zu Myrrha: Ja, es ist ihr bewusst, wie verwerflich ihre Begierde ist. Und sie kämpft verzweifelt dagegen an. Sie denkt „Die Natur will doch, dass der Vater mit der Tochter und der Sohn mit der Mutter die Liebe genießt und dass sie miteinander schlafen. Alle üblichen Geschöpfe, mit Ausnahme des Menschen, paaren sich in dieser Art. Ohne sich darum zu kümmern, ob Vater oder Mutter, ob Sohn oder Tochter. Die Kühe und die Pferde, die Ziegen und die Schafe und alle Vögel. Glückliche Kreaturen. Nur die Menschen erlassen Gesetze, die das verbieten. Aber auch nicht alle. Soviel ich weiß, ist das in anderen Ländern nicht verboten. Doch ich habe das Unglück, bei den Griechen geboren zu sein. Breche ich das Gesetz, werde ich von den Menschen meines Landes und den Göttern des Olymps bestraft. Und ich Unglückliche werde zerquetscht zwischen den beiden Großmächten – meinem unstillbaren Verlangen einerseits und dem Gesetz, menschlichem wie auch göttlichem, andererseits.".

In der Tat segelt Myrrha, metaphorisch gesprochen, durch die Symplegaden, die gegeneinander strebenden Felsen, die alles zwischen sich zermalmen. Einerseits ist sie besessen vom Wunsch, mit dem Vater zu schlafen, andererseits kämpft sie vehement dagegen an. Sie betet inbrünstig zu den Olympischen Göttern, sie von diesem abartigen, unnatürlichen Wunsch zu befreien. Und gleichzeitig denkt sie „Ist denn dieser Wunsch tatsächlich so abartig und so unnatürlich? Sicherlich nicht, wenn man die Natur anschaut. Doch befriedige ich meine Lust, dann ist mir die ewige Verdammnis sicher.".

Myrrha träumt davon, ihren Vater zu berühren und zu streicheln, ihn zu küssen und sich schließlich mit ihm zu vereinen. Sie versucht, Traum und Wunsch zu ersticken. Doch der Kampf zwischen den beiden Mächten, zwischen Verlangen und Verbot, ist zu stark für das junge Mädchen. Sie kann ihn nicht unbeschadet überstehen, ihn nicht ertragen. Das Rudern durch die Symplegaden ist zu langwierig, um unbeschadet und unzerquetscht aus ihm herauszukommen. Niemand bemerkt etwas von diesem Kampf, der in Herz und Kopf und Traum von Myrrha tobt. Niemand ahnt, wie verzweifelt das kämpfende Mädchen ist, wie bitter nötig sie Hilfe hat. Und so kommt es dazu, dass sie in einer dramatischen Nacht, in der sie von den widerstrebenden Kräften hin und her geschleudert wird, den Entschluss fasst, diesem titanischen Kampf selbst ein Ende zu bereiten:

Sie will sich töten!

Es ist schon Mitternacht, als sie den Strick ergreift. Sie befestigt ihn hoch oben am Balken des Türstocks, steht auf einem Schemel und legt sich die Schlinge um den Hals. Bevor sie den Schemel mit den Füßen wegstößt, was sicher tödlich geendet hätte, spricht sie laut schluchzend einige Abschiedsworte. „Lebe wohl, mein geliebter Kinyras, mein Vater, Ziel meiner unerfüllten Liebe."

Dabei wird sie von ihrer treuen alten Amme überrascht. Die macht sich schon länger Sorgen um ihre geliebte Pflegetochter. Die Amme hat bemerkt, dass Myrrha in der letzten Zeit, aber heute ganz besonders, blass, zurückgezogen, wenig gesprächig ist. Auch gegessen hat sie kaum. Deshalb will die besorgte Amme, bevor sie sich selbst zur Ruhe begibt, einen Blick in Myrrhas Schlafzimmer werfen. Sie will sich überzeugen, dass alles in Ordnung ist. Und dann das! Nichts ist in Ordnung. Myrrha ist dabei, Suizid zu begehen. In Panik und mit hektischen Bewegungen befreit sie ihre Pflegetochter aus der tödlichen Schlinge und nimmt sie in die Arme. Die Tränen strömen aus ihren Augen, als sie Myrrha küsst und sie wieder und wieder nach dem Warum fragt.

Doch Myrrha antwortet nicht. Sie schweigt und weint.

Vehement, aber liebevoll versucht die Amme, in sie zu dringen. Doch beharrlich und weinend schweigt das Mädchen. Die Amme verspricht ihr, niemandem etwas zu sagen. Wenn Myrrha ihr das Geheimnis anvertraut, wird sie es niemals weitererzählen. Das Mädchen aber kann das Unaussprechliche nicht sagen. Die Amme vermutet hinter der Verzweiflungstat Liebeskummer, unerfüllte Liebe, Aphrodites Geheimnisse. Doch Myrrha verrät es nicht.

Schließlich sagt die Amme voller Liebe und Sorge „Mein liebes Kind, ich habe dich mit dieser Brust genährt, als du auf diese Welt kamst". Dabei deutet sie pathetisch auf ihre Brust. „Ich habe dich großgezogen und dich jeden Tag umsorgt. Ich kenne dich wie niemand sonst. Und ich weiß, du hast Liebeskummer. Bitte sag mir doch, was dir so schrecklichen Kummer bereitet, dass du dir das Leben nehmen willst." Und Myrrha, bewegt von den Worten der Amme, beginnt endlich zu sprechen: „Ich kann nicht. Es ist eine Sünde."

Da tut die Amme etwas Entscheidendes, etwas Verhängnisvolles. Sie sagt: „Sprich mit mir darüber, und ich verspreche dir, dass ich dich zu deiner Liebe bringe, koste es was es wolle!" Und dann kommt es. Ja, es folgt die Besiegelung ihres Versprechens. Mit dem unbrechbaren, unwiderruflichen Eid: „Ich schwöre es bei Zeus!"

Laut schluchzend umarmt daraufhin das Mädchen stürmisch die liebevolle Amme. Stotternd bringt sie die Worte hervor, die verräterischen. „Ich beneide meine Mutter um meinen Vater". Der kalte Schauder, der der schockierten Amme über den Rücken läuft, ist der beste Beweis dafür, dass sie sofort versteht, um was es geht. Mit aller Kraft, mit Gefühl und Verstand, versucht sie, ihrer Pflegetochter den ungeheuren Wunsch auszureden. Vergebens! Der Entschluss des sündhaft verliebten Mädchens, sich selbst zu töten, ist unumstößlich. Die Amme steht vor einem tyrannischen Dilemma. Entweder hält sie Wort und bringt

Myrrha zum Objekt ihrer Liebe, dem Vater – oh Zeus, oh Zeus! Oder sie lässt das geliebte Kind sich selbst umbringen.

Sie entscheidet sich für das Erstere! Sie hat es versprochen. Besiegelt mit dem unbrechbaren, unwiderruflichen Eid!

Nun muss sie einen Weg finden, ihr Versprechen einzulösen. Und die günstige Gelegenheit kommt bald in Form der Feierlichkeiten zu Ehren von Göttin Demetra, der Göttin der Ernte, der Felder, der Agrikultur und der Natur. Während dieser Festivitäten sammeln sich die Frauen draußen auf den Feldern und üben sich in Demetras Mysterien. Königin Kenchreïs ist natürlich auch dabei. Neun bis zwölf Tage dauert das Fest der Frauen. Neun bis sogar zwölf Tage lang dürfen sie keinen Mann berühren. Kinyras ist also während dieser Zeit alleine, ohne Partnerin in seinem Bett.

In einer fortgeschrittenen Nacht geht die Amme zu Kinyras, nachdem sie ihn absichtlich mit viel Wein betrunken gemacht hat, und sagt „Schade, dass du die Nacht alleine verbringen musst, mein König. Du bist so jung und voll des Liebesverlangens. Eine wunderschöne Frau, so jung wie unsere Myrrha, ist bereit, zu dir zu kommen. Wenn du willst, wirst du mit ihr eine wundervolle Nacht verbringen.". Der einsame König nimmt dankbar das Angebot der Amme an, die sofort aufgeregt zu Myrrha läuft und ruft „Wir haben gewonnen, wir haben gewonnen! Komm, lass uns dorthin gehen, wo du immer hinwolltest.". Doch Myrrha zittert und zögert. Das Verlangen treibt sie, die moralische Hemmung hält sie zurück. Sie weint vor Glück, sie weint vor Unglück. Die alte Amme aber nimmt sie an die Hand und macht mit ihr zusammen die entscheidenden Schritte – auf dem Weg zum König, zum Vater. Die Sterne und der Mond verschwinden vor Scham und überlassen die Erde der Finsternis. Auch der Palast in Paphos, in dem Kinyras residiert, hüllt sich in dichte Dunkelheit. Myrrha zittert und zweifelt. Sie will und sie will nicht. Doch die Amme weiß es, es muss geschehen. Nur so ist ihr geliebtes Pflegekind vor der Selbsttötung zu retten.

Und es geschieht! So wie auch in der nächsten Nacht und in der übernächsten und in einigen weiteren. Der König ist höchst erfreut, den jungen Körper zu umarmen. So entschließt er sich in der siebten Nacht, Licht zu machen, um endlich der Quelle seines Glücks ins Gesicht schauen zu können. Er schaut und erschaudert. Entsetzt zieht er sein Schwert, um seine eigene Tochter zu richten.

Doch sie kann entfliehen. Der von Angst um ihr Leben und von Gewissensbissen geplagten Myrrha gelingt es sogar, Zypern zu verlassen und ins Ausland zu gehen. Was sie zu Beginn ihrer Flucht nicht weiß, aber einige Wochen später feststellen muss: Sie ist schwanger! Das verzweifelte, unglückliche, schwangere Mädchen irrt fortan durch fremde Länder, bis sie Arabien erreicht. Neun Monate nach ihrer Flucht kommt sie hochschwanger in das Land von Saba in Arabien. Erschöpft und verzweifelt bittet sie inbrünstig Zeus und die anderen olympischen Götter, ihr die schwere Sünde zu verzeihen und sie von der Qual zu erlösen.

Manche meinen, dass sie von ihrem wütenden Vater bis nach Arabien verfolgt wird. Als Myrrha ihn mit gezogenem Schwert von weitem zu erkennen glaubt, bittet sie die Götter um Hilfe. Die olympischen Götter sind sich einig. Myrrha ist ein Opfer eines abnormen Verlangens. Und sie sind sich auch einig, dass sie ihre Tat glaubhaft bereut. Sogar Aphrodite, die angeblich von Myrrhas Mutter Beleidigte, zeigt Mitleid mit ihr. Und so treffen die Olympier die Entscheidung, sie zu erlösen. Sie verwandeln Myrrha in einen Baum. Ihre Füße beginnen langsam zu Wurzeln zu werden, und die Dendropoese, das Baumwerden, schreitet schnell aufwärts. Je näher die Dendropoese ihrem Herzen und ihrem Gesicht kommt, desto mehr Tränen fließen aus Myrrhas Augen. Sie fließen bis heute – als die sehr begehrte, kostbare und hoch aromatische Myrrhe, die synonym auch Smyrne genannt wird, abgeleitet vom Myrrhas zweitem Namen. Die Myrrhe quillt aus der Rinde des Baumes, der einst Myrrha bzw. Smyrna war. Das sind Myrrhas ewige Tränen.

Somit ist die Begehrende von damals die Begehrte von heute geworden. Sie erlangt dadurch eine Art von Unsterblichkeit.

Kurz vor ihrer vollständigen Metamorphose gebar Myrrha übrigens in einen Baum ihren Sohn Adonis. Und so sind wir endlich am Anfang der Adonis-Biografie angelangt. Doch dazu etwas später.

Während Pygmalions erotische Begierde mit dem Zutun der Aphrodite glücklich befriedigt wurde, endet also die der Myrrha mit dem Zutun der Amme tragisch. Sie hat zwar durch ihre Metamorphose eine Art von Unsterblichkeit erlangt, aber eine, durch die man nicht glücklich wird und von der man selbst nichts hat.

Myrrha hat also ihre erotische Begierde teuer bezahlt. So wie viele andere Menschen, die von einem stark abweichenden, pathologischen oder sozial verbotenen sexuellen Verlangen heimgesucht werden. Ihre sexuelle Begierde kann ihnen zum Verhängnis werden. Dazu gehört auch die sexuelle Liebe zwischen engen Verwandten. Nicht nur zwischen Tochter und Vater, wie in Myrrhas Fall, sondern auch zwischen Sohn und Mutter, wie etwa bei Ödipus[77], oder zwischen Geschwistern, wie im Falle von Byblis – deren Geschichte ich dir bald erzählen möchte.

Hast du Interesse, Sisyphos, zu hören, wie man Myrrhas sexuelle Begierde heute bezeichnet? Du hast, das zeigen mir dein Blick und dein Gesichtsausdruck.

Patrophilie nennt man es.

Patrophilie

Und die Zunft der Psychiater, Psychologen, Psychosomatiker und Psychoanalytiker fügt wissend hinzu:

In der Tat, Myrrha ist der Archetyp für Patrophilie.

Patrophilie ist die erotische Neigung zum Vater. Der Begriff setzt sich zusammen aus den griechischen Worten „Pater", (πατήρ), „der Vater", und dem uns wohl bekannten Wort „Philia". In ihrer vollendeten Form, wie in Myrrhas Fall, dürfte sie eher selten sein. Als Phantasie-Inhalt, latent und passager, kommt sie dagegen häufiger vor. Fast ausschließlich bei jungen Mädchen, und zwar im Rahmen des Reifungsprozesses und der Sexualitätsentwicklung. So eine Form ist in der Regel unproblematisch. Myrrha hatte eine sehr ausgeprägte, die Grenze

[77] S. Abschn. 24.3.

des Erlaubten und des Unproblematischen sprengende Form. Und sie musste die Konsequenzen tragen.

Das ist des Mythos archetype Botschaft.

Wir müssen allerdings mit dem Begriff „Patrophilie“ sehr aufpassen. Es gibt, wie schon angedeutet, ganz harmlose Formen intensiver Vaterliebe, in denen die erotische Komponente dem Mädchen nicht bewusst ist. Oder auch gar nicht existiert. Eine stärkere Liebe zum Vater als zur Mutter kann die verschiedensten Motive und Gründe haben. Nicht immer müssen sie im Bereich der bewussten oder unbewussten Erotik liegen. Der Begriff der Patrophilie soll nur dann eine erotische Konnotation erhalten, wenn die Zeichen eindeutig sind.

Manche Psychoanalytiker konstruieren eine unbewusste erotische Zuneigung des Mädchens zum Vater mit entsprechender Eifersucht der Mutter gegenüber und nennen das ganze „Elektra-Komplex“. Andere Psychoanalytiker bekämpfen diese Ansicht mit dem Argument, es gebe keinen „Elektra-Komplex“ als Analogon zum „Ödipus-Komplex“[78]. Du kennst wahrscheinlich Elektra nicht, Sisyphos, weil sie jünger ist als du. Sie war die Tochter von Agamemnon, dem Führer der Griechen im Kampf gegen Troja, und seiner Frau Klytämnestra. Als Agamemnon, der triumphierende Eroberer Trojas, nach Griechenland zurückkehrte, wurde er von seiner Frau und ihrem Liebhaber Ägisthos ermordet. Elektra drängt ihren jüngeren Bruder Orestes, die Mörderin ihres Vaters, das heißt ihre eigene Mutter, ebenfalls zu töten, einem archaischen Gesetz folgend. Ein großes Drama, hier mit sehr wenigen Worten erwähnt.[79] Das Pedant zur Patrophilie ist die Metrophilie, die erotische Liebe zur eigenen Mutter. Du weißt schon, von dem griechischen „Méter“ (Μήτηρ), „die Mutter“, und dem schon erläuterten Wort „Philia“[80]. So eine verbotene Liebe ist dem tragischen Ödipus angedichtet.

Die erotische – patrophile – Komponente ist bei Myrrha nicht nur erkennbar, sondern auch dominierend und quälend. Du kannst sicherlich von dem, was ich bisher erzählt habe, Sisyphos, erkennen, dass es sich bei Myrrha um

[78] Zum Streit, nicht nur um den „Elektra-Komplex“, sondern auch über andere psychoanalytische Komplexe, die aus den Mythen abgeleitet wurden, s. „Warum Ödipus keinen Ödipus-Komplex hatte ...“ in Fußnote 26.

[79] Ausführlicher in Abschn. 27.3. Mehr darüber wie in Fußnote 60.

[80] Manche verwenden den Begriff Metrophilie, um ein intensives Hobby mit dem Inhalt U-Bahn (= Metro) zu bezeichnen. Naja! Die Gleichschreibung ist der Transkription vom griechischen in das lateinische Alphabet geschuldet.

eine verfestigte, suchtartige sexuelle Neigung handelt. Wenn man auch den sozialen Aspekt als ein definierendes Kriterium einer sexuellen Abweichung hinzunimmt, dann handelt es sich bei der Patrophilie um eine Paraphilie. Eine aus der empirischen Mitte abweichende sexuelle Neigung mit pathologischen Charakterzügen also. Myrrhas Patrophilie war keine harmlose, vorübergehende Phantasie eines unreifen Mädchens im Rahmen seiner sexuellen Entwicklung, sondern okkupierend und suchtartig. Pathologisch, eine Paraphile Störung also.

Wenn du mich fragst, Sisyphos, ob es überhaupt möglich ist, dass Myrrha eine Paraphilie hat, in dem Sinne, ob überhaupt eine Frau eine Paraphilie haben kann, dann ist meine Antwort ganz eindeutig: Ja! Es gibt kaum eine Form von sexueller Perversion, die nicht auch bei Frauen zu finden ist, vom harmlosen Fetischismus bis hin zum malignen sexuellen Kannibalismus. Allerdings viel seltener als bei Männern. Dass lange Zeit die weiblichen Paraphilien nicht einmal zur Kenntnis genommen wurden, hatte viel mit der Ignoranz der Männer zu tun. Die Sexualwissenschaft – Psychiatrie, Psychologie und Psychoanalyse nicht ausgeschlossen – war lange Zeit sehr stark androzentrisch orientiert. Männerzentriert und von Männern dominiert. Sie bezeichnete die weibliche Sexualität als den „dunklen Kontinent"[81]. Was für eine Ignoranz und Frauendiskriminierung!

Ich denke, Sisyphos, dass du durch meine Erzählung erkennen kannst, dass Myrrha ein Opfer war. Sie konnte nichts dafür, weder für ihren übermäßigen abartigen Wunsch, noch für ihre Schandtaten. Eine höhere Gewalt diktierte ihr Tun und Lassen.

Welche höhere Gewalt?

Der pathologische Trieb!

Myrrhas abweichende sexuelle Neigung erreichte die letzte Stufe der Paraphilie, die fortgeschrittene und suchtartige, wie wir sie vorher kennengelernt haben.

Und so stellen sich einige bohrende, für die Gesellschaft und die betroffenen Personen wichtige Fragen am Beispiel der Legende von Myrrha:

Hätte sie gegensteuern können?

Hatte sie tatsächlich die Wahl, zwischen Verbotenem und Erlaubtem zu entscheiden?

Hatte sie tatsächlich den freien Willen, zu entscheiden und nach geltenden moralischen Vorstellungen zu handeln?

[81] Die Bezeichnung stammt vom Protagonisten der Psychoanalyse, Sigmund Freund, in „Über die weibliche Sexualität" (1931) In: „Sexualleben" (1972), S. Fischer, Frankfurt a. M.

Hatte sie die Kraft und die Möglichkeit, das Tabu nicht zu enttabuisieren?

Bohrende Fragen, die nicht nur die mythischen Zeiten betreffen, mein Bruder Sisyphos, sondern auch die modernen Zeiten, in denen ich lebe. Heute ist das ein Thema, das nicht nur meine Zunft intensiv beschäftigt, sondern auch die der Rechtswissenschaftler.

Die Diktatur der pathologischen Sexualität

Und die Zunft der Psychiater, Psychologen, Psychosomatiker und Psychoanalytiker fügt wissend hinzu:

In der Tat, Myrrhas Schicksal ist ein Archetyp für tyrannische Sexualität.

Alle gerade gestellten Fragen können eindeutig mit „Ja" beantwortet werden. Aber nur für die von uns vorher erwähnten ersten zwei Stufen sexueller Abweichung. Nur für sie ist es wohl möglich. Für die dritte Stufe ist es aber schon sehr schwierig.

Die schlimmste Form, die sogenannte vierte Stufe, mit ihrem okkupierenden Süchtigkeitscharakter, wirkt wie ein Befehlshaber für den Betroffenen. Widerstand dagegen und Befreiung davon aus eigener Kraft und ohne fremde fachmännische Hilfe ist praktisch nicht möglich. Diese Art der tyrannischen Sexualität macht den Täter auch zum Opfer.

Das ist des Mythos archetype Botschaft.

Myrrhas Tragödie ist unmittelbar verbunden mit dem Beginn von Adonis Biografie. Allerdings möchte ich gerne Adonis Geschichte noch ein wenig verschieben, um zunächst etwas anderes zu erzählen. Das hat zwar nicht das Geringste mit Adonis und der Unsterblichkeit zu tun, wohl aber mit Myrrhas verbotener Liebe zu einem engsten Verwandten. Es ist die Geschichte von Byblis und Kaunos.

16.2 Adelphophilie – die Geschwisterliebe von Byblis und Kaunos

Die erotische Liebe zwischen Geschwistern war schon zu deiner mythischen Zeit ein Tabu. Ein Tabu ist es bis heute. Die Geschwisterliebe beschäftigt auch ab und an die Gesellschaften der Zeit, aus der ich komme. Dabei geht es nicht nur um gesellschaftliche Moral und genetische Hygiene, sondern auch um die rechtliche Seite. In vielen Ländern, so etwa im Land, in dem ich lebe, bestraft die Justiz noch heute die Geschwisterliebe. So wie Byblis vor Tausenden von Jahren bestraft wurde.

Die Legende von Byblis und Kaunos

Auch diese Geschichte wird wie fast alle anderen in unterschiedlicher Weise erzählt, mit manchmal konträren Abläufen. Verschiedene Orte werden genannt, wo sie sich abgespielt haben soll, wie auch Variationen zur genealogischen Herkunft. Viele erzählen sie so:

Minos, der legendäre König von Kreta, hat einen Enkel mit Namen Miletos. Nach ihm soll die Stadt Milet, die ja in der uns gemeinsamen Sprache Miletos heißt, benannt worden sein. Miletos hat zwei schöne Kinder, die Tochter Byblis und den älteren Sohn Kaunos. Als Byblis in die Pubertät kommt, verspürt sie eine unwiderstehliche erotische Anziehung zu ihrem Bruder. Anfänglich hält sie das für eine zwar intensive, aber dennoch ganz normale Geschwisterliebe. Doch nicht lange! In ihrem Kopf toben bald sexuelle Phantasien, in denen sie und ihr Bruder die Protagonisten sind. In ihren Träumen nehmen die Erlebnisse ganz konkrete Gestalt an und machen sie glücklich und unglücklich zugleich. Glücklich, weil sie die Wonnen der Liebe genießt, wenn auch nur in der Phantasie. Unglücklich aber, weil in der Realität der Geliebte ihr Bruder ist. Ein erotisches Tabu also. Mit der Zeit werden Phantasie und Wunsch, Träume und Begierde immer stärker und stärker. Und irgendwann reichen Phantasie und Traum nicht mehr, um Wunsch und Begierde zu befriedigen. Byblis ist gequält und stellt sich Fragen wie „Warum dürfen Götter ihre Geschwister heiraten und mit ihnen Kinder zeugen, Menschen aber nicht? Warum ist es bei manchen Völkern erlaubt und bei manchen anderen nicht? Warum ist gerade bei den Griechen die erotische Geschwisterliebe ein Verstoß gegen göttliches und menschliches Recht? Wem schadet es, wenn zwei erwachsene Geschwister sich lieben?".

Sie findet keine befriedigende Antwort auf ihre bohrenden Fragen. Und so beschließt sie, dem Bruder ihre glühende Liebe zu offenbaren. Eines Tages nimmt sie ihren ganzen Mut zusammen und beichtet ihm Begierde und Sehnsucht. Er reagiert darauf entsetzt, schockiert, anklagend. Die Schwester ist dadurch enttäuscht, verletzt, verzweifelt. Und auch tief gespalten. Zum einen bedauert sie, dass sie dem Bruder ihre glühende Leidenschaft offenbart hat, zum anderen wird sie von eben dieser Leidenschaft getrieben. Sie wiederholt mehrfach vor dem Bruder ihr heißes Anliegen. Kaunos, voll der Entrüstung, verlässt Haus und Familie. Ja, er wandert aus der Heimat aus, um den unsittlichen Versuchen der – in seinen Augen – Sünderin ein Ende zu setzen. Erst als er im fernen Karien ankommt, am südwestlichen Zipfel von Kleinasien, kommt er zur Ruhe. Dort gründet er die Stadt, die seitdem seinen Namen trägt.

Byblis fühlt sich für die Auswanderung des Bruders verantwortlich und schuldig. Hat sie ihn doch mit ihrer verbotenen Liebe aus der Heimat vertrieben. Und so bestraft sie sich selbst. Sie erhängt sich an einer Eiche. So sagen es Augenzeugen.

Manche andere, die sich ebenfalls als Augenzeugen der Geschehnisse ausgeben, berichten jedoch von einem anderen Ablauf. Die verzweifelte Byblis, von Tränen überströmt, steigt auf einen hohen Felsen in den Bergen, um sich von dort in die Tiefe zu stürzen. Die Nymphen des Berges jedoch empfinden großes Mitleid mit der Unglücklichen und verwandeln sie sofort und auf der Stelle in eine Hamadryade. Du weißt schon, Dryaden sind Baumnymphen. Jede von denen hat ihren eigenen Baum, sie leben darin und sind an ihre Behausung gebunden. Die Hamadryaden sind eine besondere Gruppe von Dryaden, die Teil ihrer Bäume sind. Stirbt der Baum, stirbt auch seine Hamadryade. Aus diesem

Grunde bestrafen Dryaden und die Olympischen Götter jeden Sterblichen, der einen Baum verletzt. Ganz zu schweigen vom Fällen, ohne zuvor die Baumnymphen angerufen und sie um Genehmigung gebeten zu haben. Leidet der Baum, so leidet auch die Dryade.

Ein geniales Naturschutzgesetz, findest du nicht auch, Sisyphos?

Byblis wird also zu einer Hamadryade und lebt viele, viele Jahrzehnte mit ihrer Eiche zusammen. Doch glücklich ist sie nicht. Die unerfüllte Liebe und die Vertreibung des Bruders sind der Grund für einen nicht versiegenden Strom von Tränen aus ihren Augen. Daraus ist die Quelle entstanden, die bis heute den Namen Byblis trägt.

Andere wiederum, auch sie angeblich Augenzeugen, erzählen, dass Byblis den geliebten Bruder nach seiner Auswanderung aus glühender Liebe weiter sucht. Sie wird von der unerfüllten Liebe in den Wahnsinn getrieben und irrt über Berge und durch Täler, an Flüssen entlang und um Seen herum. Bis sie schließlich erschöpft und verzweifelt zusammensinkt. Die Bergnymphen haben Mitleid mit Byblis, aus deren Augen trotz ihrer Erschöpfung Ströme von Tränen fließen, und verwandeln sie in eine Quelle. Die Byblis-Quelle eben.

Es gibt noch weitere selbst ernannte Augenzeugen, die meinen, dass zuerst Kaunos in Liebe zu seiner Schwester entbrannte und dass er, um der Sünde der Geschwistervereinigung vorzubeugen, aus dem väterlichen Haus floh. Wie auch immer, Byblis Ende ist auch nach diesen Augenzeugen ähnlich wie vorher erzählt. Die Menschen in Karien, wohin Kaunos floh, nannten aus Mitgefühl eine Stadt Byblis. Wahrscheinlich auf Betreiben ihres Bruders. Manche sagen sogar, dass Byblis Schicksal auch die Menschen in Phönizien bewegte, so dass sie eine ihrer Städte Byblos nannten. Diese Stadt wurde übrigens später durch die Erfindung des Buches, was in der uns gemeinsamen Sprache Biblos oder Biblion heißt, sehr berühmt.

Wie gesagt, Sisyphos, mein Bruder, auch in dem Land und in der Zeit, aus der ich zu dir komme, ist Geschwisterliebe strafbar. Doch ich habe die Vermutung, dass diese Art von Bestrafung bei vielen Menschen irgendwie Mitleid für die Bestraften erweckt. Genauso wie damals im Falle von Byblis bei den Bergnymphen oder den Bewohnern von Karien und den Phöniziern.

Adelphophilie

Und die Zunft der Psychiater, Psychologen, Psychosomatiker und Psychoanalytiker fügt wissend hinzu:

In der Tat, die tragische Geschichte von Byblis erzählt uns von der Entstehung des Archetyps von Adelphophilie; als Tabu und moralisch verwerfliche Neigung und somit zivilisatorisch verboten. Adelphophilie ist in der Sprache der Sexualwissenschaft die erotische Liebe zwischen Geschwistern. Die Bezeichnung wird von den griechischen Wörtern „Adelphós" (Αδελφός), „der Bruder" bzw. „Adelphé" (Αδελφή), „die Schwester", und der schon mehrfach erwähnten „Philia" abgeleitet. Allerdings muss man in ähnlicher Weise wie bei Patrophilie und Metrophilie aufpassen, weil alle diese Begriffe auch die ganz unverdächtige Liebe zum Vater, zur Mutter oder zu den Geschwistern bedeuten könnten. Die hier gemeinte erotische Adelphophilie ist in breiten Teilen der Welt moralisch verwerflich, tabuisiert und in vielen Ländern strafbar.

Adelphophilie wird als Inzest bezeichnet. „Inzest", abgeleitet aus dem lateinischen Wort „incestus", was „unkeusch" bedeutet, bezeichnet den Geschlechtsverkehr zwischen eng verwandten Menschen. In der Regel wird der Begriff Inzest für die sexuelle Beziehung eines Elternteils mit seinem leiblichen Kind oder zwischen Geschwistern verwendet. Für das erstere gelten die Legenden von Ödipus und Iokaste[82] sowie von Myrrha und Kinyras als Archetypen. Für das letztere die von Byblis und Kaunos. Alle diese Inzestformen werden von Göttern wie Menschen hart bestraft, da sie Tabus brechen.

Das ist des Mythos archetype Botschaft.

Die Protagonisten der gerade erzählten Dramen wurden bestraft, weil sie ein Tabu gebrochen haben. Alle haben sie die Inzest-Scheu überwunden und das Tabu-Verbot ignoriert.

Inzest-Scheu und Inzest-Tabu

Und die Zunft der Psychiater, Psychologen, Psychosomatiker und Psychoanalytiker fügt wissend hinzu:

In der Tat liefern aber die erwähnten wie auch andere Mythen nicht nur Archetypen für Inzest und Inzest-Tabu, sondern auch für den starken Wunsch, dieses Verbot zu übertreten.

Es wird vermutet, dass zwischen nahen Verwandten in der Regel eine sogenannte Inzest-Scheu besteht, die eventuell auf biologische Wurzeln zurückgeht. Die Evolution befördere vermutlich diese Scheu, meinen die Anhänger solcher Vermutungen, weil so die Immunmechanismen der Nachkommen vielseitiger werden könnten.

Die weitverbreitete Tabuisierung inzestuösen Begehrens schon in den mythischen Zeiten zeigt, dass so ein Begehren offenkundig schon früh in den menschlichen Gesellschaften existierte. Dessen Tabuisierung ist ein starkes Indiz dafür, dass auch die Neigung, es zu enttabuisieren, vorhanden war und ist. Denn Verbote entstehen nur dort, wo es den Wunsch zur Übertretung gibt.

Aber ob für jedes Tabu sich gleich der Staat interessieren muss, ist eine Sache, die die Gesellschaft insgesamt beantworten muss und nicht alleine Medizin und Psychologie. Tabuverletzungen jedoch, unabhängig aus welcher Motivation auch immer, bleiben nicht ohne bittere Konsequenzen, solange das Verbot als Tabu von der Gesellschaft gehütet wird.

Das ist des Mythos archetype Botschaft.

[82] S. Abschn. 24.3.

Sowohl die Gesellschaften in der Zeit, aus der du kommst, in der man noch Tabus als Schutzwall benötigte, wie auch die Gesellschaften meiner Zeit, in der Gesetze diese Rolle übernommen haben, sind bezüglich erotischer Liebe zwischen engen Verwandten gespalten, Sisyphos.

Allerdings sind Mitgefühl und Mitleid für den unglücklichen Tabubrecher, von denen die Mythen berichten, Zeichen der Gütigkeit und der Empathie.

17

Adonis-Komplex

17.1 Der missverstandene Adonis

Und nun kommen wir endlich dorthin, wo wir hinwollten, mein Bruder Sisyphos. Zu Adonis!

Auch über Adonis gibt es viele widersprüchliche Legenden, sowohl was seine Herkunftsfamilie und seinen Herkunftsort betrifft, als auch seine Tage und Taten und schließlich Todessart und Sterbeort. Wir wollen versuchen, alles so gut wie möglich zu klären.

Die Legende vom schönsten Mann der Welt

„Was hat Adonis mit den gerade erzählten Legenden von Pygmalion und Myrrha zu tun?", wirst du wahrscheinlich fragen. Einiges schon, kann man sagen, weil nämlich Pygmalion der Urgroßvater von Adonis war und Myrrha seine Mutter. Naja, seine Mutter und seine Schwester. Und sein Vater Kinyras ist auch gleichzeitig sein Großvater. Mit der Umwandlung von Myrrha in den Myrrha- bzw. Smyrnabaum endet die Geschichte keineswegs. Die erotischen Nächte mit ihrem Vater führten dazu, dass sie, wie schon erwähnt, schwanger wurde. Während der Dendropoese, ihre Verwandlung also in den Baum, beginnen die Geburtswehen. Das Mitleid, das die olympischen Götter mit ihr haben, macht eine Entbindung möglich. Adonis wird geboren. Adonis, das Baumkind!

Darüber, wie die Geburt vonstattenging, gehen die Meinungen auseinander. Manche sagen, dass Myrrhas Verfolger, der wütende Kinyras, aus Frust, weil er die Sünderin nicht mehr bestrafen kann, mit seinem Schwert in den Stamm des gerade entstehenden Baumes schlägt. Daraus kommt Adonis hervor. Andere sagen, dass die Entbindung Ergebnis des Mitgefühls der Götter ist. Sie schicken in Begleitung von Aphrodite Eleutheia zu ihr, die Göttin, die für die Entbindung zuständig ist. Eleutheia – auch Elefhteria oder Eiletheia – wird von den Gebärenden mit vielen Namen gerufen. Egal, mit welchem der Namen sie angerufen wird, sie nimmt die Entbindung vor.

A. Marneros, *Mein Bruder Sisyphos, mein Freund der Minotauros*,
https://doi.org/10.1007/978-3-662-55808-9_17

Wie auch immer. Das Baumkind Adonis ist unübertrefflich schön und riecht dazu noch wunderbar nach Myrrhe. Aphrodite, die wie erwähnt bei der Entbindung dabei ist, nimmt ihn sofort in ihre Obhut und übergibt ihn dann den Nymphen; diese sollen ihn erziehen. Andere wiederum sagen, sie habe Adonis Persephone[83] gegeben, damit diese ihn in ihrem Reich der Unterwelt verstecke. Und es sei die Vereinbarung getroffen worden, dass sie Adonis mitbringe, wenn sie jedes Jahr im Frühjahr auf die Erde zurückkomme. Manche sagen sogar, dass Persephone so von Adonis Schönheit angetan war, dass sie ihn nie wieder an Aphrodite zurückgeben wollte, womit zwischen den beiden eine Rivalität entstanden sei.

Wie auch immer, Adonis wächst zu einem wunderschönen jungen Mann heran. Ehrlich gesagt zum schönsten Mann der Welt, wie sämtliche Augenzeugen bestätigen! Kein Wunder also, dass Aphrodite zutiefst verliebt in ihn ist. Kein Wunder auch, dass sich Adonis für Aphrodite, die Göttin der Schönheit und Liebe, und gegen Persephone, die Göttin der Unterwelt, entscheidet. Die unsterblich in Adonis verliebte Aphrodite vergisst ihre anderen zahlreichen Liebhaber, darunter auch den Kriegsgott Ares. Ihren Ehemann sowieso, den hässlichen und hinkenden Hephästos. Aphrodite hat Herz und Augen nur für Adonis. Sie verbringen einige sehr glückliche und erotisch sehr, sehr intensive Jahre miteinander, die meisten davon auf Zypern. Bis heute kann man in der Nähe der Aphrodite-Bäder im nordwestlichen Zypern auch die Ortschaften besuchen, wo sie ihre Liebe genossen haben sollen.

Doch wie du selbst weißt, Sisyphos, dauert das schönste Glück nicht ewig an, auch nicht für Götter. Eines Tages, als Aphrodite Zypern verlässt, um auf dem Olymp an einer Sitzung des göttlichen Kabinetts teilzunehmen, geschieht das Unglück. Ein prächtiger Eber erscheint in Adonis unmittelbarer Nähe. Dieser vergisst sofort Aphrodites Mahnung, nie Jagd auf einen Eber zu machen – die seien ja geheimnisvoll gefährlich. Adonis nimmt seinen Speer und zielt. Doch offensichtlich hat dieser ganz bestimmte Eber übernatürliche Kräfte und Fähigkeiten, geheimnisvolle eben. Statt dass Adonis den Eber jagt, jagt der Eber Adonis. Und er verletzt ihn tödlich mit seinen scharfen Hauern. Die Behauptung, dass dieser Eber kein geringerer war als der Kriegsgott Ares selbst, Aphrodites langjähriger Liebhaber, ist also nicht ganz abwegig. Und es könnte auch die Version stimmen, dass der Eber von Ares geschickt wurde. Eifersucht und Liebhaberrivalität wären dann Grund für die Tragödie.

Nicht einmal die Bemühungen der sofort zum Unglücksort geeilten Aphrodite können Adonis retten. Er stirbt in ihren Armen, blutend und nass von ihren Tränen. Dort, wo Adonis Blut und Aphrodites Tränen hinfließen, springen augenblicklich Blumen aus der Erde, die bis heute wachsen. Manche sagen, wo Adonis Blut hinkam, entstand die wunderschöne blutrote Anemone, und aus Aphrodites Tränen spross die rosarote Wildrose. An der aus Adonis Blut entstandenen blutroten Anemone, die in der Sprache des Landes, wo ich lebe, übrigens „rote Mohnblume" heißt, kann man sich leider immer nur für kurze Zeit erfreuen. Sie ist allzu empfindlich und schnell vergänglich, und so verweht sie im Wind. Daher ihr Name Anemone, „die vom Winde Verwehte". Anemos heißt ja bekanntlich in der uns gemeinsamen Sprache „der Wind". Vergänglich wie die Schönheit der Sterblichen.

[83] Persephones Geschichte wird im Kap. 19 erzählt.

So ist es auch mit der Schönheit des Menschen, mein Bruder Sisyphos. Auch sie dauert nicht ewig, sie ist empfindlich und vergänglich!

Wie die Anemone, die vom Winde verweht wird!

Wie es auch sein mag, Tatsache ist, dass Adonis sein ganzes Leben lang der schönste Mann der Welt war. Und als schönster Mann der Welt starb er auch.

Du wirst mich jetzt wahrscheinlich fragen „Was hat die Adonis Legende mit unserem Thema, dem Streben nach Unsterblichkeit, zu tun? Denn Adonis starb doch!".

Recht hast du, Sisyphos, wenn du so etwas fragst. Mit Unsterblichkeit hat er wenig zu tun, aber mit dem Streben von Männern nach männlicher Schönheit bis zum letzten Atemzug!

Offensichtlich haben sehr viele Männer Adonis als Ideal und tun alles, um immerwährend schön zu bleiben. Manche aus meiner Zunft nennen deshalb dieses Streben, das sich bis zum männlichen Schönheitswahn steigern kann, „Adonis-Komplex"[84]. Zu Unrecht meine ich; Adonis Name wird dafür missbraucht[85].

Der Adonis-Komplex

Und die Zunft der Psychiater, Psychologen, Psychosomatiker und Psychoanalytiker fügt wissend hinzu:

In der Tat, Adonis ist nicht der Archetyp des männlichen Schönheitswahns. Die Natur selbst hat ihn schön gemacht. Der Adonis-Komplex war ihm fremd.

Als Adonis-Komplex wird die zwanghafte Vorstellung von Männern bezeichnet, ihren Körper zu korrigieren und zu optimieren, so dass sie möglichst für immer eine ideale Figur haben. Sie schlucken Pillen und Elixiere, lassen sich operieren. Sie trainieren stundenlang, um einen Adoniskörper zu erlangen und zu behalten.

Manche sehen im Adonis-Komplex eine Reaktion auf eine „Körperdysmorphe Störung". Sie stellt eine übertriebene Sorge dar um einen möglichen oder eingebildeten Körpermangel oder die Angst, der Körper sei unschön. Sie kann den Menschen unglücklich machen und ihn sozial isolieren. Es kostet oftmals eine Menge Energie und finanzielle Mittel, um eine vermeintliche Korrektur zu erreichen. Übermäßiges Training, Diäten, Substanzkonsum und chirurgische Eingriffe sind nicht selten die Mittel, die dabei angewendet werden.

Doch der Mythos zeigt uns, dass Adonis selbst nie eine solche Zwangsvorstellung hatte. Er war von Natur aus schön! Er wollte auch nicht schöner werden. Er war sehr zufrieden mit dem, was ihm die Natur mitgegeben hat.

Das ist des Mythos archetype Botschaft.

---

[84] S. Fußnote 74.

[85] S. Fußnote 26.

Nein, Adonis hatte es nicht nötig, Pillen und Elixiere zu konsumieren und stundenlang seine Muskeln zu trainieren. Schönheit hat man von Natur aus, oder auch nicht. Tatsache ist aber, Sisyphos, dass viele Menschen, sowohl Frauen als auch Männer, sich in ihrem Körper nicht wohl fühlen. Sie wollen unbedingt etwas daran ändern, ihr Aussehen korrigieren. Sie haben die große Sorge, ja die Angst, dass ihr Körper dysmorph aussieht, entstellt also. Du, Sisyphos, weißt natürlich, dass das Wort „dysmorph" sich aus zwei Worten der uns gemeinsamen Sprache zusammensetzt. Aus „dys" (δύς), „schlecht", und „Morphé" (Μορφή), was in diesem Zusammenhang „das Aussehen" bedeutet und in der Kombination „das schlechte Aussehen".

Etwas, was Adonis natürlich nicht hatte. Der Mythos spricht da eine klare Sprache.

Es gibt aber auch andere Menschen, die sich in ihrem Körper nicht wohlfühlen. Doch nicht etwa wegen Mängeln oder Unschönheiten. Sondern weil sie sich in ihrem Körper fremd fühlen. Fremd wegen ihres Geschlechts.

So etwa Iphis.

18

Fremd im eigenen Körper

18.1 Transgender und Transsexualität, Iphis

Es ist kein Zufall, Sisyphos, dass in unserem gemeinsamen Sprachraum sowohl Männer als auch Frauen den Namen Iphis tragen. Iphis wechselte nämlich vom einen Geschlecht in das andere. Ihre bzw. seine Geschichte ist die folgende:

Die Legende von Iphis und das Problem der Geschlechtsidentität

Auf Kreta, in der Nähe der uralten Stadt Phästos, lebt ein tugendhafter, aber bitterarmer Bauer namens Ligdos. Er ist verheiratet mit Telethusa, einer sehr schönen und tugendhaften, aber ebenso bitterarmen Frau. Die Freude der beiden jungen Menschen ist sehr groß, als sie merken, dass ein Kind unterwegs ist. Bald aber beginnt Ligdos immer nachdenklicher und verschlossener zu werden. Die Fragen seiner besorgten Frau nach dem Warum lässt er unbeantwortet. Er seufzt nur und dreht sein Gesicht zur anderen Seite. Doch eines Tages gelingt es Telethusa schließlich, ihm das Geheimnis seines Kummers zu entlocken.

Er macht sich Sorgen, welches Geschlecht das Kind wohl haben wird.

Wird es ein Mädchen, dann bedeute das für die beiden eine Katastrophe; nicht mehr und nicht weniger. Ein Mädchen könne nämlich kaum etwas zum Einkommen der Familie beitragen. Es könne nicht auf dem Acker arbeiten wie ein Junge, es könne nicht auf die Jagd gehen. Als einziges männliches Familienmitglied müsse er dann alles alleine schaffen. Doch die ganz große Katastrophe werde kommen, so befürchtet er, wenn das Mädchen ins Heiratsalter komme. Kein Geld für die Mitgift, keine kostbaren Geschenke für die Familie des Bräutigams würden verfügbar sein. Es sei denn, sie würden alles verkaufen, was sie besitzen, auch den nahrungsgebenden Acker, um die Hochzeit zu finanzieren. Aber wovon sollten sie dann leben? Die einzige Alternative sei, dass das

A. Marneros, *Mein Bruder Sisyphos, mein Freund der Minotauros*,
https://doi.org/10.1007/978-3-662-55808-9_18

Mädchen unverheiratet bleibe und für immer bei ihnen lebe, was auch problematisch und kostspielig wäre.

Und dann sagt er noch folgendes: Er habe lange darüber nachgedacht. Schwierig seien die Überlegungen, furchtbar der daraus gezogene Schluss. Ein Mädchen dürfe nicht sein! Geschehe das trotzdem, dann solle seine Frau ihm das Neugeborene nicht zeigen, sondern es direkt nach der Geburt entsorgen. Ja, entsorgen, das hat er gesagt. Kannst du es dir vorstellen, mein Bruder Sisyphos, in welche schwierige Lage dieser sehr tugendhafte Mann geraten sein muss, um so etwas Unsagbares sagen zu müssen? Natürlich billige ich nicht, was er denkt. Ich verurteile es sogar auf das schärfste. Aber Ligdos ist ein Bedrängter, Sisyphos. Und ich als Psychiater fühle ich mich verpflichtet, für jeden Bedrängten da zu sein. Egal, was er denkt, egal, was er macht. Egal, wie ich zu seinem Denken und seinem Handeln stehe.

Wie auch immer. Von dieser Aussage des Ligdos ist dessen Frau zutiefst schockiert, unendlich verzweifelt. Ja, sie hat großes Verständnis für die Sorgen und Ängste ihres Ehemannes. Allerdings kann sie so etwas Furchtbares nicht tun. Ihre Tugendhaftigkeit erlaubt das nicht. Und außerdem will sie das Kind behalten, ob Junge, ob Mädchen. Telethusa ist verzweifelt. Wenn ihr Mann zur Arbeit geht und sie alleine zu Hause bleibt, weint sie. Wenn er in der Nacht schläft, ist sie wach und weint – still und von ihm unbemerkt. Sie betet und betet zu den Göttern, sie einen Jungen gebären zu lassen. Vor allem betet sie zu ihrer Lieblingsgöttin Io, die die Ägypter Isis nennen, die Ur-Ahnin der Danaiden. Jede Nacht und jede Minute des Tages, in der Telethusa alleine ist, ruft sie Io/Isis um Hilfe an. Und weil sie so fromm und tugendhaft ist, kommt Io/Isis ihr tatsächlich zu Hilfe. In einer Nacht kurz vor der Entbindung erscheint die Göttin der werdenden Mutter im Traum und spricht: „Fürchte dich nicht, Telethusa. In der Tat wirst du ein Mädchen gebären. Aber es wird ihm nichts geschehen. Ich bin eine Meisterin der Verschleierung der Geschlechtsidentität. Die Klitoris ein wenig größer als sonst, der Busen ein bisschen kleiner als gewöhnlich; und schon sieht ein Mädchen wie ein Mann aus. Man nennt so ein Mädchen androgyn. Niemand wird etwas von meinem Eingriff wissen, mit Ausnahme von dir und der Göttin der Entbindung, die hierzulande die Menschen Eleutheia nennen, anderswo aber auch Elefhteria oder Eiletheia. Du sollst dafür sorgen, dass das Mädchen von Beginn an wie ein Junge erzogen wird. Es soll immer männliche Kleider tragen, Spielzeug haben, wie Knaben es mögen, und in Gesellschaft von Jungen aufwachsen."

Als die fromme Telethusa erwacht, fühlt sie sich in wundersamer Weise erleichtert. Sie denkt mit Freude an den Traum und glaubt an die Hilfe von Io/Isis. Der Tag der Entbindung kommt näher. Durch einen göttlichen Zufall ist sie alleine zu Hause, als die Wehen beginnen. Bald ist die Entbindungsgöttin bei ihr. Mit deren Hilfe bringt sie ein wunderschönes kleines Mädchen zur Welt, das allerdings eine merkwürdig große Klitoris hat, die wie ein kleiner Penis eines neugeborenen Jungen aussieht. Gemäß den Anweisungen der Göttin wird das Mädchen dem Vater und der Verwandtschaft als Junge präsentiert. Ligdos Freude ist unbeschreiblich! Zum Glück entscheidet sich der Vater für den Namen, den schon sein Vater trägt und der sowohl Jungen als auch Mädchen gegeben wird: Das Kind heißt fortan Iphis.

Das Mädchen Iphis trägt all die Jahre nur männliche Kleider, spielt nur mit Jungen, fühlt sich wie ein Junge.

Doch irgendwann wird ihr bewusst, dass sie ein Mädchen ist!

Iphis fühlt sich sehr unwohl dabei, ein Mädchen zu sein. Sie will ein Junge sein. Ein echter Junge. Genauso wie sie sich anzieht, wie sie sich benimmt und auch fühlt.

Nichtsdestotrotz, niemand merkt etwas von Iphis Problem, und alles läuft ohne Zwischenfall. Bis Iphis in die Pubertät kommt. Nach den damaligen Bräuchen wird schon in diesem Alter eine Verlobung arrangiert. Ein wunderschönes Mädchen mit dem Namen Ianthe wird zur Braut erwählt. Iphis und Ianthe werden zusammen gebracht. Und damit beginnt das Drama. Iphis verliebt sich in Ianthe und Ianthe in Iphis. Aber Iphis hat ihr merkwürdiges – und quälendes – Geheimnis, von dem Ianthe nichts ahnt. Iphis ist deshalb unglücklich, sehr unglücklich. Sie hat große Angst vor der Hochzeitsnacht. Ianthe dagegen ist sehr glücklich und hat Sehnsucht danach.

Iphis, das Mädchen, fühlt sich als Mann und verdammt ihr eigenes Geschlecht. Sie möchte so gern das Geschlecht bekommen, in dem sie sich wohl fühlt. Sie sehnt sich nach einer Geschlechtsumwandlung, die sie vollständig zum Mann macht.

Iphis, die genauso tugendhaft und fromm ist wie ihre Eltern, betet zu Io/Isis, die ebenfalls ihre Lieblingsgöttin ist, und bittet sie, ihr in irgendeiner Weise zu helfen. Allerdings will sie Ianthe nicht verlieren. Die einzige Möglichkeit sieht sie darin, dass die Götter ihr Geschlecht tatsächlich umwandeln, dass sie zu einem Geschlechtsrichtigen, einem echten Mann gemacht wird. Eine gleichgeschlechtliche Ehe gab es damals nicht, wie auch noch in den meisten Ländern in der Zeit, aus der ich komme. Und außerdem liebt Ianthe sie als Mann und nicht als Frau. Sie hat bisher kein Zeichen einer homoerotischen – lesbischen nennt man es – Liebe gezeigt.

Iphis betet auch zu Hera, der Ehestifterin, und zu Hymenäos, dem Gott der Hochzeitnacht. Manche nennen ihn auch den Gott der Entjungferung. Du weißt schon, sein Name wird vom Hymen abgeleitet, das die Jungfräulichkeit schützt. Sie mögen doch bitte, bitte für sie irgendeine Lösung finden, damit sie ihre Ianthe heiraten kann.

Iphis Mutter Telethusa ist regelrecht in Panik geraten. Das Geheimnis, das nur sie, ihre Tochter Iphis und die Götter kennen, wird bald gelüftet werden, fürchtet sie. Durch verschiedene Tricks kann sie den Hochzeitstag ein paar Mal verschieben, zur tiefen Enttäuschung und Traurigkeit der verliebten Ianthe. Mutter Telethusa und Tochter Iphis hoffen immer noch auf ein Wunder.

Und das Wunder geschieht! Wenn man an Wunder glaubt, erlebt man auch Wunder, sagt man. Eines Tages, als die beiden Frauen, die ältere und die jüngere, im Tempel der Io/Isis inbrünstig um Rettung vor der bevorstehenden Katastrophe beten, geschieht es: Der Altar der Göttin bebt, es kracht, Licht umgibt die erschrockene Iphis. Und dann wird es still, unheimlich still. Das Licht zieht sich langsam zurück, und siehe da: Iphis wächst ein Bart auf den Wangen, die Brust nimmt eine männliche Form an, die Muskeln werden kräftig, ein richtiger Penis wächst zwischen ihren Schenkeln. Sie ist nicht mehr eine Sie, sondern ein Er! Eine göttliche Geschlechtsumwandlung hat in diesem Augenblick stattgefunden. Und sie ist perfekt gelungen!

Mutter und Tochter, pardon, Mutter und Sohn sind überglücklich. Der Hochzeit von Iphis mit seiner geliebten Ianthe steht nichts mehr im Wege, sie findet bald statt. Die Hochzeitsnacht ist perfekt und höchst befriedigend für die Frischvermählten. Aphrodite, die Göttin der Liebe, ist extra zur Hochzeit aus Zypern angereist, wie auch die Göttin der Ehe, Hera, vom Olymp aus. Die hat noch Hymenäos, den kleinen Gott der Hochzeitnacht, mitgebracht. Und Io/Isis versteckt sich hinter einer Säule und lächelt bedeutungsvoll. Man sagt, sie lächelt immer wieder, bis heute noch.

Man sagt auch, dass man, ebenfalls bis heute, im Tempel der Io/Isis auf Kreta eine Dankestafel sehen kann mit der Inschrift:

„Ich, Iphis, bringe als Jüngling die Gabe,
die ich als Mädchen der Göttin versprochen habe."

Du kannst natürlich fragen, Sisyphos. Wieso hat die Göttin das nicht von Anfang an richtig gemacht? Warum hat sie sich nicht direkt für ein eindeutiges Geschlecht entschieden? Frage lieber nicht, mein Bruder. Götter – alias die Natur – haben ihren eigenen Willen. Manchmal unterscheiden sie nicht zwischen richtig und falsch. Oder sie kennen so einen Unterschied nicht.

Das Etikett „falsch“ oder „richtig“ ist von den Menschen erfunden. Nicht von der Natur.

Transgender und Transsexualität

Und die Zunft der Psychiater, Psychologen, Psychosomatiker und Psychoanalytiker fügt wissend hinzu:

In der Tat, der Iphis-Mythos kann als Archetyp für einen Trans-Zustand der Geschlechtsidentität gelten.

Die Bezeichnung „Transgender" setzt sich zusammen aus dem lateinischen „trans", was mit „jenseitig" oder „darüber hinaus" übersetzt werden kann, und dem englischen Wort „gender", womit das „soziale Geschlecht" beschrieben wird. Der Begriff „Gender" bezeichnet diejenigen Geschlechterrollen, die gesellschaftlich, sozial und kulturell geprägt sind. Sie sind – anders als das biologische Geschlecht – erlernt und damit auch veränderbar. So wie Iphis – vor ihrer Geschlechtsumwandlung – biologisch ein Mädchen ist, sozial aber ein Mann.

Als Transgender bezeichnen sich Menschen, die sich in ihrem von der Natur zugewiesenen Geschlecht falsch fühlen.

Transsexualität oder Transsexualismus bezeichnet das Wissen und die Überzeugung der Betroffenen, von Geburt an im falschen Körper zu leben, dass das ihnen gegebene biologische Geschlecht nicht richtig ist. Damit verbinden sie den intensiven Wunsch, als Angehöriger des anderen Geschlechtes zu leben und als solcher anerkannt zu werden.

So wie es des Mädchens Iphis innigster Wunsch war, ein Mann zu sein.

Über die Ursache der genannten geschlechtlichen Trans-Zustände können wir kaum etwas sagen. Zwar existieren eine Vielzahl von psychologischen Theorien und auch einige biologische. Jedoch konnte keine dieser Theorien bisher empirisch ausreichend belegt werden. Wie auch immer, die Natur kennt keine scharfe Grenze zwischen den Geschlechtern. Im Gegensatz zu den Gesellschaften, die dem Menschen genau umrissene Geschlechterrollen zuweisen wollen – was nicht immer segensreich ist.

Das ist des Mythos archetype Botschaft.

Allerdings brauchst du mich nicht darauf aufmerksam zu machen, Sisyphos, dass die Verbindung von weiblichen und männlichen Geschlechtscharakteristika, eine Form der Androgynie also, in deiner Zeit nicht nur toleriert wurde, sondern vielmehr hoch geehrt war. Man sagt sogar, dass der Liebesgott Eros zu Beginn der Schöpfung zweigeschlechtlich gewesen sei und erst im Verlauf der Jahrtausende zum kleinen geflügelten Knaben wurde. Und wir beide wissen, dass das Wort Androgynie sich aus zwei Worten der uns gemeinsamen Sprache zusammensetzt: „Anér" (Ανήρ), in der Genitivform „Andrós" (Ανδρός), was „der Mann" bedeutet, und „Gyné" (Γυνή), die „Frau".

18.2 Die Intersexualität, der Hermaphroditos

Der Mythos von Hermaphroditos ist ein Beleg nicht nur für Toleranz, sondern auch der Akzeptanz von Zwitter-Zuständen. Eine Akzeptanz, die bis zur Verehrung reichen kann.

Du kennst ja Hermaphroditos, Sisyphos. Ich meine dieses doppelgeschlechtige Wesen, das als Gott verehrt wird. Die Geschichten, die über ihn erzählt werden, stellen sicherlich spätere Erklärungsversuche der Menschen für das Phänomen dar. In Ur-Ur-Zeiten war Hermaphroditos eines der Erscheinungsbilder von Aphrodite und wurde als solches auch verehrt. Es ist also kein Zufall, dass seine Verehrung auf Zypern begann, in der Heimat der Liebesgöttin, und sich später im ganzen griechischen Raum verbreitete.

Der Hermaphroditos wird in seiner ursprünglichen Form mit einem wunderschönen Körper dargestellt. Wie Aphrodite. Allerdings mit Bart. Zentrum seines Kultes war die zyprische Stadt Amathous, die Vorgängerin der modernen Stadt Limassol. Sein ursprünglicher Name war Aphroditos – die männliche Form des weiblichen Namens Aphrodite. Die Menschen stellten Marmorköpfe der bärtigen Aphrodite, des Aphroditos, auf Stelen, die als Wegweiser dienten. Solche Stelen heißen Hermä, weil sie ursprünglich eine Abbildung von Hermes, Schutzpatron der Reisenden, trugen. Verständlich also, dass mit der Zeit die Hermä des Aphroditos zu Hermaphroditos wurden.

Der Kult um diese aufsehenerregende bärtige Aphrodite blieb nicht lange auf Zypern beschränkt, sondern verbreitete sich, wie schon erwähnt, im gesamten griechischen Sprach- und Kulturraum. Doch dann nicht mehr unter dem Namen Aphroditos, sondern als Hermaphroditos. Die Menschen suchten, ihrem Kausalitätsbedürfnis folgend, eine Erklärung dafür, warum dieses Wesen mit dem wunderschönen weiblichen Körper und dem langen Bart den

Namen Hermaphroditos trägt. Und so erzählten sie erklärende Geschichten. Eine davon ist folgende:

Die Legende von der Doppelgeschlechtigkeit des Hermaphroditos

Hermes und Aphrodite hatten einmal eine heiße Affäre miteinander. Der Liebe Frucht ist ein Junge, der den Namen beider Eltern trägt: Hermaphroditos. Er wächst zu einem prächtigen Knaben heran, der Gesichtszüge von beiden Eltern hat. Als er fünfzehn Jahre alt wird, verspürt er den Drang, die Welt kennenzulernen. Ganz der Vater, begibt er sich auf Reisen, besucht viele Städte und Landschaften. Bis er einmal an einem kristallklaren See in Kleinasien vorbeikommt. Was der Knabe nicht weiß: Dieser See ist der Lieblingssee der Nymphe Salmakis. Salmakis ist zwar eine wunderschöne Nymphe, aber leider nicht die fleißigste und nicht die tugendhafteste. Sie beschäftigt sich die ganze Zeit nur mit Körperpflege, Blumenpflücken und Müßiggang. Als sie den schönen Jüngling sieht, fühlt sich auf der Stelle von ihm erotisch angezogen. Glühende Begierde erwacht in ihrer Brust. Unverhohlen zeigt sie dem Jüngling ihr heißes Verlangen. Er aber, der noch nichts von Liebe weiß, lehnt jede körperliche Annäherung kategorisch ab. Salmakis gibt sich geschlagen und entfernt sich – scheinbar, nur scheinbar. In Wirklichkeit versteckt sie sich hinter einem Baum und beobachtet den schönen schüchternen Jüngling.

Hermaphroditos fühlt sich nach dem vermeintlichen Weggang der Nymphe alleine und unbeobachtet. Und so kommt es dazu, dass er sich zu einem Bad im kristallklaren See entschließt. Er entledigt sich seiner Kleider und springt ins erfrischende Wasser. Als die Nymphe Salmakis den nackten, wunderschönen und im Wasser glitzernden Körper des Jungen sieht, kann sie ihr glühendes Begehren nicht mehr bändigen. Sie zieht sich vollständig aus, springt ebenfalls ins klare Wasser des Sees und umarmt voller Leidenschaft den überraschten Hermaphroditos. Der wehrt sich nach Kräften und versucht, sich aus Salmakis Umschlingung zu befreien. Doch je stärker er sich wehrt, desto enger umschließt ihn die Nymphe. So eng und so kräftig umschlingt sie ihn, dass kein Blättchen mehr zwischen die beiden Körper passt. Nichtsdestotrotz bleibt der Junge standhaft und lehnt es ab, sich mit der enthemmten und schamlosen Salmakis zu vereinen. Voller Verzweiflung ruft die Nymphe ihre göttlichen Verwandten an und bittet, dass dieses Umschlingen nie enden möge, dass die beiden Körper in einem einzigen verschmelzen. Irgendein Gott – wer genau, konnte trotz intensiver Forschung nicht mit letzter Sicherheit festgestellt werden – erhört Salmakis Flehen.

Und so kam es dazu, dass die beiden Körper, der des Jünglings und der der Nymphe, in einem einzigen verschmelzen. Voller Entsetzen stellt Hermaphroditos fest, dass er die Geschlechtsmerkmale sowohl von Mann als auch von Frau trägt, dass an seiner Brust ein Busen gewachsen ist und dass trotz eines Bartansatzes eine weibliche Stimme Töne aus seinem Hals entlässt. Verzweifelt und empört verflucht er den See, der wie die Nymphe Salmakis heißt. Hermaphroditos Eltern, Hermes und Aphrodite, erhören den Fluch.

Und so sei es zu erklären, sagt man in der Gegend, warum jeder, der im See Salmakis in Kleinasien badet, zu einem Zwitter wird. Zu einem Hermaphroditen. Bis heute noch, sagt man.

Mit so einer Geschichte befriedigten die Menschen deiner mythischen Zeit, Sisyphos, ihr Kausalitätsbedürfnis und meinten, dass sie damit die Herkunft ihres verehrten Gottes erklären könnten. Die Doppelgeschlechtlichkeit war nicht im Geringsten ein Hindernis für so eine Verehrung.

Intersexualität

Und die Zunft der Psychiater, Psychologen, Psychosomatiker und Psychoanalytiker fügt wissend hinzu:

In der Tat, es ist leicht erkennbar, dass Hermaphroditos der Archetyp des Hermaphroditismus bzw. der Intersexualität ist.

Der Begriff Intersexualität bezeichnet den Zustand von Menschen, die anatomisch Merkmale von beiden Geschlechtern tragen und somit äußerlich nicht eindeutig dem weiblichen oder dem männlichen Geschlecht zuzuordnen sind. Betroffene bezeichnen sich selbst als intersexuelle Menschen oder eben Hermaphroditen. Der lateinische Begriff „Intersexus" bedeutet „Zwischengeschlechtlichkeit". Intersexualität kann viele Ursachen haben, so etwa chromosomale oder hormonelle. Die Verehrung des Hermaphroditos in der griechischen Antike ist wegweisend dafür, dass Intersexualität kein Hindernis für soziale Integration, Anerkennung und Akzeptanz eines Menschen sein darf.

Das ist des Mythos archetype Botschaft.

Die Menschen aus deiner Zeit, Sisyphos, verehrten und respektierten die Zweigeschlechtlichkeit des Hermaphroditos. In der Zeit, aus der ich komme, beginnt erst jetzt und nicht in allen Ländern das Verständnis für die Probleme intersexueller und transsexueller Menschen. Erst in den letzten Jahrzehnten meiner Zeit wird argumentiert, dass die Vorstellung von zwei immer genau und sauber unterscheidbaren Geschlechtern falsch sei. Die so Argumentierenden sind der Ansicht, dass die Festlegung auf eines der beiden gegenpoligen Geschlechter oft zweifelhaft ist. Sie plädieren für ein drittes Geschlecht oder sogar für viele verschiedene Formen der Geschlechtsidentität.

Medizinische Eingriffe zur „Korrektur" der nicht eindeutigen Zugehörigkeit zum einen oder anderen Geschlecht berücksichtigen oft nicht, dass intersexuelle Menschen nicht nur eine anatomisch-hormonelle hermaphrodite Identität haben, sondern auch eine psychologisch-emotionale dazu. Das ist ein Grund, warum manche Betroffene auf ihrem Hermaphroditismus bestehen. Sie wollen sich nicht ändern bzw. ändern lassen. Übrigens benutzen Betroffene gerne den Begriff Hermaphrodit oder Zwitter, um sich zu identifizieren. Denn für viele Menschen, vor allem, wenn sie keine Fachleute sind, ist der Begriff „intersexuell" verwirrend.

Ich möchte zum Schluss dieser Exkurse auch das noch sagen: In der Zeit, aus der ich komme, und in manchen modernen Ländern, vor allem denen mit einer abendländischen kulturellen Prägung, sind androgyne Menschen, also transsexuelle und intersexuelle, nicht selten begabte und erfolgreiche Menschen. Vor allem in der Kunst und in der Mode. Das erleichtert die soziale Akzeptanz. Dies macht Mut, auf einem eigenen Geschlecht zu bestehen oder selbst zu entscheiden, welche Geschlechtsidentität man präferiert. Deine mythische und die antike Zeit insgesamt hinterlassen doch tiefe Spuren, die irgendwann auch in der modernen Zeit, aus der ich komme, sichtbar werden können, mein Bruder Sisyphos.

Und damit beenden wir unseren Exkurs zu manchen sexuellen Besonderheiten, die nur indirekt oder nur wenig mit dem Streben des Menschen nach ewigem Leben und ewiger Schönheit zu tun haben. Doch ich hoffe, dass wir damit unser Wissen etwas bereichert haben. Nicht wahr, Sisyphos?

Versuchen wir also weiter zu erklären, warum du den Tod ausgetrickst hast.

Hast du das getan, weil du Angst vor ihm hattest? Angst vor dem Sterben?

19

Die Geliebten des Todes, seine Verächter und seine Befürchter

19.1 Thanatophobie und Thanatophilie

Hoffentlich wurden unsere Umwege nicht zu lang, Sisyphos. Aber du weißt ja, wie das eine zum anderen führt. Wichtig ist, dass wir das Ziel nicht aus den Augen verlieren. Trotz mancher Exkurse, die wir machen müssen, um es zu erreichen. Nun ist die Zeit gekommen, um zum Thema zurückzukehren, dem wir uns über manche Seitenwege – von Pygmalion und Myrrha bis Adonis – angenähert haben. Dem Streben nach Unsterblichkeit nämlich.

Was dich betrifft, mein Bruder Sisyphos, glaube ich nicht, dass du durch das Austricksen des Todes Unsterblichkeit erlangen wolltest.

Aber wenn nicht Unsterblichkeit dein Ziel war, was war es sonst? Warum hast du den Tod ausgetrickst? Hattest du etwa Angst vor dem Sterben?

Ach, nicht doch. Nicht du! Ich glaube auch nicht, dass du übermäßige Angst vor dem Sterben, eine sogenannte Thanatophobie, hattest. Es gibt keinen Hinweis darauf, dass du eine übertriebene, eine pathologische Angst vor dem Tod hattest, eine Thanatophobie eben. Es war sicher nicht mehr als die normale Angst vor dem Tod, die wir alle haben. Manche mehr, manche weniger.

Die Normalität einer Angst

Und die Zunft der Psychiater, Psychologen, Psychosomatiker und Psychoanalytiker fügt wissend hinzu:

In der Tat, in unzähligen Mythen der Menschheit finden sich Archetypen der normalen Angst vor dem Tod.

A. Marneros, *Mein Bruder Sisyphos, mein Freund der Minotauros*,
https://doi.org/10.1007/978-3-662-55808-9_19

„Normale Angst vor dem Tod", das ist die richtige Formulierung. Die Angst vor dem Tod ist nicht nur ganz natürlich, sondern auch für alle Lebewesen nützlich. Sie trägt zu längerem Überleben des Einzelnen, aber auch der Spezies bei. Und damit zu größeren Chancen, die eigenen Gene weiterzugeben.

Die Thanatophobie ist die übertriebene Angst vor dem Tod, und sie ist eine Form der Angststörung. Der Begriff setzt sich zusammen aus den beiden griechischen Worten „Thanatos" (Θάνατος), der Tod, und „Phobia", dessen Bedeutung wir schon kennen. Der Gegensatz zur Thanatophobie ist die Thanatophilie, deren Etymologie durch das schon Erklärte leicht erkennbar ist. Man muss sie von der Nekrophilie, abgeleitet vom griechischen „Nekrós" (Νεκρός), „der Tote", und dem uns schon bekannten Wort „Philía", unterscheiden. Nekrophilie ist die erotische Neigung zu Toten und Totenszenarien.

Sowohl Thanatophobie als auch Thanatophilie sind dem Menschen nicht unbekannte Fremdlinge.

Das ist mancher Mythen archetype Botschaft.

Die übertriebene, pathologische Angst vor dem Tod, die Thanatophobie, ist an sich keine sehr häufige Form der Angststörung, obwohl die Angst vor dem Sterben den Kern mancher anderer Angstformen ausmacht. Nicht selten hört man von Menschen mit den unterschiedlichsten Angststörungen: „Es kann mir ja etwas Schlimmes dabei passieren". Damit ist oftmals unausgesprochen gemeint „Ich kann dabei sterben". Diese Art von Angst ist mit der Thanatophobie nicht gemeint, sondern vielmehr die übertriebene Angst vor Sterben und Tod per se. Eine Angst, die das Leben des jeweiligen Betroffenen dominiert. Obwohl die latente Angst vor dem Sterben weit verbreitet ist, hält sich ihre krankhafte Form, die Thanatophobie, in Grenzen. Manche Umstände können die Angst vor dem Tod oder vor dem Sterben noch verstärken. Dazu gehören etwa religiöse Glaubensinhalte – die Hölle, Bestrafung der Sünde, Wiedergeburt als niederes Wesen und ähnliches –, wie auch Angst vor dem Unbekannten oder auch Angst vor dem Leiden.

Der absolute Gegensatz zur Thanatophobie ist die Thanatophilie. Das ist die Faszination des Todes, verbunden mit dem starken Wunsch zu sterben. Darüber werden wir anschließend ausführlich sprechen.

Mythen erzählen sowohl von Thanatophobie als auch von Thanatophilie, Sisyphos. Lass uns zunächst über Archetypen der Thanatophobie sprechen.

19.2 Thanatophobie und Todesverachtung

Kennst du Admetos und Alkestis? Vermutlich nicht, Sisyphos, denn die beiden waren etwas später als du auf der Welt. Möchtest du ihre Geschichte hören? Danke, deine Mimik signalisiert Neugier.

Die Legende von Admetos Thanatophobie und Alkestis Todesverachtung

Thanatos, der Tod, kommt zu Admetos, dem jungen König von Pherä in Thessalien. So wie er damals auch zu dir gekommen ist. Es ist der Tag von Admetos Hochzeit. Der Tod kündigt ihm an, er werde ihn heute in Hades Reich mitnehmen. Mit anderen Worten, er, der Bräutigam, wird heute sterben. Man sagt, der Besuch des Todesgottes sei von Göttin Artemis veranlasst worden. Der Bräutigam nämlich hat allen Göttern Opfer dargebracht, aber sie hat er vergessen. Zur Bestrafung schickt sie ihm Thanatos. Admetos gerät nach der Ankündigung des Todesgottes verständlicherweise in Panik, er hatte schon immer panische Angst vor dem Tod. Anders als du, Sisyphos, der den Tod mit Herzlichkeit und Gastfreundschaft empfangen hast, wenn auch scheinheilig, wie wir wissen, beginnt Admetos tränenreich um sein Leben zu flehen. Der Tod möge ihn verschonen. Er sei doch noch so jung. Erst heute habe er eine wunderschöne und sehr junge Frau geheiratet. Erst vor kurzem habe er begonnen, die Würde des Königs zu genießen, nachdem seine greisen Eltern ihm aus Altersgründen den Thron übergeben hätten. Und nun, nach so kurzer Zeit solle er sterben. Außerdem habe er panische Angst vor der Unterwelt. Er sei der unglücklichste aller Menschen, jammert Admetos. Er zittert dabei vor Angst. Und heult und bittet und fleht.

Und siehe da, der Todesgott Thanatos lässt sich auf einen Kompromiss ein. Es war ihm sowieso peinlich, dieses Anliegen von Artemis. So mitten in das Hochzeitsfest zu platzen, um ausgerechnet den jungen Bräutigam ins Totenreich mitzunehmen! Er sagt zu Admetos, er habe zwar Verständnis für sein Flehen, aber er müsse auch Verständnis für ihn haben. Er, Thanatos, könne nicht mit leeren Händen in die Unterwelt zurückkehren. Der Hades-Herrscher wäre mit ihm dann sehr böse, geschweige denn Artemis Zorn … Er müsse Admetos also mitnehmen. Es sei denn, jemand anderes wäre bereit, an seiner Stelle zu sterben.

Admetos atmet auf und überlegt sich, wer denn infrage käme. Wer wäre am wahrscheinlichsten bereit, an seiner Statt zu sterben? „Meine greisen Eltern" denkt er. „Ja, das ist die Idee! Sie sind beide sehr alt, sie werden sowieso bald sterben. Und aus Liebe zu ihrem jungen Sohn sind sie sicherlich bereit, das zu tun." Weit gefehlt! Als er seine Eltern erwartungsvoll und hoffnungsvoll fragt, lehnen sie zu seiner großen Überraschung und Enttäuschung ab. Es sei noch nicht die Zeit gekommen zu sterben. Und außerdem möchten sie ihre letzten Jahre in Ruhe genießen. Sie hängen so an ihrem Leben, dass sie es nicht einfach so abgeben möchten. Das müsse er doch verstehen.

Der enttäuschte Admetos ist am Boden zerstört. Auch keiner seiner älteren Freunde und Bekannten, nicht einmal einer seiner Diener und Sklaven ist bereit, statt seiner zu sterben. Der jungvermählte König ist zu Tode betrübt, weil er dem Tod nicht entgehen kann. Der neben ihm stehende Todesgott Thanatos lächelt diskret, aber bedeutungsvoll. Er kennt ja seine lebenden Sterblichen!

Doch dann geschieht etwas Unerwartetes. Die junge Braut Alkestis, die sich im Gynäkonit aufhält, in den Räumen der Frauen also, bemerkt, dass im Hof des Palastes etwas Außergewöhnliches vor sich geht. Sie schickt eine Dienerin, um zu erfahren, was los ist. Diese kehrt umgehend zurück und bringt der Braut die schockierende Nachricht. Ohne eine Sekunde zu zögern steht Alkestis auf, geht stolzen und entschlossenen Schrittes auf den verzweifelten Admetos und den diskret lächelnden Thanatos zu, die am Rande – niemand will in der Reichweite des Todes und in der Nähe des Totenkandidaten sein – der vorher feierlichen, nun aber aufgeregten Gesellschaft stehen. An den Tod und den Todeskandidaten gewandt, spricht die phantastische Alkestis entschlossen die erstaunlichen und erhabenen Worte: „Ich kenne zwar meinen Mann erst seit kurzem, aber ich liebe ihn inzwischen sehr. So sehr, dass ich mich bereit erkläre, an seiner Stelle zu sterben. Ich tue es aus wahrer Liebe. Er soll weiter leben, wenn er so große Angst vor dem Tod hat."

Beide, Thanatos und der Thanatophobe, hören sprachlos dieses unerwartete Angebot. Thanatos hört auf zu lächeln, und der Thanatophobe beendet seine Jammerei. Thanatos, der glaubt, seine lebenden Sterblichen gut zu kennen, muss feststellen, dass es bei ihnen etwas gibt, was er nicht kennt. Die Liebe! Auch Admetos, der Thanatophobe, bewundert die außergewöhnliche Geste seiner frischangetrauten blutjungen Frau, nimmt aber ohne eine Sekunde zu zögern, wenn auch nicht ohne Scham, ihr Angebot an. Seine Liebe zum Leben ist ohne Zweifel viel größer als die Liebe zu seiner Frau. Genau entgegengesetzt wie bei Alkestis. Und seine Angst vor dem Sterben ist viel intensiver als jedes andere Gefühl, Liebe und Scham inklusive. Der perplexe Tod nimmt das erstaunliche Angebot an, aber er reagiert darauf nicht minder erstaunlich – er lässt sich Zeit. Jawohl, Sisyphos, der Tod lässt sich Zeit! Naja, du hast auch deine Erfahrungen damit. Es habe noch Zeit, er werde irgendwann Alkestis mitnehmen, aber nicht gerade jetzt, murmelt er in rätselhafter Weise. Später einmal! Leider ist nicht wirklich geklärt, warum er so gehandelt hat. Manche sagen, er habe ein schlechtes Gewissen gehabt, weil er gerade am Tag der Hochzeit das junge Glück zerstören sollte. Andere sagen, Grund sei die Bewunderung für Alkestis erhabene Haltung gewesen. Und noch andere sagen, er sei so perplex gewesen, dass er nicht gleich todbringend handeln konnte.

Wie auch immer, die Jahre vergehen. Alkestis und Admetos sind trotz des Damoklesschwertes über ihren Köpfen glücklich miteinander, und sie bekommen einen Sohn. Jahre später folgt das Unausweichliche. Thanatos kommt, wie versprochen, um Alkestis mit in den Hades zu nehmen. Sie ist dazu auch diesmal bereit, verlangt aber von Admetos ein Versprechen: Er soll nie wieder heiraten, um die Rechte ihres Kindes auf Thron und Erbschaft nicht in Gefahr zu bringen. Admetos verspricht es.

Königin Alkestis stirbt ohne Klagen und ohne ihren Entschluss zu bereuen. Admetos darf am Leben bleiben, allerdings zurückgezogen und depressiv. Die Aufopferung der liebenden Ehefrau beeindruckt die Menschen enorm. Ganz besonders angetan und beeindruckt ist ein geübter Hadesgänger. Jemand, der wiederholt in den Hades abgestiegen ist und unbeschadet zurückkam. Du weißt schon, Sisyphos, ich spreche von Herakles. Höchst angetan von Alkestis edler Tat beschließt er ohne zu zögern den nochmaligen Abstieg in die Unterwelt, um es zu wagen, Alkestis zurück zu den Lebenden zu holen. Allerdings prüft er vorher Admetos Standhaftigkeit, ob nämlich dieser tatsächlich keine andere Frau nimmt. Er bietet Admetos eine junge, attraktive Aristokratin als neue Ehefrau an. Admetos aber reagiert mit großer Empörung auf Herakles Angebot. Er widersetzt sich jeder weiblichen Versuchung und bleibt seiner Alkestis und seinem Versprechen treu.

Eigentlich war Admetos kein schlechter Kerl, nicht wahr, Sisyphos? Er war auch nicht immer ängstlich und thanatophob. Thanatophobie begleitet den Menschen nicht unbedingt von Kindheit an, sondern kann irgendwann im Leben erworben werden. Offensichtlich war das auch bei Admetos der Fall, der früher ein tapferer Mann war. Sonst wäre er nicht von Iason in die Mannschaft der Argonauten aufgenommen worden, zu der nur die tapfersten der Griechen gehören durften. Und offenbar war er auch ein tugendhafter Mensch. Deshalb scheint er ein von den Göttern Begünstigter gewesen zu sein, wie folgende Episode zeigt. Sie hat indirekt mit Asklepios Schicksal zu tun, über das wir schon gesprochen haben.[86]

Als Asklepios nämlich von Zeus mit Blitzen verkohlt wurde, war Apollon, sein Vater, so wütend, dass er die Hersteller der Blitze, das waren Kyklopen, tötete. Manche sagen, Apollon tötete nicht die Kyklopen selbst, sondern deren Kinder. Sie sollten den gleichen Schmerz verspüren, wie er ihn durch den Verlust des geliebten Sohnes erlebt hat. Wie auch immer, Apollon wurde von Zeus dafür bestraft. Er wurde aus dem Olymp verbannt – manche sagen für ein Jahr, andere für neun Jahre. Während dieser Zeit musste Apollon einem tugendhaften Sterblichen dienen. Und der von Zeus Auserwählte war Admetos.

Auch die Art, wie Admetos seine spätere Ehefrau Alkestis für sich gewonnen hat, zeugt von Tapferkeit: Vater von Alkestis war Pelias, der König von Iolkos, Iasons Rivale[87]. Viele junge Könige und Prinzen bewarben sich um Alkestis Hand. Pelias versprach seine Tochter demjenigen, der einen Wagen lenken kann, der von einem Löwen und einem Eber gezogen wird. Admetos hat es gewagt – wobei gemunkelt wird, dass Apollon für ihn die wilden Tiere an den Wagen gespannt hat. Wie es auch sein mag, Admetos hat so einen Wagen gelenkt! Das bedeutet Furchtlosigkeit und Tapferkeit. Und es belegt, dass seine Thanatophobie sich erst später entwickelt hat.

Auf jeden Fall ist Herakles von den Eheleuten, der erhabenen Toten und dem treuen Thanatophoben, sehr angetan. Er unternimmt deshalb wieder eine Operation „Entführung aus dem Hades". Und sie ist erfolgreich. Admetos bekommt seine Alkestis quicklebendig zurück.

Eine phantastische Frau, diese Alkestis, nicht wahr, Sisyphos?

Du schaust mich so an, als ob du fragen wolltest „Hat Admetos so eine Alkestis verdient?" oder „Hat Alkestis so einen Admetos verdient?".

Ich denke, wir kommen zu demselben Schluss, Sisyphos. Doch behalten wir das für uns. Man muss nicht immer aussprechen, was man denkt. Jeder soll sich seine eigenen Gedanken machen. Und sei bitte großzügig mit uns Sterblichen, die den Tod nicht austricksen können. Bitte habe Verständnis für unsere Ängste und Phobien.

[86] Und zwar in Abschn. 9.1.

[87] Wie in Abschn. 29.5 erzählt wird.

Phobien und ihre Folgen

Und die Zunft der Psychiater, Psychologen, Psychosomatiker und Psychoanalytiker fügt wissend hinzu:

In der Tat, wenn die ganz normale, allzu menschliche Angst vor dem Sterben übertriebene, krankhafte Dimensionen annimmt, dann ist sie eine ernstzunehmende psychische Störung, eine Phobie.

Das griechische Wort „Phobia" (Φοβία) bedeutet „Furcht". Dafür hatten die Griechen einen besonderen Gott, Phobos – daher der Name. Phobie ist eine übertriebene pathologische Furcht, mit entsprechenden emotionalen Reaktionen, und zwar vor einer realen oder als solche subjektiv wahrgenommenen, unmittelbar bevorstehenden Bedrohung. Die Thanatophobie ist eine spezifische Art der Phobie, deren Inhalt im obigen Sinne die Angst vor dem Sterben ist.

Sie kann sich, wie jede andere Phobie, zu einer schweren psychischen Störung entwickeln. Und wie jede psychische Störung kann sie das Verhalten und das Leben des Menschen insgesamt negativ beeinflussen. Die Thanatophobie schränkt seine Aktivitäten ein, wie sie auch die Lebensfreude reduziert und zwischenmenschliche Beziehungen zerstören kann. Eine ständig erhöhte ängstliche Aufmerksamkeit und Selbstbeobachtung – im Sinne einer Hypochondrie –, wie auch eine permanente Stresssituation können ebenfalls die Folgen sein. Menschen mit Phobien, auch wenn sie noch so kurios oder manchmal sogar lächerlich anmuten, wie etwa die Arachnophobie, das ist die Angst vor Spinnen, oder die Batrachophobie, die Angst vor Fröschen, oder eben die Thanatophobie, haben manche Einbußen im sozialen Bereich und im subjektiven Wohlbefinden zu ertragen. So wie Admetos.

Das ist des Mythos archetype Botschaft.

Belächele Thanatophobiker nicht, Sisyphos. Denke nicht etwa, dass Admetos glücklich damit war, andere anzuflehen, an seiner Stelle zu sterben. Er konnte nicht glücklich sein, weil er durch sein Verhalten ein kostbares Gut in Gefahr brachte: Seine Würde!

So wertvoll und kostbar ist das Gut Menschenwürde, Sisyphos, dass die demokratische und freiheitliche Verfassung des Landes, in dem ich lebe und das ich liebe, mit dem Satz beginnt „Die Würde des Menschen ist unantastbar.". Ich bin sehr stolz darauf, sage ich dir. Allerdings ist es zwar schön und gut, dass die Würde des Menschen unantastbar ist und dass andere Menschen oder Instanzen oder Behörden die Würde des Einzelnen nicht antasten dürfen. Aber ich meine, Sisyphos, dass man mindestens genauso gefährdet ist, seine Würde zu schädigen oder gar zu verlieren, durch eigenes Tun und Lassen, so wie Admetos. Und seine Geschichte lehrt uns noch etwas, mein Bruder. Auch Menschen wie Admetos, denen sogar ein Gott dienen muss, sind nicht immun gegen Würdeverlust. Kostbare Güter wie die Menschenwürde müssen permanent aufmerksam vor Gefährdungen von außen, aber auch und vor allem aus dem Inneren geschützt werden.

Wie dem auch sei, Admetos Verhalten gehört zu den Fällen mit einem phobischen Verhaltensmuster, das zwar ableitbar, aber nicht als würdevoll zu bezeichnen ist – im Gegensatz zu dem von Alkestis. Dass die Selbstachtung des Betroffenen darunter nicht leidet, wage ich zu bezweifeln. Auch das könnte die Folge einer übertriebenen phobischen Störung sein.

19.3 Thanatophilie und die Geliebten des Totenherrschers

Der absolute Gegensatz zur Thanatophobie ist die Thanatophilie. Das ist die Faszination von Tod und Sterben, häufig im Rahmen einer abweichenden sexuellen Neigung. Damit verbunden ist der starke Wunsch, selbst zu sterben.

Mit „starkem Wunsch, selbst zu sterben" ist nicht die Suizidneigung gemeint. Das sind nicht die Todeswünsche schwer depressiver Patienten oder anderswie schwer kranker Menschen, die sich, aus welchen Gründen auch immer, durch den Tod vom Leiden bzw. vom gewähnten Leiden befreien möchten.

Mit Thanatophilie ist eine erotisierende oder fast erotisierende, in manchen Fälle eine sogar stark erotisierende Neigung zu Tod und Sterben gemeint. Nicht zu verwechseln mit der Nekrophilie! Der Begriff Nekrophilie meint die erotische Neigung und den sexuellen Lustgewinn durch Kontakte mit oder Vorstellung von toten Menschen und von Szenarien, die mit dem Tod zu tun haben, etwa Beerdigungen oder Friedhofslandschaften.

Du schaust mich wieder so erstaunt an, Sisyphos! Das ist für dich sicherlich ein Paradoxon, wie Menschen ein Glücksgefühl haben können bei der Vorstellung vom eigenen Tod und Sterben. Oder wie tote Menschen für jemanden sexuell erregend sein können. Du wirst wahrscheinlich noch mehr erstaunt sein, wenn ich dir von manchen Fällen aus meiner forensisch-psychiatrischen Praxis erzähle. Dadurch wird auch dir, dem zweimaligen Austrickser des Todes, deutlich, dass es Menschen gibt, die ein starkes Verlangen haben, getötet zu werden oder sich an Toten sexuell zu befriedigen. Sie wollen dadurch das „höchste der Gefühle" erleben. Manche von ihnen gehen sogar noch weiter. Es reicht ihnen nicht, einfach von jemandem getötet zu werden. Sie wollen auch von ihm verspeist werden.

Pass auf, Sisyphos. Pass bitte auf! Dein Erschrecken ist so stark, dass die Gefahr besteht, dass du deinen Felsblock los lässt und dass er mich überrollt. Doch ich habe nicht die geringste Lust zu sterben! Ich bin weder thanatophil, noch thanatophob. Ich bin ein ganz normaler Mensch. Ich liebe also das Leben und fürchte mich nicht übermäßig vor dem Tod.

Ja, Sisyphos, es gibt extreme Fälle von Thanatophilie.

Nun aber beherrsche deine Gefühle und pass auf deinen Felsblock auf!

Bevor wir weiter über Thanatophilie sprechen, möchte ich zur Nekrophilie eines klarstellen. Unsere Mythologie hat, soweit es mir bekannt ist, keinen Archetyp für die Nekrophilie. Oder kennst du einen? Danke für dein nonverbales „Nein". Ich habe es vermutet. Der Nekros, der Tote, war seit Beginn der griechischen Kultur heilig und ist es bis heute. Nekrophilie ist unheilig. Ich kenne nur zwei Erwähnungen in den griechischen Mythen, beide epigonal erzählt. Die erste betrifft einen Inder und wird von Nonnos von Pannapolis, dem christlichen Dichter des 3. Jahrhunderts, in seinen Dionysiaka erzählt[88].

Die Legende von einem nekrophilen Inder

In einer Schlacht zwischen Anhängern des Dionysos und indischen Soldaten tötet ein Inder eine jungfräuliche griechische Bacchantin, eine Anhängerin also von Dionysos, dessen zweiter Name Bacchos ist. Als er den wunderschönen toten Körper der jungen Frau auf dem Boden liegen sieht, verspürt er den unbändigen Drang, sich mit dem leblosen Körper sexuell zu vereinigen. Davon halten ihn aber zwei Hemmnisse ab: Einmal die Furcht vor seinem König, der offensichtlich so etwas nicht dulden würde, zum zweiten der von ihm phantasierte Geist der getöteten Jungfrau. Nachdem der indische Soldat eine erotische Hymne, voller Sehnsucht und Verlangen, an das tote Mädchen gesungen hat, verlässt er zutiefst traurig und enttäuscht den toten Körper. Ohne sein sexuelles Verlangen befriedigt zu haben.[89]

Offensichtlich war nicht nur bei den Griechen, sondern auch bei anderen, wenn auch nicht bei allen Völkern die Nekrophilie unheilig.[90] Einer der Gründe, warum der indische Soldat sein Verlangen nicht befriedigt hat, war ja die Furcht vor der Bestrafung durch seinen König.

---

[88] S. zum Beispiel in Domenico Accorinti: Nonnos und der Mythos: Heidnische Antike aus christlicher Perspektive. In: Hartmut Leppin (Hrsg.) Antike Mythologie in christlichen Kontexten der Spätantike (2015) de Gruyter, Berlin, München, Boston.

[89] Ebenda.

[90] Insofern verständlich die weltweiten Reaktionen auf ein religiöses Rechtsgutachten (Fatwa) des Marokkanischen Imams Zamzami Abdul Bari. Der radikale Imam hatte im Jahr 2011 gläubigen Muslimen den Geschlechtsverkehr mit frisch verstorbenen Ehepartnern, bis sechs Stunden nach dem Ableben, erlaubt. Begründung: Die Ehe bestehe über den Tod hinaus. In den Medien verbreitet wurde das islamische Rechtsgutachten am 27. April 2012, nachdem Bestrebungen bekannt wurden, dass angeblich das damals von Islamisten beherrschte ägyptische Parlament dies in die Gesetzgebung aufnehmen wollte.

Wie verwerflich Nekrophilie bei den Griechen von Anfang ihrer Kultur an war, zeigt ihre zweite Erwähnung, die von epigonalen Dichtern Achilles angedichtet wurde. Es betrifft den Kampf der Griechen gegen die Amazonen, die als Verbündete den Trojanern zu Hilfe kamen. Homer erzählt nichts darüber, aber die verloren gegangenen Äthiopis des Arktinos von Milet. Der griechische Dichter des 3. bis 4. nachchristlichen Jahrhunderts, Quintus von Smyrna (Quintus Smyrnäos), beschreibt die Episode ausführlich im ersten Buch seiner Posthomerika[91]. Er berichtet, dass nachdem Achilles die Königin der Amazonen, Penthesileia, im Kampf getötet hat, er nicht nur respektvoll vor der toten Königin steht, sondern auch fasziniert ist von der Schönheit ihres Körpers. Genauso wie die anderen anwesenden Krieger.

Nur einer kommt auf die absurde Idee, Achilles aus der Schar der Bewunderer der toten Penthesileia herauszupicken und ihn der Wollust zu bezichtigen. Das ist Thersites, der unanständigste, böseste und hässlichste der Griechen[92]. Nur im Kopf eines solchen Trottels kann so ein Verdacht entstehen! Die Strafe aber kommt prompt: Der empörte Achilles versetzt ihm einen Faustschlag ins Gesicht. Der Frevler fällt tot um. Die Griechen fanden die Strafe, die ihn ereilt hat, sehr gerecht.[93]

Mit anderen Worten: Nekrophilie war bei den Griechen ein Tabu und undenkbar.

Nun jedoch zurück zur Thanatophilie, der Gegenspielerin der Thanatophobie, bei der die Dinge anders liegen.

Manche Erzählungen aus deiner Zeit, Sisyphos, belegen, dass deine Äonen sich nicht nur mit der Thanatophobie, sondern auch mit der Thanatophilie auseinandergesetzt haben. In diesem Zusammenhang werden Mythen genannt wie der von Persephone, von Menthe oder von Leuke. Ja, auch der von Persephone! Ich freue mich zu sehen, dass du zustimmend mit dem Kopf nickst. Du kennst sie ja allzu gut. Persephone ist ja praktisch die Chefin und Aufseherin hier in der Unterwelt, wo du deine Sisyphosarbeit verrichtest – das versicherte uns als erster übrigens Homer in seiner Odyssee[94]. Du hattest ja genügend Gelegenheit während der vielen Jahrtausende, ihr Treiben in der Schattenwelt zu beobachten und Homers Angaben zu bestätigen. Aber viele Menschen da oben in der Sonnenwelt kennen nur Persephones halbe

[91] S. Bibliographische Anmerkungen A 11.

[92] Über ihn und über das Phänomen des Thersitismus kann man nachlesen in Andreas Marneros, „Homers Ilias psychologisch erzählt. Der Seele erste Worte." (2017), Springer-Verlag, Heidelberg.

[93] Ebenfalls bei Quintus, (1. Buch, 899–920).

[94] Homer tut das im 11. Gesang der Odyssee.

Geschichte und damit auch nur die halbe Wahrheit. Sie wissen nämlich von ihrer Entführung, nicht aber von der Umwandlung der Entführung.

Die Legende von Persephones Entführung

Irgendwie tut mir der Herrscher der Unterwelt, Hades, alias Pluton, leid. Er war von Beginn seiner Existenz in vielerlei Hinsicht benachteiligt, Sisyphos. Du weißt schon, du hast mir selbst davon erzählt. Erstens durch sein Los. Als nämlich die göttliche Dreifaltigkeit – die Göttergeschwister Zeus, Poseidon und Hades – sich die Welt aufteilen sollten, ließen sie das Los entscheiden. Zeus bekam Himmel und Erde, und so wurde er zum Obersten Gott. Seinem Bruder Poseidon fielen die Meere und alle Gewässer zu. Aber für den jüngeren Bruder Hades blieb nichts anderes übrig als die Unterwelt. Ewige Dunkelheit, Herrschaft über Schatten. Und keine Liebe! Wie soll dieser arme Gott jemanden lieben, wenn sein Reich nur von Totenschatten bevölkert ist?

Und so kommt es dazu, dass die Göttin der Liebe, Aphrodite, einige Jahrtausende nach der Aufteilung der Welt die Entscheidung trifft, Hades liebesloses Dasein zu verändern. Es kann nicht für die kommenden Jahrtausende immer so weiter gehen, denkt sie. Bezüglich der Motive für diese Generosität der Liebesgöttin gibt es differierende, ja sogar konträre Meinungen. Die einen sagen, sie habe aus Mitleid mit dem unglücklichen, liebeslosen Gott diese Entscheidung getroffen. Sie habe gedacht, ein Leben ohne Liebe sei ein trostloses Leben – womit sie sicherlich Recht hatte, nicht wahr, Sisyphos? Auch der benachteiligte Herrscher der Unterwelt habe ein ewig liebesloses Leben nicht verdient. Also Liebe und Liebschaft müssen her, entscheidet sie.

Andere wiederum sagen: Von wegen Mitgefühl! Reines Machtstreben sei ihr Motiv gewesen. Sie habe sich Sorgen darüber gemacht, dass ihre Macht zwar ausreiche, um fast alle Menschen und nicht wenige Götter zu Untertanen ihrer Lehnsmänner Eros und Himeros zu machen, dass sie aber nicht bis in die Unterwelt reiche. Dort hatten beide nämlich keinen Zugang. Der Ruf ihrer beiden Willensvollstrecker als unbesiegbar in jeder Schlacht sei in Gefahr, denkt sie. Sie ruft Eros also unverzüglich zu sich und sagt zu ihm „Eros, mein erfolgreichster Willensvollstrecker, deine Macht und damit auch meine, ist in Gefahr. Nachdem manche aufsässigen Göttinnen wie Athena und Artemis, aber auch ihre unsterbliche und sterbliche Gefolgschaft sich immun gegen Eros-Pfeile erweisen, ist unsere Allmacht, die Allmacht des Gespanns Aphrodite-Eros, infrage gestellt. Eine Expansion unseres Machtbereiches auch ins Totenreich wäre ein erstklassiger PR-Schachzug und auch ein Beweis für unsere ungebrochene Stärke. Natürlich können Totenschatten sich nicht lieben, wohl aber ihr Herrscher Hades. Er ist ja aus dem gleichen Stoff gemacht wie seine Brüder Zeus und Poseidon. Wie verwundbar die beiden durch deine Pfeile sind, weißt du ganz genau. Unzählige Male hast du sie damit gezwungen, uns zu gehorchen. Das müssen wir auch bei ihrem Bruder Hades schaffen. Nimm also deinen Kompanion und Helfer Himeros und deine besten Pfeile mit der schärfsten Spitze und lauere dem Herrscher der Unterwelt auf, wenn er einmal in die Oberwelt kommt. Er verlässt ja sein Schattenreich ab und zu, entweder um einer Sitzung auf dem Olymp beizuwohnen oder um zu prüfen, ob irgendwelche Risse in der Erdoberfläche sein Reich gefährden. Du weißt doch, wenn durch die Risse Licht ins Schattenreich dringt, dann wird es gestört."

Gedacht, gesagt, getan.

Aphrodite und ihre beiden Begleiter legen sich auf die Lauer. Währenddessen schärft Himeros des Eros Pfeile, so dass auch Hades hartes Herz keinen Widerstand darstellt und die Wucht des Pfeiles nicht abbremsen kann. Aphrodite sorgt außerdem dafür, dass eine Unsterbliche in der Nähe des Geschehens ist, so dass Hades plötzlich entstehende Liebe auf sie gerichtet wird.

Und so geschieht es. Hades, auf seinem von rabenschwarzen Rossen gezogenen rabenschwarzen Wagen, inspiziert eines Tages die Abdichtung seines Reiches. Und damit gerät er ins Visier der Liebesgöttin und ihrer Lehnsmänner. Aphrodite gibt Eros das Signal zu schießen. Er zielt hochkonzentriert mit seinem Pfeil auf das Herz des Hades. Volltreffer!

Auch die von Aphrodite arrangierte Anwesenheit einer Unsterblichen ist perfekt gelungen. Es ist die nichtsahnende junge Persephone, Tochter von Zeus und Demetra, die sich in der Nähe des Geschehens aufhält. Der plötzlich liebestoll gewordene Hades verspürt eine unwiderstehliche Sehnsucht nach Persephone, die bei Eros Volltreffer in Sichtweite des Totengottes Blumen pflückt. Und er entführt sie. Auf dem Hades-Wagen schreit das Mädchen um Hilfe, sie will nicht ins Reich der gestorbenen Sterblichen. Aber mit Windgeschwindigkeit entschwinden Entführer und Entführte ins Totenreich.

Dies wiederum erzeugt großen Aufruhr auf dem Olymp. Die verzweifelte Demetra sucht und sucht ihre Tochter überall. Sie vernachlässigt ihre Pflichten als Agrargöttin, sodass die Erde keine Früchte mehr trägt und für Menschen und Tiere großer Hunger ausbricht. Das wiederum ruft den Vater von Göttern und Menschen auf den Plan; Zeus, auch Persephones Vater. Er handelt ein Abkommen mit seinem Bruder Hades aus: Persephone soll die Hälfte des Jahres in der Unterwelt sein und die andere Hälfte bei ihrer Mutter auf der Erde.

Die Zeit, in der Persephone bei ihrer Mutter ist, ist auch die Zeit, in der die glückliche Demetra die Erde mit Blumen und Gras und Früchten segnet. Es ist die Zeit, in der die Demetriaka wachsen und reifen, in manchen Sprachen auch Cerealien genannt – abgeleitet von Demetras lateinischem Pseudonym, Ceres. In der Zeit, die Persephone in der Unterwelt verbringt, ist Demetra so traurig, dass kaum Blumen oder Gras und auch keine Früchte auf der kalten, ja teils sogar gefrorenen Erde gedeihen können.

Das ist die Legende, die die meisten Menschen kennen, Sisyphos. Aber sie zeigt nur die eine Seite der Medaille. Die andere Seite, die du sicherlich kennst, doch die meisten modernen Menschen nicht, erzählt die Fortsetzung von Persephones Geschichte und das Schicksal von Leuke und Menthe.

Die Legende von Persephones Macht und Eifersucht wie auch Leukes und Menthes Schicksal

Niemand will in Abrede stellen, dass Persephone gegen ihren Willen von Hades entführt wurde. Es will auch niemand in Abrede stellen, dass sie geschrien und sich dagegen gewehrt hat. Und niemand will in Abrede stellen, dass sie jedes Mal, wenn sie ihre Mutter Demetra besuchen darf und ins Sonnenlicht kommt, froh ist. Aber wahr ist auch folgendes: Nachdem sie den ersten Schock verwunden hat, findet Persephone offensichtlich Gefallen am geheimnisvollen Gott

Hades und am Mitregieren in seinem Totenreich. Darüber gibt es zuverlässige Berichte. Einmal von Odysseus, deinem dir angedichteten Sohn, Sisyphos. Odysseus muss als einer von wenigen Sterblichen in das Totenreich hinabsteigen, um vom Geist des weisen Teiresias Anweisungen für seine weitere Heimreise zu bekommen. Dort entdeckt er das Reich der Persephone. Bezeichnenderweise spricht Odysseus lange über Persephones Reich, aber kaum von Hades. Er berichtet über seine Begegnung mit der „Herrscherin" Persephone, die über alles herrsche und alles dirigiere. Die Seelen, die das Totenreich bevölkern, seien ihre Untertanen, die sie mit eiserner Disziplin und Autorität regiere.[95]

Ähnliche Erfahrungen, so erzählen es die Mythen deiner Zeit, macht auch Orpheus, ebenfalls einer der wenigen Sterblichen, die das Totenreich lebendig betreten durften. Natürlich hat auch Herakles das getan, sogar wiederholt. Aber Herakles war ein Halbgott, später wurde er sogar zum Vollgott befördert. Orpheus findet Persephone stolz und strahlend neben ihrem Ehemann Hades auf dem Thron sitzend und regierend. Man spekuliert, dass nur durch Persephones Einfluss auf Hades Orpheus seine Eurydike zurück ins Reich der Lebenden führen durfte. Leider geht das ganze Unternehmen schief. Wegen Orpheus Nachlässigkeit und weil er sich nicht an die Regeln hält. Und Eurydike muss für immer im Totenreich bleiben. Ungeachtet vom traurigen Ende seiner Mission berichtet auch Orpheus in ähnlicher Weise wie Odysseus von einer machtvollen, stolzen Ehefrau des Herrschers der Unterwelt. Offensichtlich hat sie im Verlauf der Zeit Gefallen gefunden an dem, was Hades zu bieten hat. Naja, wäre sie in der Oberwelt geblieben, wäre sie eine Göttin zweiter Klasse geblieben. Und man weiß auch nicht, ob sie jemals einen Ehemann gefunden hätte. Und wenn ja, dann sicher nicht im Range von Hades. Denn der ist nicht nur ein Gott ersten Grades, sondern auch Teil der urgöttlichen Dreifaltigkeit. Und er strahlt eine eigenartige Faszination aus, hat eine unheimliche Anziehungskraft ... Hmh ... Ob sich Persephone tatsächlich in Hades verliebte oder bloß in die Macht, die er ihr verliehen hat, das bleibt noch Gegenstand weiterer Forschung.

Eifersüchtig ist Persephone aber gewiss, wie die Schicksale von Leuke und von Menthe – manche nennen sie auch Minthe – belegen. Um deren Schicksale ranken sich viele, allerdings unvollständige Legenden. Nehmen wir eine davon: Leuke war eine wunderschöne junge Nymphe, manche sagen sogar, sie sei die Tochter des Urgottes Okeanos gewesen. Einmal sieht sie auf einem ungewöhnlich strahlenden rabenschwarzen Wagen, gezogen von ebenfalls ungewöhnlich strahlenden rabenschwarzen Rossen, eine imponierende, ganz in Schwarz gehüllte männliche Gestalt. Leuke ist von dieser rätselhaften Gestalt fasziniert. Sie fühlt sich sofort zu ihm hingezogen, und er auch zu ihr. Du hast es richtig erkannt, Sisyphos. Das war natürlich Hades, inzwischen – wie wir wissen – durch Eros Pfeile erotisch verwundbar. Er nimmt die entzückte Leuke mit in sein Reich. Aber Hades hat die Rechnung ohne Persephone gemacht. Als sie die Nebenbuhlerin erblickt, attackiert sie sie mit unheimlicher Wucht und tötet sie – manche sagen sogar, sie zerstückelt sie. Hades ist von diesem Eifersuchtausbruch seiner Gattin einerseits schockiert, andererseits fühlt er sich geschmeichelt. Er vermutet hinter der Eifersucht Liebe. Aber er hat auch Mitgefühl mit in ihn verliebten Leuke, die wegen ihm den Tod fand. Er verwandelt den toten Körper in einen Baum und pflanzt ihn in den Vorgarten seines Reiches. Der Baum ist

[95] Odysseus bezeugt es in Homers Odyssee, 11. Gesang.

die altbekannte Weißpappel. Du weißt schon, in der uns gemeinsamen Sprache heißt der Baum bis heute noch Leuke. Und übrigens stehen seitdem an den Flussufern der Unterwelt nicht nur viele Schwarzpappeln, sondern auch einige Weißpappeln. Wohl Kinder einer kurzlebigen Liebe. Natürlich gibt es auch Leute, die behaupten, dass Leuke nicht in Hades verliebt gewesen sei, sondern dass er sie brutal entführt habe. Naja, was sollen diese romantikfreien ewig schwarz Malenden auch sonst sagen! Eine Thanatophilie zu attestieren, hätte ihre Phantasie überstrapaziert.

Ein ähnliches Schicksal erleidet auch eine andere schöne Nymphe, Menthe. Manche nennen sie auch Minthe, wie schon erwähnt. Auch um sie ranken sich wieder viele Legenden, und wir nehmen auch diesmal nur eine davon. Wie es zur Begegnung zwischen Hades und Menthe gekommen ist, bleibt unklar. Man weiß nur, dass diese Begegnung irgendwo auf dem Peloponnes stattgefunden hat. Manche sagen, Hades habe so großen Gefallen an Menthe gefunden, dass er sie entführt und vergewaltigt habe. Das sind die schon erwähnten romantikfreien ewig schwarz Malenden.

Die meisten aber erzählen die Geschichte, wie sie sich wohl tatsächlich abgespielt hat. Danach ist Menthe von der außergewöhnlichen Erscheinung des Totenherrschers so fasziniert, dass sie sich sofort in ihn verliebt hat. Unbestritten bei allen Erzählern ist, dass die Ankunft von Menthe im Totenreich wieder unbändige Eifersucht bei Persephone erzeugt hat. Rasend vor Eifersucht und Wut fällt sie über die arme Menthe her und zerstückelt sie. Das ist für die Beobachter ein sicheres Indiz dafür, dass Menthe nicht ein Vergewaltigungsopfer, sondern eine Geliebte ist – was eifersüchtige Ehefrauen leicht erkennen. Hades zeigt genau dieselben Reaktionen wie im Fall von Leuke. Schockiert und gleichzeitig geschmeichelt von Penelopes Eifersucht und aus Mitleid mit der Zerstückelten wandelt er diese sofort in eine Pflanze um. Bis heute kennen wir die Pflanze als Minze bzw. Pfefferminz. Ja, Sisyphos, in der uns gemeinsamen Sprache heißt sie Menthe und ist so mit verschiedenen kleinen Abweichungen in viele andere Sprachen eingegangen. Also auch sie war in den Totengott verliebt. Schon wieder eine Thanatophile.

Offensichtlich hat Persephone nach ihrem anfänglichen Entsetzen später Gefallen am Herrscher des Totenreiches gefunden. Und die Legenden von Leuke und Menthe, in der eben erzählten Version, zeugen von der erotisierenden Faszination, die der Tod auf manche Menschen ausüben kann. Und zwar nicht nur in der Zeit, aus der du kommst, Sisyphos, sondern auch in meiner.

Wieso Menschen eine erotische bzw. quasi erotische Beziehung zum Tod entwickeln können, ist gerade für dich, den zweimaligen Bezwinger des Todes, sicherlich sehr rätselhaft. Nicht wahr, mein Bruder Sisyphos?

Eros und Thanatos

Und die Zunft der Psychiater, Psychologen, Psychosomatiker und Psychoanalytiker fügt wissend hinzu:

In der Tat, es gibt Menschen, die den Tod erotisch lieben.

Manche von uns spekulieren, dass ein Todestrieb, dem man den Namen des Todesgottes Thanatos gegeben hat, gemeinsam mit einem Lebenstrieb, nach dem Liebesgott Eros genannt, in jedem von uns gleichzeitig existiere. Normalerweise befänden sich beide in einem Zustand der Fusion und nur in pathologischen Zuständen lösten sie sich voneinander und konkurrierten miteinander. Wenn der Todestrieb die Oberhand gewinne und damit der Thanatos den Eros besiege, dann entstünden manche psychische Störungen, eventuell auch mit thanatophilen Tendenzen. Der Todestrieb strebe nach Selbstzerstörung des Individuums, nach Zurückführung des Lebens in den anorganischen Zustand des Unbelebten, der Starre und des Todes. Manche spekulieren weiter, dass dadurch auch thanatophile Störungen erklärbar seien.

Spekulieren kann man unbegrenzt, aber nur selten erklärt man etwas Rätselhaftes durch Spekulation. Tatsache ist, dass wir noch kaum eine belastbare Erklärung dafür haben, wie solche ungewöhnlichen sexuellen Vorlieben bzw. Störungen entstehen.

Nun also: Thanatophilie ist wie erwähnt der Gegensatz zur Thanatophobie. Wobei die Thanatophobie im Gegensatz zur Thanatophilie nichts Sexuelles an sich hat.

Das ist mancher Mythen archetype Botschaft.

Noch einmal die Frage, Sisyphos: Warum hast du den Tod ausgetrickst? Angst vor dem Tod, geschweige denn eine Thanatophobie hattest du sicherlich nicht. Weswegen also?

Was für eine scheinheilige Frage meinerseits! Ich weiß es doch. Und jeder muss es wissen!

20

Die List, die Arglist und die Perfidie

20.1 Die Vermenschlichung der göttlichen List

Nein, nicht doch! Vor dem Tod hattest du keine übermäßige Angst, Sisyphos. Nicht du! Du bist nicht thanatophob. Danke für die nonverbale Zustimmung. Aber wenn du nicht aus Angst gehandelt hast, was wolltest du dann?

Ging es dir nur darum, den Tod auszutricksen?

Ich denke, nein. Ich denke, Sisyphos, mein Bruder, du wolltest etwas anderes. Etwas viel, viel Ungeheuerlicheres. Ich denke, du wolltest den Gott des Todes nicht bloß austricksen, sondern du wolltest ihn demütigen. Und dazu, denke ich, wolltest du etwas noch Revolutionäreres, etwas noch Erhabeneres tun:

Den Menschen befreien. Du wolltest den Menschen von seinem Schicksal befreien!

Dem Menschen Autonomie verleihen!

Du wolltest den Befreiungskampf des Prometheus fortsetzen und vollenden. Du wolltest den Kampf fortsetzen, der mit der Einpflanzung der Hoffnung in die Brust des Menschen und vor allem mit dem Diebstahl des Feuers begonnen hat. Mit der List im Kopf als eure effektivste Waffe habt ihr beide das Ziel gehabt, den einst allmächtigen und allherrschenden Göttern nach und nach die Macht und ihre Herrschaft über die Menschen zu beschneiden. Und infolgedessen die Autonomie der Menschen zu stärken. Der Macht der Mächtigen konntet ihr, die vermeintlich Ohnmächtigen, doch eine effektive Macht entgegensetzen:

Die Macht eurer Intelligenz. Als List verkleidet.

A. Marneros, *Mein Bruder Sisyphos, mein Freund der Minotauros*,
https://doi.org/10.1007/978-3-662-55808-9_20

Der Diktatur der Macht und die Macht der Diktatur kann der sonst Machtlose vermutlich am ehesten mit listiger Intelligenz begegnen. Wahrscheinlich kann er sich nur so aus seiner Not befreien. Und so intelligent-listig habt ihr – Prometheus und du, getrennt marschierend und nie getroffen oder abgesprochen, aber gemeinsam hoffend – euch an eure Mission gemacht: Die Ohnmacht und die Knechtschaft der Menschen zu mildern und zu reduzieren. Mit dem fernen Ziel, sie eines Tages vollständig abzuschaffen.

Die Autonomie des Menschen war euer Ziel!

Autonomie

Und die Zunft der Psychiater, Psychologen, Psychosomatiker und Psychoanalytiker fügt wissend hinzu:

In der Tat, Prometheus und Sisyphos mutige List kann auch als Archetyp der Autonomiebestrebungen des Menschen betrachtet werden.

Das griechische Wort „Autonomie", was „Eigengesetzlichkeit" und „sich selbst Gesetze geben" bedeutet – zusammengesetzt aus „Autós" (Αυτός), was in diesem Zusammenhang „selbst" heißt, und „Nómos" (Νόμος), „das Gesetz" –, entspricht dem, was wir darunter auch für das Individuum verstehen: Den Zustand der Selbstbestimmung, der mit Entscheidungsfreiheit verbunden ist, sowie die Fähigkeit und Möglichkeit des Individuums, aus einem Zustand der Freiheit heraus zu handeln. Eng damit verbunden oder gar daraus resultierend sind Selbstvertrauen, Selbstwertgefühl, Würde und Freiheit für das jeweilige Individuum.

Den gegensätzlichen Zustand nennen wir „Heteronomie", auch ein Begriff aus dem Griechischen; „Héteros" (Ἕτερος) bedeutet „der andere". Heteronomie ist dann der Zustand der Fremdbestimmung, in dem das Individuum durch Fremde bestimmt wird und in dem es keine Entscheidungsfreiheit besitzt und keine Fähigkeit oder Möglichkeit, aus einem Zustand der Freiheit heraus zu handeln.

Autonome Menschen sind sichere und selbstbewusste Persönlichkeiten. Primär – man sagt landläufig „von Natur aus" – heteronome dagegen selbstunsichere, asthenische oder gar abhängige, sogenannte dependente Persönlichkeiten.

Das ist des Mythos archetype Botschaft.

Was für eine kühnes und stolzes Unterfangen hattet ihr im Sinn, Sisyphos: Dem Menschen Autonomie zu verleihen!

Kühnes Ziel, kühner Plan, kühne List.

Alle Achtung, mein Bruder! Die Autonomiebewegung findet in den mythischen Zeiten durch Prometheus ihren Anfang, durch dich ihre Fortsetzung. Die so geborene Autonomieidee kann nicht mehr aus der Welt geschafft werden. Sie findet vielmehr ihre gedankliche Vollendung in den klassischen Zeiten mit den Philosophen und Dichtern. Und sie findet ihre vielfältige Verfestigung in der Aufklärung der Neuzeit und in der Zeit, in der ich lebe. Bis hin zu verfassungsrechtlichem Gut mit fast wörtlicher Wiedergabe der Ideen der klassischen griechischen Periode.[96]

Das Autonomie- und Freiheitsstreben des Individuums, die eure Avantgarde damals in den mythischen Zeiten angestoßen hat, ist ansteckend. Ansteckend sowohl von Individuum zu Individuum, als auch von Volk zu Volk.

So konnte Äschylos schon vor über 2500 Jahren verkünden, dass durch die Autonomie des Menschen „*Gelöst ist das Joch der Macht*"[97].

Und dieses Joch der Macht wurde durch die mutige List eines Prometheus, aber auch die eines Sisyphos, meines Bruders, gelöst.

Damit wurdet ihr zu Archetypen der Autonomiebestrebungen des Menschen, Sisyphos.

Und das war auch der wahre Grund für dein Austricksen des Todes. Kein anderer. Weder Angst vor dem Sterben, noch Streben nach Unsterblichkeit. Es war die Autonomie, nicht wahr Sisyphos?

Ich merke den Anflug des unverkennbaren Lächelns der Zufriedenheit um deine Lippen, Sisyphos. Du fühlst dich offensichtlich verstanden. Mit aller Hochachtung für Prometheus, den Unsterblichen: Des Sterblichen aufsässige Tat, deine Tat, finde ich mindestens genauso mutig.

Jawohl, wie mutig von einem Sterblichen, den unsterblichen Gott des Todes zu demütigen!

Du wolltest ihn ins Lächerliche ziehen. Ihn gefangen nehmen, ihn zu **deinem** Gefangenen machen. Zum Gefangenen deiner Intelligenz. Zum Gefangenen des Menschen. Du wolltest zeigen, dass der große Zerstörer nichts anderes ist als ein dummes vernichtendes Nichts. Du wolltest auch zeigen, dass der autonome Mensch in der Lage ist, Herr seines Schicksals zu sein. Und noch mehr, dass es für den autonomen Menschen gar kein Schicksal gibt. Dass Autonomie des Menschen Selbstgestaltung und Selbstbestimmung auch der eigenen Zukunft bedeutet. Vom Menschen selbst und nicht von irgendwelchen Schicksalsmächten. Und zugleich wolltest du zeigen, dass deine Intelligenz – die menschliche Intelligenz – die Herrscherin, die Richtungsgeberin und die Siegerin ist. Die Problemlöserin der Gegenwart und die Gestalterin der Zukunft. Du wolltest dem Todesgott Thanatos und seinen göttlichen Kumpanen zeigen, dass die menschliche Ohnmacht der göttlichen Allmacht ein kraftvolles Ross mit seinem stolzen Reiter entgegenzusetzen hat. Die Intelligenz. Vom menschlichen Geist geritten!

Was für eine bahnbrechende Idee!

---

[96] So wie u. a. auch Karl-Martin Dietz in seinem Aufsatz von 2013 „Die Entdeckung der Autonomie bei den Griechen", im Forum Classicum 4/2013.

[97] In „Die Perser", Vers 594.

Was für ein kühnes Unterfangen!

Wenn ich jetzt gerade meinen monologisierenden Dialog mit dir, Sisyphos, führe und in dieser Weise mit dir darüber spreche, dann denke ich an deinen mehrfach erwähnten französischen Biografen, Albert Camus. Er meint, du hättest den Tod gehasst. War das denn so? Hast du den Tod tatsächlich gehasst, Sisyphos? Ich glaube das nicht. Ich denke, du hast ihn keineswegs gehasst, sondern ihn sogar geschätzt. Ja, richtig gehört, mein Bruder, geschätzt. Kein stumpfes Anbeten, kein minderbelichtetes Zu-ihm-Aufschauen, keine benebelnde Verehrung, sondern pragmatisches, intellektuelles Schätzen. Der Hass ist blind, aber das Schätzen hat wache Augen. Hass kann auch ein Kind der Dummheit sein; das ist er sogar meistens. Waches Schätzen dagegen hat in der Regel die Intelligenz zur Mutter. Nicht der dumme Hass, aber das intelligente Schätzen passt zweifelsfrei zu dir. Du hast den Thanatos in seiner Macht geschätzt und richtig eingeschätzt – nur so konntest du ihn besiegen. Und über ihn triumphieren. Deine innere Zufriedenheit kommt daher, dass du einen von dir so geschätzten Feind besiegt hast. Nicht wahr mein Bruder? Danke für dein zustimmendes lautes Schweigen. Dennoch, dein französischer Biograf hat es gut gemeint.

List war deine wirksamste Waffe, Sisyphos. Aber die meisten Menschen vergessen, dass du sie als erster für die Menschen entdeckt und angewendet hast. Bis dahin war sie ausschließlich ein Privileg der Unsterblichen. So wie der unsterbliche Titan Prometheus den Olympiern das Feuer gestohlen und es den Menschen gegeben hat. So wie er den Göttern die Hoffnung entwendet und sie in die Brust des Menschen eingepflanzt hat. So hast du, der Sterbliche, den Göttern die List entrissen und sie den Menschen gebracht und beigebracht. Seitdem konkurriert der Mensch mit den Götter mittels ihrer eigenen Waffen: dem zivilisatorischen Wissensfeuer und dem listgebärenden Geist. Aufbauend und ebenso zerstörend. Den Göttern gleich.

Die List

Und die Zunft der Psychiater, Psychologen, Psychosomatiker und Psychoanalytiker fügt wissend hinzu:

In der Tat, Sisyphos hat die List für den Menschen archetypisch verwendet.

List ist eine Methode, mit der man durch den Einsatz kombinatorischer kognitiver Leistungen jemanden täuscht, um etwas zu erreichen, was man auf anderem Wege nicht zu erreichen meint.

Dass die List eine hohe kognitive Leistung ist, zeigt sich durch ihre Struktur. Sie durchläuft nämlich in all ihren Formen bestimmte Phasen – man kann auch sagen Stadien –, die man als Bestandteile der List bezeichnen könnte. Die folgenden sechs sind die wichtigsten:

> Das Erkennen eines Problems,
> das Definieren eines Ziels,
> das Ausdenken eines Planes,
> die Umsetzung des Planes,
> die geeignete Inszenierung,
> und die Überzeugungsarbeit.[98]
>
> Das ist des Mythos archetype Botschaft.

Deine flüchtigen Bekannten, Sisyphos, kennen dich fast ausschließlich durch deinen Felsblock, deinen Berg und die Sisyphosarbeit. Was für eine sakrosankte Reduzierung! Man kann wohl sagen, diese Art der Bekanntschaft mit dir ist ein Racheakt der halbwisserischen Ignoranz gegen ihren eigenen Träger. Engere Bekannte schätzen dich, immerhin, wegen des Austricksens des Todes. Auch dies bleibt jedoch eine Reduzierung. Deine echten Fans dagegen bewundern dich für dein kühnes Unterfangen, dich an die Spitze der Autonomiebewegung des Menschen zu stellen. Und zwar durch die Vermenschlichung der List. Deine echten Fans sind Waffennarren. Sie schwärmen von den Waffen des Intellekts. Und eine davon ist die von dir vermenschlichte List. Deine echten Fans vergöttern dich also für das von dir Vermenschlichte. Doch deine echten Fans, die Waffennarren, sind keine Narren, Sisyphos. Sie können genau differenzieren, und so können sie der List sowohl huldigen als sie auch verdammen.

Die List kam zu den Menschen in den Mantel der Ambivalenz gehüllt.

Die, die die List nur verdammen, gehören nicht zu den Gläubigen der heiligen, der listigen Trinität – Prometheus, Sisyphos, Odysseus. Odysseus war zwar nicht dein leiblicher Sohn – wie manche Phantasten es erdichtet haben –, aber sicherlich dein Sohn im Geiste. Er ist zum Virtuosen der List avanciert. Aber sei gnädig mit den Ignoranten, die eure listige Trinität nicht würdigen, mein Bruder Sisyphos. Die meisten davon sind in gewisser Hinsicht Opfer einer Entwurzelung. Sie ernähren sich vom ephemeren Heute, weil sie ihre Nahrung nicht aus den tiefen Wurzeln der Vergangenheit speisen. Viele davon sind Konsumenten von geistigem Fast Food. Eine Folge davon, zugegebenermaßen nicht die gravierendste, ist dass die List in den modernen Sprachen

[98] So ähnlich hat es Peter von Watt für die Intrige gedacht, dargestellt in seinem Buch „Die Intrige" dtv, 2013. Aber ich glaube, dies trifft besser – oder mindestens genauso – auf die List zu, deswegen die modifizierte Übernahme aus v. Watts Buch an dieser Stelle.

immer häufiger, mittlerweile fast ausschließlich, eine eher negative Konnotation bekommen hat. Dabei werden die Intelligenz, der Mut und die Rebellion, die ältere Verständnisse von List implizierten, ignoriert, missachtet, übersehen. Nur eingeweihte Neuzeitmenschen verstehen die List so wie du, oder wie dein Lehrer Prometheus, oder wie dein Schüler Odysseus, oder auch wie andere aus der Schar deiner Verehrer und Fans: Als die wichtigste Angriffs- und Verteidigungswaffe, ja sogar als *„das Organ des Selbst, durch welches das Überleben und Existieren gewährleistet ist“*[99].

In diesem Sinne hast du diese wichtigste Angriffs- und Verteidigungswaffe in die Hände der Menschen gegeben. Oder, um die Sprache der Philosophen zu benutzen, du hast das Organ des Selbst in des Menschen Selbst implantiert. Wie einst dein Vorbild Prometheus die Hoffnung in die Brust des Menschen implantierte.

Du hast ein bis dahin göttliches Privileg vermenschlicht. Oh, Sisyphos, ich erkenne es an der leichten Rötung deines diskret lächelnden Gesichtes. Das ist das Gesicht des heimlichen, aber unübersehbaren Stolzes!

Ich denke, man kann plakativ, aber zutreffend subsumieren: Die Götter haben die List erfunden. Prometheus hat sie veredelt. Sisyphos hat sie vermenschlicht. Und Odysseus hat sie angewendet als das von den Philosophen ausgemachte *„Organ des Selbst, durch welches das Überleben und Existieren gewährleistet ist“*[100].

Aber eure heroischen Taten waren zuerst antiheroisch. Die List ist antiheroisch. Ja, sogar ein Paradebeispiel für das Antiheroische. Zweifelsohne, eure Taten waren von Anfang an mutig und vor allem listig. Heroisch wurden sie später, durch ihre Konsequenzen für euch Antiheroen. Was ihr drei, die heilige Trinität des Intellekts, mit der Entgöttlichung des Listprivilegs vollbracht habt, aber auch der Grund, warum die Menschen der List huldigen und sie gleichzeitig verdammen, wird deutlich, wenn man seinen göttlichen Ursprung betrachtet. Zum einem wird die Göttlichkeit des Listprivilegs evident, wenn man berücksichtigt, dass sogar die Entstehung der olympischen Götter auf eine List zurückgeführt wird. Zum anderen … ja, zum anderen … Doch sprechen wir anschließend darüber. Sprechen wir zunächst über die göttliche Entstehungslist. Du kennst die Geschichte. Du hast sie mir selbst erzählt, als du mir das Damals und das Immerwährende als Orientierungspunkte für das Jetzt und das Fortdauernde beibrachtest.

[99] So sagen es die Philosophen Max Horkheimer und Theodor Adorno in „Dialektik der Aufklärung“ (1947), 21. Auflage (2013), S. Fischer, Frankfurt a. M.
[100] Ebenda.

Im Anfang war die List, und die List war beim Gott

Du hast mir die Geschichte von Kronos erzählt, dem damaligen Obersten Gott, der große Angst davor hatte, dass die eigenen Kinder ihn entmachten könnten. Solche Erfahrungen hatte er ja. Er selbst hatte seinen Vater Uranos entmachtet und ihn entmannt. Um zu vermeiden, dass ihm ähnliches passiert, verschlang er alle seine Kinder als Neugeborene. Aber Kronos Ehefrau Rhea schlug ihn mit der effektiven Waffe der List. Das war wohl die allererste List, von Göttern erfunden und schon während des Gottwerdens, während der Theogonie, angewendet. Was aber war Rheas göttliche List? Als ihr Sohn Zeus geboren wurde, gab sie dessen Vater Kronos einen in Tücher eingewickelten Stein zum Verschlingen. Den lebendigen Zeus aber vertraute sie den Nymphen an, die ihn versteckten. Als Zeus dann irgendwann erwachsen war, entmachtete er seinen Vater tatsächlich, und zwar auch mit einer List. Dem Rat seiner damaligen Freundin und späteren ersten Ehefrau Metis, Göttin der praktischen Intelligenz, folgend, täuschte er seinen Vater und überzeugte ihn, ein spezielles Brechmittel zu trinken. Man sagt, er habe es ihm als Potenzmittel angepriesen – unbestätigter Klatsch sicherlich. Wie auch immer, Zeus Überzeugungsarbeit – das ist der wichtigste und schwierigste der schon erwähnten sechs Teile der List – war erfolgreich. Kronos schluckte die List und das Brechmittel. Der so Betrogene erbrach alle seine verschluckten Kinder, die später zusammen mit ihrem Bruder und Befreier Zeus das erste olympische Kabinett bildeten. Und dann Kronos endgültig entmachteten.[101]

Sag mal, Sisyphos, hast du den Stein, den Kronos verschluckt hat, jemals besichtigt? Pass auf, Sisyphos! Von Überraschung und Erstaunen überfallen, könntest du deinen Felsblock loslassen und uns beide platt machen. Natürlich kann man ihn besichtigen, sogar bis in meine heutige Zeit. Offensichtlich wusstest du es nicht: Es ist der Stein im Heiligtum von Delphi. Er heißt Omphalos. Du weißt natürlich, dass Omphalos in der uns gemeinsamen Sprache „der Nabel" heißt. Und Delphi ist bekanntlich der Nabel der Welt. Apollon hat diesen Punkt, seiner Wichtigkeit entsprechend, mit dem Stein markiert, mit dem sein Vater Zeus die Entstehung der olympischen Religion in Gang setzte.

Die so von Göttern erfundene und dann im Verlauf der Jahrtausende am laufenden Band angewendete List hast du einige Jahrtausende später vermenschlicht. Das darfst du aber nicht nur als Kompliment betrachten. Ein göttliches Privileg ist nicht immer segensreich für den Menschen. Es kann auch katastrophale Wirkungen entfalten. Die List, die göttliche, die vermenschlichte, ist keineswegs eine Ausnahme. Die auf dem hohen Gipfel des Olymps praktizierte und durch dich in die Städte der Menschen transfe-

[101] Die ganze Geschichte wird in Abschn. 25.1 erzählt, deshalb hier nur diese sehr kurze Fassung.

rierte List ist nicht nur in den Mantel der Ambivalenz gehüllt. Sie hat viele Gesichter. Sie ist

die List, die befreiende,
die List, die versklavende,
die List, die aufbauende,
die List, die zerstörende,
die List, die aufklärende,
die List, die verdunkelnde,
die List, die philanthropische,
die List, die misanthropische.

Die List, die janusköpfige, kennt nicht nur den überlistenden Täter, sondern auch das überlistete Opfer. Den Gewinner und den Verlierer. Die List kann Befreier und Heiland sein. Sie kann aber auch Arglist und Hinterlist und Perfidie sein.

20.2 Arglist und Hinterlist

Während Prometheus durch seinen listigen Diebstahl den Menschen die Zivilisation – und damit auch die Emanzipation – brachte, während er durch seine List, die philanthropische, die Opfergabe zugunsten der Menschen regelte und damit ihre Existenz sicherte, während du, Sisyphos, durch deinen listigen Sieg über den Tod die Befreiung des Menschen aus seinem endlichen Schicksal versuchtest, erprobte Zeus die List. Die zerstörende, die misanthropische, die Hinterlist. Mit allem Respekt, Sisyphos, die List, die göttliche, die du vermenschlicht hast, wird auf Erden genauso angewendet wie auf dem Olymp, auch als Anzünder des Bösen. So wie Zeus zum Beispiel, die List als Hinterlist angewendet hat, um den ersten großen Weltkrieg der mythischen Zeit, den trojanischen, zu entfachen. Und so wie Eris, die Göttin der Zwietracht und des Zankes, die List als Arglist praktizierte. Das ist, was ich gemeint habe, als ich vorhin bezüglich des Listprivilegs die Formulierung „zum anderen …" verwendete. Jawohl, zum einem hat Zeus mit einer List der Menschheit die Entmachtung der archaischen Gottheiten und die Entstehung der weiterentwickelten Olympier geschenkt, zum anderen ebenfalls mit einer List den völkervernichtenden ersten Weltkrieg der mythischen Zeit entzündet. Gefolgt von unzähligen göttlichen listigen Übeln. Als initialer Zündstoff für den ersten mythischen Weltkrieg diente Eris die Arglist. So wie eben Weltkriege seitdem beginnen.

Ich spreche vom ersten mythischen Weltkrieg, ich meine natürlich den Kampf um Troja. Weltkrieg deshalb, weil damals auf der einen Seite der Kriegsfront die Europäer standen, fast alle griechischen Stämme der damaligen Zeit, die schon in Europa etabliert waren. Auf der anderen Seite der Front standen viele Völker der beiden anderen damals bekannten Kontinente, Asien und Afrika. Ein echter Weltkrieg der mythischen Zeit also. Archetyp der Weltkriege der Neuzeit. Und alles begann mit einer List von Zeus. Auch dies ist ein Archetyp für die Neuzeit.

Du kennst vermutlich die Geschichte von Zeus List nicht, und vor allem nicht, was vorher hinter den Kulissen gelaufen ist. All das hat ja nach deiner Zeit stattgefunden. Ich erlaube mir also, das listreiche Agieren der Götter, das zum Trojanischen Krieg geführt hat, zusammenfassend zu erzählen. Nimm es als eine Revanche und als Dankeschön für die vielen Geschichten, die du mir einmal erzähltest.

Die böse List, der Götter Freude

Zeus schmiedet einen furchtbaren Geheimplan, der den Codenamen „Operation Trojanischer Krieg" trägt. Grund für diesen Geheimplan sollen Zeus Sorgen um die Welt gewesen sein. Er sei nämlich zu dem Schluss gekommen, dass sich die Menschen, nachdem Prometheus sie vor langer, langer Zeit erschaffen hatte, zu stark vermehrt hätten und damit eine Gefahr für Mutter Erde – die Gäa oder Ge wie andere sie nennen – geworden seien. Sie sollten durch einen langen und verlustreichen Krieg dezimiert werden, so dass die Mutter Erde aufatmen könnte. Deshalb also der erwähnte Geheimplan „Operation Trojanischer Krieg".

Gedacht, geplant, gelistet.

Das große gegenseitige Massakrieren der Menschen, das volle zehn Jahre gedauert hat, in das zahlreiche Völker der damaligen Welt verwickelt waren und das unzählige Leben gekostet hat, beginnt mit einer bösartigen, wenn auch göttlichen Kette von Listen. Sie beginnt und endet wie folgt: Zeus arrangiert eine Ehe zwischen einem Sterblichen und einer Unsterblichen. Der Sterbliche ist Peleus, König von Phthia in Zentralgriechenland; die Unsterbliche Thetis, eine Meeresgottheit und früher Zeus heimliche, nicht erfüllte Liebe, wie du vermutlich schon weißt.[102] Allerdings ist Peleus nicht irgendein Sterblicher. Er ist der Sohn des Äakos. Der wiederum ist der Sohn von Zeus und der von ihm entführten Ägina, Tochter des Flussgottes Asopos. Jawohl, mein lieber Sisyphos, genau der Ägina, die Anlass für deinen Triumpf und dein Martyrium wurde.

Zur Hochzeit von Peleus und Thetis werden alle Fürsten Griechenlands und alle Götter des Olymps sowie in ihrer Gefolgschaft auch die untergeordneten Gottheiten eingeladen. Nur eine Göttin nicht: Eris, die hässliche Göttin der Zwietracht und des Zankes, die Schwester des von vielen gehassten Kriegsgottes Ares. Als Sterblicher kannte Peleus sie noch nicht. Sie ist bis zu diesem

[102] Wie die Geschichte im Abschn. 6.4 erzählt worden ist.

Zeitpunkt nur mit den Göttern beschäftigt und weilt kaum bei den Sterblichen. Sie hat reichlich mit den Göttern zu tun, und deshalb bleibt ihr keine Zeit für die Menschen. Später hat sich herauskristallisiert, dass Eris auf Anraten von Zeus nicht eingeladen wurde. Das gehört nämlich auch zu seinem listigen Geheimplan „Operation Trojanischer Krieg". Eris erlebt dieses Ignoriertwerden erwartungsgemäß als eine unbeschreibliche Kränkung. Eine narzisstische Kränkung![103] Und sie schwört Rache.

So kommt sie uneingeladen und mischt sich unbemerkt unter die Hochzeitsgäste. Dann lässt sie einen goldenen Apfel mit der Inschrift *„Der Schönsten"* auf den Boden rollen. Das ist der berühmt-berüchtigte Eris-Apfel; im Land, in dem ich lebe, besser bekannt unter dem Namen Zankapfel. Es dauert nicht lange, und drei Kandidatinnen, erwartungsgemäß alle drei Göttinnen, melden Anspruch auf den goldenen Apfel und den Schönheitstitel an: Die Leukolenos Hera, die alabasterarmige Hera, Oberste Göttin kraft Eheschließung mit dem Obersten Gott Zeus; die Glaukopis Athena, die himmelblauäugige Athena, Göttin unter anderem der Weisheit; und Kypris Aphrodite, die aus Zypern – Kypros auf Griechisch – stammende Aphrodite, Göttin der Liebe und der Schönheit. Zwischen den drei eitlen Konkurrentinnen entflammt ein Streit, der nach und nach gefährlich eskaliert. Eine Lösung ist somit nicht in Sicht, ganz zur Freude der rachsüchtigen Eris, die durch Zwietracht und Zank immer größer und größer wird und gigantische Dimensionen annehmen kann. Die Stimmung in der Hochzeitsgesellschaft kippt, Eris hat ihr Ziel erreicht. Ihr hässliches Gesicht strahlt, ihre körperliche Größe erreicht in der Tat gigantische Dimensionen. Und Zeus lacht sich in die göttlichen Fäuste. Er freut sich sehr über den diabolisch gelungenen Anfang seines listigen Geheimplanes.

Die Bitte der drei Göttinnen an Zeus, schlichtend darüber zu entscheiden, wer die schönste sei, bleibt erfolglos. Er lehnt sie mit der schlauen und noch dazu listigen, heutzutage sagt man diplomatischen Bemerkung ab, sie seien alle drei so wunderschön, dass es ihm unmöglich sei, einen Unterschied zwischen ihnen zu finden. So sagt er – aber er denkt anders. Und er denkt listig „Jetzt ist der Zeitpunkt gekommen, um meinen Geheimplan fortzusetzen."

Der Zwist zwischen den drei um den Schönheitstitel konkurrierenden Göttinnen ist, wie du sicherlich leicht erkennen kannst, Teil von Zeus listigem Geheimplan. Das ist auch der wahre Grund seiner Ablehnung, als Schiedsrichter zu fungieren. Stattdessen empfiehlt er – listig, listig –, einen Sterblichen zum Schiedsrichter zu bestimmen. Sterbliche hätten ja einen anderen Geschmack als Unsterbliche, sagte er scheinheilig. Er empfiehlt gleich einen jungen, selbst wunderschönen, aber doch etwas einfältigen Hirten, der gerade „zufällig" – so der Oberste Gott, auch diesmal scheinheilig – in den Tälern von Ida, dem Gebirge nahe Troja, seine Herde weidet. Es ist Paris, Sohn von Priamos und Hekabe, dem Königspaar von Troja. Ja, Paris war gerade als Hirt tätig. Könige und Prinzen hatten zu dieser Zeit keine Scheu davor, auch solche Tätigkeiten zu verrichten.

So wird auch diese göttliche List als ein weiteres Glied in Zeus Listkette eingereiht.

Und es kommt zum legendären Urteil des Paris.

[103] Wie in Abschn. 29.2 erläutert wird.

Das fällt zu Aphrodites Gunsten aus. Paris urteilt zum einem so, weil die Göttin der Schönheit tatsächlich die Schönste ist. Zum anderen aber, weil Aphrodites Bestechung in der Tat besonders bestechend für Paris Hirtengemüt ist: die schönste Frau der Welt! Ja, das hat die Göttin dem Hirten versprochen. Und die schönste Frau der Welt ist Helena, Königin von Sparta und Ehefrau von König Menelaos.

Die beiden Unterlegenen, Athena und Hera, platzen fast vor Neid. Was für eine narzisstische Kränkung! Und sie schwören Rache. Keine schwierige Aufgabe, denn dies gehört auch zu Zeus listigem Plan. Helena ist nämlich verheiratet und hat eine Tochter. Paris muss sie also entführen, um sie zu bekommen – was er dann auch tut. Beiläufig, sozusagen, lässt er auch Spartas Staatsschatz und Menelaos Privatschatz mitgehen. Jetzt sind die Griechen diejenigen, die Rache schwören. Und so wird Zeus listiger Geheimplan vollendet. Der mörderische zehnjährige Kampf um Troja kann beginnen. Thanatos, der Gott des Todes, und Hades, Gott der Toten, dürfen sich auf Hekatomben von Toten freuen, auch wenn das mit unzähligen Überstunden verbunden ist. Wie schon gesagt:

Die böse List, der Götter Freude.

Der Kampf um Troja hat mit einer göttlichen List, der des Zeus, begonnen. Und er ist mit einer menschlichen List, der des Odysseus, zu Ende gegangen. Odysseus hat ein riesiges hölzernes Pferd bauen lassen, in dem sich griechische Elitensoldaten versteckten. Mit einer List ließ er die Trojaner davon überzeugen, das hölzerne Pferd in ihre Stadt zu nehmen. In der Nacht öffneten die versteckten griechischen Soldaten die Tore der Stadt für den Rest der griechische Armee, der sich hinter einer benachbarten Insel versteckt hielt. Und der Kampf um Troja wurde dadurch entschieden. Die zehn blutigen Jahre des Trojanischen Krieges waren, unter anderem, eine Apotheose der List in allen ihren Formen: Auch als Arglist, Hinterlist und Perfidie, zelebriert von Göttern und Menschen.[104] Aber alles begann mit Eris göttlich böser Arglist und Zeus göttlich schlauer Hinterlist.

Arglist und Hinterlist

Und die Zunft der Psychiater, Psychologen, Psychosomatiker und Psychoanalytiker fügt wissend hinzu:

In der Tat, was für erschreckend-grandiose Archetypen von Arglist und Hinterlist stellt das Agieren von Eris und Zeus dar!

Jede Form der List setzt kognitive Leistungen voraus. Der Intellekt ist ihre sprudelnde Quelle, aber nicht ihr einziger Gestalter und keineswegs ihr

---

[104] Die trojanische Apotheose der List ist gelistet, treu nach Homer, in Andreas Marneros: „Homers Ilias psychologisch erzählt. Der Seele erste Worte" (2017) Springer, Heidelberg.

ausschließlicher Richtungsgeber. Persönlichkeit und Intention, moralische Orientierung und Skrupelhaftigkeit – Strukturen also, die Verhalten und Handeln des Menschen lenken – spielen eine wesentliche Rolle auch bei der Listgestaltung und Listlenkung. Arglist und Hinterlist sind dann auch mögliche Listformen.

Arglist ist die Listform, deren Kern die bewusste Böswilligkeit ist, so wie sie zum Beispiel Eris anwendete. Schaden und Nachteile für andere sind beabsichtigt. Der Arglist eineiige Schwester ist die Hinterlist, oft sind sie kaum voneinander zu unterscheiden. Hinterlist ist List in Camouflage, genauer gesagt, mehr Camouflage als man von der List gewohnt ist. Sie wird verwendet, um jemandem auf versteckte Weise oder auf Umwegen zu schaden. Dabei bleibt die Absicht auf den ersten Blick verborgen und ist insofern nicht erkennbar. So wie Zeus Unsterbliche und Sterbliche hinters Licht führte.

Das ist mancher Mythen archetype Botschaft.

20.3 Die Perfidie

Was du mit dem Tod angestellt hast, Sisyphos, war listig, aber nicht perfide. Auch was dein geistiger Sohn Odysseus mit den Trojanern gemacht hat, war listig, aber nicht perfide. Du hattest ja kein Vertrauensverhältnis mit Thanatos oder mit Hades. Und Odysseus hatte kein Vertrauensverhältnis zu den Trojanern. Du kanntest ja die beiden Herren vorher überhaupt nicht. Und die Trojaner waren die Feinde des Odysseus.

Perfide ist allerdings, was zum Beispiel Hera und Athena während des Kampfes um Troja anstellten. Beide nutzten dabei ein Vertrauensverhältnis zu den Opfern ihrer perfiden List schamlos aus. So etwa Hera, Göttin der Macht, das Vertrauensverhältnis zu ihrem Ehemann, und zwar in seiner intimsten Form.

Wie Hera zum Archetyp nicht nur der Perfidie, sondern auch der Instrumentalisierung der Erotik wurde

Im zehnten Jahr des Kampfes um Troja erlässt Zeus ein Einmischungsverbot für alle Götter. Niemand darf der einen oder der anderen Kriegspartei helfen oder sie begünstigen. Hohe Strafen werden angedroht für jeden Erlassbrecher. Dies bewirkt aber Nachteile für die Griechen, die dadurch in Bedrängnis geraten. Das gefällt wiederum Poseidon, Zeus jüngerem Bruder, überhaupt nicht. Nach einer Zeit des ungeduldigen Abwartens beschließt er, den Erlass seines Bruders, der gerade auf Trojas Berg Ida verweilt, zu brechen und den bedrängten Griechen zu helfen. Die notorische Philhellenin Hera bemerkt den Verbotsbruch ihres Schwagers, ist aber darüber sehr erfreut, wie du dir vorstellen kannst. Ohne zu zögern trifft sie die Entscheidung, ihren Schwager, den Gewässerherrscher Poseidon, mit einem perfiden Plan zu unterstützen. Allerdings ohne dabei das Einmischungsverbot ihres blitzeschleudernden Ehemannes zu verletzen. Natürlich mit der Götter Lieblingsmethode, der List. Dabei bedient sie sich nicht nur des Vertrauensverhältnisses zwischen ihr und Zeus, sondern auch einer der stärksten Waffen der Frauen, der erotischen Verführung. Nach dem Prinzip, der Zweck heiligt die Mittel. Sie weiß ja, wie man den Weltherrscher am leichtesten ablenken kann: Durch Sex, damals wie heute. Mittels der sexuellen Verführung will sie Zeus Aufmerksamkeit von dem Geschehen auf der Erde ablenken und Poseidon freie Bahn auf dem Kriegsfeld verschaffen.

Heras perfides Unterfangen läuft nach allen Regeln der List ab, so wie wir es eben von den Wissenschaftlern meiner Zunft gehört haben.

Das erkannte Problem: Zeus darf Poseidons Ungehorsam nicht bemerken.

Ziel des listigen Vorhabens: Zeus muss abgelenkt werden.

Der Plan: Durch einen langen, heißen Liebesakt wird der Vater von Menschen und Göttern vom irdischen Geschehen abgelenkt. Nach dem Liebesakt wird Zeus in einen entspannten Erschöpfungszustand versetzt, der ihn in einen tiefen, süßen, möglichst langen Schlaf versinken lässt. Ideale Bedingungen für den erlassbrüchigen Poseidon, nicht wahr? So denkt Hera.

Listig gedacht, schlau geplant, perfide gemacht.

Der Plan kann umgesetzt werden.[105]

Du schaust so neugierig, Sisyphos! Du willst wissen, wie sie das geschafft hat? Das kann ich dir sagen, sie ist listig-perfide vorgegangen!

Zunächst spannt sie Kypris Aphrodite, Göttin der erotischen Verführung, für ihre Pläne ein. Natürlich durch eine Täuschung, eine List. Sie sagt zu ihr:

„Du kennst, wie jeder andere, Okeanos und seine Gemahlin Tethys, unsere Vorfahren, die mich adoptiert und großgezogen haben. Ich liebe die beiden Urgötter sehr. Aber meine Adoptiveltern haben ein großes Problem. Sie leben seit geraumer Zeit in ständigem Streit. Seit einer Ewigkeit teilen sie nicht mehr das Bett. Ich möchte diesen Zustand so sehr beenden. Und du bist die einzige, die mir dabei helfen kann. Und zwar, indem du mir etwas von deiner Liebes- und Verführungskunst sowie deiner Fähigkeit, stürmische erotische Sehnsucht zu erwecken, zur Verfügung stellst. Denn dann kann ich sicherlich bewirken, dass die beiden sich wieder näher kommen und Liebe zueinander verspüren. Somit tue ich etwas Gutes für meine geliebten Adoptiveltern. Dadurch kann ich meine Dankbarkeit ihnen gegenüber zeigen. Ich bitte dich aus ganzem Herzen, mir dabei zu helfen".

„Du machst mich sehr froh mit deinen schönen und erhabenen Absichten, edle Zeus-Gattin", erwidert die Liebesgöttin. „Ich liebe die Liebe über alles, wie jeder weiß. Natürlich werde ich dir helfen, sehr gerne sogar. Nichts leichter als das". Und mit unfehlbaren Tipps sowie verführerisch-göttlichen Erotikutensilien sichert sie, konspirativ-bedeutungsvoll lächelnd, den Erfolg des Liebesversuches. Hera bedankt sich und lächelt ebenfalls, perfide-bedeutungsvoll.

Hera macht sich, beeindruckend erotisch ausgerüstet, auf den Weg zu Zeus.

Allerdings besucht sie vorher Hypnos, den Gott des Schlafes. Sie redet liebevoll auf ihn ein und verspricht ihm kostbare Geschenke, wenn er Zeus in tiefsten Schlaf versetzt, nachdem sie mit ihm den Liebesakt vollzogen hat.

[105] Die ganze atemberaubende Szene kann man in Homers Ilias, 14. Gesang, nacherleben. Falls zusätzliche Erläuterungen gewünscht werden, s. vorige Fußnote.

Der Schlafgott Hypnos lehnt jeden Bestechungsversuch zunächst entschieden ab. Nicht etwa aus moralischen Gründen oder weil er prinzipiell nicht bestechlich ist, sondern allein wegen früherer bitterer persönlicher Erfahrungen mit Rachebestrafungen durch einen betrogenen Zeus. Allerdings bricht Hypnos Bestechlichkeitsrobustheit krachend zusammen, als Hera ihm Pasithea, eine der Chariten, als Frau verspricht. Du, Sisyphos kennst ihre richtigen Namen. Doch die meisten Ausländer kennen nur das Pseudonym, das ihnen die Lateiner einige Jahrhunderte später gegeben haben: Grazien.

Und so fliegen die beiden Konspiranten – Hera, die die Perfidie mit sich führt, und der die Schlafbetäubung transportierende Hypnos – mit Schwung zum Berg Ida nahe Troja, auf dem sich Zeus aufhält. Während Hypnos sich wie ein Habicht zwischen den Ästen einer hohen Tanne versteckt, nähert sich die alabasterarmige Hera anmutigen Schrittes in ihrer verführerischen Aufmachung, mit Aphrodites erotischen Waffen gerüstet, ihrem Gemahl. Was für eine Inszenierung, Sisyphos! Als Zeus Hera mit ihrer überwältigenden erotischen Ausstrahlung erblickt, wird ihm schwindlig vor Liebessehnsucht und erotischem Verlangen. Sogleich versucht er, sie in sein Bett zu locken. Doch Hera tischt ihm dasselbe Märchen auf, mit dem sie vorher Aphrodite getäuscht hat. Die Geschichte also von ihren Pflegeeltern, Okeanos und Tethys, die sich nicht mehr lieben und denen sie helfen will, und so weiter und so fort. Du ahnst schon, sie will ihn hinhalten und noch sehnsüchtiger machen.

Zeus bettelt und buhlt um die erotische Gunst seiner Ehefrau. Das mit den Pflegeeltern habe doch noch Zeit. Sie beide könnten doch zuerst ihre eigene Liebe genießen. Hera gibt sich nachgiebig, doch unter der Voraussetzung, dass Zeus dafür ein Versteck findet. Kein anderer Gott, nicht einmal Helios, der Sonnengott, der alles sieht, soll sie dabei beobachten können. Du erkennst sicher Heras Hintergedanken. Dann kann nämlich auch Zeus nichts vom Treiben seines Bruders Poseidon sehen.

Kein Problem für den Wolkenherrscher. Augenblicklich nimmt er eine dicke Wolke – man sagt, es sei eine goldene Wolke gewesen – und hüllt ihre göttlichen nackten Körper damit ein. Und dann gibt es kein Halten mehr. Zärtlich und liebevoll umarmt der Oberste Gott das Objekt seiner Begierde, seine listig- und perfid-verführerische Ehefrau Hera. Versteckt in der dicken, goldenen Wolke können sie von niemandem beobachtet werden. Aber auch sie sehen nichts und niemanden, weder im Himmel noch auf der Erde.

Poseidon kann sich also auf Trojas Schlachtfeldern austoben. Und Hera fühlt sich überglücklich – nicht nur wegen Zeus ekstatischer Umarmungen.

Nachdem Zeus sein Liebesverlangen befriedigt hat, lässt er sich erschöpft und zufrieden von Hypnos betäuben, der ihn in einen tiefen Schlaf versetzt. Danach fliegt der korrumpierte Hypnos zu Poseidon und übermittelt ihm Heras Botschaft: Er könne weiter den Griechen uneingeschränkt helfen. Sein Bruder werde nach der minutiös geplanten, meisterhaft wie überzeugungskräftig inszenierten heißen Verführung durch Hera noch länger tief und fest schlafen.

So viel Vertrauen hatte der Ehemann zu seiner Angetrauten. Mit so viel Perfidie überlistete die Ehefrau den Ehemann, dieses Vertrauen treulos missbrauchend.

Hera nutzt also nicht nur listig das intime Vertrauensverhältnis zu ihren Zwecken, sondern instrumentalisiert dafür auch die Erotik. Eine Instrumentalisierung, die seitdem eine glänzende Karriere durch die Jahrtausende gemacht hat, bis in die Zeit, aus der ich komme. Diese Episode, die ich dir gerade erzählt habe, ist nicht nur ein Archetyp der Perfidie, sondern auch der Instrumentalisierung der Erotik.

Doch nicht nur Machtbesessene, wie etwa die Göttin der Macht, bedienen sich der List in perfider Weise, sondern auch manche sonst so souveräne und weise Persönlichkeiten, wenn sie ihre Ziele mit allen Mitteln erreichen wollen – so wie etwa Athena, die souveräne und weise Weisheitsgöttin. Ich erzähle dir eine erschreckende Episode aus dem an List und Perfidie unerschöpflichen Reservoir des Kampfes um Troja.[106]

Eine todbringende Perfidie

Achilles verfolgt in einer dramatischen Jagd den Trojanerführer Hektor rund um Trojas Mauer. Ein Ende der Jagd ist nicht abzusehen. Bis das Olympische Götterkabinett Athena mit einer perfiden Mission beauftragt: Sie fliegt zu Achilles und verspricht ihm, Hektor zu verleiten, nicht weiter zu fliehen, sondern sich dem Kampf mit ihm zu stellen. Hocherfreut beendet Achilles die Verfolgung des gehetzten Hektors und wartet aufgeregt darauf, sein Ziel endlich zu erreichen: Hektor zu töten. Und in der Tat macht Pallas Athena ihrem Ruf als zuverlässige Verbündete alle Ehre. Sie hat einen perfiden Plan erdacht und ist dabei, ihn in die Tat umzusetzen. Sie nähert sich dem fliehenden Hektor in Gestalt seines Lieblingsbruders Deiphobos, und als solcher zeigt sie Mitgefühl und Solidarität. Sie bietet dem bedrängten Hektor an, mit ihm gemeinsam Achilles zu bekämpfen. Der so hinters Licht geführte Hektor, nichts von dem Betrug ahnend, freut sich sehr, seinen geliebten Bruder zu sehen und dessen Angebot zu hören. Er hat großes Vertrauen zu ihm und sagt dankbar: „Deiphobos, du warst immer mein Lieblingsbruder, und ich hatte immer Vertrauen zu dir; aber nun schätze ich dich noch mehr. Du hast die sichere Stadtmauer verlassen, um mir zu helfen, während alle anderen das nicht wagen. Du verdienst meine Hochachtung und tiefe Dankbarkeit!"

Die als Deiphobos getarnte Athena erwidert scheinheilig und betrügerisch: „Nun ja, weißt du, Vater und Mutter, wie auch meine Kameraden, haben mich auf Knien angefleht, es nicht zu tun, sondern in der sicheren Stadt zu bleiben. So viel Angst haben sie alle um mich. Aber mein Herz konnte das, was sich hier abspielt, nicht mehr ertragen. Nun bin ich also hier bei dir. Komm, lass uns mit allen unseren Waffen gegen Achilles kämpfen. Und dann werden wir sehen, ob er uns beide tötet oder von deinem Speer bezwungen wird."

Der Götter perfide List verläuft nach Plan. Und so kommt es dazu, dass Hektor Achilles gegenüber steht, voll des Vertrauens zu seinem Bruder. Er kann nicht ahnen, dass die Götter ihn inzwischen aufgegeben haben und dass gerade Athenas perfider Plan seinen Tod besiegelt.

Achilles wirft seinen Speer gegen Hektor, der aber ausweichen kann. Athena nimmt den auf dem Boden gelandeten Speer und reicht ihn unbemerkt zurück an Achilles. Hektor schleudert ebenfalls seinen Speer, kann aber damit den

[106] Das wurde zum ersten Mal von Homer erzählt, in seiner Ilias, 22. Gesang.

Schild seines Gegners nicht durchdringen, was ihn sehr erzürnt. Weil er keinen Speer mehr hat, ruft er laut nach seinem Bruder Deiphobos, damit der ihm einen neuen gibt.

Aber da ist kein Deiphobos!

Der ist wie vom Erdboden verschwunden!

Neben Hektor ist nur bedrohliche Leere!

In dem Moment offenbart sich ihm die Wahrheit: Hektor begreift schlagartig, dass er nur ein Spielball im großen, perfiden, Götterspiel ist! Es wird ihm blitzschnell klar, dass die ihn bis dahin schützenden Götter ihm den Schutz entzogen haben. Er begreift, dass sein angeblich helfender Bruder nichts anderes war als eine perfide göttliche Täuschung im Rahmen eines diabolischen Götterplanes. Der Götter Perfidie ist des Hektors Tod!

Wie gesagt, Sisyphos, selbst souveräne und weise Gestalten, wie etwa Athena, scheuen offensichtlich nicht davor zurück, perfide zu handeln, um ihre Ziele zu erreichen.

Die Perfidie

Und die Zunft der Psychiater, Psychologen, Psychosomatiker und Psychoanalytiker fügt wissend hinzu:

In der Tat, die beiden erzählten homerischen Beispiele sind Archetypen für Perfidie.

Der aus dem lateinischen abgeleitete Begriff Perfidie, von „perfidus", was etwa „treulos", „wortbrüchig" oder „niederträchtig" bedeutet, bezeichnet im engeren Sinne Handlungen, die vorsätzlich das Vertrauen oder die Loyalität eines anderen ausnutzen, um einen Vorteil zu erlangen. Perfidie unterscheidet sich damit von List, Arglist oder Hinterlist, die kein solches besonderes Vertrauensverhältnis als Grundlage voraussetzen müssen.

Das Wort Perfidie wird aber auch in einem weiteren Sinne verwendet und kann dann die Arten von Denken und Handeln meinen, die gezielt und bewusst böse und hinterhältig sind.

Der beiden Göttinnen Taten können für beides Modell stehen.

Das ist des Mythos archetype Botschaft.

Wie du sicher bemerkt hast, Sisyphos, dachten Zeus und die anderen Olympier das eine und sagten das andere; so wie es auch ihre Nachahmer auf Erden manches Mal tun. Das gehört zu jeder List, zu der guten des Prometheus und zu der bösen des Zeus. Viele Menschen verabscheuen so etwas generell, aber sie ignorieren dabei etwas Fundamentales: List ist eine der wirksamsten Waffen der Evolution und der Natur. Wobei List in der Natur eine Sache der genetischen Vorprogrammierung ist. Aber die List des Homo Sapiens ist eine der wirksamsten Waffen seines Intellekts. Beide, die gute und die böse List, dienen seinem Überleben. Es liegt bloß an der moralischen Robustheit des Menschen und an der ethischen Rüstung der Gesellschaft, ob sie zwischen Gut und Böse unterscheiden und danach handeln können.

So oder so, die List bleibt eine intellektuelle Waffe.

Ja, mein Bruder Sisyphos, wir sind uns so ähnlich, wenn auch so unterschiedlich. Doch meine Bemühungen, in der Handhabung deiner wirksamsten Waffe, der List, so erfolgreich zu sein wie du, ohne dabei das Moralische zu verletzen, haben bei weitem nicht den erwünschten Erfolg gebracht, denke ich.

Ich muss dir jedoch etwas gestehen, Sisyphos. Ich bin heilfroh, dass ich und die meisten Menschen diese deine wirksamste Waffe nicht so gut bedienen können wie die schon erwähnte listige heilige Trinität. Also Prometheus, du und Odysseus. Du schaust mich wieder so erstaunt an! Selbstverständlich bin ich froh, dass wir das nicht so gut können. Der Grund dafür ist ganz einfach, Sisyphos.

Ich befürchte, dass wir die Waffe der List, wenn wir sie perfekt beherrschen könnten, am häufigsten so wie Zeus anwenden würden und nicht so wie Prometheus! Um Trojanische Kriege anzuzetteln und nicht um den Menschen das Zivilisation, Emanzipation und Autonomie schaffende Feuer zu bringen! Wir würden daraus meistens blutige Kriege machen, befürchte ich, und davon gibt so schon genug. Sicher würden wir ab und zu, eure Listbegabung nachahmend, auch etwas Gutes damit tun und manchmal vielleicht auch irgendein lustiges-listiges Spielchen.

Apropos lustiges-listiges Spielchen! List kann auch amüsant sein, so wie sie von einem großen Gelehrten einmal beschrieben wurde. Der amüsierte große Gelehrte schrieb sinngemäß folgendes:

Was könnte köstlicher, was wertvoller sein als das Leben selbst? Aber wie kommt es zu seiner Entstehung? Also nicht die Lanze der Pallas Athena, die nicht mal selbst geboren ist; auch nicht die Furcht und Schrecken verbreitende Ägis des wolkenzusammenballenden Zeus, Symbol seiner Macht und Herrschaft über das Universum, erzeugten das Menschengeschlecht und pflanzen es fort. Nein, der Vater der Götter und König der Menschen höchstpersönlich tut es – aber wie?

Mit List!

Der den gesamten Olymp durch einen einzigen Wink erbeben lässt, muss seinen dreizackigen Blitz ablegen und auf seinen grimmigen Titanenblick verzichten, mit dem er je nach Laune alle Götter in Schrecken versetzt, und er muss, der Ärmste, ganz nach Schauspielermanier eine fremde Maske aufsetzen, wenn er einmal Lust hat, das zu tun, was er fast immer tut, nämlich ein Kind zu machen.[107]

[107] Der so spöttisch-philosophisch schreibende Gelehrte ist Erasmus von Rotterdam in seinem Werk „Das Lob der Torheit" aus dem Jahre 1509/1512, Manesse, Zürich.

Also List ist des Obersten Gottes fruchtbarste Eigenschaft!

Doch für dich wie auch dein großes Vorbild Prometheus ist List nicht das Vehikel, um lustig-listige Spielchen zu veranstalten, sondern das Befreiungsmittel schlechthin. Das Mittel, mit dem ihr die Menschen von der Götter Schikanen und dem Schicksal der Moiren zu befreien versuchtet.

Mit List, der Intelligenz klugem Kind.

21

Sisyphos und Tantalos: Intelligenz und Schlauigkeit, Prosoziales und Antisoziales

21.1 Intelligenz

Ach, Sisyphos, zeige dich doch wenigstens ein bisschen davon geschmeichelt. Es stimmt doch! Deine und Prometheus und Odysseus außergewöhnlich erfolgreiche List ist das kluge Kind eurer außergewöhnlichen Intelligenz. List gibt es zwar auch in der Natur. Sie ist aber das Ergebnis einer genetischen Vorprogrammierung und erfüllt einen Zweck. List beim Menschen ist dagegen eine hohe kognitive Leistung und hat ein Ziel.[108] Das erkennen wir auch in den Strukturelementen der List – Problem erkennen, Plan entwerfen, Plan durchführen und Überzeugungsarbeit leisten – in den diesbezüglich bisher erwähnten Mythen und Legenden. Es ist kein Wunder also, dass oftmals die List Begleiterin einer überdurchschnittlichen Intelligenz ist. Nicht nur Prometheus und du seid Archetypen dafür, sondern auch dein zwar nicht biologischer, aber geistiger Sohn Odysseus.

Was dich betrifft, hast du durch deine Intelligenz vieles erreicht, nicht nur den Tod ausgetrickst. Du hast auch zahlreiche Probleme gelöst. Eigentlich hast du uns, den modernen Erforschern des Psychischen, für das Konstrukt Intelligenz Modell gestanden.

Ja, Sisyphos, du hast uns manche bleibenden Beispiele einer intelligenten Problemlösung beschert. So etwa die Geschichte von Autolykos, Odysseus Großvater mütterlicherseits. Du erzählst zwar nichts davon, dafür bist du zu bescheiden, aber die Menschen sprechen mit Bewunderung davon. Darf ich

[108] Eine Ansicht, die v. Watt für die Intrige vertritt (s. Fußnote 98); sie passt aber auch oder sogar besser zur List.

A. Marneros, *Mein Bruder Sisyphos, mein Freund der Minotauros*,
https://doi.org/10.1007/978-3-662-55808-9_21

dir erzählen, was sie sagen? Es scheint dir egal zu sein. Deine Zwangsgedanken und Zwangshandlungen lassen wohl keinen Raum für ein wenig sichtbaren Stolz. Aber ich erzähle es dir trotzdem. Eine winzig kleine Ablenkung von deinem Zwangswerk kann ja nicht schaden – vorausgesetzt, dass du überhaupt abgelenkt werden kannst und willst.

Die Legende vom König der Diebe

Autolykos war sozusagen der König der Diebe, von Hermes, dem Gott der Diebe, in die Kunst des Diebstahls eingeführt. Das erzählt uns auch Homer in seiner Odyssee.[109] Hermes – es wird übrigens gemunkelt, dass er des Autolykos heimlicher Vater war – verlieh ihm zwei Gaben: Erstens, der geschickteste aller Diebe zu sein, so dass er beim Diebstahl nie ertappt würde. Und zweitens die Fähigkeit, alles, was er stiehlt, in jede beliebige äußere Erscheinung verwandeln zu können, so dass der Besitzer das Diebesgut nicht wiedererkennt. Autolykos Diebstahlsdrang machte nicht einmal vor dir halt. Immer wieder fiel er nachts in deine und andere Viehherden ein, wie uns die Mythographen erzählen, aber niemand konnte ihn ertappen. Du ahntest, wer der Dieb sein könnte, doch beweisen konntest du es nicht. Das war das Problem. Aber du, der intelligenteste aller Menschen, wärest deines Namens nicht würdig, wenn du nicht auch dafür eine Problemlösung parat gehabt hättest: Du befestigtest unter den Hufen der Rinder einen bleiernen Stempel mit dem Satz *„Gestohlen durch Autolykos"*. Und so konntest du den König der Diebe überführen, deine Herde zurückführen und somit das Problem lösen. War es nicht so, Sisyphos?

Apropos „überführen", dazu fällt mir folgendes ein: Die Leute erzählen, dass du, als du zu diesem Zweck bei Autolykos warst, einen „One-Night-Stand" mit seiner schönen Tochter Antiklia gehabt hättest. Am nächsten Tag sei sie jedoch nach Ithaka gereist, um König Laërtes zu heiraten. Der nach neun Monate geborene Odysseus sei dann wohl dein Sohn gewesen und nicht der des gutmütigen Laërtes. Ihm also bloß untergeschoben als Kuckuckskind.

Schon gut, Sisyphos, schon gut! Pass bitte auf deinen Felsblock auf, so dass du ihn nicht vor lauter Empörung auf uns rollen lässt. Ja, ich weiß, das ist bloß – dich empörender – Klatsch und Tratsch. Homer, Odysseus offizieller Biograph, berichtete nicht von so etwas. Und Antiklia war außerdem eine sehr tugendhafte Frau.

Das Problem mit dem König der Diebe hast du also gelöst. Deine Intelligenz hat die Überlegenheit des geschicktesten aller Diebe in Luft aufgelöst.

Das Konstrukt Intelligenz

Und die Zunft der Psychiater, Psychologen, Psychosomatiker und Psychoanalytiker fügt wissend hinzu:

[109] Im 19. Gesang.

In der Tat, Sisyphos gehört zu den Archetypen intelligenter Problemlösung.

Der lateinogene Begriff Intelligenz – von „inter" für „zwischen" und „legere" für „lesen" oder „wählen" und „verstehen" bzw. „wählen zwischen" – bezeichnet bloß ein Konstrukt. Mehr als ein Konstrukt ist es nicht, was wir da gebastelt haben. Wir konnten nämlich keine Funktion ausmachen, die wir als Intelligenz identifizieren konnten, so wie es für manche anderen psychischen Funktionen möglich ist. Wir haben einiges zusammengesetzt, konstruiert also, und dessen Ergebnis, das Konstrukt, Intelligenz genannt.

Was ist Intelligenz, haben wir uns gefragt. Wir haben uns gestritten, diskutiert und disputiert, und zum Schluss kamen wir zu dem Ergebnis, dass wir uns nicht einig sind, wie Intelligenz zu definieren ist. Der Spott der Spötter lautet: Intelligenz ist das, was ein Intelligenztest misst. Aber nicht doch! Praktisch gesehen und ungeachtet der streitenden Disputanten ist Intelligenz nichts anderes als das, was Sisyphos uns in den fernen mythischen Zeiten vorgeführt hat:

Intelligenz ist die kognitive Leistungsfähigkeit des Menschen, Probleme zu lösen und zweckmäßig zu handeln.

Mit anderen Worten:

Intelligenz ist die Fähigkeit zur Problemlösung durch logisches Denken!

Schlicht, einfach und praktisch gesagt heißt das also: Zahlreiche Einzelfähigkeiten – kognitive Fähigkeiten – bündeln sich und führen gemeinsam zu einem Ergebnis. Zur Problemlösung.

Das ist des Mythos archetype Botschaft.

Bitte, mein Bruder, sei nicht erstaunt und auch nicht wütend, weil dir so etwas wie das Märchen mit dem One-Night-Stand mit der tugendhaften Antiklia angedichtet wurde. Die Menschen versuchten nämlich zu erklären, wem Odysseus seine legendäre Intelligenz zu verdanken hat. Wem denn, wenn nicht dem intelligentesten Menschen der vorangegangenen Generation? Und der warst du! Du musst nämlich wissen, dass eines der größten Bedürfnisse des Menschen das Kausalitätsbedürfnis ist. Der Mensch sucht immer nach einem Grund, nach einer Ursache. Nicht nur um Phänomene und Ereignisse, sondern auch um menschliches Verhalten, eigenes und fremdes, wie auch Charaktereigenschaften erklären zu können. Das nennt man Kausalattribuierung bzw. Kausalattribution.

Die Kausalattribuierung

Und die Zunft der Psychiater, Psychologen, Psychosomatiker und Psychoanalytiker fügt wissend hinzu:

Die zwei konstituierenden Teile des Begriffes Kausalattribuierung bzw. Kausalattribution – die lateinischen Worte „causa" für Ursache und „attribuere" für zuteilen, verleihen oder beifügen – erklären schon, was der Begriff bedeutet: Ursachenzuschreibung. Was das Psychische betrifft, beschreibt der Begriff den

Vorgang der Ursachenzuschreibung für menschliches Verhalten, das eigene oder das fremde.

Zum einen können die Menschen die Ursachen von bestimmten Verhaltensweisen, Charaktereigenschaften und Ereignissen bei sich selbst suchen. Dann spricht man von *„internaler Kausalattribution"*. Wird die Ursache bei anderen Personen gesucht, bei äußeren Faktoren und Zuständen, die nicht im eigenen Verantwortungsbereich liegen, dann nennt man das *„externale Kausalattribution"*.

Es überrascht überhaupt nicht, dass der Mensch in der Regel dazu neigt, bei Erfolg internal zu attribuieren, d. h. er sieht sich selbst als Ursache für den Erfolg, während bei Misserfolg dagegen nicht selten external attribuiert wird, also anderen Personen, Faktoren oder Zuständen, die außerhalb des eigenen Verantwortungsbereiches liegen, oder auch Umwelteinflüssen die Schuld am Misserfolg zugeschrieben wird. Natürlich hat so eine generelle Haltung die Funktion, das eigene Selbstwertgefühl und die Selbstdefinition zu schützen bzw. zu stärken.

Man kann auch beobachten, dass die Art der Kausalattribuierung sich ändert, je nachdem, ob man Beobachter oder Handelnder ist. Der Beobachter schreibt Ereignissen viel häufiger innere Ursachen zu („Der Student ist durch die Prüfung durchgefallen, weil er unvorbereitet war.") als der Handelnde („Ich bin durchgefallen, weil der Professor so schlecht gelaunt war."). Dabei sind beide Attributionsarten in der konkreten Situation möglicherweise fehlerbehaftet. Wie es offensichtlich der Fall mit Sisyphos und Antiklia ist.

Das ist des Mythos archetype Botschaft.

Es ist also den Menschen ein Bedürfnis, nach Ursachen von Ereignissen zu suchen. Und wenn sie dafür nichts Handfestes und Überprüfbares finden, erfinden sie etwas. So auch zu der Frage, wieso gerade Odysseus der intelligenteste aller Helden des Kampfes um Troja war. Und dafür erfanden sie das Märchen von der illegalen Vaterschaft des intelligentesten Menschen seiner Zeit – und der warst du. Ihr Hintergedanke: Intelligenz kann nur von Intelligenz gezeugt werden.

Intelligenz und Erblichkeit

Und die Zunft der Psychiater, Psychologen, Psychosomatiker und Psychoanalytiker disputiert miteinander und fügt – am Ende vollständig zerstritten – hinzu:

„In der Tat, Recht haben diese Mythographen gehabt, Erblichkeit von Intelligenz postulierend! Sie waren keineswegs Märchenerzähler, sondern sie haben späteren Forschungsergebnissen vorgegriffen! Intelligenz ist nämlich erblich!" sagen die einen.

„Unsinn!" halten andere dagegen. „In der Tat, Recht haben diejenigen, die die böse Unterstellung von Sisyphos Vaterschaft entschieden ablehnen. Erblichkeit und Intelligenz können auch getrennte Wege gehen. Auch unintelligente

Eltern können intelligente Kinder bekommen. Und umgekehrt können sehr intelligente Eltern völlig unintelligente Kinder in die Welt setzen. Intelligenz ist außerdem trainierbar und von vielen sozialen und Umweltfaktoren abhängig."
Ja, so sagen sie.

Die meisten aber sagen wissend: „Naja, wie so häufig liegt die Wahrheit in der Mitte, irgendwo zwischen den beiden extremen Positionen. Man kann davon ausgehen, dass beide Faktoren, nämlich Erblichkeit und soziale Umwelt, Intelligenz gestalten. Obwohl allerdings bei den Intelligenzforschern Konsens darüber besteht, dass sowohl Erblichkeit als auch Umwelt eine bedeutende Rolle bei der Intelligenzentwicklung spielen, besteht noch Dissens hinsichtlich der Frage, welcher der beiden Faktoren letztlich der einflussreichere ist. Wir streiten noch".

Und der Streit geht weiter. Der Mythographen Kreativität kennt dabei keine Grenzen, Mythen gebären Mythen.

Das ist des Mythos archetype Botschaft.

Wie auch immer, Sisyphos, die Lösung des Problems mit Autolykos war nicht der einzige Beweis deiner Intelligenz. Wie du es beispielsweise geschafft hast, mit Hilfe des Flussgottes Asopos das Problem deiner unter extremer Trockenheit leidenden Stadt Korinth zu lösen und wie du zweimal den Tod überlistet hast, ist jedes für sich Zeugnis deiner Intelligenz. Folgt man den meisten deiner mythografischen Biografen, dann hättest du nach heutigen Maßstäben sicher einen Intelligenzquotienten, einen IQ sagt man auch, der weit, sehr weit, über dem durchschnittlichen Spektrum von 85 bis 115 liegt.

21.2 Schlauigkeit und Hybris

Schon das Intelligenzzertifikat, das dir Homer als erster ausgestellt hat, ist nicht frei von Zweideutigkeit. Er verwendet das Wort „kérdistos" (κέρδιστος), das sowohl „der Intelligenteste" wie auch „der Schlaueste", „der Geschickteste" oder „der Listigste" bedeuten kann. Allerdings das ist nicht das Wort für Schlauigkeit, so wie es deutsche, vor allem alte, allgemeine, philosophische oder theologische Lexika und Texte definieren. Mit Schlauigkeit übersetzen sie ein anderes Wort der uns gemeinsamen Sprache, nämlich das Wort „ponerós" („πονηρός") mit eher negativer Konnotation und geben ihm zu Recht folgende Bedeutungen: „Verschlagenheit", „Verschmitztheit", „Fähigkeit, andere zu betrügen oder das Recht zu verdrehen". In theologischen Texten finden sich für „ponerós" Metaphern wie „die Schlauigkeit des Teufels" oder „die Schlange als Bild der Schlauigkeit" und manches andere Negative.

Außer dem Wort Schlauigkeit wird auch das verwandte Wort Schlauheit verwendet. Einigen wir uns auf folgende Auslegung, Sisyphos: Mit Schlauheit meinen wir etwas Neutrales bis eher Positives, mit Schlauigkeit etwas eher Negatives. Allerdings kann die Grenze zwischen Schlauheit und Schlauigkeit, zwischen Geschicklichkeit und List manchmal verschwimmen. Also kann man prinzipiell wählen, wie man dich bezeichnet: „Sisyphos, der intelligenteste" oder aber „Sisyphos, der schlaueste", „Sisyphos, der geschickteste" oder „Sisyphos, der listigste" aller Menschen.

Aufgrund deiner Biografie und deiner Persönlichkeit wähle ich die für mich zutreffendste Deutung, „der Intelligenteste". Zweifelsohne, „Sisyphos, der Intelligenteste"! Ich verwerfe für dich entschieden das negative Prädikat der Schlauigkeit. Das kann ich aber ohne Zweifel Tantalos verleihen, der genau wie du seine ewige Strafe im Tartaros verbüßt. Andere bewerten das umgekehrt: Tantalos sei der Intelligenteste und du der Schlaueste. Das tut weh, Sisyphos! Es tut weh, wenn deine Intelligenz mit Tantalos Schlauigkeit verwechselt wird.

Die Unterschiede zwischen dir – dem erhabenen Altruisten, dem Prosozialen und Empathischen – und Tantalos – dem Frechen, Korrupten und Korrumpierenden, dem Antisozialen und Respektlosen – sind so gewaltig, dass eigentlich keine Verwechselung möglich ist. Du kennst Tantalos, aber kennst du auch seine wahre Geschichte, so wie ich sie dir jetzt erzählen möchte?

Die Legende von einem hochprivilegierten Psychopathen

Auch Tantalos stand relativ am Anfang des Menschengeschlechtes, ein Anfangsmensch so wie du. Und so wie du lebte er in der Zeit, in der noch nicht entschieden war, was menschlich und was göttlich ist. Und du weißt, wie damals noch Götter und Menschen sich im Alltag begegneten und miteinander Geschäfte abwickelten, wie sie gemeinsam zu Tisch saßen oder auch Sex miteinander hatten. Letzteres erklärt übrigens, warum manche Anfangsmenschen von Göttern abstammen. Einer davon war Tantalos. Ich bitte um Verständnis, Sisyphos, wenn ich jetzt nicht standesamtmäßig Tantalos Genealogie exakt darstellen kann. Es gibt so viele Gerüchte und widersprechende Angaben dazu. So wie es eben ist, wenn man am Anfang einer bahnbrechenden Entwicklung steht. Und die bahnbrechendste und aufregendste Entwicklung zur Zeit des Tantalos war die Menschwerdung, die Anthropogenesis, sowie die Grenzziehung zwischen Menschlichem und Göttlichem. Es wird aber gemunkelt, dass Zeus selbst sein Vater war und seine Mutter Plouto, Göttin des Reichtums und Tochter des Urgottes Kronos. Dies erklärt, warum Tantalos superreich war, im Luxus lebte, großzügige Geschenke machte, den Göttern reiche Opfergaben spendete, aber auch dem Irrtum verfiel, dass er mit seinem Reichtum alles haben könnte. Dazu hatte er das Talent, Menschen und Götter mit seinem oberflächlichen, aber doch verführerischen Charme für sich zu gewinnen. Und wenn das nicht wirksam war, dann war es kein Problem für ihn, sie zu bestechen oder zu kaufen. Sein sprichwörtlicher Reichtum und seine Herkunft verführten manche dazu, seinen Namen Tantalos mit dem Wort „Talanton", der Bezeichnung für das größte Geldgewicht, in Verbindung zu bringen. Und so sprach man von den „Talanta des Tantalos" bzw. den „Talenten des Tantalos". Das Wort Talent kommt ja von Talanton. Tantalos besaß beides im Überschuss, Talanta und Talente.

Andere erzählen, dass Zeus zwar sein heimlicher Vater sei, seine Mutter aber sei Omphale, eine Königin in Kleinasien. Ja, genau die, die Herakles die Frauenkleider verpasst hat.[110] Zeus sei als Stier zu ihr gekommen, habe ihren Ehemann, der neben ihr im Bett lag, in einen tiefen Schlaf versetzt und sie bedrängt. Der Rest hat mit Tantalos Zeugung zu tun. Nichts davon ist amtlich bestätigt, und so meinen viele, das seien alles bloß Phantasien der Königin. Mit noch anderen Gerüchten über Tantalos Herkunft und über seine biologischen Eltern, die wie viele Gerüchte aus dieser trüben Zeit der Anfangsgeschichte der Menschheit stammen und überall wild verstreut wurden, wollen wir uns nicht beschäftigen. Wir wollen ja nicht in trüben Gewässern fischen, wir suchen Klarheit.

Tantalos hatte aufgrund seiner Herkunft, seiner Talanta und Talente, die auch zur Großzügigkeit den Göttern gegenüber führten, mehr Privilegien als die anderen Anfangsmenschen. Er war häufig Gast auf dem Olymp, durfte mit den Göttern speisen, Ambrosia und Nektar genießen, und umgekehrt die Götter bei sich als Gäste begrüßen. Allerdings war der superreiche und superprivilegierte Tantalos kein tugendhafter Mensch – wie auch manche superreichen und manche superprivilegierten Menschen in der Zeit, aus der ich komme. Die Liste von Tantalos Verfehlungen und Persönlichkeitsdefiziten ist lang. Er hatte eine zügellose Zunge, die Schlechtes und Böses über andere erzählte, sogar Geheimnisse der Götter plauderte sie aus. Und trotz seines Reichtums war er ein Dieb. Er hat es sogar gewagt, den Göttern Nektar und Ambrosia zu stehlen, um damit Partys mit seinen menschlichen Freunden zu feiern. Natürlich nur, um damit anzugeben und zu prahlen. Auch Hehlerei, Meineide und grenzenlose Selbstüberschätzung werden ihm vorgeworfen. So habe er von Zeus verlangt, ihn den Göttern gleichzustellen. Er verführte die Frauen, um sie dann herzlos zu verlassen. Mindestens vier gefühllose Scheidungen sind uns offiziell bekannt. Man kann sich vorstellen, wie seine inoffizielle Frauenliste aussah. Nein, er hatte keine Bindungsfähigkeit, nicht einmal seinen eigenen Kindern gegenüber.

Keine schöne Persönlichkeit also, dieser Tantalos! Er war eine schwer dissoziale Persönlichkeit – ein Psychopath, wie ich anschließend erzählen will. Doch die größte seiner vielen antisozialen Verfehlungen kommt noch und hat mit seinem Namen zu tun:

Sein Name nämlich wird von einer Sprachwurzel der uns gemeinsamen Sprache abgeleitet, die unter anderem „der Wagemutige" oder „der das allergrößte Wagnis Eingehende" bedeuten kann.

Und er ist in der Tat das allergrößte Wagnis eingegangen!

Es war so groß und so scheußlich, dieses Wagnis, dass die griechischen Dichter und Mythographen es nicht deutlich zu erwähnen wagten. Sie sprachen nebulös nur von „Tantalos Frevel". Aber dann kamen die Römer, die so eine feine Sensibilität und Rücksichtnahme nicht kannten, und fanden Geschmack

[110] Wie es in Kap. 12 erzählt wurde.

daran zu erzählen, um was es ging.[111] So hat es nach vielen Jahrhunderten des sensiblen und rücksichtsvollen Schweigens doch die ganze Welt erfahren. Wenn ich es jetzt dir sage, Sisyphos, dann bedeutet das nicht, dass ich genüsslich wie ein Römer Abscheulichkeiten erzählen möchte. Sondern dann tue ich das, weil es eine Heuchelei wäre, das Bekannte als Unbekanntes zu behandeln. Und darüber hinaus ist diese Tat auch der sicherste Beweis für Tantalos negative und pathologische Persönlichkeitsstruktur.

Das abscheuliche Wagnis des Tantalos war folgendes:

Tantalos will die Götter testen, ob sie alles wissen. Er lädt sie zu einem Fest ein und verspricht ihnen reichliche Opfergaben aus Stierfleisch. Doch stattdessen serviert er ihnen Menschenfleisch! Er hat nämlich vorher seinen eigenen Sohn Pelops getötet! Er hat ihn zerstückelt, gekocht und ihn dann den Göttern vorgesetzt!

Manche sagen übrigens, es sei sein Neffe gewesen; aber es war doch der Sohn. Obwohl auch ich, muss ich gestehen, einmal angenommen habe, es sei der Neffe gewesen, und es weitererzählt habe. Doch ich korrigiere mich, es war der Sohn.

Offensichtlich macht Tantalos vor nichts Halt! Kaltblütig, ohne die geringste Regung, Hemmung oder Empathie, hat er den eigenen Sohn getötet, ihn zerstückelt und gekocht. Und nun serviert er ihn, gut gelaunt und nicht an Selbstlob für seine Kochkünste sparend, seinen göttlichen Gästen.

Die Götter erkennen natürlich sofort, dass es Pelops Fleisch ist. Sie stellen den Knaben wieder her und bringen ihn zurück ins Leben, schöner als je zuvor. Nur eine einzige Göttin, Demetra, hat da schon etwas von dem Fleisch gekostet. Der Grund für Demetras Missgeschick ist, dass sie erst vor kurzem erfahren hat, dass ihre Tochter Persephone von Hades in die Unterwelt entführt wurde. Dadurch ist sie so verstört und tief in traurige Gedanken versunken, dass sie mechanisch ein Stück Schulterfleisch abbeißt. Die Götter jedoch ersetzen die fehlende Schulter des Pelops mit einer Elfenbeinplatte. Das ist der Grund, warum die Pelopiden, die Nachkommen des Pelops, ein weißes Mal auf der Schulter haben. Die Götter haben Pelops später ermöglicht, ein brillanter König zu werden. Zu seinen Ehren heißt übrigens bis heute der südliche Teil Griechenlands Peloponnes, was Insel des Pelops bedeutet.

Tantalos dagegen wurde von den Göttern schwer bestraft.

Als Odysseus die Unterwelt besuchen musste, um etwas über seine weitere Reiseroute vom Seher Teiresias zu erfahren, hat er genau gesehen und beschrieben, wie Tantalos Strafe aussieht:

---

[111] So Karl Kerényi in: Die Mythologie der Griechen, Bd. II: Die Heroen-Geschichten (1988), dtv, München.

> Ich erblickte noch einen weiteren großen Sünder, Tantalos, Großvater von Agamemnon, wie er unglaubliche Qualen erlitt: An einem Bach mit kristallklarem Wasser stand er, offensichtlich sehr durstig, wollte unbedingt trinken. Aber sobald er sich niederbeugte und seine Lippen die Oberfläche des Wassers berührten, versiegte das Wasser; zurück blieb nur trockene schwarze Erde. Mitten in einem Obstgarten befand er sich, und unzählige Früchte – Äpfel, Granatäpfel, Birnen und süße Feigen – hingen zu ihm herab, sodass die schweren Zweige die Erde berührten. Sobald aber der Greis versuchte, eine der Früchte zu pflücken, schnellte der Wind den Ast hoch bis zu den Wolken – und der Sünder konnte seinen quälenden Hunger nicht mit den reifen, süßen Früchten stillen.[112]

Ja, das sind die berühmten Tantalosqualen! In manchen Sprachen wurde sogar der Name Tantalos Synonym für Qual. Etwa im Englischen, in dem das Wort quälen „*to tantalise*" heißt.

Manche sagen, dass durch Tantalos ungeheuerliches Verbrechen die böse Tat in die Welt kam. Sie sagen sogar, dass seine böse Tat das Zerwürfnis zwischen Menschen und Göttern eingeläutet habe.[113]

Allerdings ist mir der Hauptgrund für seine Bestrafung durch die Götter noch nicht ganz klar. Weil er es gewagt hat, die Götter zu testen? Oder wegen seines ungeheuerlichen Verbrechens gegen seinen Sohn? War es das Motiv oder die Tat?

21.3 Forscherdrang und Forschungsfreiheit

Ich muss dir gestehen, Sisyphos, dass ich bezüglich der Beurteilung von Tantalos Motiven doch in gewisser Hinsicht ein wenig ambivalent bin. Nur hinsichtlich der Hintergrundmotive, völlig abgekoppelt von der unaussprechlichen Tat. Warum? Ganz einfach. Ich finde Neugier und Forschergeist nicht nur legitim und natürlich, sondern auch wünschenswert. Tantalos wollte es wissen. Sind die Götter allwissend oder nicht? Dafür wandte er die Methode des Experiments an, eines der Hauptvehikel der Wissenschaft. Daran dachte er wohl im Sinne der Göttin der Weisheit und der Rationalität, Athena. Das Experimentieren ist wünschenswert, das Tantalos-Experiment aber abscheulich und aufs Schwerste zu verurteilen. Ich vermute, dass dieser Tantalos, abgesehen von den schon erwähnten charakterologischen Defiziten, die er zweifellos

[112] So steht es in Homers Odyssee, 11. Gesang.
[113] Herrlich zu lesen bei Michael Köhlmeier (2000) „Tantalos oder Der Fluch der bösen Tat", Piper, München, Zürich.

hatte, ein Anhänger der Rationalität war. Prinzipiell doch etwas Gutes, dennoch haben ihm die Götter nach seinem tiefen Fall auch das zur Last gelegt.

So etwa die Geschichte mit Helios. Kennst du die, Sisyphos? Die Götter warfen Tantalos vor, so erzählt es der Philosoph Anaxagoras[114], dass er den Sonnengott Helios schwer beleidigt habe. Tantalos vertrat nämlich die Auffassung, dass Helios, die Sonne, kein Gott ist, sondern ein großer Feuerball. Das wurde auch in die Kollektivanklage der Götter gegen ihn aufgenommen. Die Sonne soll kein Gott sein, sondern ein Feuerball? Interessant, nicht wahr! Schade, dass eine so bahnbrechende Idee von einem solchen Schurken kam!

Dass Tantalos erforschen wollte, ob Götter tatsächlich allwissend sind, finde ich prinzipiell begrüßenswert. Was ich verurteile und natürlich abscheulich finde, ist die Methode, die er anwendete. Insofern wurde Tantalos, zu Recht meine ich, von Zeus in den Tartaros, die tiefste Ebene der Unterwelt, geschickt und mit den Tantalosqualen bestraft. Die Götter mögen bei Tantalos Bestrafung auch noch eigene Motive verfolgt haben. Vor allem angesichts seiner provozierenden abscheulichen Tat zum einzigen Zweck, nämlich die göttliche Allwissenheit in Frage zu stellen. Nichtdestotrotz stellt sich bei Tantalos Treiben aber die Frage nach der Grenze der Forschungsfreiheit.

Forschergeist und Forschungsfreiheit

Und die Zunft der Psychiater, Psychologen, Psychosomatiker und Psychoanalytiker fügt wissend hinzu:

In der Tat, der Tantalos-Mythos zeigt den Archetyp einer charakterologisch defizitären Persönlichkeit, die skrupellos eine zu verurteilende Methode anwendet, um Neugier zu befriedigen; sich vor Verbrechen und Tabubruch nicht scheuend.

Forschergeist ist eine essenzielle Eigenschaft des Menschen, er gehört zur Natur des Menschen. Forschergeist hat den Menschen zu dem gemacht, was er ist. Tabuzonen des Erforschens laufen dem Forschergeist zuwider. Forschergeist hat den Menschen von Aberglauben und Dunkelheit befreit. Einerseits!

Andererseits: Methoden und Wirkung seiner Forschung sollen aber dem sonst schwer begrenzbaren Forschergeist des Menschen Grenzen setzen. Methoden, die der Ethik widersprechen, und Wirkungen, die Natur und Mensch verachten oder ihnen unmittelbar oder mittelbar schaden, stellen die rote Linie dar, die auch von der Forschungsfreiheit nicht überschritten werden darf. Intellektuelle Neugier und Forscherinstinkt müssen beherrschbar sein.

Das ist des Mythos archetype Botschaft.

[114] Man findet es auch in Roschers Wörterbuch (s. Bibliographische Anmerkungen).

21.4 Des Menschen Persönlichkeit als Risikofaktor

Eine unangenehme, eine dissoziale bzw. antisoziale Persönlichkeit dieser Tantalos – ganz anders als du, Sisyphos, nicht wahr? Ich möchte dir nicht schmeicheln, aber ich habe dir ja schon vorher hohe Empathie und ausgeprägtes prosoziales Verhalten attestiert. Während deine prosozialen Verhaltensweisen durch empathische Solidarität zu anderen Menschen und durch Berücksichtigung von deren Interessen und Wohlergehen gekennzeichnet sind, müssen wir bei Tantalos das Gegenteil feststellen. Egoistisches Verhalten, Durchsetzung eigener Interessen ohne Rücksicht auf Gefühle und Interessen der Mitmenschen. Ohne Skrupel darüber, dass dadurch anderen Menschen geschadet werden könnte. Keine Scheu davor, Gesetze, ja sogar Tabus, zu brechen. Das ist antisoziales Verhalten – das Gegenstück zu deinem prosozialen Verhalten.

Antisoziales Verhalten ist der Kern der sogenannten dissozialen bzw. antisozialen Persönlichkeit. Entschuldige, Sisyphos; aber ich hoffe, du hast schon bemerkt, dass ich die Begriffe dissozial und antisozial synonym verwende.

Allerdings zeigen uns die Mythen, dass antisoziales Verhalten zwar der einheitliche Kern einer antisozialen Persönlichkeit ist, dass sie aber trotzdem verschiedene Gesichter haben kann. Tantalos ist eine Erscheinungsform der dissozialen Persönlichkeit. Boreas, Vater der Boreaden, die uns aus dem Gespräch über die Habgier bekannt sind, ebenfalls – aber mit einem anderen Gesicht. Tantalos ist vorwiegend der schlaue, skrupellose Dissoziale, Boreas vorwiegend der aggressive, gewalttätige Dissoziale. Das geht aus den vielen Geschichten hervor, die du mir seinerzeit, bei meiner Einführung in das Damals und das Immerwährende, erzählt hast. Eine davon war die Geschichte des Raubes von Orithyia, die manche auch Oreithyia nennen, durch Boreas. Erinnerst du dich?

Der wilde Boreas

Boreas oder Borrás, der Gott des Nordwindes, wohnt am Ende von Thrakien und im Land der Hyperboräer weit oben im Norden – Boreas oder Borrás heißt ja in der uns gemeinsamen Sprache bis heute der Norden.

Boreas ist ein wilder Geselle! Er versetzt alle und alles in Furcht und Schrecken. Wenn er seine Macht demonstriert, dann wirft er sich mit solcher Wucht ins Meer, dass sich gewaltige Wellen an die Gestade wälzen, dass Schiffe kentern und ganze Fischerdörfer zerstört werden. Nicht weniger zeigt er seine Macht auch auf dem Lande, mächtige Eichen und hohe Fichten entwurzelnd, steinerne Mauern stürzend. Auch junge Frauen sind vor ihm nicht sicher, wenn er sie auf offenen Plätzen oder in den Feldern trifft. Er beraubt und misshandelt sie.

Trotz seiner Wildheit verliebt er sich eines Tages in ein wunderschönes Mädchen. Zur großen Überraschung für alle, die ihn kennen. Die Angebetete ist Orithyia, die schöne Tochter von Erechtheus, König von Athen. Entgegen seiner

Gewohnheiten beraubt Boreas sie nicht, sondern geht mit vielen Geschenken zu ihrem Vater und bittet den Gepflogenheiten folgend um ihre Hand. Der Vater aber verachtet die Nordmänner generell und Boreas insbesondere. So verweigert er seine Zustimmung zur Hochzeit. Alle Schmeicheleien, Höflichkeiten und Bitten seitens des aufdringlichen Bräutigams helfen nicht. Das aber ärgert den enttäuschten Freier gewaltig, der sich am Ende doch auf seine wahren Eigenschaften besinnt und denkt:

„Meine Schuld! Warum legte ich auch meine eigenen Waffen ab, Wildheit, Ungestüm, Jähzorn und bedrohliches Wesen, und ließ mich auf Bitten ein, die mir übel anstehen? Für mich taugt nur Gewalt. Mit Gewalt verscheuche ich düstere Wolken, mit Gewalt wühle ich die Meere auf, stürze knorrige Eichen, mache Schnee zu Eis und peitsche die Länder mit Hagel. Gerade so bin ich: Falls ich meine Brüder im freien Himmelsraum treffe – das ist ja mein Tummelplatz –, dann stürze ich mich mit solcher Wucht in den Kampf, dass zwischen uns der Äther kracht, wenn wir zusammenprallen, und bei jedem Schlag Feuer aus berstenden Wolken springt. Gerade so bin ich: Wenn ich hinunterfahre in die weiten Schlünde der Erde und meinen Rücken mit Wucht gegen das Dach der tiefsten Höhlen stemme, dann versetze ich die Geister der Toten und die ganze Welt durch Beben in Schrecken. Mit gleicher Macht hätte ich auch die Kammer des Mädchens stürmen sollen, hätte den Schwiegervater nicht bitten, sondern Erechtheus ungefragt dazu machen müssen!“[115]

Gedacht, gedroht, gemacht.

Sofort bereitet Boreas seine gewaltigen Fittiche aus und fliegt unverzüglich zu Orithyia. Alles auf Erden zittert, das Meer erschauert, und die vor Schreck gelähmte Orithyia wird in Boreas grauen Schleier gehüllt und entführt. Er bringt sie in sein dunkles Reich des Nordens und macht sie zu seiner Frau. Aus dieser gewaltsamen Ehe werden die uns bekannten Boreaden Kalaïs und Zetes geboren. Wir kennen sie aus dem Mythos der Harpyien.[116] Erinnerst du dich, Sisyphos? Als wir darüber sprachen, waren wir angenehm überrascht, dass einem so gewalttätigen und dissozialen Vater zwei prosoziale Kinder geboren wurden. Die Gene der Mutter? Die Erziehung durch die Mutter? Oder beides zusammen?

Die dissoziale bzw. antisoziale Persönlichkeit

Und die Zunft der Psychiater, Psychologen, Psychosomatiker und Psychoanalytiker fügt wissend hinzu:

In der Tat, der schlaue, skrupellose Tantalos und der aggressive gewalttätige Boreas stellen Archetypen unterschiedlicher Formen von dissozialen bzw. antisozialen Persönlichkeitsstrukturen dar.

Die antisoziale Persönlichkeit befindet sich im Konflikt mit dem Gesetz, stellt eigene Interessen über die von anderen Menschen und setzt sie ohne Skrupel und Rücksichtnahme durch. Das tut sie entweder durch manipulatives, betrügerisches und pseudocharmantes Auftreten oder aber durch aggressives und

[115] Des Nordwindes Gedanken hat Ovid niedergeschrieben.

[116] Aus Abschn. 4.2.

gewalttätiges Verhalten. Reizbarkeit, Impulsivität und Aggressivität bis hin zu gewalttätigem Verhalten gehören zu den Merkmalen, die beide Erscheinungsformen begleiten. Geringe Empathie und fehlende oder kaum vorhandene Bereitschaft, eigene Schuld und Verantwortung für fehlerhaftes Verhalten zu erkennen, sind ebenso wie fehlende Reue für getanes Unrecht wichtige Charakteristika. Auch eine beschränkte Fähigkeit, bis hin zur völligen Unfähigkeit, aus Erfahrung, darunter auch aus Strafe, zu lernen, gehört dazu. Promiskes Verhalten und instabile soziale Bindungen sind der dissozialen Persönlichkeit nicht fremd. Wenn mehrere der erwähnten Merkmale sehr ausgeprägt sind, sprechen wir von „Psychopathie". In diesem Sinne war Tantalos ein schwerer Psychopath. Boreas auch.

Das ist des Mythos archetype Botschaft.

Boreas wurde für sein antisoziales Verhalten nicht bestraft. Denn er ist ein Gott. Du hast ja selbst die Erfahrung gemacht, dass Götter schalten und walten können, wie sie wollen. Konsequenzen haben sie kaum zu befürchten. Doch Tantalos, der Mensch, der mit seiner abscheulichen Tat die Götter provozierte und damit die schlimmste Hybris beging, wurde von den Göttern fürchterlich bestraft.

Eine sehr harte Strafe, aber wohlverdient. Findest du nicht auch, Sisyphos? Es ist deswegen eine sehr harte Strafe, weil sie Komponenten von zwei der härtesten Strafen überhaupt in sich vereint: Zum einen die Nicht-Befriedigung von prinzipiell befriedigbaren Bedürfnissen, zum anderen die Sinnlosigkeit von Streben und Handeln.

Die Qual der Nicht-Befriedigung von befriedigbaren Bedürfnissen

Und die Zunft der Psychiater, Psychologen, Psychosomatiker und Psychoanalytiker fügt wissend hinzu:

In der Tat, der Tantalos-Mythos steht als Archetyp auch dafür.

Unbefriedigte Bedürfnisse verursachen immer Frustrationen und andere unangenehme Gefühle beim Menschen. Doch wenn deren Befriedigung vor Augen steht, wenn sie prinzipiell befriedigbar sind, und wenn trotzdem die konkrete Person in ihrem Streben nach Befriedigung, in ihren Bemühungen, ja in ihrem Kampf um Befriedigung perpetuierend erfolglos bleibt, dann verwandelt sich das Unangenehme, das Frustrierende und das Enttäuschende zu unsagbaren Qualen – zu Tantalosqualen.

Das ist des Mythos archetype Botschaft.

Über die Bedeutung der Sinnlosigkeit haben wir schon an verschiedenen Stellen gesprochen, Sisyphos. Aber lass mich offen und ehrlich noch mal zusammenfassen, was ich über Sinnlosigkeit denke.

Sinnlosigkeit ist die Hölle. Die Hölle, zu der du, Sisyphos, die Danaiden und auch Tantalos verurteilt seid. Ich betone, eine höhere Strafe kann ich mir kaum vorstellen. Und wenn sich die Hölle der Sinnlosigkeit mit der Hölle der unbefriedigten, aber prinzipiell befriedigbaren Bedürfnisse vereint, so wie bei Tantalos, dann ist das der Tartaros, die tiefste Stufe der Hölle! Denkst du das nicht auch, mein Bruder Sisyphos?

Die Hölle der Sinnlosigkeit

Und die Zunft der Psychiater, Psychologen, Psychosomatiker und Psychoanalytiker fasst wissend zusammen:

In der Tat, die Sinnlosigkeit von Tantalos ewigen erfolglosen Bemühungen, seine Bedürfnisse zu befriedigen, hat ihn zu Recht zum Archetyp der Tantalosqualen gemacht.

Der Mensch braucht Sinn in seinem Leben. Sinn ist das Elixier des Lebens. Er bietet den Rahmen und das Rückgrat für das Tun und Lassen des Menschen, für sein Hoffen und Planen, für Erwarten und Kreieren, für Sich-Binden und Sich-Trennen – kurzum: für das Leben. Er bietet die Voraussetzung einer Perspektive.

Fehlt der Sinn, dann fehlt die Perspektive. In der Sinnlosigkeit von Tun und Lassen, von Hoffen und Planen, von Erwarten und Kreieren, von Sich-Binden und Sich-Trennen verbirgt sich der Stoff, der das eigene Leben zur Qual machen kann. Sinnlosigkeit des Lebens ist ein Kernsyndrom der schweren Depression. Eine der schwersten Qualen, die den Menschen martern, wie wir schon dargestellt haben.

Doch auch die Sinnlosigkeit einzelner Bemühungen und Handlungen, die sich permanent wiederholen, ist dem Menschen ein Martyrium.

Das ist des Mythos archetype Botschaft.

Kannst du, Sisyphos, deine Abscheu unterdrücken und für einen Moment ein bisschen Mitleid für den von Tantalosqualen Gemarterten empfinden? Keine Antwort? Nicht mal eine nonverbale?

22

Sisyphos der Unsterbliche

22.1 Der routinierte Zwang und die verborgene Freude

Ja, ich weiß, Sisyphos, das mit der Sinnlosigkeit gilt auch für dich: Deine Bemühungen mit deinem Felsen sind genauso sinnlos wie die Versuche des Tantalos.

Ich frage mich trotzdem zum wiederholten Male, Sisyphos, ob du überhaupt die Zeit findest, dir Gedanken über Sinn und Unsinn deines Tun und Lassens zu machen. Und wenn ja, wann ist die bessere Zeit dazu, beim Hinaufwälzen oder beim Herunterrollen deines Felsblocks? Ehrlich gesagt, was mich betrifft, bin ich nicht mehr so daran interessiert, wie du den Berg hinaufkletterst, mühsam deinen Felsblock hinaufwälzend. Das beobachte ich ja seit einer Weile, während ich dich bei deinem mühsamen Aufstieg begleite. Und was ich dazu zu sagen habe, habe ich schon gesagt. Nein, worauf ich viel gespannter bin, ist das, was passiert, wenn wir endlich oben angekommen sind. Dein Hinabsteigen, deine Reaktion, wenn dein Felsblock vor deinen Augen wieder hinunterrollt. Ich bin gespannt, ob ich dann genau die gleiche Beobachtung mache, wie sie Albert Camus in seinem „Sisyphos" berichtet:

> Ich sehe, wie dieser Mann schwerfälligen aber gleichmäßigen Schrittes zu der Qual hinuntergeht, deren Ende er nicht kennt.

Doch ich habe Zweifel, ob dein französischer Hymnograph dich beim Hinabsteigen überhaupt richtig gesehen hat; ob er dich tatsächlich ganz genau beobachten konnte. Ich bin neugierig, ob ich bei genauem und gezieltem

A. Marneros, *Mein Bruder Sisyphos, mein Freund der Minotauros*,
https://doi.org/10.1007/978-3-662-55808-9_22

Beobachten deines Hinabsteigens ähnliche Betrachtungen machen werde wie dein großer französischer Erklärer. Oder ob ich andere Wahrnehmungen haben werde als er. Auch unter diesem Aspekt bin ich gespannt, nun bald dein Hinabsteigen zu erleben.

Jetzt ist es geschafft!

Nun endlich sind wir beide auf dem Gipfel des Berges angelangt, Sisyphos. Du mit deinem schweren Felsblock und ich mit meinen schweren Gedanken. Meine Spannung steigt ins Unerträgliche. Wie geht es weiter?

Doch können wir uns nicht eine kurze Pause gönnen, mein lieber Bruder? Ich bin außer Atem – obwohl ich keinen schweren Felsblock hinaufzuwälzen hatte. Nicht einmal ein kleiner Stein erschwerte mein Hinaufsteigen. Und trotzdem bin ich erschöpft. Doch du offensichtlich nicht! Trotz des straferschwerenden Felsblocks! Woher hast du bloß diese Kraft, woher diese Ausdauer? Ein Ziel zu haben und eine Aufgabe zu erfüllen – ist das ein strafererleichternder Schrittmacher, ein Energiespender?

Sisyphos, ich glaube, du hörst mir nicht zu. Du machst ja wie besessen weiter.

Ich sehe, wie du hochkonzentriert und mit aller Kraft versuchst, den Felsblock auf dem Gipfel zu befestigen.

Ich sehe, wie der riesige Felsblock auf dem Gipfel wackelt und sich gegen jegliche Stabilität wehrt.

Ich sehe, wie du verzweifelt versuchst, den Felsblock daran zu hindern, hinunterzurollen.

Und ich erkenne, was du wohl schon längst ganz genau weißt: Er wird hinunterrollen; alle deine Bemühungen haben keinen Sinn.

Jetzt frage ich mich höchst gespannt: Was wirst du tun, wenn der Fels tatsächlich ins Rollen kommt?

Wirst du hinterherrennen und versuchen, ihn aufzuhalten?

Und wenn du bei diesem Bemühen dann schließlich bis zum Fuß des Berges hinuntergeschossen bist, wendest du dann und beginnst sofort, den Felsblock wieder hinaufzuwälzen?

Oder schreitest du langsamen Schrittes einher, mit einem nachdenklichen Gesicht, die Arme hinter dem Rücken verschränkt?

Lässt du den Felsblock hinunterrollen und folgst ihm langsam und gemächlich, für kurze Zeit gelassen die Entspannung genießend?

Machst du unterwegs Halt? Denkst du nach? Wägst du ab?

Wäre es die erste Variante, also die des Hinunterschießens und des Wiederhinaufwälzens, dann gäbe es nichts Neues zu besprechen. Ist es aber die Variante des langsamen Schrittes, des nachdenklichen Gesichtes, der hinter dem Rücken verschränkten Arme, des gemächlichen Gehens, des Haltmachens und des Nachdenkens, dann ist es das, was dein französischer Analytiker als die Stunde des Bewusstseins bei dir bezeichnet. „*Diese Stunde, die gleichsam ein Aufatmen ist und ebenso zuverlässig wiederkehrt wie sein Unheil, ist die Stunde des Bewusstseins*“ schreibt er. Und er meint, dass du in diesen Augenblicken, in denen du den Gipfel verlässt und allmählich in die Schlupfwinkel der Götter entschwindest, deinem Schicksal überlegen bist. Du seist dann stärker als dein Felsblock. Er meint auch, die Strafe, die dir die Götter auferlegt haben, sei keine Strafe, weil die Hoffnung auf Erfolg dir neue Kraft gebe. Er ist davon überzeugt, dass du aus dem Schicksal eine menschliche Angelegenheit gemacht hast, womit er sicherlich nicht Unrecht hat. Er meint sogar, dass darin auch deine verborgene Freude bestehe, indem damit nämlich dein Schicksal dir gehöre.

Ich bin gespannt, ob auch ich die vermutete „*Stunde des Bewusstseins*“ und deine „*verborgene Freude*“ beim Hinunterrollen des Felsen und bei deinem späteren Ankommen in der Ebene entdecken kann.

Oh, es geht los. Der Fels kommt ins Rollen!

Und du, Sisyphos, schaust ihm für einen Augenblick mit einer Mischung aus Erstaunen und Panik nach.

So, als ob du das während deiner tausende von Jahren andauernden Zwangsarbeit zum ersten Mal erlebst.

Und dann rennst du los, dem Fels hinterher!

Und von hier oben kann ich erkennen, wie du zum Fuß des Berges hinunterschießt und, unten angekommen, den Felsblock sofort wieder packst. Wie du aufs Neue, ohne auch nur einen Moment zu zögern, beginnst, ihn wieder hinaufzuwälzen!

Nein, du kommst nicht langsamen, gemächlichen Schrittes unten an, mit einem nachdenklichen Gesicht, die Arme hinter dem Rücken verschränkt!

Nein, du hältst nicht inne. Du denkst nicht nach. Und du wägst nicht ab!

Keine Besinnung für dich? Nein, was hätte das auch für einen Sinn? Du bist bloß konsequent, sowohl was deine Taten und ihre Folgen von damals betrifft, als auch deine Sisyphosarbeit von heute.

Deine Zwangsroutine ist zum routinierten Zwang geworden. Nachdenken und Gefühle sind bei dir ebenfalls zur Zwangsarbeit verurteilt. Sie dürfen nicht zum Ausdruck kommen, sie müssen verborgen bleiben. Dein französischer Analytiker hat das auch so diagnostiziert.

Doch ich bin mir nicht sicher, ob es ihm entgangen ist, dass deine Freude, die jetzt ja im Verborgenen bleibt, vor der Urteilsverkündung entstand und währenddessen triumphierte.

„Ist das so mit deiner Freude, stolzer Rebell, mein Bruder Sisyphos?“ murmele ich leise in mich hinein.

Du hast ja nie etwas dazu gesagt. Es bleibt dein Geheimnis. Und wir dürfen erahnen, vermuten oder auch spekulieren. Aber nie genau wissen.

22.2 Eine besondere Unsterblichkeit

Wie es auch sein mag, mein lieber Bruder Sisyphos, ich habe mich sehr gefreut, dir zu begegnen und mit dir von Seele zu Seele zu sprechen. Es war mir wichtig, dich zu treffen. Hier unten, tief in mir, tief in uns. Du lebst ja, auch lange nach deinem Tod, in mir weiter. In uns. Korinth war bloß deine Heimatstadt. Dein ständiger Wohnsitz aber liegt in uns. Du wurdest Weltbürger. Man hat sogar Korinth als deine Heimatstadt vollständig vergessen. Wenn man dich sucht, wird niemand mehr auf die Idee kommen, dich in Korinth zu suchen, sondern vielmehr in uns. Deine Sehnsüchte, dein Felsblock, dein Berg sind Bestandteile unserer Seelenlandschaften, der pananthropischen Seelenlandschaften.

Deine permanente, nicht endende Arbeit verrichtest du jeden Tag und jede Nacht tief in uns. Deine Unterwelt ist unser Unterbewusstsein – und das wiederum ist unsere Unterwelt. Deine tiefe Schattenwelt ist die Tiefe unserer Seele. Du gehörst zu unserer Unterwelt, zu unserer Schattenwelt. Du bist deren ständiger Bewohner. Sie wiederum ist wie geschaffen für eine Sisyphosarbeit. Und so lebst du ewig und arbeitest unendlich in uns, von Generation zu Generation. Das ist also die Ewigkeit, die deine Geschichte meint?

Und du bist dadurch unsterblich! Du hast in der Tat Unsterblichkeit erlangt. Eine ganz besondere Art der Unsterblichkeit.

Ist es das, was dein Mythos, Sisyphos, mit dem Austricksen des Todes meint?

Dass du, der Anfangsmensch, in uns Spätmenschen weiter lebst?

Dass du ein ewiges Leben in uns führst – solange das Menschengeschlecht existiert?

Dass deine Ewigkeit unsere Erbschaft ist?

Dass du Archetypus im klassischen Sinne bist? So wie es der Psychiater C. G. Jung einst gemeint hat? Also Archetyp als „*Inhalt eines kollektiven Unbewussten*", sich aus Erfahrungen unserer Vorfahren speisend?[117].

Dass du, der erhabene Archetypus bist, bestehend aus der Vielzahl der herausgefundenen, der vorher begegneten Archetypen?

Dass du, Sisyphos, deine Erhabenheit, die die Götter herausfordert, mit der Zwangsarbeit, mit dem Verlust der Freiheit, bezahlt hast?

[117] S. Kap. 1.

Dass deine Erben, die „Nach-oben-schauenden" – so heißen ja die Menschen, „Anthropos" in der uns gemeinsamen Sprache, in gewisser Hinsicht auch erhaben wie du – die Erhabenheit, die mit der prometheischen Revolution anfängt, mit den Zwängen des zivilisatorischen Kompromisses erkauft haben?

Dass die erschreckende Entdeckung, die schon am Anfang von euch Anfangsmenschen gemacht wurde, auch für uns Spätmenschen nichts von ihrer Gültigkeit verloren hat?

Die Entdeckung nämlich „*Keiner, außer Zeus, ist frei*"[118]?

Wie auch immer, es tat mir gut, mit dir zu sprechen, mein Bruder Sisyphos. Es tat mir gut, obwohl es mich manchmal auch geschmerzt hat. Das Eintauchen in deine Unterwelt, in unsere Schattenwelt, kann eine beschwerliche Reise sein. Von Pein begleitet.

Doch nun, mein Bruder Sisyphos, ist die Zeit gekommen, dich zu verlassen. Du willst es auch, vermute ich. Denn Zeit für Gespräche hast du ja nicht wirklich. Danke, dass du trotzdem für mich da warst.

Du bist besessen von deiner Sisyphosarbeit. Du willst sie ja so akkurat, so korrekt machen, wie es möglich ist. Obwohl du weißt, dass sie sinnlos ist. Lust, Interesse oder auch Zeit für andere Dinge hast du nicht. Ich vermute, dass du alles hasst, was dich von deiner Sisyphosarbeit abhält oder ablenkt.

Doch bevor ich gehe, lass mich noch folgendes sagen. Die ersten Sätze, die ich zu dir gesagt habe, als ich zu dir kam, natürlich nach der Begrüßung, waren die folgenden:

> Wie ähnlich wir uns sind, mein Bruder Sisyphos! Obwohl ein paar Jahrtausende Altersunterschied zwischen uns liegen. Die Ähnlichkeiten zwischen dir, der mythischen Gestalt der Anfangszeit, und mir, dem modernen Menschen der heutigen Zeit, sind frappierend. Ja, wir sind uns zum Teil zum Verwechseln ähnlich, so wie sich Geschwister häufig ähneln. Wir sind uns so ähnlich, aber auch so unterschiedlich. So wie sich Geschwister häufig voneinander unterscheiden.

Erinnerst du dich? Jetzt, am Ende unserer Begegnung möchte ich folgendes hinzufügen:

Die Reise zu dir war auch eine Entdeckungsreise zu mir. Ich habe entdeckt, dass wir, die modernen Menschen, nicht nur mit dir, sondern mit all den anderen, die in unserem monologisierenden Dialog – oder dialogisierenden

---

[118] Diese erschreckende Entdeckung wurde auf dem Gipfel des Kaukasus gemacht, verkündet von Göttern und ihren Knechten, protokolliert von Äschylos in seinem „Gefesselten Prometheus" in Vers 50, mit den Worten: „ελεύθερος γαρ ούτις εστί πλήν Διός".

Monolog, je nach Betrachtungsweise – vorkamen, so viele Ähnlichkeiten und Unterschiede besitzen wie mit dir. Das Gute und das Böse, das Altruistische und das Egoistische, das Tapfere und das Ängstliche, das Erhabene und das Niedrige, das Sinnvolle und das Sinnlose, das Normale und das Pathologische, das Musische und das Primitive und all das, dem wir bei den mythischen Urgestalten begegnet sind, lauert genauso auch in uns, den modernen Menschen. Die Gegensätze stehen im ständigen Antagonismus miteinander. Möge das Gute, das Altruistische, das Tapfere, das Erhabene, das Sinnvolle, das Normale und alles andere Wunderbare häufiger die Oberhand gewinnen. Mögen die Musen über die Erinyen herrschen.

Ein ständiges Spannungsfeld, ein spannender Kampf mit ungewissem Ausgang!

Nun muss ich gehen, mein Bruder. Danke für die bereichernde Begegnung.

Lebe wohl mein Bruder Sisyphos.

Das Ende eines dialogisierenden Monologes

Ein wenig später, nachdem ich mich auf den Weg gemacht habe und schon ein Stück von Sisyphos, seinem Felsblock und seinem Berg entfernt bin, höre ich aus der Ferne eine ziemlich laute Stimme:

„Lebe wohl und auf Wiedersehen! Es war schön, mit dir so lange und so intensiv zu sprechen! Mein Bruder!

Und viele Grüße an alle. An alle meine Schwestern und Brüder."

Ich bin wie vom Donner gerührt.

Es ist Sisyphos, mein Bruder! Seine Stimme kommt aus der Tiefe. Sie klingt so, wie ich mir die Stimme des Sehers Teiresias vorstelle. Des Sehers also, der, wie Homer uns glaubhaft versichert, den in die Unterwelt tief eingetauchten Odysseus über das Vergangene, das Gegenwärtige und das Zukünftige informiert.[119]

[119] Homer berichtet über den ersten Tiefgang des Menschen in die Unterwelt und die Begegnung mit den Schatten seines Lebens in der Odyssee, und zwar im 11. Gesang.

Teil II

Mein Freund der Minotauros, der Opfertäter

Eine Begegnung im Vorzimmer des Labyrinths

Die Erläuterung vor der Erzählung

Gibt es eine Beziehung zwischen Sisyphos und Minotauros?

Auf den ersten Blick: nein! Es gibt überhaupt keine! Auf den zweiten Blick: ja, doch! Es gibt sie, sogar mehr als eine!

Bleiben wir beim zweiten Blick, der ist in der Regel der zuverlässigere. Die auf den ersten Blick völlig fremden Gestalten Sisyphos und Minotauros sind beim zweiten Blick doch irgendwie miteinander verwandt.

Zuerst erkennen wir, dass beide Protagonisten Gefangene sind! Sisyphos ist Gefangener des Felsblocks und des Zwanges, Minotauros des Labyrinths und seiner monströsen Gestalt. Einer monströsen Gestalt, die zu monströsen Taten führt. Das ist die erste, die ins Auge springende Verwandtschaft. Wenn wir aber tiefer explorieren, dann können wir möglicherweise weitere essenzielle Gemeinsamkeiten zwischen den beiden so unterschiedlichen Gefangenen finden. Vor allem die des Opfers. Ja, des Opfers! Manche sind vielleicht überrascht und fragen sich „Wie kann man diesem monströsen Verbrecher, der Jugendliche verspeist und nicht einmal ein menschliches Antlitz besitzt, diesem stierköpfigen Minotauros, Opferstatus zugestehen?“

Man könnte sich sogar fragen: „Ist das eine Blasphemie? Ist das eine Beleidigung für Sisyphos? Minotauros denselben Status wie ihm zu verleihen?“

Nein, ich denke nicht, es ist keine Blasphemie. Und ich denke weiter, dass Sisyphos zu den ganz Großen gehört. Für einen ganz Großen ist das Empfinden von Empathie viel stärker als das Sich-beleidigt-fühlen.

Was den Opferstatus betrifft, ist für Sisyphos alles klar. Er hat etwas getan, was zwangsläufig die Rache des Mächtigen hervorgerufen hat – er hat den Obersten Gott als Übeltäter entlarvt. Und so wurde Sisyphos Opfer von Zeus Rache. Und über ihn wurde die Todesstrafe verhängt. Dann hat Sisyphos auch das Schicksal herausgefordert, indem er sich dem Willen der Götter widersetzt und den Tod ausgetrickst hat! Gleich zweimal! Seine Aufsässigkeit gegen die von den Göttern gestiftete Ordnung machte ihn zum Opfer des göttlichen Zorns und in der Folge auch seines Felsblocks und seines Zwangs. Genau genommen war Sisyphos ein Täter im gleichen Maße wie sein großes Vorbild Prometheus ein Täter war, der ebenfalls zum Opfer von Zeus Zorn wurde, nachdem er Taten begangen hatte, die dem Obersten nicht gefallen konnten. Es darf aber keine ausschließlich negative Konnotation mit der Bezeichnung Täter assoziiert werden. Es gibt auch gute Täter, sogar heldenhafte Täter – so wie unsere beiden genannten Heldentäter –, die leider zu Opfern wurden. Täteropfer sozusagen.

Aber Minotauros? Der hat doch keine Heldentat begangen, keine Rebellion gegen die Mächtigen angezettelt und nicht den göttlichen Willen herausgefordert, wofür er hätte bestraft werden müssen. Nun ja, könnte er nicht von Beginn an ein Opfer gewesen sein? Das dann schließlich zum Täter wurde? Ein Opfertäter sozusagen?

Die folgende Erzählung von einer Begegnung mit ihm versucht, eine Antwort auf diese Fragen zu geben!

23

Das schuldlose Opfer der Schuldigen

23.1 Das Treffen mit einem Monster

Guten Tag, Minotauros! Ich habe gehört, dass deine schwer bewaffneten Bewacher, die dich hierhergebracht haben, dir schon gesagt haben, wer ich bin und was der Zweck unseres Zusammentreffens ist. Ich denke, es ist richtig, dass ich dich duze, denn die Menschen deiner Zeit haben sich nie gesiezt. Du kommst aus deiner Vergangenheit und ich aus meiner Gegenwart, die deine Zukunft sehr gut kennt. Die verschmolzenen Zeitdimensionen ermöglichten mir vorher ein Gespräch mit meinem Bruder Sisyphos, genauso wie jetzt mit dir. Aber zuerst wünsche ich dir einen guten Tag. Obwohl ich weiß, was auch du weißt: Es wird leider kein guter Tag für dich werden. Die Entscheidung, die das Vorurteil zum Urteil machen wird, ist in deinem Fall, im Fall Minotauros, längst gefallen.

Siehst Du! Schon die ersten Worte, die ich zu dir spreche, sind problematisch. Ja, denn sie sind nicht korrekt und überhaupt nicht anständig. Ich entschuldige mich dafür.

Ich hätte die Bezeichnung Minotauros gar nicht in den Mund nehmen dürfen. Stattdessen hätte ich dich Asterios nennen sollen.

Ja, Asterios wäre sicherlich korrekter und anständiger gewesen.

Es wäre noch korrekter und noch anständiger gewesen, wenn ich dazu gesagt hätte: Ich bedaure es sehr, dass du hauptsächlich durch Verschuldung anderer physisch und psychisch der Minotauros geworden bist, Asterios. Dein richtiger Name wurde von niemandem ausgesprochen, und so wurdest du zu dem anonymen Minos Tauros: Minos Stier. Kaum jemand weiß, dass du einen

A. Marneros, *Mein Bruder Sisyphos, mein Freund der Minotauros*,
https://doi.org/10.1007/978-3-662-55808-9_23

so wunderschönen Namen hast: Asterios, „Der Sternenmensch“ und in einem weiteren Sinne „Der-wie-ein-Stern-Leuchtende“. Doch du bist für niemanden der Mensch Asterios, sondern das Monster Minotauros, das unbedingt die härteste aller Strafen für seine monströsen Taten verdient hat. Diese deine Bestrafung ist der Grund, warum wir heute hier in diesem kargen Vorzimmer des Labyrinths zusammensitzen.

Ich hätte auch mein Bedauern äußern sollen, weil wir keinen guten Tag, weder in der Vergangenheit, noch heute, für dich vorbereitet haben, armer Asterios, Ich betone es, wir. Wir alle, die wir vor dir Angst haben und für die du, nicht nur angeblich, eine Gefahr bist. Bedauern deswegen, weil es uns nicht reicht, dass du durch Verfehlungen Anderer zum Opfer geworden bist. Nein, noch dazu wurdest du und wirst du noch härter bestraft: Mit der Todesstrafe! Bestraft weil du, das Opfer, viele unschuldige Menschen zum Opfer gemacht hast. Du bist schon im Labyrinth eingeschlossen, und bald kommt Theseus zu dir. Dein Henker! Was er mit dir vorhat, weiß du schon. Der Orakelspruch ist dir nicht verborgen geblieben.

Er wird dich töten, Asterios! Die Regierenden werden erleichtert sein, die Massen jubeln. Theseus wird als Held gefeiert, und du wirst leblos in der Finsternis deines Labyrinths liegengelassen.

Ich bedaure diese Entwicklung, Asterios.

Wie du inzwischen von deinen Bewachern erfahren hast, wurde mir Zugang zu dir gewährt, um dich psychiatrisch zu explorieren. Also ein fachpsychiatrisches Gespräch mit dir zu führen, um Hintergrund und Motive deiner „monströsen Taten“ ans Licht zu bringen. Ich hätte ja genug Erfahrung mit „Monstern wie dem Minotauros“, haben deine Bewacher mir gesagt. In der Tat, vierzig Jahre lang habe ich im Rahmen meiner forensisch-psychiatrischen Tätigkeit viel Schlimmes gesehen und studiert. Viel Ungeheures, das aus menschlichen Abgründen entspringt. Es ist also – leider muss ich das so sagen, auch wenn es schlimm klingt – Routine für mich, dich zu explorieren. Und so ist es dazu gekommen, dass wir hier zusammensitzen. Ich auf einem Stuhl hinter dem uns trennenden Steintisch und du mit schweren Ketten an Händen und Füßen gefesselt, vor dem Tisch, auf einer Steinbank. Sonst keine Möbel, kein Wandschmuck, bloß Kälte ausstrahlende Wände. Wie manche Räume von Justizvollzugsanstalten der Zeit, aus der ich komme.

Bevor du in diesen Kälteraum geführt wurdest, meinte der Wachenführer, es wäre besser, wenn ein oder zwei seiner bewaffneten Leute im Raum bleiben. Um mich vor dir zu schützen. Das habe ich abgelehnt. Dann verlangte er, dass zumindest die Tür des Raums offen bleibt. Auch das habe ich abgelehnt. Aber dann sagte er energisch und definitiv: „Hand- und Fußfesseln bleiben. Auch zu unserer eigenen Sicherheit werden wir sie nicht abnehmen.“

Die Betonung auf „unserer eigenen“ war nicht zu überhören. Das konnte ich nicht ablehnen. Zum Schluss fügte er mit gesenkter Stimme hinzu – ob das ein Abscheu bekundendes Murmeln oder eine von ihm angestrebte konspirative Vertraulichkeit war, konnte ich nicht entscheiden – „Der, der ist kein Mensch, Herr Professor. Der ist ein Monster!“ Schon wieder dieser kurze, aufwühlende Satz, dachte ich bei mir. Den habe ich vor manchen Explorationszimmern von Justizvollzugsanstalten meiner Zeit, von dem einen oder anderen Bediensteten nicht so selten gehört – als Abscheu bekundendes Murmeln oder angestrebte konspirative Vertraulichkeit. Ich habe ihn sogar in der Presse gelesen oder in den Nachrichten gehört. In Mordfällen wie deinen. Fällen also mit bestialischer Tötung oder gar mit Zerstückelung des Menschen bis hin zur Anthropophagie, Essen des menschlichen Fleisches ist damit gemeint. Fällen also ähnlich wie deine. Und so wurde es mir auch heute gesagt. Ob murmelhaft-vorverurteilend oder konspirativ-vertraulich spielt dabei keine Rolle.

Als ich alle Informationen über dich zusammen hatte, die ich für die Vorbereitung unserer Begegnung benötigte, begann bei mir das starke Nachdenken. Über dich, über mich und über all die anderen. Und als ich alleine in diesem kargen Vorzimmer des Labyrinths auf dich wartete – das Warten war lang wegen der vielen Sicherheitsmaßnahmen und Kontrollen – habe ich eine Entscheidung getroffen: Ich komme heute nicht zu dir als der explorierende Psychiater, sondern als ein Mensch, der einem Bedrängten begegnet. Ich werde meine Rolle als Psychiater bloß als Eintrittskarte zu deiner Welt verwenden. Und zu meiner. Zu der Welt der Menschen der Zeit, aus der ich komme; dem Weg der Zeit, aus der du kommst, folgend. Eines weiß ich allerdings aus einem Gespräch mit meinem Bruder Sisyphos, das ich führen durfte, bevor ich zu dir kam, schon jetzt. So wie mit Sisyphos wird auch das Gespräch mit dir ein intensiver monologisierender Dialog bzw. ein dialogisierender Monolog sein. Wie er wirst auch du mir wohl nicht direkt antworten, sondern nonverbal mit mir kommunizieren, wenn auch aus anderen Gründen, nämlich wegen der anatomischen Gestaltung deines Kopfes. Aber mit monologisierenden Dialogen habe ich Erfahrung. Das wird uns nicht daran hindern, uns näher zu kommen. Auch damit habe ich Erfahrung.

In dem Gespräch, das ich vorher mit meinem Bruder Sisyphos führte, habe ich festgestellt, dass die drei Zeitdimensionen – die Vergangenheit, die Gegenwart und die Zukunft – in einer einzigen Dimension verschmelzen. Dadurch brauchte er mir nichts zu erklären über Begriffe seiner Zeit. So wie ich dir nichts erklären muss von meiner Zeit. Wir verstehen alles, ohne es näher erläutern zu müssen. Wir beide, Asterios, verstehen einander. Sprechen wir also über alles. In der Sprache, die die Vergangenheit, die Gegenwart und Zukunft vereint.

Ach, noch etwas, Asterios. Während meines erwähnten Besuches bei Sisyphos wurden wir aus der Ferne von der Zunft der Psychiater, der Psychologen, der Psychosomatiker und der Psychoanalytiker beobachtet, die das Erzählte kommentierten und uns ihr Wissen mitteilten. So wird es auch heute sein. Ich hoffe, du fühlst dich dadurch nicht gestört und bist einverstanden.

In dieser für dich schweren Stunde, Asterios, biete ich dir etwas für dich und für mich Ungewöhnliches an: Meine Freundschaft! Zugegebenermaßen eine späte Freundschaft, doch ich hoffe, du kannst sie noch annehmen. Falls nicht, würde ich es zwar bedauern, aber ich hätte Verständnis dafür … Ich verstehe deinen Blick, Asterios … Deine Zurückhaltung kann ich gut verstehen … Vielleicht stellen wir dieses Thema einfach noch ein wenig zurück.

Nun zu dir! Dein Name bedeutet, wie schon erwähnt, „Der Sternenmensch“ bzw. „Der-wie-ein-Stern-Leuchtende“. Eine tragische Ironie ist in diesem Namen verborgen, wenn man dein Schicksal betrachtet. Denn du bist von der Finsternis eines Labyrinthes umhüllt. Himmel und Sonne und Mond und Sterne sind für den Sternenmenschen nicht zu sehen. Asterios ist der Name, den dir deine schuldlos schuldig gewordene und sündig gesprochene Mutter, Königin Pasiphaë, und dein vermeintlicher Vater, König Minos, schon vor deiner Geburt geben wollten. Asteria, wenn du als Mädchen geboren wärest. Das freudige Erwartungsfieber des Königspaares dauerte nur bis zu deiner Geburt. Denn schon der erste Blick, den die Hebamme und ihre Helferinnen auf dich richteten, unmittelbar nachdem du den Leib deiner Mutter verlassen hattest, verursachte bei ihnen schockiertes Erstaunen. Eisiges Schweigen und vor Entsetzen verzerrte Gesichter begleiteten ihren raschen Rückzug. Weg von dir! Alles Zeichen einer schrecklichen Überraschung. Dann setzte ein von vielen Mündern geflochtenes Murmeln ein – aufgeregtes Murmeln, von hastigen Blicken auf dich sekundiert. Das schockierte Erstaunen entwickelte sich zu einer kaum zu kontrollierenden Panik, als deine ersten Babyschreie in den Raum schallten.

Sie klangen wie die ersten Laute eines neugeborenen Kalbes. Eines Stieres, eines Tauros!

Spätestens dann drang das schockierte Erstaunen, das zur Panik geworden war, zu der durch die keineswegs leichte Geburt und die außergewöhnlich starken Wehen erschöpfte Mutter durch. In große Unruhe versetzt, verlangte sie, sofort ihr Baby zu sehen.

Und sie sah dich. Sie sah vor allem deinen Kopf. Deinen Kopf, der wie der eines gerade geborenen Kalbes aussah. Wie ein Stierkopf. Ein Babystierkopf auf einem Babymenschenkörper. Und sie begann zu schreien: „Was ist das? Er sieht aus, als ob er ein Stier wäre. Als ob er einen Stierkopf auf einem menschlichen Körper hätte". Deine Mutter wurde zunehmend hysterisch und panisch.

Sie hatte gute Gründe dafür.

Sie wusste sofort, dass du ein Opfer bist.

Ihr Opfer!

Das aufgeregte Murmeln der Geburtshelferinnen verwandelte sich daraufhin – nicht zuletzt aufgrund der Transformationskraft und vor allem des Suggestionspotentials der königlichen Schreie – schlagartig auch in hysterisch-panische Schreie. „Oh Zeus, ist das wirklich ein Stierkopf? Hat er tatsächlich einen Stierkopf auf einem menschlichen Körper? Sind das die Laute eines Stieres, eines Tauros? Ist der Sohn des Minos in Wahrheit ein Tauros, des Minos Tauros?"

Durch den daraus resultierenden allgemeinen Tumult wurde auch dein vor der Tür des Geburtszimmers ungeduldig wartender vermeintlicher Vater, König Minos, alarmiert. Und obwohl es für ihn als Mann nicht angemessen war, stürmte er kurzerhand in das Geburtszimmer hinein.

Er war wie vom Blitz getroffen, als er dich sah. Wie gelähmt, wie zur Marmorsäule erstarrt, stand er vor deiner Wiege. Er konnte keinen Finger bewegen und keinen Laut von sich geben, als er hörte, wie seine Königin hysterisch-panisch wieder und wieder schrie: „Mein Baby! Es ist ein Stier! Ein Tauros!". Und die anderen Frauen im Geburtszimmer stimmten ein „Es ist ein Stier! Es ist ein Tauros! Des Minos Tauros". Und da brüllte auch Minos, echoartig: „Mein Sohn ist ein Stier! Er ist ein Tauros!" Und er fügte noch hinzu, das Echo der Frauen überbietend: „Als ob er ein Monster wäre! Er hat einen Stierkopf auf einem menschlichen Körper. Als ob er kein Mensch wäre. Mein Sohn!" So wurde auch Minos schließlich hysterisch und panisch.

Er hatte gute Gründe dafür.

Er wusste sofort, dass du ein Opfer bist.

Sein Opfer!

Dädalos, der sich im Vorzimmer aufhaltende Vorsitzende des königlichen Weisenrates, geriet in tiefste und alarmierende Sorgen, als er die panischen Schreie der Frauen, der Königin und nun auch noch des Königs hörte. „Er ist ein Stier! Er ist ein Tauros! Er hat einen Stierkopf auf einem menschlichen Körper! Er ist ein Monster! Und ich füge noch hinzu: Ein gefährliches Monster!", murmelte er ebenfalls hysterisch und panisch vor sich hin, obwohl er des Minos Sohn noch gar nicht selbst erblickt hatte. Es gibt auch ein hysterisch-panisches Murmeln, musst du wissen. Es ist das hysterisch-panische Murmeln der Wissenden und Mitwissenden – der Mitschuldigen. Und so eines war das hysterisch-panische Murmeln des genial-dämonischen Konstrukteurs. Dädalos.

Dädalos hatte gute Gründe dafür.

Er wusste sofort, dass du ein Opfer bist.

Sein Opfer.

Alle diese Schreie drangen auch zu uns, zu allen Menschen der verschmolzenen Zeitdimensionen: „Ist er tatsächlich ein Monster? Hat er einen Stierkopf auf einem menschlichen Körper? Ja doch, er ist ein Monster! Ein gefährliches noch dazu!“. So haben wir sensationslustig deine Geburt kommentiert. Es hat allerdings mehrere Jahre gedauert, bis wir alle durch dich in berechtigte Angst und nachvollziehbaren Schrecken gerieten.

Es gab gute Gründe dafür.

Es hat aber noch länger gedauert, bis wir alle – auf jeden Fall viele, oder sagen wir besser einige, aber zumindest eine Handvoll von uns – erkannt haben, dass du ein Opfer bist.

Auch unser Opfer.

Ja, Asterios, auch unser Opfer! Das muss ich dir noch beichten. Nachdem das fragliche „als ob“ seine kurze, aber steile Karriere zu einem sicheren „er ist“ vollbracht hatte, wurden wir zu Mitwissenden und Mitwirkenden an deiner Opferwerdung. Und an deiner Täterwerdung. An deiner Opfertäterwerdung. Es hat lange gedauert, bis wir alle – auf jeden Fall viele, oder sagen wir besser einige, aber zumindest eine Handvoll von uns – erkannt haben, was du eigentlich bist:

Ein Opfertäter!

Minos, Pasiphaë und Dädalos sind die Hauptschuldigen dabei. Aber auch unser Mitwirken ist mannigfaltig, unsere Schuld dadurch vielfältig.

Unsere Schuld, die Schuld der Wissenden, liegt darin, dass wir nicht erklärt und nicht aufgeklärt haben. Dass wir dein Anderssein den Menschen nicht verstehbar gemacht haben. Dass wir nicht für die Akzeptanz der Vielfalt geworben haben. Wodurch wir zur Entstehung von Stereotypen und Vorurteilen beigetragen haben. Wir, die Wissenden, haben deiner Ausgrenzung unser Wissen nicht entgegengesetzt. Nichts Nennenswertes dagegen unternommen. Und als du begonnen hast zurückzuschlagen und Opfer zu beklagen waren, war unsere laute Stimme eins mit der Stimme der lauten Massen: „Ins Labyrinth! Ins Labyrinth mit ihm! Er hat die Todesstrafe verdient! Die Todesstrafe!". Oder: „Kreuziget, kreuziget ihn!" Was dasselbe bedeutet. Oder: „Wegschließen! Und zwar für immer!"[120]. Was ebenfalls dasselbe bedeutet.

Die Todesstrafe wurde schon verhängt. Weggeschlossen bist du, und zwar für immer. In einem Labyrinth auf den Tod wartend. Obwohl du den Namen „Labyrinth" sicherlich öfter gehört hast, vermute ich, dass niemand dir erklärt hat, was es bedeutet. Das Wort „Labyrinth" hat uralte Wurzeln, die zurückreichen bis zu den Zeiten, als das Griechische sich aus dem Sanskritischen zu formieren begann. „Labyrinth" heißt „Der Ort der Doppelaxt". Eine der uralten Bezeichnungen für Doppelaxt ist „Labrys" (Λάβρυς), was im Wort Labyrinth wiedererkennbar sei[121]. Am „Ort der Doppelaxt" wurdest du eingesperrt? Das klingt nach Doppelgefahr! Gefahr für dich, Gefahr für andere?

Ich muss dir noch etwas beichten, Asterios. Ich kann bestätigen, weil ich direkt von Angesicht zu Angesicht vor dir sitze, dass du keinesfalls einen Stierkopf hast – anders als die Massen es glauben. Und das ist unsere Verfehlung, die Verfehlung der Wissenden. Wir haben es den Nicht-Wissenden nicht erklärt und sie nicht aufgeklärt. Wir haben den Menschen nicht gesagt, dass du zwar einen zugegebenermaßen sehr ungewöhnlichen Kopf hast, aber einen menschlichen. Ja, er sieht anders aus als der Kopf der Menschen aus unserer Familie, unserer Nachbarschaft, unserer Stadt. Aber das ändert nichts an der Tatsache, dass du ein Mensch bist. Nicht anderen Menschen gleich. Aber gleichwertig! Das Anderssein ändert nichts am Menschsein.

Auch das haben wir nicht gesagt, damals als du geboren wurdest, und später, als du auf den Straßen und in der Agora unterwegs warst. Man hätte schon damals, in einem sehr frühen Stadium deiner Entwicklung, dir, deinen Eltern und den Menschen sagen müssen, dass wir, die Wissenden, deinen Kopf als dysmorph bezeichnen. Wir hätten es den Menschen übersetzen und verständlich machen müssen: Das Aussehen deines Kopfes ist zwar ungewöhnlich und anders als bei den Menschen, die uns gewöhnlich begegnen, er ist in der Tat nicht schön, meinetwegen kann man auch sagen, er sei ein missgestalteter menschlicher Kopf – aber doch ein menschlicher! Dein Kopf ist keineswegs der Kopf eines Tieres. Man könnte mit gutem Grund annehmen, dass die Menschen dir wegen deines außergewöhnlich abweichenden menschlichen Kopfes einen Stierkopf angedichtet haben. Wir – die Wissenden – hätten dazu

[120] Möge Ex-Bundeskanzler Gerhard Schröder mir verzeihen, dass ich seinen markanten Spruch, den er im Juli 2001, als er noch Bundeskanzler war, zum Thema geprägt hat, leihweise nicht nur an dieser Stelle verwende.

[121] Die Doppelaxt war ein sakraler Kultgegenstand auf Kreta und in anderen griechischen Gegenden der Bronzezeit. Sie wurde häufig an einem besonderen Ort aufbewahrt.

laut und mutig, auch wenn die Ansichten des Königs, der Königin und des Chefberaters anders lauteten, sagen müssen:

„Was die da sagen, ist Dichtung, keine Wahrheit. Es ist nicht die Wahrheit!"

Wir hätten auch sagen müssen: „Er ist kein Monster! Er ist ein Mensch! Er ist anders als die Menschen, die uns in unserer Stadt begegnen. Aber ein Mensch!"

Jawohl, Asterios, das mit dem Stierkopf war das luftige Phantasieprodukt der Schuldigen. Nicht das gesicherte Wissen der Wissenden. Du schaust mich so ungläubig an, aber solche Kapriolen der Natur kennen wir in der Medizin sehr gut. Wir, die Wissenden, nennen sie Dysmorphie. Du weißt sicher sofort, was in der uns gemeinsamen Sprache die Wörter bedeuten: „Dys" (δυς) bezeichnet „das Schlechte" oder „das Fehlerhafte" oder auch „das Unschöne". „Morphe" (Μορφή) „das Antlitz", „die Form" oder „die Gestalt". Dysmorphie nennen die Mediziner die Fehlbildung der menschlichen Gestalt, vor allem des menschlichen Gesichtes. Bei dir hätten die Fachleute – wenn sie nicht dem König nach dem Mund gesprochen hätten – eine Kraniofaziale Dysplasie diagnostizieren müssen. Damit bezeichnen Mediziner von der Norm abweichende morphologische Missbildungen des Schädels – dafür steht das griechische Wort „Kranion" (Κρανίον) – und des Gesichtes – dafür steht das lateinische Wort „Facies". Dysplasie kennst du aus der uns gemeinsamen Sprache: Missbildung oder Missgestaltung, aus dem uns schon bekannten „dys" und „platho" (πλάθω), was „gestalten" oder „schöpfen" bedeutet.

So etwas hätten die Fachleute diagnostizieren müssen, aber auch jeder Mensch mit gutem Willen hätte das damals schon sehen können. Doch es kam anders. Und so haben wir aus einer menschlichen Normabweichung ein Monster gemacht. Aus einer menschlichen Dysmorphie bzw. Dysplasie einen Stierkopf. Es ist also verständlich, wenn Stimmen laut werden, die behaupten, dass die Geschichte von dem Stier als dein Erzeuger im Nachhinein erfunden wurde, um deine Kraniofaziale Dysplasie, die erdichtete Stierköpfigkeit also, zu erklären.

Du schaust mich so erstaunt an, Asterios. Warum? Ach, ich verstehe. Offensichtlich hat dir niemand die Geschichte deiner angeblichen Zeugung erzählt. Gut, ich werde es tun. Aber lass mich doch zunächst etwas zu dem vorher Gesagten ergänzen.

Ich musste leider feststellen, dass es kaum hilft – auch nicht in der Zeit, aus der ich komme – wenn ich und einige wenige andere den guten Willen zeigen, die Wahrheit zu erkennen. Die Meinung, dass du ein Monster bist, hat sich über die vielen Jahrhunderte bei fast allen Menschen verfestigt. Es ist nicht leicht, verfestigte Meinungen und festen Glauben zu verändern, selbst wenn sie noch so absurd sind. Um die Menschen zu erreichen, tun auch wir also so, als ob wir daran glauben, dass du einen Stier als Vater hast und dass dein anders aussehender Kopf ein Stierkopf ist. Wir tun so, als ob du tatsächlich der Minotauros bist.

Schau bitte nicht so traurig, Asterios. Es ist doch bloß ein Mythos. Nur seine Botschaften sind wahr – ewig, panepochal und pananthropisch. Die Legende selbst dagegen, die die Botschaft umhüllt und transferiert, braucht nicht unbedingt wahr zu sein. Also sei nicht traurig.

Du bist ein Mythos!

Wir alle haben dich also zu Minotauros gemacht. Und jetzt bezahlen wir die Rechnung dafür. Doch deine Opfer und du, ihr seid immer noch die Hauptzahler. Deine Opfer und du bezahlen für eine doppelte Angst. Die Angst vor der Missgestaltung und die Angst vor dem Missgestalteten.

Die doppelte Angst der Dysmorphophobie

Und die Zunft der Psychiater, Psychologen, Psychosomatiker und Psychoanalytiker fügt wissend hinzu:

In der Tat, der Mensch hat ein tiefsitzendes Misstrauen, ja eine elementare Angst – wahrscheinlich evolutionär bedingt – vor dem Andersgestaltetsein des menschlichen Antlitzes. Angst vor dem Fehlen des Gewohnten und Vertrauten. Vor allem, wenn es ihn selbst betrifft. Und das kann zur Entstehung der Dysmorphophobie beitragen.

Dysmorphophobie ist die übertriebene und unbegründete Angst, dass Körperpartien, insbesondere das Gesicht, fehlgestaltet sind. Dies kann sich bis zur wahnhaften Überzeugung steigern. Ein nicht so seltenes Phänomen, das wir am häufigsten bei jüngeren Menschen sehen. Der Begriff setzt sich zusammen aus den uns schon bekannten und erläuterten griechischen Worten, „dys" (schlecht, fehlerhaft, unschön) „Morphe" (Antlitz, Gestalt) und „Phobie" (Furcht, Angst).

Dem Begriff „Dysmorphophobie" könnte man allerdings auch eine zweite Bedeutung beimessen: Unbehagen oder Angst vor dem Dysmorphen, dem Fehlgestalteten. Dieses Unbehagen, diese Angst, erkennen wir in den Überlieferungen und Mythen der Menschen, die von Mischgestalten berichten, etwa Menschen mit tierischen Köpfen oder umgekehrt Tiere mit menschlichen Körpern. So entstanden die Legenden von Sphinxen und Zentauren, von Elefantenmenschen und Meerjungfrauen, von einäugigen Kyklopen und stierköpfigen Minotauri, von anthropomorphen Tieren aber auch von zoomorphen Göttern. Ihre Angst davor versuchen die Menschen zu neutralisieren. Entweder durch Dämonisierung und Verbannung, das heißt Ausgrenzung und Exklusion. Oder durch Vergötterung und Verehrung des Missgestalteten. Wobei auch die zweite Variante der Angstneutralisierung, die der Vergötterung und Verehrung, eine Art von Ausgrenzung ist – Ausgrenzung im Außermenschlichen.

Und so kommt es dazu, dass der Andersseiende bis zu unseren Tagen von nicht wenigen ausgegrenzt wird. Dass der Andersseiende entfremdet, zum Xenos gemacht wird. Und so stehen der Xenophobie Tür und Tor offen.

Das ist vieler Mythen archetype Botschaft.

23.2 Die Entstehung des Monströsen

Und so entstehen auch Stereotype und Vorurteile.

Stereotype und Vorurteile können wiederum zur Entstehung des Monströsen beitragen.

Stereotype, Vereinfachung und Ausgrenzung

Und die Zunft der Psychiater, Psychologen, Psychosomatiker und Psychoanalytiker fügt wissend hinzu:

Stereotyp bezeichnet etwas, das immer die gleiche Form und immer den gleichen Ablauf hat. Es setzt sich zusammen aus den Wörtern „stereós" (στερεός), d. h. fest, hart, stabil, und dem Wort „týpos" (τύπος), das zwar viele Bedeutungen hat[122], aber in diesem Falle einen Menschen oder eine Gruppe von Menschen meint, definiert nach Geschlecht, Nationalität, Herkunft, Religion usw., mit bestimmten festen Verhaltenscharakteristika und Eigenschaften.

Die Bezeichnung Stereotyp hat in den verschiedenen Fachdisziplinen unterschiedliche Bedeutungen. Aus sozialpsychologischer Sicht, die uns hier besonders interessiert, bedeutet Stereotyp eine mentale Vereinfachung von komplexen Eigenschaften oder Verhaltensweisen von Personengruppen. Der Mensch braucht offensichtlich Stereotype, um die Komplexität seiner Umwelt zu vereinfachen und die Interaktion mit Menschen anderer Gruppen zu definieren und für ihn selbst zu erleichtern. Prinzipiell sind zwar Stereotype nicht negativ zu bewerten, allerdings nur solange sie nicht auf einer starken Vereinfachung, Reduzierung oder gar Verfälschung der Realität oder auf Unwissen begründet sind. Gefährlich sind Stereotype in den zwischenmenschlichen Beziehungen, wenn sie der Abgrenzung, der Ausgrenzung, der diskriminierenden Etikettierung oder gar dem Hass gegen Personen oder Personengruppen dienen.

Das ist vieler Mythen archetype Botschaft.

Und das, meine ich, ist der Fall bei dir, Asterios.

Das Vorurteil und das Parafaktische

Und die Zunft der Psychiater, Psychologen, Psychosomatiker und Psychoanalytiker fügt wissend hinzu:

In der Tat, Stereotype sind, wie wir schon angedeutet haben, nicht immer negativ. Sie stellen auch eine kognitive Ökonomie für den Menschen dar. Damit ist eine schnelle Zuordnung von Personen, Gruppen und Gesellschaften möglich, und so wird auch die Auswahl des Interaktionsmodus mit ihnen erleichtert.

Aber wenn Stereotype negativ sind, dann treten sie immer mit ihrem Schatten, dem Vorurteil, in Erscheinung.

[122] S. Kap. 1.

Landläufig sind Vorurteile fast immer negativen Inhaltes und höchst widerstandsfähig. Sie lassen kaum Zugang zu logischen Argumenten und Fakten. Heute sagt man modisch dazu: Sie sind postfaktisch, wobei die Bezeichnung *„postfaktisch"* nicht ganz korrekt ist. Zutreffender wäre die Bezeichnung *„parafaktisch"*. Vorurteile *folgen* nämlich nicht den Fakten, wie das Wort postfaktisch suggeriert, sondern sie ignorieren sie. Sie stehen also neben den Fakten, wie das Wort parafaktisch bedeutet. Das griechische „Para" heißt „neben" oder „daneben". Vorurteile sind also in der Regel parafaktische Konstrukte. Sie reflektieren unreflektierte Meinungen und kaum belastbare Vereinfachungen von Komplexitäten. Sie sind in der Regel von negativen Emotionen besetzt und können somit auch gefährlich werden.

Das ist vieler Mythen archetype Botschaft.

Ja, parafaktisch ist zwar mein Neologismus. Aber ich denke, es ist der richtigere Begriff. Deswegen bevorzuge ich ihn.

Solchen parafaktisch entstandenen Stereotypen und Vorurteilen wurdest auch du ausgesetzt, Asterios.

Nachdem das fragliche und unsichere „als ob" aus den vier Wänden deines Geburtszimmers ausgebrochen war und seine steile Karriere zum sicheren und stabilen „er ist" gemacht hatte, wurde es durch suggerierende Wissende wie eine Pandemie beim suggestiblen Volk verbreitet. Es ist kein Wunder also, dass es in den Sternenhimmel der Stereotype und Vorurteile emporgestiegen ist. Für den Sternenmenschen Asterios gab es da oben keinen Platz mehr, nirgendwo. Und so wissen wir, dass Stereotype und Vorurteile – unter anderem – dank des Zusammenspiels von Suggestion und Suggestibilität entstehen.

Suggestion und Suggestibilität

Und die Zunft der Psychiater, Psychologen, Psychosomatiker und Psychoanalytiker fügt wissend hinzu:

In der Tat, Suggestion und Suggestibilität können dem Parafaktischen zu seiner Metamorphose ins angeblich Faktische verhelfen.

Suggestion – abgeleitet aus dem lateinischen „suggestio", was so viel bedeutet wie „Hinzufügung", „Eingebung" oder „Einflüsterung", bzw. aus „suggerere", etwa „zuführen" oder „unterschieben" – meint die Wirkung einer Person oder einer Situation auf andere Menschen, die zur Beeinflussung ihres Fühlens, Denkens und Handelns führt. Es ist in ihrem Kern eine manipulative Beeinflussung, ohne dass die Manipulation von dem Betroffenen bewusst wahrgenommen wird. Suggestibilität ist dann die latente oder manifeste, bewusste oder unbewusste Bereitschaft, sich beeinflussen zu lassen.

Um wirksam zu sein, braucht die Suggestion ein gewisses Maß an Bereitschaft der Person oder einer Personengruppe oder der Massen, sich beeinflussen zu lassen. Einen Grad an Suggestibilität also. Bei einer einzelnen Person ist die

Suggestibilität abhängig von ihrer Persönlichkeitsstruktur und/oder vom jeweiligen psychischen Zustand. Bei den Massen jedoch ist sie abhängig vor allem von der Intensität der Suggestion und/oder von der Kunst und der Fähigkeit des Suggerierenden, den Willen, das Denken, Fühlen und Handeln anderer Menschen zu beeinflussen. Das ist in der Regel die Stunde der Demagogen und der Massenverführer. Mythen und Geschichte lehren uns, dass Suggestion und Suggestibilität bei den Massen nichts Gutes verheißen. Kriege und Pogrome, xenophobe Exzesse und aggressive Nationalismen, um einige giftige Bewohner der Schlangengrube zu nennen, können daraus entstehen. Aber nicht nur das. Das Zusammenspiel von Stereotypen, Vorurteilen, Ausgrenzung, Suggestion, Suggestibilität und Parafaktischem kann unter anderem auch aus Menschen Minotauri machen. Und so kann das Anderssein zum Monströsen werden.

Das ist mancher Mythen archetype Botschaft.

Und nun, nachdem wir einiges Begriffliches gehört haben, berichte ich dir, Asterios, wie versprochen, was sich die Menschen über deine Zeugung erzählen. Ob diese Berichte der Wahrheit entsprechen oder in der Tat parafaktisch sind, steht auf einem anderen Blatt. Heute, mit den Erfahrungen und dem Wissen, die meine Zeit durch die Äonen gesammelt hat, können wir sagen, dass die Geschichte deiner Zeugung nichts anderes ist als ein Produkt des Kausalitätsbedürfnisses und der Attribuierungstendenz des Menschen[123]. Es ist also ein Erklärungsversuch der Menschen, dein Anderssein einzuordnen.

Und so wurde dein Mythos geboren.

Der Mythos eines schuldlosen Erbopfers, das zum Täter wurde.

Zum Opfertäter.

123 S. Abschn. 21.1.

24

Das schuldlose Erbopfer

24.1 Gier, die Ursünde

Du, Asterios, bist zunächst einmal das Opfer von drei Ursündern.

Der erste Ursünder ist König Minos, nach dem Mythos dein sozialer Vater. Die Menschen glauben nämlich den Mythenerzählern, die unisono berichten, dass er gar nicht dein biologischer Vater sei. Wir sprechen noch ausführlich darüber. Danach ist er der bewusste Sünder, der deine Tragödie ins Rollen brachte.

Die erste Ursünde war Gier – Minos Gier.

Wusstest du, dass Minos als Führer der Supermacht Kreta der mächtigste Monarch seiner Zeit ist und noch dazu Sohn von Zeus und Europa? Prinzipiell ist er kein schlechter Mensch, das muss man ihm lassen. Er ist nach geltenden Maßstäben sogar ein gerechter Mensch. Sonst hätte ihn Vater Zeus sicher nicht für den Vorsitz des obersten Himmelsgerichtes im Jenseits auserwählt. Natürlich ist er noch nicht im Amt, aber er wird es sein, wenn es soweit ist – post mortem meine ich. Mächtig und siegreich ist er sowieso. Er hat nicht nur die Könige der umliegenden Inseln besiegt, sondern auch das Ferne und nicht unbedeutende Athen. Aber – das muss auch gesagt werden – er ist der Anlass für die Entstehung des Minotauros-Mythos. Die Tragödie nahm, glaubt man den Mythographen, folgendermaßen ihren Anfang:

A. Marneros, *Mein Bruder Sisyphos, mein Freund der Minotauros*,
https://doi.org/10.1007/978-3-662-55808-9_24

Die Legende von König Minos und dem schneeweißen Stier

Nach einem siegreichen Feldzug in Übersee beschließt König Minos, Poseidon, dem Gott der Gewässer, mit einer großzügigen Opfergabe für den Sieg und die sichere Heimkehr durch das weite Meer zu danken. Mehrere Stiere stehen draußen am Strand bereit für die Opfergabe. Als Minos die Stiere erblickt, erkennt er, dass sich darunter auch einige schöne befinden. Doch keiner davon ist so außergewöhnlich schön, dass er diese Opfergabe zu etwas so Besonderem machen würde, wie Minos es sich vorstellt und wie es dem Anlass angemessen wäre. Der König betet also inbrünstig zu Poseidon, ihm für die Opfergabe noch einen besonders schönen Stier zu schicken. Nein, offensichtlich sehen weder Minos noch Poseidon einen Widerspruch darin, dass sich diese Bitte an den Gott richtet, für den ja die Opfergaben bestimmt sind. Sonst wäre das Gebet des bis dahin frommen und gerechten Königs – doch, doch, Asterios, trotz der komplizierten Geschichte mit dir kann man das über Minos sagen – nicht von Poseidon erhört worden. Ein wunderschöner schneeweißer Stier, ein Tauros, erhebt sich also aus den Wellen des Meeres. So etwas Schönes hat niemand bis zu diesem Zeitpunkt gesehen. Der Stier strahlt trotz seiner unbändigen animalischen Kraft vor Schönheit und Anmut. Die anwesenden Menschen sind sprachlos angesichts dieser außergewöhnlichen Erscheinung, allen voran König Minos. Geblendet von der Strahlkraft des Tauros wird Minos von einem alles überdeckenden Wunsch befallen: Diesen Stier muss er besitzen. Unbedingt! Und so beschließt er, ohne lange darüber nachzudenken, diesen außergewöhnlichen Stier nicht am Altar zu opfern. Der verblendete König vergisst auf der Stelle sowohl seine bisherige Frömmigkeit als auch seinen Gerechtigkeitssinn und lässt sich von Wunsch und Habgier steuern. Offensichtlich sind auch grundsätzlich gerechte Menschen nicht immer immun gegen Verfehlungen. Wer ist schon ein lupenreiner Sündenloser, Asterios!

Minos denkt, er könne den Gott entschädigen, wenn er dessen Stier durch einen anderen, ebenfalls schönen und kräftigen, ersetzt.

Gewünscht, gedacht, getan.

Er erfüllt sich seinen habgierigen Wunsch und behält den schneeweißen Stier für sich.

Das missfällt erwartungsgemäß dem mächtigen Poseidon. Und so beschließt der, den Frevler zu bestrafen. Mit einer sehr raffinierten und sehr, sehr perfiden Strafe.

König Minos begeht die Ursünde, die deine Tragödie, mein Freund Asterios, und die Tragödien von vielen anderen Menschen in Gang setzt. Nicht die Verblendung durch Schönheit ist die Sünde, sondern die Habgier. Etwas zu besitzen zu wollen, was jemand anderem gehört. Auch die Schönheit zu bewundern, ist keineswegs eine Sünde – im Gegenteil, es ist etwas Erhabenes. Sich von der Schönheit verblenden zu lassen, ist eine verstehbare, ja auch irgendwie verzeihbare Schwäche. Doch die Bewunderung in habgierige, verblendete Begehrlichkeit mutieren zu lassen, das ist die Sünde![124]

[124] Wie in Abschn. 4.1 dargestellt.

Man fragt sich, wieso ein so gerechter Mann wie König Minos im Falle des weißen Tauros eine so negative Eigenschaft wie die habgierige und verblendende Begehrlichkeit zeigt.

Habgier und verblendende Begehrlichkeit

Und die Zunft der Psychiater, Psychologen, Psychosomatiker und Psychoanalytiker fügt wissend hinzu:

In der Tat, sogar der gerechte und weise König Minos musste zum Archetyp der habgierigen und verblendenden Begehrlichkeit werden.

Schon in der Legende von König Midas[125] haben wir erkannt, dass Habgier nicht immer eine beständige, feste und permanent zum Ausdruck kommende Persönlichkeitseigenschaft sein muss. Sie kann auch vorübergehend, temporär also, und auf wenige, sogar auf einen einzigen Gegenstand fokussiert sein. Damit können prinzipiell Nichthabgierige zu temporär und selektiv Habgierigen werden, die von der Begehrlichkeit verblendet werden. So erklärt sich die selektiv habgierige und verblendende Begehrlichkeit von Liebhabern, die sich auf etwas Bestimmtes bezieht. Beispielsweise Kunstgegenstände, Pferde oder andere Kulttiere, Grundstücke, oder eben auch auf einen außergewöhnlichen schneeweißen Stier. Werden die Liebhaber von ihren Gefühlen verblendet, dann handeln sie oft auch gefühlsmäßig und ignorieren dabei nicht selten sowohl die Gesetze der Vernunft als auch die der Anständigkeit. Insofern ist in diesem Falle Habgier das Resultat von verblendender Begehrlichkeit. Aber auch umgekehrt kann es sein: Habgier kann verblendende Begehrlichkeit gebären.

Das ist des Mythos archetype Botschaft.

Ach, weißt du, Asterios, ich möchte Minos Untat nicht gutheißen. Doch ich denke, dass in sehr vielen von uns, wenn nicht in allen, ein kleiner Minos steckt – mit größeren oder kleineren gierigen Wünschen.

Im Vorfeld deiner Tragödie kam es nun unglücklicherweise dazu, dass die gierige und verblendende Begehrlichkeit des König Minos die Begierde seiner Gattin und deiner Mutter, der Königin Pasiphaë, erweckte. Oder korrekter gesagt, dass Poseidon sie in ihr erweckte.

Deine Mutter ist die zweite Ursünderin, die dich zum Opfer machte. Allerdings im Unterschied zu Minos eine instrumentalisierte Sünderin.

Poseidon nämlich schleuderte in Brust und Kopf deiner Mutter eine sexuell perverse Begierde. Sei bitte nicht schockiert. Sexuelle Perversionen[126] kommen ja in den besten Familien vor, und deine Mutter stammte aus einer der besten Familien der gesamten griechischen Welt.

---

[125] Ebenda.

[126] S. Kap. 15.

Die sündhafte Geschichte, die zu deiner Erzeugung führte, setzte sich der Legende nach folgendermaßen fort:

Die Legende vor der Königin, die in einen Stier verliebt war

Pasiphaë, deine Mutter, ist Tochter des Sonnengottes Helios und der Okeanide Perse. Außerdem ist sie die Schwester von Kirke, der berühmten Zauberin, und Tante von Medea, der furchtbaren Zauberin. Du wurdest also in eine Familie mit legendärer, ja göttlicher Herkunft hineingeboren. Hat dir das jemand erzählt, Asterios, oder haben sie auch das vor dir geheim gehalten?

Unmittelbar nachdem König Minos am Strand von Knossos unberechtigterweise den göttlichen Opferstier in Besitz nimmt, verliebt sich deine Mutter blitzartig und stürmisch in den wunderschönen schneeweißen Stier des Poseidon. Natürlich ohne zu wissen, dass dies eine Strafe Gottes ist. Eine Strafe für König Minos, vollstreckt an seiner unschuldigen Gattin. Aber auch wenn Pasiphaë es gewusst hätte, es wäre trotzdem geschehen: Die vom Gott inspirierte Begierde war nämlich so wild und unbändig, dass sie jeden zu ihrem willenlosen Objekt gemacht hätte – wie ein steuerloses Boot in einem stürmischen Meer. So wird auch deine Mutter zu einem willenlosen Objekt ihrer Begierde, die eigentlich nicht „ihre" war. Der strafende Gott hat ihr keine Wahl gelassen. Der freie Wille, wenn sie je einen hatte, wird durch höhere Gewalt suspendiert. So wird deine schuldlose Mutter zum Opfer. Opfer der Verfehlung eines anderen, ihres Gatten. Und auch der blinden Rache eines Mächtigen.

Und damit wurde deine Mutter zum Opfer einer paraphilen Neigung.

Wenn mich jemand gefragt hätte, Asterios, ob deine Mutter eine paraphile Neigung oder eine paraphile Störung, eine sogenannte sexuelle Perversion, hatte, hätte ich ohne zu zögern die Antwort gegeben: Eine temporär begrenzte Paraphile Neigung, aber keine Paraphile Störung[127]. Ich würde es so begründen: Deine Mutter hatte eine sexuelle Neigung zu einem Stier. Das nennt man in der Fachsprache – unglücklicherweise – eine „zoophile Neigung" bzw. „Zoophilie". Deine Miene zeigt mir, dass du sofort verstanden hast, warum ich „unglücklicherweise" gesagt habe, nicht wahr? Weil eben Zoophilie die Liebe zu Tieren im Allgemeinen bedeutet. Eine Liebe, die nur extrem selten eine sexuelle Komponente hat. Nachdem die peinliche Namensgebung erfolgt war – verursacht von einem österreichischen Psychiater des 19. Jahrhunderts der neuen Chronologie[128] –, versuchte man, sie zu korrigieren. Die von manchen verwendete alternative Bezeichnung „Zoosexualität" ist auch nicht unproblematisch, weil sie mit „Sexualität der Tiere" verwechselt wer-

[127] Ebenda.

[128] Der war Richard von Kraft-Ebbing in seinem Buch „Psychopathia Sexualis", Auflage von 1993, Matthes & Seitz, München.

den kann. Wahrscheinlich ist die korrektere Bezeichnung „Zooparaphilie" und entsprechend „Zooparaphile Neigung" bzw. Störung.

Doch deine Mutter hatte keine sogenannte sexuelle Perversion, das versichere ich dir. Du schaust zweifelnd? Nein, deine Mutter war nicht sexuell pervers, obwohl sie den unbändigen Wunsch verspürte, sich mit diesem wunderschönen weißen Stier sexuell zu vereinigen, und obwohl sie mit viel Energie diesen Wunsch in die Tat umsetzte, wie ich dir anschließend erzählen werde. Nein, sie war nicht pervers. Nicht nur, weil dieser Wunsch nicht ihr eigener war, vielmehr von einem Gott implantiert, sondern hauptsächlich aus einem anderen Grund. Viele Menschen können einmalig oder sporadisch abweichende sexuelle Vorstellungen haben, ohne deshalb sexuell pervers, also paraphil, zu sein[129]. Und so war es bei deiner Mutter. Ihre Begierde bezog sich nur auf diesen speziellen weißen Stier und war nur temporär. Niemals vorher – und auch nicht nachher – hatte sie einen solchen Wunsch.

24.2 Die Perversion der Genialität

Nicht nur die Sexualität kann pervertiert werden, Asterios, sondern auch das Denken und die Genialität. Ein Beispiel dafür ist die Rolle, die der geniale Dädalos bei der Befriedigung des sexuell abartigen Wunsches deiner Mutter gespielt hat.

Dädalos ist der dritte Ursünder in deiner Tragödie. Wie Minos ist er ebenfalls ein bewusster und treibender Sünder – im Gegensatz zu deiner Mutter.

Die Legende von der Genialität im Dienste der Perversion

Die implantierte Begierde in der Brust deiner Mutter suchte fieberhaft nach einer Möglichkeit, ihr Opfer – deine Mutter – mit dem Stier zu vereinigen. Und so kam Dädalos ins Spiel, der geniale Uringenieur der Menschheit. Weil er wegen eines Verbrechens – davon werde ich dir bald erzählen – verfolgt wurde, weilte er gerade in Kreta bei König Minos, der ihm Zuflucht geboten hatte. Dädalos machte seiner Genialität alle Ehre und half der vor Sehnsucht glühenden Königin tatkräftig dabei, ihr Begehren zu befriedigen. Er konstruierte eine Kuh-Attrappe – Kuhhaut und Kuhgerüche inklusive –, die täuschend echt und lebendig wirkte. In der versteckte sich Pasiphaë. Die künstliche Kuh sah so attraktiv und verführerisch aus, dass der weiße Stier den Drang verspürte, sich mit ihr zu vereinigen, was er auch unverzüglich tat. Du kannst es dir sicherlich denken: In Wirklichkeit fand die Vereinigung mit deiner Mutter Pasiphaë statt, die in der Kuh-Attrappe steckte.

---

[129] S. Kap. 15.

So wurdest du Minotauros, entschuldige, ich meine Asterios, gezeugt. Und so begann das Drama von Pasiphaë, das Drama von Minos. Aber und vor allem dein Drama und das von anderen unschuldigen Menschen, deinen Opfern.

Eine Genialität, die sich in den Dienst der Perversion – nicht nur der sexuellen – stellt, kann nichts Gutes verheißen.

Und so half die Genialität der Teratogenese!

Oh, du schaust schon wieder so erstaunt und gleichzeitig ein wenig traurig. Sicher wegen des Wortes Teratogenese. Ich verstehe: Weil es in der uns gemeinsamen Sprache „Monsterentstehung" bedeutet. Aus Teras (Τέρας), „das Monster", und Genese (Γένεσις), „die Geburt" oder auch „die Schöpfung" und „die Entstehung". Doch inzwischen ist es bloß ein medizinischer Begriff, um die Missbildung von Embryonen zu bezeichnen. Ich weiß, die Medizin und die Wissenschaft sind insgesamt nicht unschuldig an der Entstehung von Vorurteilen mit ihrer manchmal unverantwortlichen Terminologie. Aber verstehe es bitte bloß als misslungenen medizinischen Begriff. Und sei deshalb nicht traurig.

Wie auch immer, kommen wir zurück zur Perversion des Denkens mancher genialer Wissenschaftler. Nicht immer sind ihre intellektuellen Höhenflüge nur mit dem moralisch Erlaubten zu befriedigen. Manchmal muss es auch alles Machbare sein, egal wie pervers es ist, egal wie verwerflich, unmoralisch oder gefährlich. Zu dieser Kategorie gehört meines Erachtens auch das, was Dädalos mit deiner Mutter machte. Ich denke, er tat das, um zu zeigen – vielleicht in erster Linie, um es sich selbst zu beweisen –, was zu vollbringen er im Stande ist. Er konstruierte die Technokuh, um eine widernatürliche Handlung zu ermöglichen, ohne die Folgen zu bedenken. Vielleicht hat er sie sogar bewusst in Kauf genommen. Du und deine Opfer seid die Folgen.

So jemand, der das Machbare über das Erlaubte stellt, muss ständig etwas beweisen. Sich selbst und den anderen. Und so verfällt er in Omnipotenzphantasien.

Omnipotenzphantasien

Und die Zunft der Psychiater, Psychologen, Psychosomatiker und Psychoanalytiker fügt wissend hinzu:

In der Tat, Dädalos kann als Archetyp für die Omnipotenzphantasien des Wissenschaftlers und der Wissenschaft stehen.

Der Begriff Omnipotenzphantasien, zusammengesetzt aus den lateinischen „omnis" (alle), und „potentia" (Kraft, Vermögen, Fähigkeit) sowie aus dem griechischen „Phantasia" (Φαντασία), hat eine Bedeutung – Allmachtsphantasien – und viele Anwendungen.

Omnipotenzphantasien bezeichnen Phantasien über die hypothetische Fähigkeit eines Menschen, jedes Geschehnis hervorrufen oder beeinflussen zu können.

In ihrer psychopathologischen Form betreffen die Omnipotenzphantasien immer die eigene Person. Sie finden sich bei manischen und schizophrenen sowie anderen paranoiden Erkrankungen als Krankheitssymptome. Aber auch bei unreifen, sogenannten infantilen, oder bei schwachen, sogenannten asthenischen und dependenten Persönlichkeiten. In diesen Fällen wird damit die eigene Schwäche verleugnet und kompensiert. Weiter finden sich Omnipotenzphantasien auch bei der narzisstischen Persönlichkeitsstörung, womit dann die vermeintliche eigene Gloriosität, Grandiosität, Superiorität und Einzigartigkeit zelebriert wird.

Der Narzissmus manchen Wissenschaftlers und Erfinders macht nicht immer einen großen Bogen um Omnipotenzphantasien.

Das ist des Mythos archetype Botschaft.

In diesem Rahmen sollten wir auch die Sache mit deiner Mutter, dem Erfinder und der Technokuh betrachten. Kannst du dir vorstellen, wie das ganze Unterfangen abgelaufen ist? Ungefähr so: Deine Mutter trägt ihren widernatürlichen Wunsch dem Erfinder vor. Der Erfinder sagt: „Ich kann dir helfen! Natürlich gehören auch widernatürliche Sachen zu meinem Können. Ich kann allen beweisen, dass ich auch das Unmögliche möglich machen kann. Ich bin das Genie, das die Grenzen der Natur belacht. Ich bin das Genie, das die Natur befehligt und sie zum Gehorsam zwingt. Ich bin das Genie, das allmächtige!"

Und der mentalen Hybris folgte dann die technokratische Kühnheit.

Des widernatürlichen Wünschens der Mutter und des widernatürlichen Denkens und Tuns des Erfinders Kind bist du. Du, der Unschuldige, der von den Schuldigen als Monster verunglimpft wird.

Das Genie vergaß seine Verantwortung der Natur gegenüber und ließ sich von seinem narzisstischen Ego steuern. Aber auch wir Wissenschaftler, die nicht einmal im Entferntesten einen Abklatsch der dädalischen Genialität in uns haben, tragen unsere Intelligenz, unsere Fähigkeiten und Begabungen, unser Können und Wissen wie ein Schutzschild und eine Angriffswaffe vor uns her. Niemand darf sie anzweifeln, niemand darf sie geringschätzen. Falls das doch geschieht, sind wir bereit, sie mit allen Mitteln unter Beweis zu stellen, den anderen zu zeigen, was wir mit unserem Können alles können. Die Versuchung ist da, das Machbare auch jenseits des Erlaubten machbar zu machen. Für manche ist die Versuchung, sich selbst und den anderen etwas zu beweisen, zu groß, um vor der Perversion des Denkens und einer brutalen Vergewaltigung der Natur zurückzuschrecken. Ich vermute, genau das bringt unser Dichter Sophokles zum Ausdruck mit seinem berühmten Chorlied in der „Antigone“, das mit den Versen beginnt:

> Vieles ist ungeheuer, aber nichts
> ist ungeheurer als der Mensch.[130]

Allmachtsphantasten mit Hekatomben von Opfern sind leider nicht bloß Phantasiegebilde der Mythen. Dort wurde der Archetyp gebildet. Seine Nachahmungen jedoch bevölkern Zeit und Raum, Epochen und Kontinente.

Soviel zurzeit zu den Omnipotenzphantasien. Wir sprechen noch einmal darüber, wenn wir das Reich des Narkissos betreten. Wir sprechen ja so viel über Narzissten. Da ist man fast ungeduldig, sie in ihrem Wesen und ihren verschiedenen Variationen kennenzulernen. Doch ein wenig Geduld ist noch erforderlich.

Kehren wir zunächst zurück zu deinem Drama und zu meinem Beitrag zu deiner Tragödie. Wobei mit „mein“ auch dieses Mal „unser“ Beitrag gemeint ist. Das, was wir alle als Gesellschaft dazu beigetragen haben. Wir alle sind als Akteure angesprochen, auch wenn wir in der Tragödie „Minotauros“ nicht als Protagonisten erkennbar sind.

Unsere Mitwirkung und Mitgestaltung besteht darin, dass auch wir dich wie ein Monster behandelt haben. Und so haben wir nicht unwesentlich dazu beigetragen, dass du in der Tat als zerstörerisches Monster handeltest. Wir alle tragen dafür die Verantwortung. Nicht nur die drei Ursünder, sondern auch wir, die suggestiblen Mitläufer.

Nachdem wir so viele Opfer zu beklagen haben, bedauern es jetzt alle – auf jeden Fall viele, oder sagen wir besser einige, aber zu mindestens eine Handvoll von uns –, dass wir dich nicht als Opfer behandelt haben. Dass wir alle das fragile und fragliche „als ob“ zum stabilen und sicheren „er ist“ transformiert haben. Dass wir uns damals suggerieren ließen, du seiest ein Monster, und hysterisch-panisch reagierten und mitmachten. Genauso wie die hysterisch-panisch Suggerierenden. Hätten damals einige von uns besonnen-rational reagiert, hätte auch die Geschichte möglicherweise einen anderen Lauf genommen. Aber so kam es dazu, dass auch wir – wie die Ursünder – nicht liebevoll oder zumindest nachsichtig und verständnisvoll mit dir umgingen. Damals, als du noch ein Kind warst. Und so geschah es auch, dass wir – die suggestiblen Mitläufer – mit dir keine Freundschaft geschlossen haben. In deiner Kindheit, als du noch nicht gefährlich warst.

[130] Vers 332–333.

Wir haben dich ausgegrenzt und damit das Andersartige bei dir noch stärker wahrnehmbar gemacht. Und so wurde das Monströse immer monströser.

Wir haben dich ausgegrenzt, Asterios. Und somit haben wir auch dazu beigetragen, dass das Opfer zum Täter wurde.

Die Exklusion, die wir mit dir betrieben haben, ist unsere Inklusion in das Unheilvolle. Es ist unser Beitrag zu dem Unglück. Unser Mitwirken bei der Züchtung eines Monsters. Unsere Mitschuld bei der Katastrophe schlechthin. Unsere Beteiligung am Wegschließen, „und zwar für immer", des Minotauros in ein Labyrinth. Wo er nichts anderes tun konnte, als auf seine Opfer und seinen Henker zu warten. Ausgrenzen ist gefährlich und macht gefährlich.

Die Ausgrenzung

Und die Zunft der Psychiater, Psychologen, Psychosomatiker und Psychoanalytiker fügt wissend hinzu:

In der Tat, das Einschließen in ein Labyrinth ist der Archetyp der Exklusion.

Die Exklusion, die Ausgrenzung, ist ein Ausschluss. Der Ausschluss einer Person oder einer Gruppe von Personen von der Teilnahme an etwas, von der Zugehörigkeit zu etwas. Diese Exklusion kann den Ausschluss aus einer Gruppe bedeuten oder aus der dominierenden Gesellschaft eines Ortes bzw. eines ganzen Landes, die sich als die „echte" Gesellschaft versteht. Oder den Ausschluss aus bestimmten Formen sozialen Lebens oder von Entscheidungen, von bestimmten Berufen, Möglichkeiten, Einrichtungen, Versammlungen und Veranstaltungen oder auch von den Grundrechten oder von der Teilhabe an Gütern.

Der Exkludierende tut das aus unterschiedlichsten Gründen: Überlegenheitsgefühl und Superioritätsüberzeugung, Machtbestrebungen und Herrschaftserhaltung, Reputationsgründe, Wirtschaftsfaktoren, Sicherheitsbedürfnis, Angst vor und Misstrauen gegenüber Andersseienden (identifiziert durch Herkunft, Hautfarbe, Aussehen, Geschlecht, sexuelle Orientierung, Religion, Ethnizität, Ideologie, körperliche Andersartigkeit, Behinderung etc.).

Der Exkludierte, wenn die Exklusion gegen seinen Willen, gegen seine Wünsche und Vorstellungen geschieht – was in der Regel der Fall ist – fühlt sich abgewertet und diskriminiert. Unter Umständen sogar wie sich in einem Überlebenskampf befindend. Verständlich also, dass er darauf verschiedenartig reagiert: Mit Depression oder Aggression, Resignation oder Aktivismus, Anpassung oder Hassgefühlen, Unterwerfung oder Widerstand, Bildung von Randgruppen und Ghettos, mit friedlichen Protesten oder Gewalttätigkeiten. Resultat ist: entweder arrangiert sich der Exkludierte damit, ein Opfer zu bleiben, oder macht auch andere zu Opfern.

Das Exkludieren kennt nur Opfer.

Das ist des Mythos archetype Botschaft.

Du siehst also, mein Freund Asterios, für dein Elend und deine Gefährlichkeit gibt es viele Gründe und viele Verantwortliche.

Wir haben dich ausgegrenzt, Asterios, und aus dir einen Minotauros gemacht. Lange bevor wir dich ins Labyrinth eingeschlossen haben.

Spät, zu spät, kommt unsere Späteinsicht. Unwirksam ist jetzt unser verhindertes Spätbedauern.

Ich weiß es, mein Freund, mein später Freund. Bitte nimm meine, unsere Freundschaft, meine, unsere Spätfreundschaft an. Ich weiß, es hilft dir nicht. Aber es beruhigt unser Gewissen. Tue es für uns. Wir tun es für uns. Was denkst du? Du schaust mich schon wieder so erstaunt und misstrauisch an! Nicht zu Unrecht!

24.3 Die Erbopfer der bösen Tat

Du bist ein Glied in einer unendlichen Kette von schuldlosen Opfern schuldiger Ursünder, Asterios. Allerdings besteht diese unendliche Kette aus vielen sehr unterschiedlichen Gliedern. Sie besteht aus verschiedenen Archetypen. Einer der Archetypen für schuldlose Opfer schuldiger Ursünder ist auch der tragische König Ödipus, doch ein anderer Archetyp als du. Lass mich dir erklären, was ich damit meine.

Manchmal sind nämlich vor langer Zeit Dinge geschehen, die von uns nicht gesteuert waren, die aber trotzdem nach Opfern verlangten, auch über Generationen hinweg. In deiner Zeit wurde der Fluch für eine böse Tat dafür verantwortlich gemacht. In anderen Kulturen, vor allem aus dem orientalischen Kulturkreis, spielt diese Rolle eine sogenannte Erbsünde einem Gott gegenüber – heute noch. In deiner Zeit, der Zeit der Anfänge der abendländischen Kultur, ist es der Fluch für begangene Sünden von Vätern, Großvätern oder sogar Ur-Ur-Großvätern, der die Erben nachfolgender Generationen plagt. Überlieferungen, die die Kulturgeschichte des Abendlandes nachhaltig prägen, etwa der Fluch der Atriden, wovon ich dir etwas später erzählen werde[131], oder der Fluch der Labdakiden, worüber wir gleich sprechen, illustrieren deutlich die damit verbundenen Dramen.

Nun, in der Zeit, aus der ich komme, sind Verfluchungen längst wirkungslos geworden. Es gibt auch keine Götter mehr, die sie annehmen und umsetzen könnten. Die Rolle des zeitfernen Fluches, der mehrere Generationen verfolgt, übernimmt in der Gegenwart die Erbanlage, die defekte Erbanlage. Die Rolle der unsterblichen und unsichtbaren Götter haben unsterbliche unsichtbare Herrscher übernommen, die sich Gene nennen. Defekte Gene verkörpern den früheren Fluch. Oder Versündigungen gegen die Natur, deren Konsequenzen

[131] S. Abschn. 27.3.

nachfolgende Generationen zu tragen haben. Oder auch andere Verfehlungen der Älteren, die weder Rücksicht auf die Kommenden genommen, noch ihr Tun und Lassen bis zu Ende gedacht, geschweige denn vom Ende her betrachtet haben.

Die Folgen sind immer ähnlich, egal ob Fluch oder Gene oder Verfehlungen sie verursachen.

Ob du auch durch defekte Gene so geworden bist wie du bist? Möglich wäre das, wenn wir annehmen, dass du eine Kraniofaziale Dysplasie hast und die Geschichte mit dem Stier und deiner Mutter bloß ein Erklärungsversuch der Alten ist. Die vermuteten ja den Götterfluch als jeglicher Katastrophe Vater, denn den Genfluch als des Erbopfers Verursacher kannten sie noch nicht.

Aber denke bitte nicht etwa, dass nur die Gene alleine jemandem zum Erbopfer machen können. Nein dazu kann man auch durch negative Familienvorbilder und schlechte Erziehung werden. Allerdings kann man der Macht der schlechten Vorbilder und der schlechten Erziehung – wie auch allen anderen negativ beeinflussenden sozialen Faktoren – entfliehen, wenn man in der Lage ist und den Willen hat, anderen positiv beeinflussenden Faktoren Zugang zu sich selbst zu geben. Ich habe meinem Bruder Sisyphos die Persönlichkeit des Boreas geschildert, die typische antisoziale gewalttätige Persönlichkeit.[132] Doch seine beiden Söhne, die Boreaden, sind gut integriert in die Solidargemeinschaft der Argonauten und zeigen unter der Führung des sagenhaften Helden Iason ein durchaus prosoziales Verhalten.[133]

Wie auch immer, zu deiner Zeit sind es also die Götter und nicht die Gene, die die Menschen zu Erbopfern machen. Legenden über Flüche, die viele Generationen verfolgen, gibt es zahlreich. Sehr bekannte und weniger bekannte, die allesamt nicht nur hochinteressant sind, sondern auch eigene Archetypen in sich bergen. Leider haben wir nicht die Zeit, sie alle zu erzählen, nicht einmal für einige davon. Du wirst ja bald wieder in deinem Labyrinth sitzen, eingeschlossen, auf Theseus wartend. Wir müssen uns also beeilen.

Doch für eine Legende muss Zeit sein. Ich wähle eine, die auch für meine wissenschaftliche Zunft von ganz besonderer Bedeutung ist. Nämlich die Geschichte vom Fluch der Labdakiden. Prominentestes aller Labdakiden-Opfer ist Ödipus. Er wurde ein Erbopfer durch einen Fluch für eine böse Tat, an der er selbst völlig schuldlos war. Außer Ödipus hatte der Fluch der Labdakiden über Generationen hinweg eine große Zahl von Opfern: Laios und Iokaste, Ödipus Eltern, Eteokles und Polyneikes, seine Söhne, Ismene und Antigone, seine Töchter, Hämon, seinen Schwiegersohn, und auch Hämons Mutter

[132] S. Abschn. 21.3 und 21.4.
[133] S. Abschn. 4.2 und 21.4.

Eurydike. Ich erzähle dir jetzt, allerdings in aller Kürze, vom Drama der Labdakiden.

Die Legende vom Fluch der Labdakiden

Laios ist der König von Theben. Er ist der Sohn des Labdakos, daher also die Bezeichnung Labdakiden. Nach dem frühen Tod seines Vaters und einem Putsch gegen seinen Vormund findet er als Jugendlicher Zuflucht am Hof des Königs Pelops, Sohn des Tantalos, in Peloponnes[134]. Jahre später, nach dem Tod des kinderlosen Putschisten, kehrt Laios nach Theben zurück, um den ihm zustehenden Thron zu übernehmen. Bei seiner Abreise aus Pelops Hof entführt er Chrysippos, den schönen unehelichen Sohn seines Wohltäters, und missbraucht den Jungen sexuell. Chrysippos kommt einige Zeit nach der Entführung um. Obwohl es viele Spekulationen bezüglich der Identität des Mörders gibt, geht man heute davon aus, dass Chrysippos von seinen Stiefbrüdern Atreus und Thyerstes getötet wurde. Eifersucht und Erbschaftsgründe hätten dabei eine wesentliche Rolle gespielt. Pelops verflucht daraufhin nicht nur die mörderischen Brüder, sondern auch den Entführer Laios. Der wiederum erfährt von dem Fluch erst Jahre später, als er das Orakel von Delphi fragt, ob es in seiner bis dahin kinderlosen Ehe mit Iokaste noch Hoffnung auf ein Kind gebe.

Das Orakel antwortet ihm: „Ja, du bekommst einen Sohn. Aber du musst auch wissen, dass du durch die Hand deines eigenen Sohnes dein Leben verlieren wirst. Dies ist eine Entscheidung des Gottvaters Zeus, weil er den Fluch des Pelops erhört hat."

Und es fügt noch hinzu: „Dein Sohn und Mörder wird seine eigene Mutter heiraten und mit ihr Kinder zeugen!"

Laios und Iokaste hören verständlicherweise mit großem Entsetzen den Spruch des Orakels. Sie beschließen sofort, dieses Schicksal mit allen Mitteln abzuwenden. Obwohl Iokaste ab sofort verhütet, wird sie schwanger. Es bleibt zunächst die Hoffnung auf eine Tochter. Doch es wird ein Sohn geboren! Die in Panik geratenen Eltern übergeben den Neugeborenen einem sehr loyalen Hirten mit dem Auftrag, ihn auf dem Berg Kithäron auszusetzen und dort sterben zu lassen.

Der Hirte des Königspaares erweist sich allerdings als barmherzig. Er vertraut den Königssohn ohne die geringste Andeutung zu dessen Herkunft einem genauso barmherzigen Hirten des Königs Polybos von Korinth an. Der gute korinthische Hirte gibt dem Baby den Namen Ödipus und bringt es dem kinderlosen Königspaar von Korinth, das darüber sehr glücklich ist. Das Königspaar erzieht das Kind mit großer Liebe wie ein eigenes.

Die Adoptiveltern hatten beschlossen, sich sowohl Ödipus als auch allen anderen gegenüber als die leiblichen Eltern auszugeben. Mit einigen Arrangements wurde es möglich, und mit der Loyalität und Verschwiegenheit des Hirten konnten sie rechnen. In späteren Jahren hegen allerdings einige Korinther doch den Verdacht, Ödipus sei kein leiblicher Königssohn. Als Ödipus erwachsen ist und ihm diese Gerüchte zu Ohren kommen, will er es schließlich genau wissen. Er reist nach Delphi und befragt das Orakel. Pythia gibt ihm zwar keine Antwort auf die Frage nach seinen wahren Eltern. Sie offenbart ihm aber die Prophezei-

[134] S. Abschn. 21.2.

ung, die wir schon kennen: Er werde seinen eigenen Vater töten, seine Mutter heiraten und mit ihr Kinder zeugen!

Ödipus ist, milde gesagt, entsetzt, dass diesen lieben Menschen, seinen Eltern, dem Königspaar von Korinth, durch ihn, den Sohn, ein so grauenvolles Schicksal droht! Weil das Orakel kein Wort zu seinen leiblichen Eltern verliert, nimmt er an, dass König Polybos und Königin Merope von Korinth in der Tat seine leiblichen Eltern sind. Er trifft ohne Zögern die Entscheidung, nie wieder nach Korinth zurückzukehren, und irrt fortan in Zentralgriechenland umher. Er meidet den Süden, wo Korinth liegt.

Während seiner Wanderschaft gerät er eines Tages an einer Wegenge in Streit mit einem alten Herrn und seinen Begleitern. Ödipus kann nicht wissen, dass der sein leiblicher Vater, König Laios von Theben, ist. In der tätlichen Auseinandersetzung tötet Ödipus Laios. Er setzt seine Wanderung fort und kommt vor Thebens Tore. Dort befreit er die Stadt von der Tyrannei der Sphinx – ein geflügeltes Ungeheuer, das vorn wie eine Jungfrau und hinten wie ein Löwe aussieht. Zur Belohnung wird Ödipus König von Theben, nachdem er durch die Heirat mit Königin Iokaste, seiner ihm unbekannten leiblichen Mutter, dazu auch die formale Legitimation erlangt. Mit ihr zeugt er vier Kinder, die Söhne Polyneikes und Eteokles und die Töchter Antigone und Ismene.

Irgendwann kommt die Wahrheit ans Licht. Der Fluch des Pelops ist erfüllt!

Und damit erreicht das Drama seinen Höhepunkt: Iokaste erhängt sich, Ödipus sticht sich mit Iokastes goldener Nadel die Augen aus und erblindet. Blind und elend irrt er in Begleitung seiner Tochter Antigone durch Zentralgriechenland, bis die Götter ihn aus Mitleid durch den Tod erlösen.

Doch der Fluch der Labdakiden endet erst mit der Vernichtung des ganzen Geschlechtes: Die Brüder Eteokles und Polyneikes bringen sich im Rahmen von Auseinandersetzungen wegen ihres Anspruches auf den Thron gegenseitig um. Ismene wird von einem Verbündeten ihres Bruders Polyneikes ermordet. Antigone erhängt sich in einem felsigen Verlies, in das sie von König Kreon wegen Ungehorsams eingeschlossen ist. Ihr Verlobter Hämon suizidiert sich, wie auch seine Mutter Eurydike. Und erst damit enden die Folgen des Fluches der Labdakiden[135].

Ödipus war ein Opfer! Kein Täter! Nicht wahr, Asterios?

Opfer der Sünden des Vaters!

Opfer von ungerechten und unbarmherzigen Göttern!

Und Opfer eines Fluchs wegen eines Verbrechens, das er nicht begangen hat.

Ein schuldlos schuldiges Erbopfer.

Genauso schuldlos wie die anderen Opfer des Fluches.

Opfer einer Verfehlung, die sie nicht begangen haben.

Schön, Asterios, dass du zustimmend nickst!

[135] Zu den Komplexen der Familie des Ödipus s. „Warum Ödipus keinen Ödipus-Komplex hatte …“, Marneros, 2019, s. auch Fußnote 26.

25

Das schuldlose Konkurrenzopfer

25.1 Götterphobie und Konkurrentenkannibalismus

Ja, so war es mit Ödipus. Bei dir war es die Dreierkombination von Verfehlungen – noch einmal zur Erinnerung: die verblendende habgierige Begehrlichkeit, die widernatürliche Begierde und die Perversion der Genialität –, die zur Tragödie führte. Wahrscheinlich fragst du dich, wie es dazu kam, dass die elterlichen Verfehlungen mit der des fremden Erfinders zusammentrafen.

Die Vorgeschichte dazu ist die des Alphatiers, das nur Betatiere oder gar nur Gammatiere neben sich duldet – aber auf keinen Fall ein zweites Alphatier, das es übertreffen könnte. Diese Feststellung gründet sich auf einer Erfahrung, die sich durch die Jahrhunderte zieht. Von deiner mythischen Zeit, Asterios, bis zu meiner modernen Zeit. Sie wird auch, solange es Menschen gibt, nichts von ihrer Dynamik verlieren. Das kann ich dir mit ziemlicher Sicherheit prophezeien.

Es ist die Dynamik der Konkurrentenphobie!

Mit anderen Worten: Der erfolgreiche Erfinder, der Spitzenpolitiker, der prominente Künstler, der … Ach, ich brauche hier jetzt nicht alle aufzuzählen … Fast jedes Alphatier, das eine etwas mehr, das andere etwas weniger, trägt, offen oder insgeheim, den Wunsch in sich, alleine an der Spitze zu stehen. Die Fähigkeit zur Zügelung dieses offenen oder geheimen Wunsches hängt von der Persönlichkeit und der Ethik des Alphatieres ab. Und so kommt es dazu, dass leider nicht immer und nicht alle Erfolgreichen ohne weiteres den Erfolg des Konkurrenten akzeptieren können. Im Gegenteil, Asterios, die

A. Marneros, *Mein Bruder Sisyphos, mein Freund der Minotauros*,
https://doi.org/10.1007/978-3-662-55808-9_25

Erfolge von Konkurrenten können bei dem Betroffenen eine Kettenreaktion auslösen, die – plakativ gesagt – mit Erfolgsdrang beginnt, in Erfolgssucht übergeht, sich zur Prominenzsucht weiterentwickelt und in der Konkurrentenphobie endet. Und so kann die Konkurrentenphobie das Gefängnis des Erfolgreichen werden, in dem er Gefangener seiner Prominenzsucht und seines Narzissmus[136] ist. Gerade das, Asterios, war der Grund des Zusammentreffens der verblendenden habgierigen Begehrlichkeit deines Vaters und des sexuell perversen Verlangens deiner Mutter mit der pervertierten Genialität des Spitzenerfinders Dädalos. Der konkurrentenphobische Genius brachte die Tragödie wie folgt ins Rollen:

Die Legende einer Konkurrentenphobie

Du kennst Dädalos nicht, den dritten im Bunde der Ursünder – im Gegensatz zu den beiden anderen, deinem sozialen Vater Minos und deiner Mutter Pasiphaë. Du hast Dädalos nicht kennengelernt, weil er sich absetzte, nachdem König Minos herausgefunden hatte, wie du – der Legende nach – gezeugt wurdest. Er flüchtete zu König Kephalos nach Sizilien. Hast du schon erkannt, dass der Name Dädalos „Der-kunstvoll-Arbeitende" bedeutet? Und er arbeitete tatsächlich kunstvoll, und zwar in vielen Bereichen. Er war, wie schon gesagt, der genialste Erfinder seiner Zeit und der Uringenieur der Menschheit, dazu auch ein unübertroffener Techniker und Künstler. Es werden ihm zahlreiche Erfindungen zugeschrieben, so etwa die Säge und der Bohrer, das Senkblei, Mast und Segel der Schiffe sowie der Klebstoff. Man sagt, er sei auch der Urheber archaischer Kunstfiguren, die bis heute von den Kunsthistorikern Dädalika genannt werden sowie von prähistorischen Kultfiguren, den sogenannten Xoana. Dazu stammt er aus einer der vornehmsten Familien Griechenlands, nämlich der des legendären Athener Königs Erechtheus. Dädalos war in der ganzen Welt berühmt. Nicht nur die Menschen seiner Heimatstadt Athen bewunderten ihn, sondern überall wurde er wie ein Gott verehrt.

Sicherlich fragst du dich jetzt, wie es denn dazu kommen konnte, dass diese Weltberühmtheit aus dem fernen Athen sich auf Kreta befand und dort deiner Mutter die schon erwähnte Hilfe bei der Befriedigung ihres Triebes leistete. Ganz einfach, Asterios: Er gehört zu der Art Alphatier, die mit keinem anderen den Platz an der Spitze teilen will. Nicht einmal, wenn dieser andere ein enger Verwandter und sogar Schutzbefohlener ist. Mit anderen Worten, Dädalos gehört zu denen, die im Gefängnis der Konkurrentenphobie fest sitzen – wie du im Labyrinth. Und so geschieht es:

Dädalos hat einen Neffen. Dieser Sohn seiner Schwester heißt Perdix. Das Kind ist sehr begabt, so dass seine Mutter sich entschließt, ihn seinem genialen Onkel Dädalos zur Ausbildung anzuvertrauen. Sie will, dass ihr Sohn ein ebenso berühmter Erfinder wird wie ihr Bruder. Bald zeigt Perdix, dass er tatsächlich ebenso genial ist wie sein Onkel. Man munkelt sogar, dass er es war, der die Säge erfand, und nicht Dädalos, dass aber sein Onkel dies unredlicherweise als seine eigene Erfindung deklarierte und damit Ruhm und Patente erlangte. Übri-

[136] S. Kap. 29.

gens, Asterios, keine unbekannte Methode auch in der Zeit, aus der ich komme. Wie auch immer, Perdix erfindet den Zirkel und trägt damit wesentlich zur Entwicklung der Geometrie bei, was die Bewunderung der Gelehrten erzeugt. Die Handwerker verehren ihn, nachdem er die Töpferscheibe entwickelt hat. Und so wird der erfolgreiche junge Perdix immer prominenterer und berühmter, Dädalos dagegen immer unruhiger und neidischer. Er befürchtet, dass sein begabter Neffe ihn bald von der Spitze des Ruhmes verdrängen könnte. Das kann und will er unter keinen Umständen zulassen. Denn er ist ein Gefangener seiner Erfolgs- und Prominenzsucht, die keinen Erfolgreichen und Prominenten neben sich selbst duldet.

Und so entschließt sich Dädalos, eine endgültige Klärung der Situation herbeizuführen. Dazu begibt er sich mit dem ahnungslosen Perdix auf die Klippen von Sounion an der Ägäisküste nahe Athen. Nein, nicht auf den Felsen der Akropolis, wie manche sagen, da dort zu viele Menschen sind, die Zeugen des unlauteren Konkurrentenkampfes werden könnten. Auf den Klippen von Sounion also gibt Dädalos dem jungen Perdix eine sehr schwierige mathematische Aufgabe zu lösen. Manche berichten, Perdix sollte die Entfernung zwischen Erde und Mond berechnen, andere wiederum sprechen vom Umfang der Erde. Nachdem die Griechen schon angefangen hatten zu vermuten, dass die Erde keine Scheibe, sondern eine Kugel ist, war so eine Aufgabe nicht nur sehr interessant, sondern auch sehr modisch unter den Genies – und mit der richtigen Lösung weiteren Ruhm versprechend. Und siehe da, der Jüngling Perdix löst die Aufgabe blitzschnell.

Dädalos gerät in Panik. Nun gibt es keinen Zweifel mehr, sein Ruhm könnte von Perdix übertroffen und er von einem so viel Jüngeren ausgestochen werden! Deshalb sieht er auch nicht mehr den Neffen, sondern den Konkurrenten, den es zu vernichten gilt. Ohne lange nachzudenken, gibt er dem neben ihm stehenden Jungen einen heftigen Stoß. Perdix stürzt über die Klippe. Glücklicherweise beobachtet Athena, die Göttin der Weisheit und Beschützerin der Wissenschaftler und der Genialität, die Szene. Sie gerät in große Wut. Blitzschnell fängt sie den hinunterstürzenden Jungen am Fuße des Hanges auf, verwandelt ihn in ein Rebhuhn und rettet ihn so vor dem sicheren Tod. Nun weißt du, warum bis heute nicht nur in der uns gemeinsamen, sondern auch in anderen europäischen Sprachen das Rebhuhn Perdix heißt. Und weshalb das Perdix-Rebhuhn bis heute Hügel hinaufläuft und kaum fliegt. Es nistet übrigens auch nicht auf Bäumen, sondern in kleinen, unter Sträuchern verborgenen Erdlöchern, so dass es unbemerkt bleibt.

Die Geschichte hat aber nicht nur diese einigermaßen erfreuliche Entwicklung, sondern auch eine sehr traurige. Perdix Mutter, Dädalos Schwester, die von dem wundersamen Überleben ihres Sohnes, wenn auch als Rebhuhn, nichts ahnt, erhängt sich aus Trauer und Verzweiflung, als sie vom Tod des Jungen und der Untat des Bruders hört.

Um der drohenden Strafe zu entgehen – seinen Versuchen, das Geschehene als Unglück zu erklären, schenkt man keinen Glauben –, flüchtet Dädalos nach Kreta ins Exil, wo er Asyl bei König Minos findet. Minos nutzt die Genialität seines Gastes bei der Errichtung von vielen Bauwerken und Schutzanlagen. Unter anderem auch des Labyrinths, in dem du eingeschlossen bist, Asterios. Und so kommt es auch zur verhängnisvollen Begegnung mit deiner Mutter, mit dem Stier des Poseidon, der Konstruktion der Technokuh. Und zu deiner Zeugung.

So wurde Dädalos zum Archetyp der verbrecherischen Konkurrentenphobie. Allerdings kopiert die Konkurrentenphobie nur einen anderen Prototyp, die Götterphobie nämlich. Deinem fragenden Blick entnehme ich, das du wissen willst, was ich mit Götterphobie meine, Asterios. Also gut, lass mich zunächst erzählen, wie die Götterphobie entstand.

Die Legende von Kronos und seiner Götterphobie

Die urarchaische Göttergeneration wird mit teilweise blutigen Kämpfen von jüngeren, den archaischen Göttern abgelöst. Die jüngeren entthronen die alten Götter, manche entmannen oder vernichten sie sogar. So wie ihr Anführer Kronos, der viele Jahrhunderte später von den Lateinern zu Saturn pseudonymisiert wurde, seinen alten, aber omnipotenten Übervater Ouranos, den Himmel, entmannt und sich selbst an dessen Stelle zum Obersten Gott ausrufen lässt.

Kronos findet großen Gefallen an der Macht, die er ausgiebig genießt. Allerdings wird er in zunehmender Weise ängstlich. Wie die meisten machtbesessenen Autokraten und dominanzsüchtigen Alphatiere hat auch Kronos riesige Angst vor seinen Kindern, realen oder metaphorischen. Er befürchtet, ebenso entmachtet und beiseitegeschoben zu werden wie er einst seinen Vater entmachtet, entmannt und beiseitegeschoben hat. Er wird immer misstrauischer und hat Angst, dass andere, vor allem seine eigenen Geschöpfe, mächtiger werden könnten als er selbst. Er verkehrt nur mit wenigen Vertrauten, wittert überall Verrat, vermutet Intrigen und Illoyalität, schläft schlecht und verlässt kaum noch seine Wolkenpaläste. Und wenn, dann nur um einige Titanentöchter, die sogenannten Titaniden, zum Beischlaf zu zwingen. Damit will er den anderen Göttern immer wieder demonstrieren, wer der Alphagott ist. Er isoliert sich dadurch natürlich sozial und entwickelt schließlich eine regelrechte Phobie vor anderen Göttern, die er sämtlich als potenzielle Gefahr ansieht. Aus Kronos, dem Weltenherrscher, wird ein Gott mit Götterphobie.

Um die Gefahr von Übertrumpftwerden und Verdrängung durch die Konkurrenz abzuwenden, verwendet er eine abscheuliche Methode: Er verschlingt alle seine Kinder, die er mit den zahlreichen titanischen Göttinnen, den Titaniden, aber auch mit seiner Gemahlin Rhea zeugt, sobald sie geboren sind.

Diese selbstverordnete antiphobische Therapie bringt aber nicht den erwünschten Erfolg. Er wird nämlich von seiner Gemahlin Rhea durch eine komplizierte Intrige ausgetrickst, so dass sein Sohn Zeus überlebt und ihn später entmachtet. Sie schafft es sogar, dass Kronos seine verschluckten Kinder, die unverdaulich jahrhundertelang in seinem Magen schlummerten, ausspuckt.[137]

Kronos wird also entthront, seine Götterphobie hat ihn nicht geschützt. Doch seine Götterphobie sprang in der Form der Konkurrentenphobie, sozusagen einer Unterform der Götterphobie, auf die Menschen über. Weggefährten, Parteigenossen, Kollegen, die dem „Gott" – dem Alphamenschen – gefährlich erscheinen, werden verschlungen. Allerdings mit anderen, mit moderneren und zivilisierteren Methoden.

Und weil sie bloß Menschen sind und keine Babygötter, sind sie auch verdaulich.

[137] Die Entmachtung Kronos wurde in Abschn. 20.1 dargestellt.

Wenn wir von Menschen sprechen, meinen wir den Begriff Götterphobie natürlich nur metaphorisch. Sie ist bloß eine Konkurrenzphobie, besser gesagt, eine Phobie vor Konkurrenten. Eine Konkurrentenphobie also. So wie Dädalos eine hatte.

Die Konkurrentenphobie

Und die Zunft der Psychiater, Psychologen, Psychosomatiker und Psychoanalytiker fügt wissend hinzu:

In der Tat, die Legende des genialen Dädalos steht als Archetyp für die Konkurrentenphobie, dessen metaphorischer Archetyp in Kronos Götterphobie zu suchen ist.

Und der begabte junge Perdix ist der Archetyp des schuldlosen Opfers der Konkurrentenphobie.

Eine Phobie ist die Entwicklung einer übertriebenen, unangemessenen oder gar völlig unbegründeten Angst, die sich auf bestimmte Gegenstände oder Situationen bezieht. Insofern ist eine Götterphobie zwar metaphorisch gemeint, doch eine Konkurrentenphobie ist ganz und gar nicht metaphorisch, sondern real und alltäglich. Damit ist natürlich nicht das Augenmerk auf bestehende Konkurrenz gemeint, nicht die Aufmerksamkeit dafür, möglichst nicht zu unterliegen, was für das soziale Überleben und Vorankommen unabdingbar ist. Sondern nur die eben beschriebene pathologische Form, die Konkurrentenphobie, die auch verbrecherisch werden kann. So wie bei Kronos und wie bei Dädalos.

Das ist des Mythos archetype Botschaft.

Mit Kronos kam nicht nur die Konkurrentenphobie bzw. Götterphobie in die gerade neu entstandene Welt, sondern auch der Kannibalismus. In einem metaphorischen Sinne passen Götterphobie bzw. Konkurrentenphobie und Kannibalismus sehr gut zusammen.

Schau mich nicht so an, Asterios! Ich meine es nur metaphorisch, mein Freund.

Von Kannibalismus spricht man, wenn Artgenossen von Artgenossen gegessen werden. Was die Menschen betrifft, ist der richtige wissenschaftliche Begriff „Anthropophagie". Du weißt schon, vom griechischen „Anthropos" (Ánθρωπος), „der Mensch", und „Phagia" (Φαγία), „das Essen". Es bedeutet also, dass Menschen menschliches Fleisch essen. Das Wort Kannibale ist relativ neu und entstand lange nach deiner Zeit. Nach der Entdeckung eines neuen Kontinentes durch die Europäer, Amerika nämlich. Es heißt, die „Canibas" seien menschenfressende Bewohner der sogenannten karibischen Inseln, die ursprünglich kanibische Inseln hießen. Daher „Kannibale" und „Kannibalismus".

Zurück zu Kronos, der also seine eigenen Kinder fraß. Streng genommen war er kein Anthropophage, weil seine Kinder keine Menschen, sondern Götter waren. Doch weil wir uns unsere Götter anthropomorphisch phantasiert haben, können wir als Kompromiss auch von Anthropophagie sprechen, und auf jeden Fall von Kannibalismus im weiteren Sinne. Denn Kronos hat seine Artgenossen gefressen!

Auch in den modernen Gesellschaften gibt es noch Kannibalismus, allerdings sehr selten und in einer sehr abgewandelten Form, verglichen mit den Naturvölkern oder den Menschen der archaischen Zeit, als Sexuellen Kannibalismus nämlich. Der hat mit unserem Thema nichts zu tun. Du schaust allerdings so ungläubig, dass ich davon ausgehe, dass du neugierig bist zu hören, was es damit auf sich hat. Ganz kurz, nur um deine Neugier zu befriedigen, erzähle ich dir etwas darüber.

Der Sexuelle Kannibalismus bzw. die Sexuelle Anthropophagie ist eine seltene sexuelle Abweichung. Eine Paraphilie, die in der Regel am Ende einer langen Entwicklung aggressiv-sadistischer Phantasien steht. Bei manchen beginnt der starke Wunsch, menschliches Fleisch zu essen, um davon einen sexuellen Lustgewinn zu haben, schon in der Kindheit. Bei anderen erst später im fortgeschrittenen Alter, manchmal sogar nach dem 40. Lebensjahr. Tiefenpsychologen sehen Parallelitäten zwischen sexuell motivierter Anthropophagie und dem kulturell bedingten Kannibalismus der Naturvölker. Die Anthropophagen der Naturvölker glauben, dass sie durch das Verzehren des menschlichen Fleisches die Eigenschaften der gegessenen Person in sich aufnehmen. Wird ein tapferer Feind verzehrt, wird der Verzehrende ebenfalls tapfer im Denken und Gebaren. So soll die Einverleibung eines anderen Menschen die Verschmelzung mit dem begehrten „Objekt“ auch symbolisch bzw. stellvertretend darstellen.

Anders Kronos, der Kannibalismus nicht aus sexuellen Motiven betrieb, sondern aus der schon erwähnten Konkurrentenphobie. Ein Konkurrentenkannibalismus sozusagen.

So wie er heute auch nicht selten ist. Natürlich wird heutzutage der Konkurrent nicht gefressen, nicht verschluckt.

Oder doch?

Du musst wissen, Asterios, dass Fressen und Verschlucken von Konkurrenten heute nicht mit Mund und Zähnen stattfindet, sondern in den verschiedensten unblutigen, wenngleich nicht weniger vernichtenden Formen und mit den unterschiedlichsten, teils zwar legalen, doch nicht weniger brutalen Methoden.

Noch ein Wort zur Götterphobie, Asterios. Sie machte seitdem, entweder in ihrer reinen Form oder als Konkurrentenphobie, der für Sterbliche abgewandelten Form, eine bemerkenswerte Karriere bis in die Tage meiner Zeit. Schon Zeus, der erste Entmachter des ersten Götterphobikers Kronos, übernahm sowohl die Götterphobie als auch den Kannibalismus seines Vaters.

Erstes Opfer dieser götterphobischen Eigenschaften war seine erste Frau Metis, Göttin der praktischen Intelligenz. Metis wurde von ihrem Mann Zeus verschluckt, als sie noch schwanger mit Zwillingen war. Denn eine Prophezeiung besagte, dass sie einen Sohn gebären würde, der den Obersten Gott Zeus entmachtet. Tatsächlich war einer der ungeborenen Zwillinge ein Junge; dieser wurde von Zeus verdaut. Der andere Zwilling aber war Athena, die dann aus Zeus Kopf geboren wurde – als Erwachsene, mit voller Rüstung und im Besitz der absoluten Weisheit.

Nachdem also Zeus die intelligente und vielwissende Metis verschluckt und ihre Intelligenz und ihr Wissen in sich absorbiert hatte, hörte er auf, seine Götterphobie mit Kannibalismus zu therapieren.

Leider folgen die Sterblichen dem Beispiel des Gottvaters nicht und versuchen immer noch, ihre Konkurrentenphobie mit Kannibalismus zu behandeln. Sie betreiben eine Anthropophagie der metaphorischen oder gar der virtuellen Art. Ohne menschliches Fleisch auf dem Tisch! Diese Art des fleischlosen Menschenfressens floriert geradezu in meiner Zeitdimension!

Es ist eine abgewandelte Form des Menschenfressens, der Anthropophagie. Etwas anderes als das, was dir vorgeworfen wird, Asterios. Aber nicht minder grausam.

26

Das schuldbeladene Opfer

26.1 Verfehlung und Bestrafung

Also doch! Die Menschen der Zeit, aus der ich komme, betreiben auch Kannibalismus, und zwar extensiv und intensiv. Allerdings, wie vorher erläutert, anders als du, Asterios, metaphorisch und virtuell nämlich. Deshalb brauchen sie keinen strafenden Theseus zu fürchten, sondern nur auf den Erfolg hoffen. Und vor allem: Die Konkurrentenkannibalen sind nicht die schuldlosen Opfer anderer Schuldiger, so wie du eines bist, Asterios. Wobei du ja auch nicht für Konkurrentensünden bezahlst, sondern für die Verfehlungen anderer, die die Natur – die natürliche Ordnung – vergewaltigten. Aber Sünder jeglicher Art sollten sich nicht vor Freude die Hände reiben, auf dich zeigen und dabei denken. „Aha! **Ich** brauche keine Strafe zu fürchten, wenn ich die Natur vergewaltige oder andere Verbrechen gegen sie und Menschen begehe, **ich** habe keine Konsequenzen zu fürchten. Und was interessiert es mich, wenn andere Opfer meiner Verfehlungen werden." Weit gefehlt, ein solches Denken! Ich werde dir später die Geschichten von Menschen wie Arachne, Niobe, Bellerophon und anderen erzählen, die Opfer ihrer eigenen Verfehlungen wurden, und zwar Opfer ihrer Anmaßung, ihrer Hybris. Und die Vergewaltigung oder Zerstörung der Natur scheint mit besonderen Strafen geahndet zu werden. Wer die Natur zerstört, der wird von der Natur zerstört, der wird zum ersten Opfer seines Verbrechens. So wie im Mythos von Erysichthon. Kennst du ihn?

Ach mein Freund Asterios, bitte entschuldige, dass ich so unsensibel frage. Wie sollst du alle diese Dinge wissen, wenn wir dir wegen deines Anderseins nicht erlaubt haben, ganz normal eine Schule zu besuchen? Wenn du nicht

A. Marneros, *Mein Bruder Sisyphos, mein Freund der Minotauros*,
https://doi.org/10.1007/978-3-662-55808-9_26

mit Gleichaltrigen zusammen sein und dich nicht an ihren Spielen beteiligen durftest? Wenn sich die Älteren weigerten, dich zuhören zu lassen, wenn sie den anderen Kindern Märchen und Geschichten aus früherer Zeit erzählten? Entschuldige die unsensible Frage. Ich erzähle dir jetzt die Geschichte, extra für dich!

Die Legende von Erysichthon, der Bulimie und der Autophagie

In Diotion, einem Ort in Thessalien in Zentralgriechenland, wurde der Göttin Demeter ein schöner Hain geweiht, den sie sehr liebte. In jedem Baum dieses heiligen Haines ließ Demeter eine Dryade wohnen. Hast du einmal gehört, dass die Dryaden Baumnymphen sind, die in den Bäumen wohnen und die Bäume vor jeglicher Zerstörung schützen? Zuerst wohnten sie nur in den Eichen, wie auch ihr Name besagt. „Drys" (Δρυς) ist ja in der uns gemeinsamen Sprache die Eiche. Später allerdings wohnten sie auch in vielen anderen großen Bäumen, behielten aber trotzdem ihren ursprünglichen Namen bei. Die Besiedlung der Bäume mit Nymphen, mit Schutzengeln sozusagen, war von Demeter, der Göttin der Bäume und Felder, bewusst so eingerichtet. Es ist nämlich so: Um einen hochgewachsenen Baum fällen zu dürfen, muss man zuerst die darin wohnende Nymphe um Erlaubnis bitten. Man muss ihr Zeit geben umzuziehen. Die Baumnymphen sind nämlich mit ihren Bäumen zusammengewachsen, und so brauchen sie Zeit, um sich davon zu lösen und in einen anderen Baum umzusiedeln. Da alle großen Bäume immer von einer Nymphe bewohnt sind, muss man warten, bis neue Bäume gewachsen sind, um der Nymphe ein neues Zuhause bieten zu können. Dadurch dass jeder gefällte alte Baum schon vorher durch einen neuen ersetzt wurde, wird die Natur geschützt. Ja, Asterios, die Göttin der Natur wusste schon, wie Naturschutz erfolgreich funktioniert.

Mitten in Demeters Lieblingshain stand eine sehr große, knorrige Eiche, die so stolz und mächtig wirkte, dass sie allein schon wie ein ganzer Wald aussah. Alle Menschen verehrten Demeters Hain und ganz besonders ihre heilige Eiche.

Mit einer einzigen Ausnahme: Erysichthon, Sohn des Königs. Er hatte keinen Respekt, weder vor dem Heiligtum, noch vor den alten beeindruckenden Bäumen, in denen die Dryaden wohnten. Einmal wollte er eine große Halle aus gutem Holz bauen, um darin mit seinen Freunden ausgiebige Gelage zu feiern. So fasste er eines Tages den Entschluss, den Hain abzuholzen.

Mit einem Trupp von zwanzig jungen und kräftigen Holzfällern, alle mit Äxten und Beilen gerüstet, rückt Erysichthon schamlos und ohne Respekt in den Hain vor. Als er den Befehl gibt, Demeters heilige Eiche zu fällen, beginnt sie zu beben und zu seufzen. Und alle Bäume des Haines stimmen in ein sehr trauriges Lied ein.

Als Erysichthon mit seiner Axt dem Stamm der Eiche den ersten kräftigen Schlag versetzt, strömt Blut heraus. Eine verzweifelte Stimme ist aus dem Inneren zu hören: „Du tötest damit eine Waldnymphe. Aber es tröstet mich, dass du deiner gerechten Strafe nicht entkommen wirst." Das Seufzen der Dryade der verwundeten Eiche und das traurige Lied der anderen Dryaden dringen an Demeters Ohr, und sofort erscheint sie dem Frevler in Gestalt einer Priesterin. Sie versucht, ihn mit vernünftigen Worten von seinem Vorhaben abzubringen. Doch nichts kann Erysichthon aufhalten. Der stolze alte Baum fällt seiner Axt zum Opfer. Voll des Zornes nimmt Demeter ihre göttliche Gestalt an und sagt zu dem überraschten und zutiefst erschreckten Erysichthon:

„Die Natur, die Wälder und die Bäume sind der Lebensraum von Mensch und Tier. Sie gewähren Schutz und Nahrung und Erholung. Besonders wichtige Naturgebiete werden nicht umsonst für heilig erklärt und von meinen Nymphen geschützt. Der Mensch, der das zerstört, zerstört sich selbst. Du wolltest also eine Halle damit bauen, um ausgiebige Gelage zu feiern? Du sollst deine Gelage haben, allerdings als eine Krankheit, eine schwere Krankheit. Ich verurteile dich zu unstillbarem Ochsenhunger, zu Bulimie."

Du weißt sicher, Asterios, dass das Wort Bulimie aus zwei Worten der uns gemeinsamen Sprache zusammengesetzt ist: Aus „Bus" (Βους), „der Ochse", und „Limos" (Λιμός), „der Hunger".

Und so wurde Erysichthon der erste Patient der Welt mit einer Bulimie, einem Ochsenhunger, einer unstillbaren Esssucht also.

Bei der Vollstreckung der Strafe gibt es jedoch ein großes Problem: Demeter ist nämlich als Göttin der Landwirtschaft dafür zuständig, dass die Erde den Menschen genug zu essen gibt. Deshalb befindet sie sich in ständigem Zwist mit Limos, dem Geist des Hungers. Ein Treffen zwischen den beiden hat nie stattgefunden; es kann und wird auch nie stattfinden, sagt die Prognostik. Limos ist ein hohlwangiger, abgemagerter Greis mit struppigem Haar, faulen Zähnen, trockenen Lippen und schmutzig-blassem Antlitz. Er ist ein Sohn von Eris, der bösen Göttin der Zwietracht. Der Gott des Hungers wohnt im Norden, in frostigen, unfruchtbaren und baumlosen Gegenden, begleitet von seinen ebenfalls unangenehmen Geschwistern. Dazu gehören unter anderem Ponos – du ahnst sicher, dass er der Geist des Schmerzes ist; so heißt ja der Schmerz in der uns gemeinsamen Sprache – und die Maches, so nennt man die Geister der Schlachten. Wo Hunger ist, da sind Schmerz und Schlachten nicht weit. Nur zu deiner Information, Aristos. Limos, diesem Gott des Hungers, haben römische Dichter viele Jahrhunderte später nicht nur ein Pseudonym gegeben, nämlich „Fames". Noch dazu haben sie bei ihm eine Geschlechtsumwandlung vollzogen zu „die" Fames.

Wie auch immer, Demeter, die Göttin, die den Menschen die Früchte der Erde schenkt, kann Limos, den Gott, der die Menschen mit Hunger quält, nicht treffen. Das ist der Grund, warum sie eine Bergnymphe schickt, um ihm ihre Bitte zu überbringen. Der Gott des Hungers fühlt sich geschmeichelt, dass seine ewige Feindin ihm die außergewöhnliche, bisher nie dagewesene Ehre erweist, ihn um Hilfe zu bitten. Und freudig-geehrt erfüllt er diese sofort.

Der Hunger befällt ohne Zögern Erysichthon, der seitdem tatsächlich von unstillbarem Ochsenhunger heimgesucht wird. Es beginnt schon, wenn er noch schläft. Mit Heißhunger erwacht er und beginnt alles zu essen, was er findet. Je mehr er isst, desto größer wird sein Hunger. Er isst ständig und wahllos. Alle seine Vorräte, alle seine Tiere, sogar Esel und Pferde, alles, was wild in Feld und Wald wächst. Er bettelt um Essen und stiehlt dazu noch welches; er isst Abfälle anderer Leute und veräußert sein gesamtes Vermögen, um Essbares zu kaufen. Er hat bald nichts mehr als seine schöne Tochter. Der Hunger aber quält ihn gewaltig, und so macht er auch vor diesem tugendhaften Mädchen nicht Halt: Um an Geld zu kommen, verkauft er sie als Sklavin! Poseidon jedoch zeigt Mitleid mit dem unschuldigen Mädchen und verleiht ihr die Gabe der Metamorphose, der Gestaltumwandlung also. Sie nimmt zuerst die Gestalt eines Fischers an und kann so vor ihrem Herrn fliehen und zu ihrem Vater zurückkehren. Der jedoch verkauft sie wieder und wieder und wieder; und jedes Mal nimmt sie eine andere Gestalt an und entkommt der Sklaverei und den Gelüsten des jeweiligen Herrn. Und jedes Mal kehrt sie zu ihrem Vater zurück. Da aber irgendwann diese Merkwürdigkeit bemerkt wird, ist niemand mehr bereit, das Mädchen zu kaufen.

Und dann, nachdem Erysichthon alles Essbare gegessen hat und trotzdem seinen Ochsenhunger nicht stillen kann, beginnt er sich selbst zu verstümmeln – seine eigenen Glieder abzubeißen und sich selbst zu essen.

Bis er sich selbst vollständig zerstört hat.

Bemerkenswert, Asterios, bemerkenswert … Die meisten Menschen, die die Geschichte von Erysichthon hören, spüren keine Empathie und kein Mitleid mit ihm, selbst wenn sie prinzipiell sehr empathische Menschen sind. So ein furchtbares Leid, Doppelleid sogar, unstillbarer Ochsenhunger und Essen des eigenen Körpers. Und trotzdem kaum in der Lage, sympathische und empathische Gefühle bei den Menschen hervorzurufen. Dieser Unglückliche ist Opfer seiner eigenen Verfehlungen, er ist selbst schuld an seinem Leid, urteilen die Menschen. Hätte er den erforderlichen Respekt vor der übergeordneten Ordnung der Natur – um nicht von Ehrfurcht zu sprechen, was aber nicht unangebracht wäre –, dann wäre er nie in diese Lage geraten, sagen sie. Hätte er dem Drang widerstanden, die Megalomanie seines Narzissmus mit dem Bau der übergroßen Gelagehalle zu befriedigen, und vielmehr auf die Stimme der Vernunft gehört, die durch die höchste und kompetenteste Instanz zu ihm gesprochen hatte, nämlich die der Göttin, dann wäre er nicht Opfer seiner Unvernunft geworden. So urteilen Volk und Experten.

Die Folge der Zerstörung der Natur ist unausweichlich die Selbstzerstörung.

Erysichthons Weg zur Selbstzerstörung verlief über den „Ochsenhunger", die Bulimie, und zwar in die Sonderform des sogenannten Binge Eating.

Bulimie und Binge Eating

Und die die Zunft der Psychiater, Psychologen, Psychosomatiker und Psychoanalytiker fügt wissend hinzu:

In der Tat, Erysichthon ist, unter anderem, auch der Archetyp für eine Sonderform bulimischer Störung, die man Binge Eating nennt.

Bulimie, diese Form der Essstörung, ist charakterisiert von unbändigen Heißhungerattacken. Der Betroffene isst wie ein Ochse, das bedeutet das griechische Wort Bulimie. Eine Sonderform der Bulimie wird englisch als „Binge Eating" bezeichnet, wobei das erste Wort „Gelage" bedeutet und das zweite „Essen". Beim Binge Eating verliert der Betroffene vollständig die bewusste Kontrolle über sein Essverhalten.

Es gibt einen wesentlichen Unterschied zwischen der klassischen Bulimie und dem Binge Eating. Während bei der Bulimie nach Essattacken anschließend meist Gegenmaßnahmen ergriffen werden, vor allem in Form von Erbrechen, gehört dies nicht zum Binge Eating. So war es auch bei Erysichthon, der Gelage feiern wollte und durch Gelage-Essen – das bedeutet Binge eating wörtlich übersetzt – geplagt wurde.

Ein Vergnügen kann zum Martyrium werden, wenn es das Kind von Unvernunft und Hochmut ist.

Das ist des Mythos archetype Botschaft.

26.2 Die Autophagie bzw. der Autokannibalismus

Erysichthons Weg zur Selbstzerstörung begann also mit Bulimie bzw. Binge eating und endete in der Autophagie. Du weißt natürlich, Asterios, dass in der uns gemeinsamen Sprache „Auto" (Αυτό), „Selbst", bedeutet und „Phagia" (Φαγία), „Essen". Autophagie heißt also „Sich-selbst-essen". Manche nennen das Phänomen der Autophagie auch Autokannibalismus.

Wieder schaust du so erstaunt-fragend, mein Freund. Natürlich gibt es so etwas! In der Natur ist Autophagie ein rettendes Phänomen. Beispielsweise wenn Zellen einige ihrer Bestandteile selbst „fressen", um nicht darunter zu ersticken.[138] Auch einige Tiere reißen verletzte oder kranke Körperteile ab oder fressen sie ab. Doch beim Menschen sind Selbstverstümmelung und Autophagie Ausdruck einer schweren psychischen Störung.

Selbstverstümmelung und Autophagie: das Erysichthon-Syndrom

Und die Zunft der Psychiater, Psychologen, Psychosomatiker und Psychoanalytiker fügt wissend hinzu:

In der Tat, Erysichthon ist durch sein Leiden auch der Archetyp von Selbstverstümmelung und Autophagie geworden, die deswegen von manchen als Erysichthon-Syndrom bezeichnet wird.[139]

[138] Der japanische Zellbiologe Yoshimori Ohsumi bekam im Jahre 2016 den Nobelpreis für Medizin wegen seiner Entdeckungen zur Autophagie der Zellen.

[139] Die Bezeichnung „Erysichthon-Syndrom" wird auch in der Inneren Medizin verwendet als Bezeichnung für eine schwerwiegende, tödlich endende, hyperlipidämiebedingte Gefäßerkrankung, die durch Hyperphagie und unvernünftiges Essen entsteht: „They eat themselves to death" in: David T. Nash et al. „The Erysichthon Syndrome", Circulation, 56 (1977)363–366.

Selbstverstümmelung und Autophagie sind Ausdrücke einer schweren psychischen Störung, bei der ein Mensch eigene Körperteile abtrennt und auch isst. Selbstverstümmelung kann auch ohne Autophagie auftreten. Beide Erscheinungsformen sind sehr seltene und unspezifische Störungen. Man trifft sie bei schweren Psychosen, etwa der chronischen Schizophrenie, beim schweren Drogenrausch oder auch als sexuelle Perversion im Sinne einer Paraphilen Störung[140].

Erysichthon hatte allerdings weder eine schwere psychische Störung, noch eine sexuelle Perversion. Er steht als Archetyp für die, die in großer Hybris die Grenze des Gebotenen überschreiten und die geheiligte Natur zerstören. Und dadurch sich selbst.

Das ist des Mythos archetype Botschaft.

Weißt du, Asterios, ich habe während meiner langen beruflichen Tätigkeit als Psychiater manchen unglücklichen Menschen gesehen, der krankheitsbedingt Selbstverstümmelung und Autophagie betrieben hat. Und deshalb bin ich ambivalent, diese unschuldigen Krankheitsopfer mit der Bezeichnung Erysichthon-Syndrom zu etikettieren. Die Erscheinungsform, die sogenannte Phänomenologie der Störung, würde zwar die Bezeichnung rechtfertigen, allerdings nicht ihre Ursache. Erysichthon wurde wegen seiner Hybris von der Göttin der Natur bestraft. Weil er die von ihr angeordnete Ordnung willentlich zerstörte. Er wurde Opfer seiner Verfehlungen. Doch der psychisch Gestörte ist krank und kein schuldiger Sünder.

Lass mich dir ganz kurz einige Fälle aus dem psychiatrisch-forensischen Bereich schildern, mit denen ich in Kontakt kam. Dann wirst du meine Ambivalenz verstehen.

Moderne Erysichthons?

Meine Kollegen aus der Rechtsmedizin wurden einmal von der Polizei gerufen, um eine verstümmelte männliche Leiche in einer Wohnung zu untersuchen. Bewohner hatten die Polizei alarmiert, weil auf einem Fensterbrett der Wohnung eine Katze an einem menschlichen Ohr knabberte. Die Polizei fand in der Wohnung eine verstümmelte Leiche. Ohren und Nase fehlten, doch der grausigste Fund betraf die Beine: Beide Unterschenkel waren einige Zentimeter unter dem Knie abgetrennt. Neben den Unterschenkeln lag in einer Blutlache eine Säge. Das, was zunächst wie das Werk eines Psychopathen bzw. eines sexuellen Sadisten aussah, wurde nach Beendigung der rechtsmedizinischen Untersuchungen ganz anders erklärt. Es war ohne Zweifel eine Selbstverstümmelung! Die psychiatrische Vorgeschichte des Toten komplettierte das Bild. Es handelte sich um einen Patienten mit schwerer chronischer Schizophrenie. Dazu musst du wis-

[140] S. Kap. 15.

sen, Asterios, dass eine schizophrene Symptomatik in manchen Fällen auch eine Herabsetzung der Schmerzgrenze beinhaltet.

Bei diesem unglücklichen Patienten gab es zwar eine Selbstverstümmelung wie bei Erysichthon. Aber im Gegensatz zu dem Frevler gegen die Natur keine Selbstverfehlung. Nein, vielmehr eine schwere Krankheit.

Und was ist mit den jungen Männern, die ich psychiatrisch begutachtet habe, die durch eine alles okkupierende Paraphilie, eine schwere sexuelle Perversion, veranlasst werden, eigene Hautstücke zu essen oder – in einer abgewandelten Form – Phantasien entwickeln, von anderen gegessen zu werden? Und die das letzten Endes auch final praktizieren?[141] Ist das ihre eigene Verfehlung? Was können sie denn dafür? Sie haben sich doch nicht entschieden, an dieser schweren sexuellen Störung zu leiden.

Etwas anders jedoch könnten die Dinge in einem anderen Fall liegen: Einmal wurde ein 17jähriger Schüler in unsere Klinik eingeliefert. Er kam mit einer Amputation seines Penis, bis zur Wurzel, und einer tiefen Amputation seiner Zunge. Schnell stellte sich heraus, dass es sich um eine Selbstverstümmelung handelt. Was war geschehen? Dieser junge Mann hatte Blüten der Engelstrompete gekocht, sich daraus einen Tee gemacht und ihn getrunken. Die Engelstrompete beinhaltet ein sehr starkes Rauschmittel. Eine für junge Leute leicht zu beschaffende Droge, man braucht sie bloß im nächsten Garten zu pflücken.

Selbstverstümmelung durch Selbstverfehlung in diesem Fall? Ja, eventuell … Ja, doch. Erysichthon-Syndrom? Ja, so könnte man es in diesem Falle nennen.

Die Erysichthons dieser Welt sind nicht wie du und die anderen schuldlosen Opfer.

Doch, sie sind auch Opfer.

Aber schuldbeladene Opfer.

[141] Ihre ausführlichen Geschichten finden sich in Andreas Marneros: „Sexualmörder, Sexualtäter, Sexualopfer. Eine erklärende Erzählung“ (2007) Psychiatrieverlag, Bonn.

27

Das schuldunfähige Opfer

27.1 Der psychotische Täter, der ein Opfer ist

Man kann Opfer der eigenen Verfehlungen werden. Oder der Willkür, der Rache oder der Lust eines Mächtigen. Dabei werden Tun und Lassen des Opfers von dem Mächtigen diktiert. Das Opfer kann nichts dagegen tun, es kann nichts anderes tun als das, was das Diktat vorgibt. Eine der mächtigsten Diktierenden ist die Psychose. Und ihr Opfer ist der leidende Mensch. Jeder Mensch kann Opfer einer Psychose werden, selbst wenn dieser Mensch ein Held und ein Gottessohn ist. So wie Herakles. Er, der Held der Helden, wurde Opfer einer Psychose, einer rezidivierenden, also wiederkehrenden Psychose. Herakles ist ein tragisches Beispiel dafür, dass die Psychose keinen Unterschied macht zwischen Held und Sklaven, zwischen Arm und Reich, zwischen Gut und Böse.

Die Psychose, Asterios, kann den Menschen zum Opfer und auch zum Täter machen. Zum Opfertäter also, wie du einer bist. Dies ergibt sich aus ihrem Wesen: Eine Psychose ist eine schwere psychische Störung, die Denken, Fühlen, Wahrnehmen und Verhalten – infolgedessen auch Handeln – des Menschen betrifft und verändert. Sie geht mit einem weitgehenden, wenn auch in den meisten Fällen vorübergehenden Verlust des Realitätsbezugs und der Autonomie des betroffenen Menschen einher. Die Beeinträchtigung der erwähnten psychischen Bereiche kann unter anderem zur Entwicklung von Wahnvorstellungen und Halluzinationen, zur Verkennung von Personen, Ort und Situation, zur tiefen Depression oder ihrem Gegenteil, einer Manie also, führen. Alle diese Symptome beherrschen dann den betroffenen Menschen

A. Marneros, *Mein Bruder Sisyphos, mein Freund der Minotauros*,
https://doi.org/10.1007/978-3-662-55808-9_27

und lassen ihn unter Umständen Handlungen durchführen und Taten begehen, die für ihn im gesunden Zustand niemals denkbar wären.

Was das heißt, Asterios? Das heißt, dass der freie Wille und damit auch die Verantwortlichkeit bei Begehung gesetzwidriger Taten zeitweise suspendiert werden. So wie bei Herakles oder Agave.

Herakles wurde im Moment seines Triumphes getroffen, als er gerade seine letzte Aufgabe, die Entführung des dreiköpfigen Hundes Kerberos – in manchen anderen Sprachen Zerberus genannt –, der den Hades bewacht, erfolgreich erledigt hatte. Direkt im Anschluss an diese letzte Aufgabe trat das große Unglück in sein Leben. In Gestalt des „Wahnsinns", der „Psychose", mit extrem tragischen Folgen. Lass mich in aller Kürze diese tragische Episode in Herakles Leben erzählen.

Die Legende von Herakles, der seine Liebsten verkennt und in einen Blutrausch gerät

Während Herakles draußen in der Ferne seine Heldentaten vollbringt, befindet sich seine Familie in größter Not: Eine Rebellion gegen den König von Theben, Herakles Schwiegervater Kreon, endet mit dessen Tötung. Der Usurpator, der die Macht an sich reißt, ist Lykos – der Wolf. Er droht, Herakles Familie zu ermorden, um die Rückeroberung der Macht durch die legitimen Erben von Kreon zu verhindern. Herakles Familie, bestehend aus seinem Vater Amphitryon – eigentlich sein Adoptivvater, denn sein wahrer Vater ist Zeus –, Herakles Frau Megara und seinen drei Söhnen, sehnt verzweifelt die Rückkehr des rettenden Helden herbei. Die Familie verharrt ängstlich vor dem Palast des Amphitryon am Altar des Zeus, wo sie Zuflucht gesucht hat. Lykos, der wölfische Usurpator, nimmt an, Herakles verweile noch im Hades, und glaubt, von ihm nichts zu befürchten zu haben. Er denkt, es sei eine leichte Sache, Herakles gesamte Familie zu beseitigen. Da allerdings die Verfolgten bis zum Altar gelangt sind und damit Asylschutz genießen, dürfen sie nicht getötet werden. Asyl ist heilig und unverletzbar, wie du weißt. Nachdem es Herakles gelungen ist, den Kerberos zu bändigen und ihn aus dem Hades zu entführen, macht er sich auf den Weg, um ihn auftragsgemäß zu König Eurystheus zu bringen. Unterwegs aber überkommt ihn große Sehnsucht nach seiner Familie. Deshalb bindet er den Kerberos an einen Baum, tief im Wald versteckt, und läuft los, um seiner Familie einen kurzen Besuch abzustatten. Zuhause angekommen erfährt er, in welch großer und unmittelbarer Gefahr sich Vater, Frau und Kinder befinden. Im Kampf tötet Herakles Lykos samt dessen Gefolgschaft und rettet damit seine Familie.

Dies gefällt allerdings seiner eifersüchtigen Verfolgerin Hera überhaupt nicht. Du fragst dich, Asterios, worauf sich diese Verfolgungswut Heras gegen Herakles gründet? Naja darauf, dass Herakles die Frucht einer heißen Liebesnacht ihres angetrauten Ehemannes Zeus mit Königin Alkmene ist. Man sagt sogar, weil diese Nacht für Zeus so ekstatisch heiß war, habe er sie verdoppelt, so dass er die Freuden doppelt lange genießen konnte. Wie auch immer, gerade jetzt gefällt Hera dieser Erfolg von Herakles überhaupt nicht. Vor allem deshalb nicht, weil Herakles damit kurz vor der Vollendung der ihm gestellten zwölf Aufgaben steht und dabei ist, den Sieg davonzutragen. Das wiederum würde bedeuten, dass ihr Schützling Eurystheus den Thron in Peloponnes, den er unrechtmäßig in Besitz genommen hatte, an die rechtmäßigen Thronfolger, an Herakles Familie also, abgeben müsste. Und so entscheidet sie, Herakles nicht nur mit Wahnsinn zu bestrafen, sondern auch damit, dass er in psychotischem Zustand im wahrsten Sinne des Wortes wahnsinnige, ja fürchterliche und schmerzvollste Dinge tun wird.

Gedacht, geplant, gemacht.

Hera schickt die furchtbare Göttin des Wahnsinns, Lyssa, eine Tochter der Nacht, zu ihm, während die Stadt Herakles Sieg feiert. Weißt du, wie die Lyssa aussieht? Eine so abscheuliche Gestalt hast du sicher noch nie gesehen, Asterios. Und die Menschen nennen *dich* Monster! Dass ich nicht lache! Neben ihr siehst du geradezu niedlich aus. Die Lyssa hat die furchterregende Gestalt einer beflügelten Frau mit Schlangen in den Haaren und Peitschen in den Händen. Und sie ist glücklich, wenn sie Menschen durch mörderischen Wahnsinn quälen kann. Jetzt verstehst du, was ich meine.

Lyssa befällt Herakles. Sein Verhalten ändert sich plötzlich, wie aus heiterem Himmel.

Er benimmt sich höchst ängstlich und angespannt, beginnt zu halluzinieren, verkennt die Umgebung und die anwesenden Personen, er hat Wahnvorstellungen. Er verkennt seine eigene Kinder, seine Frau und seinen Adoptivvater als Gefolgsleute seines größten Feindes Eurystheus, der ihm mit den schier unmenschlichen zwölf Aufgaben im Grunde genommen zwölf Jahre seines Lebens gestohlen hat. Und weil er gerade jetzt alle Aufgaben erfolgreich erledigt hat, verfällt er dem Wahn, dass die Leute von Eurystheus ihn töten und ihn um die Früchte seiner zwölfjährigen Bemühungen bringen wollten. Dabei ist Herakles zeitlich, räumlich und zur Situation völlig desorientiert. So glaubt er zuerst, in verschiedenen Städten zu sein, dann im Palast des Eurystheus. Er droht dem vermeintlichen Eurystheus mit lauter, furchterregender Stimme. Er werde ihn töten, wenn der seinen Erfolg nicht wie versprochen belohne. Er entblößt seinen Körper und beginnt unter Kriegsgeheul mit den imaginären Feinden zu kämpfen.

Herakles verkennt seinen greisen Adoptivvater als den verhassten Eurystheus. Seine schreienden Kinder und die flehende Ehefrau hält er für Kinder und Frau seines Feindes, die zum Komplott gegen ihn gehören. Er jagt sie mit bedrohlichem Gebrüll und vor Hass verzerrtem Gesicht durch den Palast. Vor dem Altar trifft er mit einem Pfeil den ersten Knaben – seinen ältesten Sohn – ins Herz. Während dieser stirbt, erhebt der Vater ein Triumphgeheul und prahlt mit seinem Erfolg. Dann setzt er die Jagd fort und verfolgt seine anderen Kinder und seine Frau, die panisch schreien und um ihr Leben flehen. Sie versuchen, ihn zu überzeugen, dass sie mit Eurystheus nichts zu tun haben. Sie seien seine Söhne, seine Frau. Doch sie dringen nicht zu ihm durch!

Nichts kann ihn überzeugen. In seinem Wahn ist er unkorrigierbar, der Wahn ist unkorrigierbar. Für ihn ist alles klar. Gegenargumente und Gegenbeweise überzeugen ihn nicht, er braucht sie nicht. Er kennt die Wahrheit – seine Wahrheit!

Und so tötet er auch sein zweites Kind. Er reagiert nicht auf die Umarmung des Kindes, das versucht, den Vater anzusprechen. In der festen Überzeugung, dass er der Sohn von Eurystheus ist, erschlägt er den Jungen mit seiner legendären Keule. Das dritte Kind flüchtet in die Gemächer seiner Mutter und verriegelt die Tür. Herakles wähnt sich vor den zyklopischen Mauern von Mykene, der Stadt, in der sein Feind Eurystheus residiert. Er reißt die Tür aus den Angeln und tötet mit einem einzigen Pfeil auch sein drittes Kind und anschließend seine geliebte Frau. Ekstatisch triumphiert er wegen der Vernichtung seiner Feinde und macht sich daran, auch seinen greisen Adoptivvater zu attackieren. Doch vor dem tödlichen Schlag stürzt er plötzlich ohnmächtig zu Boden. Das ist das Werk von Athena, Herakles großer Beschützerin. Als sie nämlich sieht, in welch furchtbaren psychotischen Zustand Herakles geraten ist, aber vor allem als sie die Folgen davon sieht, fliegt sie eilig vom Olymp hinunter in den Palast von Theben, nimmt einen großen Stein und wirft ihn gegen Herakles. Der, unsichtbar davon getroffen, fällt bewusstlos zu Boden.

Als Herakles aus der Bewusstlosigkeit erwacht und erkennt, was er angerichtet hat, gerät er in einen Zustand nicht nur der tiefsten Verzweiflung, sondern nach heutigen Kriterien der schweren Depression[142]. Er will sich das Leben nehmen! Nur ein beherztes Eingreifen der Anwesenden kann den Suizid verhindern.

Tragisch, Asterios, sehr tragisch. Was denkst du, wie Herakles Umgebung auf seine furchtbaren Taten reagiert hat? Großartig, einfach großartig sage ich dir! Herakles Zeitgenossen erkannten nämlich, dass er, der Täter, gleichzeitig ein Opfer war – ein Opfertäter. Hilfe, Verständnis und Mitgefühl wurden dem Zusammengebrochenen empathisch zuteil. Ach, Asterios, wie ich mir wünschen würde, dass auch die Menschen meiner Zeit so viel Verständnis für einen psychotischen Patienten zeigen würden wie zu der Zeit, als die Olympier die Welt regierten. Selbst wenn er der Protagonist furchtbarer Taten ist. Herakles, aber auch andere tragische Protagonisten – wie Agave, Ajax, Orestes und manche andere – sind berührende Beispiele dafür.[143] In der Zeit, aus der ich komme, kämpfen wir seit über 200 Jahren darum, Menschen, die psychotisch erkrankt sind, zu entstigmatisieren. Zu deiner Zeit wie auch in der klassischen Zeit gab es keine Antistigmakampagne, weil es kein Stigma gab. Im Gegensatz zur Neuzeit.

Die Akuten vorübergehenden psychotischen Störungen

Und die Zunft der Psychiater, Psychologen, Psychosomatiker und Psychoanalytiker fügt wissend hinzu:

In der Tat, sowohl Herakles als auch die Protagonisten der erwähnten Tragödien sind Archetypen einer zwar sehr heftigen, aber kurzdauernden Form von Psychose, die wir heute *„Akute vorübergehende psychotische Störung"* nennen.

---

[142] Wie Euripides in seinem „Herakles" eindringlich beschreibt.

[143] Beeindruckend dargestellt in Euripides „Herakles" und „Die Bakchen", in Äschylos „Die Orestie" und in Sophokles „Ajax".

So wird eine heterogene Gruppe psychotischer Störungen bezeichnet, deren Hauptcharakteristika der akute Beginn, die kurze Dauer und das häufig abrupte Ende sind. In der Regel handelt es sich dabei um dramatische psychotische Zustände mit einer Fülle von rasch wechselnden vielgestaltigen Wahninhalten und verschiedenen Formen sehr lebhafter akustischer und optischer, aber auch anderer Halluzinationen. Der Patient ist dabei in der Regel emotional aufgewühlt, bewegt sich zwischen Angst und Ekstase (daher die Bezeichnung *„Angst-Glücks-Psychose"*, die manche Psychiater dieser psychischen Störung geben). Das Denken ist verwirrt, und es kann eine Bewusstseinstrübung auftreten, die mit erheblicher Beeinträchtigung der Wahrnehmung und der Gedächtnisfunktionen einhergeht, sodass eine Amnesie, eine Erinnerungslosigkeit, für die Zeit besteht. Personenverkennungen, Verkennungen der Situation und Fehleinschätzung der eigenen Rolle in einer bestimmten Situation sind häufige Begleiterscheinungen. Manchmal wirken die Patienten so, als würden sie im Traum agieren (daher auch Bezeichnungen wie *„Oneiroide Psychose"*, abgeleitet vom griechischen Wort *„Oneiron"* (*Όνειρον*), „der Traum"). Die Verwirrtheit wird von Desorientiertheit zu Zeit, Raum, Situation und zur Person begleitet (daher die Teilbezeichnung *„Verwirrtheitspsychose"*). Es gibt häufig Erregung und Überaktivität, eine sogenannte „Hyperkinese"; das griechische Wort bedeutet „übertriebene Bewegung" von „Hyper" (*Υπέρ*), „Hoch", „überdurchschnittlich", und „Kinese" (*Κίνησις*), „Bewegung". Oder es ist das Gegenteil der Fall, es besteht eine starke motorische Hemmung (daher die Bezeichnung *„Erregt-gehemmte Verwirrtheitspsychose"*).

In der Regel klingt die akute psychotische Symptomatik in kurzer Zeit, innerhalb weniger Tage, in manchen Fällen sogar innerhalb weniger Stunden, vollständig ab.

Das was wir heute als Psychose bezeichnen und intensiv erforschen, plagte genauso auch die Menschen der mythischen Zeiten.

Das ist des Mythos archetype Botschaft.

Herakles wurde nicht nur einmal von einem solch schrecklichen psychotischen Zustand überfallen. In einem früheren Anfall hatte er seinen besten Freund Iphitos getötet.[144] Aber Vorsicht, Asterios, bloß weil ich dir hier von Herakles Taten erzähle, darfst du keinen falschen Eindruck von psychotischen Patienten haben und denken, dass Menschen, die an einer Psychose erkranken, automatisch zu Gewalttaten neigen. Nein, obwohl die Psychose ein Risikofaktor für Gewalttaten ist, wird nur eine geringe Minderheit von psychotischen Patienten irgendwann einmal gewalttätig.

[144] S. Abschn. 12.1.

27.2 Die Fähigkeit, schuldig zu sein

Ähnlich tragisch ist die Geschichte der schon erwähnten Agave, die auch Opfer und Täterin, eine Opfertäterin also, wurde. Lass mich dir ihre Geschichte so erzählen:

Die Legende von Agave, die ihren Sohn als Löwen verkennt

Der Gründer von Theben, König Kadmos, und seine Frau Harmonia, Tochter des Kriegsgottes Ares – habe ich dir schon gesagt, dass die Latiner ihn einige Jahrhunderte später zum Mars pseudonymisierten? – haben vier sehr schöne Töchter: Ino, Semele, Agave und Autonöe. Zeus begehrt Semele, die schönste der vier Töchter, und zeugt mit ihr Dionysos. Dies aber ruft Hera, die offizielle Ehefrau von Zeus, auf den Plan, die mit List ihre Nebenbuhlerin vernichtet: Als Semele noch mit Dionysos schwanger ist, bringt Hera sie mit manipulativem Geschick dazu, Zeus zu bitten, ihr in seiner allergöttlichsten Herrlichkeit zu erscheinen, damit sie ihn uneingeschränkt bewundern könne. Zeus ist nicht sehr begeistert von der Idee, lässt sich aber von Semeles Charme und Verführungskunst überzeugen. Er erscheint ihr in voller göttlicher Herrlichkeit. Die sterbliche Semele verträgt jedoch die damit verbundene göttliche Licht- und Blitzorgie nicht und wird zu Asche verbrannt. Zeus gelingt es in letzter Sekunde, den noch nicht geborenen Dionysos zu retten. Er pflanzt ihn in seinen Oberschenkel ein, bis er reif genug für die Geburt ist.

Die drei Schwestern glauben zunächst nicht an Semeles Liaison mit Zeus und die göttliche Herkunft ihres Sohnes. Sie vermuten, dass es nur ein Trick ist – ausgedacht von ihrem Vater Kadmos –, um eine uneheliche Schwangerschaft zu entschuldigen. Als erwachsener Gott bestraft dann Dionysos die drei Schwestern dafür, indem er sie zusammen mit allen Frauen von Theben mit Mania, das Wort bedeutete damals „wahnsinnige Raserei", belegt und sie in rasende Mänaden, in Bakchen – beides bezeichnet ekstatisch feiernde Anhängerinnen oder Begleiterinnen des Dionysos – verwandelt und in die Berge schickt.

Pentheus, der neue König von Theben, Sohn von Semeles Schwester Agave, ein Neffe des Dionysos also, missachtet den neuen Gott und dessen Kult als angeblich barbarisch, verbunden mit Rausch, Exzessen und Sexorgien – wohlgemerkt alles angeblich, Asterios. Wie auch immer, Pentheus äußert sich verachtungsvoll über Dionysos, den er als nicht-echten griechischen Gott bezeichnet und nicht akzeptieren will. Er erlaubt ihm den Einzug in Theben nicht. Daraufhin erscheint Dionysos persönlich in der Stadt in Gestalt eines Fremden und versucht, Pentheus zu überzeugen, den neuen Gott anzuerkennen. Pentheus reagiert jedoch überheblich und lässt den Fremden einkerkern. Dionysos Gefangenschaft dauert allerdings nur kurz an. Er befreit sich selbst durch ein Wunder: Die Erde bebt, die Säulen des Palastes brechen zusammen, Feuer schlägt aus dem Grab der Gottesmutter Semele. Dionysos, in Gestalt des Fremden, verführt Pentheus dazu, sich in Frauenkleidern als Mänada bzw. Bakche zu verkleiden und mit ihm zusammen in die Berge zu gehen. Dort soll er selbst den Zug und das Treiben der Mänaden bzw. Bakchen erleben. Und so nimmt die göttliche Rache ihren Lauf: Dionysos bringt Pentheus auf den Berg und setzt ihn auf den Wipfel einer Tanne, von wo aus er die Mänaden bzw. Bakchen beobachten kann. Sie beschäftigen sich mit friedlichen Dingen, mitten in der idyllischen

Natur, bis Dionysos sie auf Pentheus hetzt. Plötzlich entfalten sie übernatürliche Kräfte und stürzen sich auf Pentheus mitsamt der Tanne, auf der er sitzt; dabei spielt seine Mutter Agave die Hauptrolle. Dionysos hat sie – wie auch alle anderen Frauen – in Ekstase versetzt. Sie halluziniert und verkennt in illusionärer Weise die Umgebung. Sie nimmt ihren Sohn nicht als Menschen wahr, sondern als einen Löwen, der gejagt, gerissen und getötet werden muss. Verzweifelt schreit der Sohn und fleht um Verschonung, er sei doch ihr Sohn und kein Tier; sie sei seine geliebte Mutter und keine Jägerin. Nichts hilft. Die Mutter ist davon überzeugt, dass vor ihr ein Löwe brüllt. Mit übernatürlicher Kraft – Dionysos Einfluss geschuldet – entwurzelt sie zusammen mit den anderen Mänaden bzw. Bakchen die Tanne und reißt dem vermeintlichen Löwen, ihrem Sohn, den Kopf ab. Dieses Löwenhaupt schwenkend wähnt sie sich als stolze Besitzerin der höchsten Trophäe. Im ekstatischen Delirium triumphiert Agave, einen Löwen mit bloßen zarten Frauenhänden getötet zu haben. Sie spießt das Löwenhaupt, den Kopf ihres Sohnes, auf den Dionysos-Thyrsos – du kennst doch Dionysos zeremoniellen Stab, geschmückt mit Efeu, den auch seine Gläubigen bei den Dionysos-Festen tragen – und kehrt in die Stadt zurück, immer noch im ekstatischen Delirium. Dort berichtet sie ihrem greisen Vater Kadmos, der darüber in tiefe Erschütterung gerät, in prahlerischer Weise von dem großen Ereignis und ihrem triumphalen Sieg. Das vermeintliche Löwenhaupt, den Kopf ihres Sohnes, stellt sie auf dem Dach des Palastes zur Schau. Und sie lädt zum großen Fest, um den Triumph zu feiern.

Entsetzt, aber auch liebevoll führt Kadmos seine Tochter behutsam und langsam aus der psychotischen Ekstase in die harte, sehr harte Realität zurück.

Agave bricht zusammen, als sie erkennt, was sie getan hat.

Das Volk von Theben ist schockiert. Aber auch voll des Mitgefühls und der Solidarität mit der unglücklichen, zerquetschten Mutter.

Ich habe für dich, Asterios, die Geschichten von Herakles und Agave so zusammengefasst, wie sie Euripides in seinen psychologischen Meisterwerken, „Herakles" und „Die Bakchen" erzählt hat.

Herakles und Agave töteten im psychotischen Zustand das Liebste, was sie hatten. Aber du weißt, wie die Gesellschaft mit Mördern umgeht: Sie werden bestraft, in der Regel mit der höchstmöglichen Strafe. Nun aber haben wir vorher auch gehört, dass die Psychose, zeitweise und teilweise, zu einem Realitäts- und Autonomieverlust bei dem Betroffenen führt. Sie raubt ihm seinen freien Willen. Muss das Opfer, das zum Täter wurde, auch noch als Mörder bezeichnet und dafür bestraft werden? Wobei, Asterios, meiner Meinung nach die höchste Strafe für diese Unglücklichen ihre Tat selbst ist, mit der sie lebenslang leben müssen. Nicht die Strafe der Gerichte.

Wie auch immer, die Frage ist dennoch berechtigt: Wie ist es mit deren Schuld?

Lass mich die Antwort mit folgender Bemerkung andeuten: Weißt du, was ich an der Geschichte der beiden tragischen Täter der mythischen Zeit besonders bemerkenswert finde, Asterios?

Die Reaktion der Angehörigen, der Beteiligten und der Gesellschaft insgesamt. Die finde ich bemerkenswert!

Herakles und Agave wurden für ihre Tat weder von den Gerichten noch von der Gesellschaft verurteilt. Ihnen wurde mit Mitgefühl und Betroffenheit begegnet. Zu Recht wurden sie von der Justiz nicht verfolgt. Um verurteilt zu werden, muss die Schuld erwiesen sein. Das Prinzip heißt „Keine Strafe ohne Schuld". Die Schuld aber setzt die Schuldfähigkeit voraus. Ja, du hast richtig gehört, Asterios. Man spricht zu Recht von „Fähigkeit". Es müssen die intellektuellen und sonstigen geistigen Funktionen und Fähigkeiten des Menschen zum Tatzeitpunkt intakt oder ausreichend vorhanden sein, um fähig zu sein, Schuld zu erkennen und nach dieser Erkenntnis zu handeln. Aber wie schon erklärt, beraubt der psychotische Zustand den Menschen dieser Fähigkeit. Oder zumindest schränkt er sie erheblich ein.

Verantwortlichkeit und Psychose

Und die Zunft der Psychiater, Psychologen, Psychosomatiker und Psychoanalytiker fügt wissend hinzu:

In der Tat, Herakles und Agaves Taten stehen archetypisch für die Schuldunfähigkeit des psychotischen Menschen. Die dargestellte Reaktion der Gesellschaft, so wie sie uns die Tragiker überliefert haben, steht ebenfalls archetypisch für eine idealtypische gesellschaftliche Reaktion darauf.

Weder der Staat, noch die Gesellschaft dürfen den Menschen bestrafen, der unter dem Einfluss von psychotischen Erlebnissen Unrecht tut, denn seine Schuldfähigkeit ist durch die Psychose erheblich beeinträchtigt oder sogar vollständig aufgehoben. Es muss ihm geholfen werden, aus der schweren psychischen Störung herauszukommen. Weiteren psychotischen Attacken muss möglichst vorgebeugt werden. Der psychotisch Kranke kann nicht verantwortlich gemacht werden für Taten, für die er keine Verantwortung hat. Und er verdient die Solidarität und das Mitgefühl seiner Mitmenschen.

Das ist des Mythos archetype Botschaft.

Ja, Asterios, der psychotische Mensch ist ein schuldunfähiger Opfertäter.

27.3 Hat der Mensch einen freien Willen?

Deine Mutter, Asterios, hatte im Grunde genommen keinen freien Willen mehr, nachdem der alles bestimmende Gott den übermächtigen Wunsch, sich mit dem Stier zu vereinen, in sie eingeschleust hatte.

Hat aber der Mensch überhaupt einen freien Willen? Das ist die Frage, die den Menschen von Anbeginn seiner Kulturgeschichte bis heute beschäftigt.

Manche Mythen erzählen von Menschen, die Opfer der Konfrontation von entgegengesetzten Werten und Prinzipien wurden. Und sie illustrieren damit das Drama des Menschen, der zwar wählen kann, aber im Grunde keine reale Wahlmöglichkeit hat. Nehmen wir die Geschichte von Orestes als Beispiel dafür.

Orestes tragische Gestalt ist das klassische Paradigma des Zusammenprallens von Zwang und Willensfreiheit. Ein immer wiederkehrendes Thema der Weltliteratur.

Der Stoff der Orestes-Tragödien behandelt einen Teil des Atridenfluches. Der beginnt mit der Ermordung von Orestes Vater Agamemnon und dessen Begleiterin Kassandra durch Agamemnons Ehefrau Klytämnestra, Orestes Mutter, in Komplizenschaft mit ihrem Liebhaber Ägisthos.

Die Legende von Orestes und dem Muttermord

Nach dem archaischen Recht des prähistorischen Griechenlands muss der Mord eines Verwandten von den nächsten männlichen Blutsverwandten gerächt werden. In diesem Sinne erteilt Apollon Orestes den Befehl, seine Pflicht zu erfüllen und dem göttlichen Prinzip folgend die Mörder seines Vaters zu töten. Wäre der Mörder ein Fremder, hätte Orestes kein Problem, dem Gottesbefehl zu folgen. Er hat auch kein Problem damit, Ägisthos zu töten, den Liebhaber seiner Mutter. In Konflikt gerät er durch die Tatsache, dass seine Mutter die Mörderin seines Vaters ist. Du darfst deine Mutter nicht töten! Das ist das Gegenprinzip. Somit befindet sich Orestes in einer ausweglosen Situation, buchstäblich zwischen Skylla und Charybdis. Was soll er tun?

Beide Prinzipien sind jedoch nur scheinbar äquivalent. Das eine der beiden Prinzipien wurde vom Gott Apollon als Befehl erteilt und bekommt dadurch Priorität wie auch größere Autorität im Vergleich mit dem Muttertötungsverbot.

Orestes hat also nur scheinbar eine Wahlmöglichkeit. Er muss dem göttlichen Befehl folgen. Dennoch ist Orestes hin- und hergerissen zwischen den beiden Geboten.

Seine Schwester Elektra übt enormen psychologischen Druck auf ihn aus, aus dem gleichen Pflichtbewusstsein dem göttlichen Gebot gegenüber. Deshalb drängt sie ihn nicht nur dazu, sondern unterstützt ihn sogar in seinem mörderischen Vorhaben.

Schweren Herzens entscheidet sich Orestes, dem göttlichen Befehl Folge zu leisten, und das Prinzip „Du darfst deine Mutter nicht töten" zu ignorieren. Die Konfliktsituation verschärft sich, als Klytämnestra ihren Sohn anfleht, sie zu schonen, und an seine Pflichten als Sohn der Mutter gegenüber appelliert. Orestes überwindet schließlich sein Hin-und-her-gerissen-Sein und tötet seine Mutter. Das ist zwar Erfüllung des Gottesbefehls, aber Verletzung des ebenfalls hohen Gebots „Du darfst deine Mutter nicht töten".

Für seine Entscheidung bezahlt er einen hohen Preis. Verfolgt von quälenden Gewissensbissen, personifiziert durch ihre Geister, die Erinnyen, wird er psychotisch. Wahn und Halluzinationen quälen ihn. In elendem Zustand reist er nach Delphi und bittet Apollon, der ihn in so einen Zustand gebracht hat, um Erlösung. Apollon gibt ihm den Rat, nach Athen zu pilgern; dort werde er von Athena Hilfe bekommen. Athena gründet zur Verhandlung von Orestes Fall das erste Gericht in der Geschichte der Menschheit, den Areopag. Sie selbst übernimmt den Vorsitz. Übrigens heißt das höchste Gericht in Griechenland bis in die Gegenwart Aeropag. Nachdem das Gericht die Ankläger, das sind die Gewissensbisse, die Erinnyen, und die Verteidigung, das ist Apollon, angehört hat, spricht es Orestes frei und erlöst ihn somit von seinen Qualen. Allerdings fällt die Entscheidung nur mit einer Stimme Mehrheit – der Stimme der Vorsitzenden Richterin Athena. Die Geschworenen, allesamt Bürger von Athen, waren in ihrer Wertung gespalten: Die eine Hälfte stimmte für den Freispruch, die andere Hälfte für einen Schuldspruch.

Die Konfliktsituation von Orestes war offensichtlich auch die Konfliktsituation der Geschworenen – des Menschen schlechthin.

Falls du mich jetzt fragen würdest, Asterios, ob die Menschen der modernen Zeit die Antwort auf die Frage gefunden haben, ob der Mensch einen freien Willen hat: Nein, die Menschen meiner Zeit sind in dieser Frage genauso gespalten wie die Bürger von Athen vor einigen Jahrtausenden.

Der Unterschied bei der Beantwortung der Frage nach dem freien Willen zwischen den Menschen meiner Zeit und den Menschen aus der Zeit der Mythen und der Tragödien besteht darin: Die Menschen von damals versuchten es mit Mythologie, Philosophie, Theologie und Nomike – Rechtswissenschaft sagt man heute dazu. Der Mensch der heutigen Zeit aber versucht es vorwiegend mit neurobiologischen bzw. neuropsychologischen Methoden. Wobei Skeptiker und Kritiker meinen, dass die Antwort auf die Frage nach dem freien Willen des Menschen zu komplex sei, um sie zwischen den Synapsen der Nervenzellen straucheln und nur mit Neurotransmittern befördern zu lassen. Sie meinen, dass all das zwar wichtig und unerlässlich ist, dass aber ohne die Hilfe der Methoden von damals – die der Mythologie, der Philosophie, der Theologie und der Nomike – diese Frage nicht definitiv beantwortet werden kann.

Seien wir gespannt, Asterios, ob sich auf diese Frage überhaupt jemals eine Antwort findet.

28

Das exemplarische Stellvertreteropfer

28.1 Das Opfer, das die Last der Welt trägt

Tantalos und Erysichthon und manche andere wurden Opfer ihrer Verfehlungen und Verbrechen. Du und Ödipus und manche andere wurdet Opfer fremder Verfehlungen und Verbrechen. Aber kann es ein Verbrechen sein, dass man zu den Besiegten gehört? Ist es Grund dafür zu büßen, wenn jemand mit seinen Landsleuten oder seinen Gleichgesinnten gegen andere kämpft und dabei besiegt wird?

Offensichtlich schätzen die Sieger die psychologische Wirkung von exemplarischen Stellvertreteropfern.

So wie bei Atlas.

Die Legende von Atlas und seiner Versteinerung

Atlas war ein Titan, bevor er ein Berg wurde. Er stammt aus einer sehr vornehmen Titanenfamilie. Sein Vater ist Iapetos, einer der ältesten Titanen der Welt. Und einer seiner Brüder ist der weltberühmte Prometheus, einer seiner Schwiegersöhne war Sisyphos. Die Titanen wurden von der neuen Göttergeneration der Olympier verdrängt und ihr Anführer Kronos entmachtet. Allerdings waren die Konflikte zwischen den beiden Göttergenerationen damit nicht erledigt, vielmehr mussten sie kriegerisch ausgetragen werden. Und so kam es dazu, dass die berühmte Titanomachie, der Kampf der Titanen, ausbrach. Das war der erste Weltenkrieg des Universums. Allerdings kämpften manche Titanen aus Überzeugung an der Seite der Olympier und wurden dafür belohnt. Andere jedoch, wie etwa Atlas, blieben ihrer Sippe treu, und wurden, nachdem die Olympier gesiegt hatten, dafür bestraft. Berichte, dass Atlas und nicht Kronos der Anführer der Titanen in der Titanomachie war, erwiesen sich als „fake

A. Marneros, *Mein Bruder Sisyphos, mein Freund der Minotauros*,
https://doi.org/10.1007/978-3-662-55808-9_28

news", wie man in meiner Zeit neuerdings sagt. Epidonale falsche Berichterstattung eben.

Also, Zeus hatte sich für Atlas eine ganz besondere Strafe ausgedacht: Er sollte die Last der Welt auf seinen Schultern tragen. Und wenn ich Welt sage, meine ich damit die ganze Last des ganzen Universums! Zeus hat Atlas dazu verdammt, am äußersten westlichsten Ende der Welt, da wo der große Ozean beginnt, den Kosmos, das Himmelsgewölbe, auf Nacken und Schultern zu tragen und mit den Armen abzustützen. Menschen in allen Winkeln der Erde sollten diesen auf einem Bein knienden Träger des Himmels und des Weltalls sehen – als für alle sichtbares Mahnmal dafür, was man mit Feinden macht. Um ein Exempel zu statuieren, was Sieger mit Besiegten tun können.

Himmel, was für eine schwierige Aufgabe, Asterios, diese unbarmherzige Atlasstrafe! Während der Jahrhunderte, in denen Atlas die Last der Welt auf seinen Schulter trug, flogen tausende von Dingen um seine Ohren: Kriege und Katastrophen, wie etwa die Sintflut von Zeus – und auch die von fremden, fernen Göttern –, die Tsunamis des Poseidon, die Vulkanausbrüche des Hephästos, die Kriege des Ares, die Eifersuchtsverfolgungen der Hera, um nur einige wenige zu nennen. Und der arme Atlas konnte keine davon einfach wegwischen und verscheuchen. Seine Arme waren ja gebunden durch das Halten des Kosmos. Hätte er sie gelöst, wäre die Welt in den Abgrund gestürzt.

Aber weißt du, was ich denke, Asterios, was für Atlas eines der größten Probleme war? Es war nicht etwa der sintflutsüchtige Zeus, der Erderschütterer Poseidon, der blutrünstige Ares oder ein anderer bestrafender Olympier. Nein ich denke, es war Aphrodite, die Liebesgöttin. Jawohl, sie mit ihren Helfern Eros und Himeros. Du schaust erstaunt, aber es ist wahr! In dieser Zeit haben nämlich viele Mädchen den starken Titanen, der das ganze Universum auf seinen Schultern tragen konnte, begehrt. Ich meine sexuell begehrt. Und Atlas selbst war nicht abgeneigt, ein paar schöne Erlebnisse mit ein paar schönen Mädchen zu haben. Im Gegenteil, er war sogar sehr zugeneigt. Zeugnisse des starken Begehrens der schönen Mädchen und der ebenfalls starken Neigungen von Atlas sind die vielen Kinder, deren stolzer Vater er ist. Etwa seine Siebenlinge, die Plejaden, die später zum Siebengestirn wurden. Oder seine Fünflinge, die Hyaden, die uns als V-förmiger Sternhaufen bekannt sind, Regengestirn genannt. Oder Hesperos, der eine Karriere als Abendstern gemacht hat, und die Hesperiden, die als Wächterinnen der goldenen Äpfel des Westens Berühmtheit erlangt haben. Oder auch Merope, Sisyphos Ehefrau. Alle sind Geschenke der erotischen Aphrodite an Atlas. Geschenke ja; alles, was Eros mit sich bringt, ist ein Geschenk. Aber im Falle von Atlas nicht unproblematisch. Kannst du dir vorstellen, Asterios, wie Atlas, in der Position, in der er sich befand – auf einem Bein kniend, mit nach oben angewinkelten Armen das Universum tragend – die ihn begehrenden Mädchen umarmen, küssen und streicheln konnte und alles weitere Intime zu bewerkstelligen vermochte? Schwierig, nicht wahr? Probleme der Liebe halt!

Nur ein einziges Mal während all der Jahrtausende war es Atlas möglich, allerdings nur vorübergehend, seine Weltenlast auf die Schultern eines anderen zu übertragen. Dieser andere war Herakles, Zeus Sohn. Er sollte im Rahmen seiner zwölf Arbeiten auch aus dem Garten gegenüber dem Gebirge, wo Atlas kniete, die goldenen Äpfel der Hesperiden holen. Es hieß, sie seien ewiges Glück bringende Goldfrüchte – obwohl die heutigen Menschen sagen, das seien bloß Orangen gewesen. Das ist der Grund, warum in der uns gemeinsamen Sprache noch heute die Zitrusfrüchte „Hesperidoiden" heißen, die Früchte der

Hesperiden also. Prometheus hatte Herakles den Rat gegeben, Atlas um Hilfe zu bitten, weil Sterbliche keinen Zugang zu diesem Garten hatten. Atlas war schon unsterblich, Herakles dagegen noch nicht. Er war noch nicht zum Vollgott befördert, sondern noch ein einfacher Halbgott.

Atlas vertraut also Herakles für kurze Zeit den Kosmos an, bis er für ihn die Früchte aus dem Garten seiner Töchter, der Hesperiden, geholt hat. Nachdem er die Segnungen der Bewegung und der Freiheit wieder genossen hat, verspürt Atlas nach seiner Rückkehr keine Lust, die Last der Welt wieder auf seine Schultern zu nehmen. Er versucht also, Herakles das Tragen des Kosmos für immer aufzubürden und sich davon zu befreien. Doch das gelingt ihm nicht, weil Zeus weder bereit ist, ihn zu begnadigen, noch seinem Lieblingssohn grundlos die Last der Welt aufbürden will. Zeus zwingt ihn schließlich, wieder seine Position einzunehmen.

Atlas empfindet allerdings Herakles Verhalten als sehr, sehr undankbar und ist fortan nicht mehr gut auf die Söhne von Zeus zu sprechen. Weder auf Herakles, noch auf irgendeinen anderen der zahlreichen Zeussprösslinge. Diese Abneigung wird ihm später zum Verhängnis, als nämlich Perseus, ein anderer Zeussohn, vorbeikommt. Der war gerade auf Weltreise, nachdem er im fernen Äthiopien Andromeda gerettet und die Medusa getötet hatte. Normalerweise wurde jeder, der die Medusa anschaute – dieses furchtbare Ungeheuer mit dem Frauenkopf, auf dem statt Haaren Schlangen wuchsen – sofort zu Stein verwandelt. Doch der kluge Perseus nutzte eine Spiegelreflexion und schnitt den Kopf der Medusa ab, ohne ihn direkt anzusehen.

Perseus erkennt, was für eine Superwaffe er mit dem abgeschnittenen Medusakopf in Besitz hat: Der abgeschnittene Kopf hat weiterhin seine versteinernde Wirkung. Das ist der Grund, warum er ihn immer bei sich trägt, auch bei der erwähnten Weltreise und dem Besuch bei Atlas. Der wiederum ist überhaupt nicht glücklich mit der Ankunft eines weiteren Zeussohnes, er hat noch genug vom ersten und droht, ihm den Kosmos auf den Kopf zu werfen. Diese Drohung erzürnt Perseus so gewaltig, dass er den Medusakopf aus seinem Rucksack zieht und ihn Atlas vor die Augen hält, während er seinen Blick in die entgegengesetzte Richtung richtet. Und Atlas wird versteinert.

Seitdem steht der versteinerte Titan Atlas, Opfer von Zeus und den Zeussöhnen, als Gebirge Atlas am nordwestlichen Ende von Afrika. Neben seinem Ozean, dem Atlantik.

Sehe ich Panik in deinen Augen, Asterios? Ach, ich verstehe. Nein, hab keine Angst. Das Universum wird keinesfalls in den Abgrund stürzen. Atlassäulen halten es noch immer, sie tragen seit eh und je das Universum. Doch nicht jeder sieht sie. Meist sind sie in Wolken gehüllt. Und auch wenn keine Wolken da sind, gelingt es nur mit unerschütterlichem Glauben an Gottvater Zeus, sie zu sehen. Und wer hat heute schon einen unerschütterlichen Glauben an Gottvater Zeus?

Der arme Atlas! Erst wird er Opfer einer Siegerjustiz und dann noch vom Sohn des Siegers versteinert! Sichtbar für die ganze Welt und als Mahnung der Sieger an alle kommenden Generationen.

28.2 Das sichtbare Stellvertreteropfer

Manche fragen sich, ob Atlas auch ein unschuldiges Opfer ist wie du. Ob er nicht die Sünden anderer, nämlich derjenigen, die diesen ersten Weltenkrieg angezettelt hatten, auf seinen Schultern tragen musste. Naja, ganz unschuldig war er nicht, zumindest aus Sicht der Sieger: Er hat ja nachweislich gegen Zeus und die Olympier gekämpft. Das konnte ihm der Sieger Zeus nicht verzeihen. Allerdings machte er ihn sozusagen zum Stellvertreteropfer für all die anderen, die auch gegen den Sieger gekämpft haben – oder, wichtiger als das – noch kämpfen wollten. Als sehr sichtbares und abschreckendes Opfer! Es stellt sich die Frage, warum Zeus andere Besiegte einfach in den unsichtbaren Tartaros schickte. Atlas aber, der nach allen uns vorliegenden Originaldokumenten und anders als in den epigonalen Nachrichtenfälschungen behauptet, nicht der Anführer der Feinde war, zum sichtbaren Opfer seines Sieges machte.

Das sichtbare Opfer

Und die Zunft der Psychiater, Psychologen, Psychosomatiker und Psychoanalytiker fügt wissend hinzu:

In der Tat, die Bestrafung Atlas, des besiegten Titans, der die Last der Welt tragen musste, macht ihn zum Archetyp des exemplarischen Stellvertreteropfers.

Der Sieger braucht sichtbare Symbole für seinen Sieg. Je beeindruckender, desto willkommener. Je lehrreicher, desto zweckmäßiger. Je abschreckender, desto effektiver.

Für die abschreckende Wirkung eines sichtbaren Objektes gibt es in verschiedenen akademischen Fachdisziplinen einen Begriff, der aus dem Griechischen kommt: apotropäisch. Er kommt vom Wort „Apotropé" (Αποτροπή) und bedeutet in etwa „Abwehr durch Abschreckung".

Das sichtbare, beeindruckende, lehrreiche und abschreckende Opfer dient nicht nur apotropäischen Zwecken, sondern ist gleichzeitig eine Projektion der Omnipotenzgefühle und Omnipotenzüberzeugungen des Siegers. Der Sieger, im Rausch des Sieges, glaubt sich vieles oder sogar alles erlauben zu können. Sogar die Last der Welt den Schultern eines beliebigen Besiegten exemplarisch aufzubürden.

Das sichtbare Opfer ist die tägliche Bestätigung des Siegers in dem Sinne: „Schau her Welt, wer ich bin, was ich mir erlauben kann! Keinen Aufstand mehr gegen mich. Keine feindliche Haltung und keine aggressive Handlung gegen mich. Sonst ... Naja, sonst ... Sieh nur hin! Auf das Atlasgebirge!"

Das ist des Mythos archetype Botschaft.

Atlas musste stellvertretend, paradigmatisch und apotropäisch für alle büßen.

Das Stellvertreteropfer

Und die Zunft der Psychiater, Psychologen, Psychosomatiker und Psychoanalytiker fügt wissend hinzu:

In der Tat, mit dem Sieg gegen die unheimlich starken Titanen gerieten die Sieger in einen Rausch der Pantodynamie – der Allmacht: Sie können alles, und sie können sich alles erlauben. Auch wenn das Opfer ein Stellvertreter für alle anderen ist. Ein Opfer, das die Last stellvertretend für alle anderen tragen muss. Atlas steht archetypisch auch dafür.

Die apotropäische Wirkung des sichtbaren Opfers ist viel effektiver, je zufälliger das Opfer ist. Die Botschaft lautet: Jeder kann Opfer werden, unabhängig von seiner Rolle und seiner Position. Das ist die Psychologie, die beispielsweise Besatzungsarmeen zur Disziplinierung der besiegten Besetzten in den Jahrtausenden nach Atlas, bis in meine Zeit, praktizieren. Nach dem Motto: „Wenn eure Widerstandskämpfer einen von uns töten, töten wir nach dem Zufallsprinzip mehrere Unschuldige von euch. Es liegt in euren Händen, eure Widerständler daran zu hindern."

Das zufällige Stellvertreteropfer ist darüber hinaus Ausdruck von Willkür und damit auch der Omnipotenzüberzeugungen des Siegers.

Das ist des Mythos archetype Botschaft.

Seit dem Krieg der Titanen hinterlassen auch alle anderen Kriege immer ihre mehr oder weniger zufälligen, exemplarischen und apotropäischen Stellvertreteropfer. Überall auf der Welt.

Wie du siehst, Asterios, gibt es viele Wege, die zum Opferwerden führen. Ein weiterer davon ist der, der von Narkissos angelegt wurde. Der Narkissosweg hat allerdings viele Abzweigungen, die in den unterschiedlichsten Arten des Opferwerdens enden.

29

Die Narkissos-Opfer

29.1 Erkenne-dich-selbst und Erkenne-dich-selbst-nicht

Jetzt sind wir auf dem vom Narkissos angelegten Weg, Asterios. Wer Narkissos ist, willst du sicherlich wissen. Narkissos Geschichte wurde im Verlauf der Jahrtausende immer wieder neu und immer wieder anders erzählt, doch der Kern blieb derselbe. Ich werde dir eine gängige Version erzählen.

Die Legende vom rätselhaften „Erkenne-dich-selbst-nicht"

Narkissos Mutter Liriope ist eine wunderschöne Wassernymphe, sein Vater der Flussgott Kephissos. Seine Mutter ist sehr stolz auf ihr außergewöhnlich schönes Kind, aber auch neugierig und – aus einem ihr nicht erkennbaren Grund – besorgt um seine Zukunft, vor allem um sein Leben. Sie beschließt, den blinden Seher Teiresias, der alles Vergangene, Gegenwärtige und Zukünftige kennt, zu befragen, wie lange ihr Sohn leben wird.

Der weise Teiresias gibt ihr eine rätselhafte Antwort:

„Nur dann wird er lange leben, wenn er sich selbst nicht erkennt".

Diese Antwort des Sehers verwundert Narkissos Mutter sehr. Sie weiß ja, dass das „Erkenne-dich-selbst" eine der wichtigsten Anforderungen der Götter an die Menschen ist. Und nun sagt der weise Teiresias etwas so diametral anderes! Die Worte des weisen Sehers machen Narkissos Mutter sehr unruhig. Mit bösen Vorahnungen kehrt sie zu ihren Gewässern zurück.

Ich denke, sie hatte gute Gründe für ihre bösen Vorahnungen und ihre Unruhe.

A. Marneros, *Mein Bruder Sisyphos, mein Freund der Minotauros*,
https://doi.org/10.1007/978-3-662-55808-9_29

Die Gefahr, die aus dem inneren Chaos kommt

Und die Zunft der Psychiater, Psychologen, Psychosomatiker und Psychoanalytiker fügt wissend hinzu:

In der Tat, der Widerspruch zwischen der von den Göttern gekürten größten Weisheit „Erkenne-dich-selbst" und dem Spruch des blinden Sehers „Erkenne-dich-selbst-nicht" scheint auf den ersten Blick rätselhaft.

Doch wir kennen des Rätsels Lösung. Die Anforderung der Götter an den Menschen, sich selbst zu erkennen, bedeutet nichts anderes, als in sich zu kehren und eigene Möglichkeiten und Grenzen, eigene Fähigkeiten und Defizite, eigene Verantwortung und Pflichten zu erkennen und anzuerkennen. Somit wird das „Erkenne-dich-selbst" zur wichtigsten Voraussetzung psychischer Harmonie. Aber die Sache hat zwei Seiten. Die eine davon ist die erwähnte psychische Harmonie, die andere jedoch kann tödlich sein. Das „Erkenne-dich-selbst" nämlich kann für jemanden den Blick in das eigene Chaos und in die eigene Finsternis bedeuten. Dann kann tatsächlich das „Erkenne-dich-selbst" schwindelerregend sein und den Erkennenden in den Strudel des eigenen Chaos reißen, ihn in der eigenen Finsternis verschwinden lassen.

Das „Erkenne-dich-selbst-nicht" wäre unter diesen Umständen die Voraussetzung für ein langes Leben.

Das ist des Mythos archetype Botschaft.

Langes Leben wohlgemerkt, Asterios, ist nicht unbedingt mit glücklichem Leben gleichzusetzen. Von glücklichem Leben hat der Seher kein Wort gesagt, aber das war ja auch nicht die Frage der Mutter. Und somit bleibt die Gültigkeit des „Erkenne-dich-selbst" als Voraussetzung für psychische Harmonie unangetastet.

Die Legende von der Metamorphose des Narkissos zur Narzisse

Narkissos wächst zu einem wunderschönen Jüngling heran, dessen Schönheit alle bewundern. Kaum ein Mädchen, das nicht in ihn verliebt ist, und auch viele Jünglinge verzehren sich nach ihm. Doch er hat auch viele Neider; ja es gibt sogar Menschen, die ihn hassen. Er wird gehasst, weil Narkissos unnahbar ist und alle Annäherungsversuche herzlos zurückweist. Menschliche Bindungen sind ihm fremd. Mitgefühl für die hart Zurückgewiesenen hat in seinem Herzen keinen Platz.

Eines Tages sieht Echo, eine wunderschöne Bergnymphe, Narkissos und verliebt sich sofort in ihn. Sie zeigt ihre Verliebtheit mit Gesten und Mimik und Blicken, allerdings nicht mit Worten. Sie plappert nur die letzten Silben des letzten Wortes von Narkissos nach, sie immer wiederholend. Das ist das einzige, was sie sprechen kann. Kein vollständiges mehrsilbiges Wort, nicht einmal das Wort Liebe. Und natürlich keinen einzigen Satz wie etwa „Ich liebe dich".

Dieses große Ungeschick hat eine traurige Vorgeschichte: Echo gehörte vor längerer Zeit Zeus Gefolgschaft an. Dort hatte sie nur eine einzige Aufgabe: Wache zu stehen, wenn der himmlische Vater mit amourösen Abenteuern beschäftigt war. Wenn Hera, seine eifersüchtige Ehefrau, auftauchte, sollte Echo mit lautem und ununterbrochenem Sprechen einerseits Hera ablenken, andererseits Zeus warnen. Doch Hera kam dahinter und bestrafte die arme Echo: Sie sollte in alle Ewigkeit keinen eigenen Satz mehr vollenden, sondern nur die letzten Silben des letzten Wortes Anderer nachplappern können. Und so kam es dazu, dass die unglückliche Echo aus Scham die Menschen meidet und sich vorwiegend in felsigen Bergen und Höhlen aufhält. Unsichtbar lauscht sie aber den Menschen und plappert die letzten Silben ihres letzten Wortes nach.

Nichtdestotrotz, beim Anblick von Narkissos verliebt sie sich sofort in ihn. Ihre Enttäuschung aber ist nicht nur groß, sondern auf ewig traumatisierend, als er sie mit abwertenden Äußerungen zurückweist. Niemand hat sie je wieder gesehen. Die Menschen hören sie nur, wenn sie die letzten Silben des letzten Wortes, das sie gerade gesprochen haben, mehrfach wiederholend nachplappert.

Echo ist wie gesagt nicht die einzige, die so herzlos von Narkissos abgewiesen wurde. Aber nicht alle Verletzten und Enttäuschten reagieren wie Echo mit Rückzug und Selbstisolierung. Manche bringen sich um, andere beten zu den Göttern, damit diese den Herzlosen bestrafen. Nemesis, die Göttin der gerechten Bestrafung, erhört ihre Gebete und hat außerdem großes Mitleid mit der unglücklichen Echo.

Und so kommt es dazu, dass die unsichtbare Nemesis eines Tages Narkissos an einen kristallklaren See führt, der alles genau und treu widerspiegelt, was sich an seinem Ufer befindet. Narkissos schaut in das kristallklare Wasser und erblickt darin die wunderschöne Gestalt eines Jünglings, den er auf der Stelle unendlich begehrt. Der Jüngling hat eine Gestalt wie er selbst, er bewegt sich wie er, und sogar seine Lippenbewegungen sind exakt dieselben wie seine eigenen. Was Narkissos nicht erkennen kann, ist dass er sich in sich selbst verliebt hat, dass er von seiner eigenen Spiegelung fasziniert ist. Er hat sich ja bis dahin nie im Spiegel gesehen – manche sagen, die Geschichte geschah lange vor der Erfindung des Spiegels oder zumindest lange vor dessen Einführung in den Wäldern von Böotien.

Wie auch immer, Narkissos kann keinen Kontakt zu dem schönen Jüngling, dem Objekt seines Begehrens, aufnehmen. Die schöne Gestalt in dem kristallklaren Wasser wirkt unnahbar, eiskalt und gefühllos. Die spiegelgleiche Uferlinie des Wassers ist gleichzeitig eine Trennlinie zwischen den beiden, die jede Gefühlsannäherung verhindert, was Narkissos als Zurückweisung erlebt. Er kann es sich nicht erklären, wieso er abgewiesen und gekränkt wird. Er, der von den schönsten Nymphen und den prächtigsten Jünglingen begehrt wird. Warum nimmt der andere keine Rücksicht auf ihn, fragt er sich. Und so kommt er zu dem Schluss, dass der Jüngling hinter der Uferlinie ein eiskalter Egoist, ein rücksichtsloser Ichling ist.

Narkissos reagiert auf die Kränkung sehr wütend, genauer gesagt traurig-wütend. Er weint und voll wütender Verzweiflung schlägt er sich selbst und verletzt den schönen Körper, der bald – voll mit blauen Flecken, Kratzern und blutverschmiert – nicht mehr so schön ist. Seine selbstdestruktive Reaktion auf die Kränkung geht so weit, dass er denkt: „Besser tot als mit einer solchen Schmach zu leben! Oder besser noch: Beide tot! Wenn ich ihn nicht haben kann, dann auch kein anderer." Tränen des Grolls und der Wut weinend nähert Narkissos sein Gesicht der Wasseroberfläche, um Abschied vom Objekt seines Begehrens zu nehmen und sie dann beide in den Hades zu befördern. Bäche von Tränen fließen aus seinen geröteten Augen in das Wasser des Sees. Durch die kräftig tropfenden Tränen aber kräuselt sich das Wasser, und so verzerrt sich die Gestalt. Je kräftiger das Tropfen der Tränen, desto stärker das Kräuseln des Wassers. Und so verschwindet die Gestalt. Langsam beginnt Narkissos zu verstehen ...

Und er erkennt sich selbst! Er blickt in sein inneres Chaos. Und gerät in tiefe Verzweiflung.

War es das, was Teiresias, der blinde Seher, als Ende von Narkissos gesehen hat?

Ja, das war es wohl! Narkissos lässt seinen malträtierten jungen Körper am Ufer ins Gras fallen. Und stirbt an gebrochenem Herzen. Jung und schön, ohne ein langes Leben genossen zu haben.

Nachdem die Nachricht vom Tod des schönen Narkissos in Windeseile von Äolos, dem Gott der Winde, in den Wäldern von Böotien verbreitet ist, beschließen die Nymphen des umliegenden Waldes und der dort befindlichen Gewässer, ihn in Würde zu bestatten. Doch als sie an das Ufer gelangen, ist Narkissos Körper nicht mehr da. Nach der Selbsterkenntnis ist er verschwunden. Aber an der Stelle, wo er gelegen hat, blüht nun eine wunderschöne, bis dahin in Griechenland völlig unbekannte Blume mit gelben inneren und weißen äußeren Blütenblättern.

Die Nymphen nennen die Blume Narkissos.

Die Menschen nennen sie bis heute Narzisse. In der griechischen Originalsprache ist die schöne Blume, in die sich der schöne Körper des Narkissos verwandelte, keinesfalls weiblich, sondern männlich und heißt „der Narkissos"! Die neu erschaffene Blume blüht seitdem in verschiedenen Variationen an unzähligen Stellen dieser Welt.

Aber darüber hinaus machten die Fachleute der Neuzeit Narkissos zum Archetyp der Narzissten und des Narzissmus.

Narkissos ist zwar der Archetyp der Narzissten und des Narzissmus, allerdings in vielerlei unterschiedlicher Bedeutung. Es gibt sehr unterschiedliche Variationen dieses Archetyps, abhängig vom jeweiligen Konzept. Das heißt, ob der Begriff psychiatrisch, soziologisch, kulturwissenschaftlich, philosophisch oder alltagspsychologisch und umgangssprachlich benutzt wird.

Die vielen Blütenformen des Narkissos

Und die Zunft der Psychiater, Psychologen, Psychosomatiker und Psychoanalytiker fügt wissend hinzu:

In der Tat, des Narkissos Werke und Tage sind des Narzissten Archetyp.

Als der deutsche Psychiater Paul Näcke am Ende des 19. Jahrhunderts den Begriff „Narzissmus" in der Psychiatrie einführte, meinte er damit eine seiner Meinung nach seltene Form der sexuellen Perversion von Selbstverliebtheit und Autoerotismus, bei der jemand ausschließlich durch den Anblick des eigenen Körpers in sexuelle Erregung gerät. Bald danach aber verlor der Begriff des Narzissmus die sexuelle Ausschließlichkeit, breitete sich aus und bekam viele Gesichter und Bedeutungen. Kurz gesagt ist das Phänomen Narzissmus zuerst eine allgegenwärtige Eigenschaft und ein wichtiges Element der Persönlichkeit, das soziale Überleben des Menschen erleichternd. Jeder von uns verfügt über eine notwendige Portion Narzissmus, der eine mehr, der andere weniger. Eine negative Konnotation bekommt das Phänomen Narzissmus, wenn es als Alltagsnarzissmus übertrieben ist oder als charakterpathologische Entwicklung in die narzisstische Persönlichkeitsstörung mündet.

Alltagsnarzissten des Normalbereiches sind ehrgeizige und selbstbewusste Persönlichkeiten und sind deswegen im positiven Spektrum des Normalpsychologischen anzusiedeln. Der *übertriebene* Alltagsnarzissmus zeigt sich dagegen durch aufgeblähte positive Selbsteinschätzung, die dabei wenig realitätskonform ist, sowie geringe Rücksichtnahme auf andere Personen. Dies geht auch mit Selbstzentriertheit bzw. Ichbezogenheit einher. Allerdings können solche Alltagsnarzissten emotional stabil, mit sich selbst und ihrem Leben zufrieden und damit auch sozial erfolgreich sein. Da sie häufig über dafür geeignete Verhaltensstrategien verfügen, können sie in der Tat in ihrer Umgebung Bewunderung erzeugen und auch Kritik abwehren. Es ist also kein Wunder, dass manche dieser Alltagsnarzissten es schaffen, bis zu hohen, ja auch höchsten Ämtern aufzusteigen, Führer und Verführer zu werden. Nicht zuletzt angesichts ihres Ehrgeizes, ihres starken Selbstbewusstseins, ihrer eloquenten Sprache und ihres verblendend-demagogischen Auftretens, ja auch ihrer messianischen Ausstrahlung.

Allerdings kann der übertriebene Alltagsnarzissmus den Normalbereich verlassen und die Grenze zur narzisstischen Persönlichkeitsstörung überschreiten. Die narzisstische Persönlichkeitsstörung ist durch einen Mangel an Empathie, Überempfindlichkeit bei Kritik sowie phantasierte Grandiosität und Superiorität gekennzeichnet. Insofern sind Personen mit einer narzisstische Persönlichkeitsstörung in übertriebenem Maße von ihrer eigenen Bedeutung und ihren Fähigkeiten überzeugt, diesbezüglich aber auch in höchstem Maße kränkbar. Die Kränkungsreaktionen können bis zu Depressionen und Suizidgedanken bzw. -handlungen gehen. Als Archetyp für den narzisstischen Suizid kann Ajax gelten. Und der Narzissmus in seiner schlimmsten Form, der des „malignen Narzissmus", kann sogar zum Mord führen – Medea ist dafür ein Archetyp.

Narkissos, Ajax und Medea repräsentieren einige prägnante Typen des Narzissmus, einige wenige der vielen Blüten des Narzissmus.

Das ist der Mythen archetype Botschaft.

29.2 Der Suizid des Narzissten

Narkissos hatte sich den Tod gewünscht. Bis jetzt ist nicht wirklich geklärt, ob er sich suizidiert hat. Manche sagen, ja doch, der Kummer der Kränkung habe ihn zum Suizid getrieben. Andere aber behaupten, der Tod sei in der Gestalt der Metamorphose gekommen und habe ihn in die Blume Narkissos, die Narzisse, verwandelt. Wir werden wohl nie erfahren, welche der beiden Sterbeversionen die richtige ist.

Bei Ajax jedoch, dem Großhelden des Kampfes um Troja und einem der prominentesten Narkissos-Epigonen, ist es absolut sicher. Die narzisstische Kränkung hat ihn in den Suizid getrieben.

Das am besten psychologisch fundierte Bild dieses narzisstischen Suizids gibt uns der große Tragiker Sophokles. Er beschreibt in seiner Tragödie „Ajax" eine hochnarzisstische Persönlichkeitsstruktur. Einen Menschen, der sich ständig an einem Übervater misst, sich damit vergleicht und unfähig ist, narzisstische Kränkungen zu bewältigen.

Weißt du, Asterios, ich denke, wenn wir jemandem beibringen wollen, was Narzissmus ist, dann gibt es dafür keine bessere Lektüre als Sophokles „Ajax".

Die Legende eines Narzissten, der Suizid begeht

Kurz vor der Eroberung Trojas ist Achilles, getroffen durch einen Pfeil von Paris, der allerdings von Apollons Hand geführt wurde, gefallen. Nach den Bestattungszeremonien für den toten Helden sollen seine Waffen, vom Gott Hephästos höchstpersönlich geschmiedet, „dem Besten der Griechen" als Auszeichnung überreicht werden. Zwei der Heerführer kommen ins Finale: Odysseus und Ajax. Das Preisgericht entscheidet sich für Odysseus, was jedoch Ajax sehr kränkt. Er selbst sei wahrlich der beste der Griechen und nicht Odysseus. Der sei nichts anderes als ein Schurke, beschwert sich der schwerstens gekränkte Ajax. Die Kränkung ist so stark, dass er die Entscheidung trifft, die Heeresführung zu töten, vor allem Agamemnon und dessen Bruder Menelaos sowie Odysseus und andere prominente Heeresführer. Die hätten ihm ja Unrecht getan. Athena, die Göttin der Weisheit, greift jedoch ein und verhindert die Enthauptung des griechischen Heeres.

Sie schlägt Ajax mit Wahnsinn! Unter dem Einfluss von Wahn, Halluzinationen und illusionärer Verkennung der Umwelt metzelt er das Herdenvieh des Heeres und einige Hirten nieder, im Glauben, er töte die Heeresführung.[145] Mit der Absicht, ihn in seinem Zelt genüsslich zu foltern, bevor er ihn tötet, nimmt Ajax einen großen Bock als Gefangenen, weil er wähnt, dies sei sein Erzrivale Odysseus. Da die Heeresführung in Kenntnis der Persönlichkeit von Ajax Unheimliches befürchtet, schickt sie Odysseus als Späher zu dessen Zelt. Der tief betroffene Odysseus erlebt einen maßlosen, überheblichen und anmaßenden Ajax, der mit seinen nächtlichen Taten prahlt.

Als schließlich die Psychose abklingt und Ajax erfährt, was er angerichtet hat, schämt er sich buchstäblich zu Tode. Er will die Schmach und den befürchteten Spott dafür nicht ertragen müssen. Diese zweite Kränkung – nachdem er unterlegen war, nun wahnsinnige Taten begangen zu haben – ist so groß, dass er sich zum Suizid entschließt. Weder die besänftigenden und beschwörenden Worte seiner Lebensgefährtin Tekmessa, noch die Verantwortung für ihr gemeinsames Kind und seine Landsleute aus Salamis, seiner Vaterstadt, können ihn davon abhalten. Die drohende Kränkung und der Verlust seiner Reputation stehen über allem.

[145] Ajax Psychose erfüllt vollständig die Kriterien einer „Akuten vorübergehenden psychotischen Störung", wie wir sie in Abschn. 27.1 kennengelernt haben.

Niemand kann ihn aufhalten, als er zum Strand eilt. Dort stürzt er sich mit großer Gestik in sein Schwert und stirbt. Doch nicht in irgendein Schwert! Es ist das ganz besondere Schwert, das ihm Hektor, der hochgeschätzte Feind, nach einem unentschiedenen Kampfduell zwischen den beiden als Ausdruck hoher Anerkennung überreicht hatte.

Und so wird Ajax, nachdem er sich in psychotischem Zustand fremddestruktiv verhalten hat, Opfer seiner selbstdestruktiven Unfähigkeit, persönliche Niederlagen zu bewältigen.

Die selbstdestruktive Unfähigkeit des Narzissten

Und die Zunft der Psychiater, Psychologen, Psychosomatiker und Psychoanalytiker fügt wissend hinzu:

In der Tat, mit seinem Suizid nach der Kränkung erwies sich Ajax als Archetyp narzisstischen selbstdestruktiven Verhaltens.

Viele von uns vertreten die Auffassung, dass narzisstische Verhaltensmuster und Erlebnisweisen in ihrer pathologischen Form nichts anderes sind als Kompensations- und Bewältigungsstrategien für Ängste, Unsicherheiten und Selbstzweifel, die dadurch versteckt werden können. Erweisen sich allerdings diese Kompensations- und Bewältigungsstrategien als insuffizient, etwa bei einer persönlichen Niederlage, dann kommt eine vielfältige Symptomatik zum Vorschein, die zwischen Wut, Aggression und Depression pendelt, wobei die Depression des Narzissten auch durch aggressive Elemente gekennzeichnet ist. In schweren Fällen kann sich die Unfähigkeit des Narzissten, persönliche Niederlagen zu bewältigen, in selbstdestruktivem Verhalten äußern, dessen extremste Form der Suizid ist. So wie bei Ajax.

Das ist des Mythos archetype Botschaft.

Ajax wurde zum Opfer seiner selbstdestruktiven narzisstischen Kränkung. Andere pathologische Narzissten zerstören sich indirekt über andere Wege. Etwa durch Sanktionen, die der narzisstische Hochmut mit seiner Hartnäckigkeit und Unbelehrbarkeit mit sich bringen kann.

29.3 Die Unbelehrbarkeit des narzisstischen Hochmuts

Narzissten sind hochmütig, Asterios. Früchte ihres Hochmutes können Schmerz und ein tiefer Fall sein. Und trotzdem bleibt der pathologische Narzisst unbelehrbar. Nicht selten bezahlt er teuer dafür – so wie die hochmütige und unbelehrbare Arachne.

Die Legende von der hochmütigen Spinne

Arachne ist eine berühmte Weberin. Sie hat sich durch ihre Geschicklichkeit einen großen Namen gemacht. Um ihre bewundernswerte Arbeit zu sehen, verlassen die Nymphen sogar ihre Wälder und Gewässer. Viele meinen, dass Athena selbst Arachne die Kunst des Webens gelehrt hat. Arachne aber bestreitet das. Sie glaubt sogar, besser zu sein als die Göttin. „Soll sie sich doch mit mir messen!", sagt sie. „Alles nehme ich auf mich, wenn sie mich besiegt." Athena empfindet das als Hybris. Sie verwandelt sich daraufhin in eine alte gebrechliche Frau und geht zu der Herausforderin. Sie versucht zunächst, Arachne zur Vernunft zu bringen und sie zu belehren, dass das, was sie da äußert, einer Blasphemie gleich kommt. Sie rät Arachne, die Göttin um Vergebung anzuflehen. Arachne lehnt das nicht nur empört ab, sondern beschimpft dazu auch noch die Alte, sie sei frech und unverschämt. Daraufhin offenbart sich die Göttin. Alle, die das sehen, reagieren erschrocken, sogar die anwesenden Nymphen. Nur Arachne bleibt unbeeindruckt und provoziert die Göttin mit dem Angebot eines Wettbewerbs weiter.

Und so kommt es zu einem spannenden Webeduell zwischen der Unsterblichen und der Sterblichen. Athena gewinnt natürlich. Arachne ist so gekränkt, dass sie sich mit einem Seil an einem Balken ihrer Werkstatt erhängt. Athena aber zeigt Mitleid mit der hochmütigen, unbelehrbaren, von sich selbst so überzeugten Arachne und rettet ihr das Leben. Weil die Göttin aber aus Arachnes Schicksal eine Mahnung für die Menschen machen will, verwandelt sie die Hochmütige in eine Spinne. So hängt Arachne in alle Ewigkeit an ihrem Seil und webt und webt und webt … Allerdings vergängliche Webereien, die der Wind zerreißt.

Und das, Asterios, ist der Grund, warum in der uns gemeinsamen Sprache die Spinne bis heute Arachne heißt! Seltsamerweise haben viele Menschen Angst vor Spinnen; manche haben sogar eine Phobie, die Arachnophobie. Wenn du mich fragst, würde ich sagen: Besser hätten die Menschen aus den Folgen von Arachnes narzisstischem Gehabe und ihrer Bestrafung eine Lehre gezogen, statt eine Arachnophobie zu erfinden.

Der narzisstische Hochmut

Und die Zunft der Psychiater, Psychologen, Psychosomatiker und Psychoanalytiker fügt wissend hinzu:

In der Tat, Arachne erwies sich als Archetyp für den narzisstischen Hochmut.

Was Theologie und Moralphilosophie als Hochmut bezeichnen, ist allerdings nach unserem Verständnis eine kompensatorische Überheblichkeit. Wobei wir mit Überheblichkeit Überzeugungen und Verhaltensmuster bezeichnen, die auf einer übertriebenen und weitgehend bzw. teilweise realitätsfernen Selbsteinschätzung der eigenen Fähigkeiten, Begabungen und Bedeutung beruhen.

Der kompensatorische Aspekt beim narzisstischen Hochmut besteht darin, dass dadurch Selbstunsicherheiten und Selbstwertprobleme bewältigt werden können. Die Ergebnisse einer solchen Kompensation sind zweischneidig: Einmal schützen sie den Betroffenen davor, von seiner Selbstunsicherheit und seiner Selbstwertproblematik überwältigt zu werden. Andererseits jedoch rufen sie Reaktionen der sozialen Umgebung hervor, die sanktionierend für ihn sein können. Wie uns die Legende von Arachne lehrt.

Das ist des Mythos archetype Botschaft.

Ich befürchte, Asterios, dass Athenas Lektion für die Menschen wirkungslos auf dem narzisstischen Persönlichkeitspanzer aufprallt. Nicht nur alte Legenden, sondern auch alltägliche Erfahrungen aus der Zeit, aus der ich komme, belegen das.

Der narzisstische Hochmut ist nicht nur unbelehrbar, sondern auch hartnäckig. Wie die Geschichte von Arachnes Landsfrau Niobe zeigt.

Die Legende von einem unbelehrbaren und hartnäckigen Hochmut

Niobe, Tochter von Tantalos und mütterlicherseits Enkelin von Atlas, kommt aus Kleinasien. Sie heiratet Amphion, den König von Theben in Zentralgriechenland. Sie schenkt ihm vierzehn Kinder, sieben Jungen und sieben Mädchen. Eines Tages beginnt die Seherin Manto, Tochter des berühmten blinden Sehers Teiresias, den Kult der Leto und ihrer Kinder, Apollon und Artemis, in Theben einzuführen. Alle nehmen diesen neuen Kult an, mit Ausnahme von Niobe. Ihre Argumentation, maßlose Prahlerei würde ich sagen, Asterios, ist[146]: „Welch ein Wahnsinn, nur vom Hörensagen bekannte Götter den sichtbaren vorzuziehen! Weshalb verehrt man eigentlich Leto an allen Altären, während man meiner göttlichen Macht den Weihrauch versagt? Mein Vater ist Tantalos, dem allein es vergönnt war, an der Göttertafel zu speisen. Meine Mutter ist eine Schwester der Plejaden, die man als Siebengestirn am Himmel bewundert. Atlas ist mein einer Großvater, und der Vater meines Vaters ist Zeus selbst. Ich bin die Herrscherin der berühmten Stadt Theben, und die Völker Phrygiens fürchten mich. Wohin ich auch in meinem Palast den Blick wende, trifft er auf unermessliche Schätze. Zu alledem kommt mein Antlitz, einer Göttin würdig. Rechnet dazu sieben Töchter und sieben Söhne. Was hat dagegen Leto vorzuweisen? Weder Himmel noch Erde, noch Gewässer nahmen sie auf. Nur die schwimmende Insel Delos gab ihr aus Erbarmen ein Plätzchen, um ihre beiden Kinder zu gebären. Das ist ein Siebtel der Kinder, die ich zur Welt brachte! Und noch etwas: Ich bin glücklich, wer will es bestreiten? Und glücklich werde ich bleiben, wer mag daran noch zweifeln? Der Reichtum verschafft mir Sicherheit. Ich bin zu groß, als dass das Schicksal mir etwas anhaben könnte. Wenn jemand eine Göttin ist, dann ich und nicht diese Leto. Und vor allem nicht ihre Kinder Apollon und Artemis."

146 Wie es durch Ovid dokumentiert ist. Ebenso wie auch alle nachfolgenden (gegebenenfalls leicht modifizierten) Zitate in Niobes Geschichte.

Oh beim Zeus, Asterios! Hast du das alles vernommen? Was für eine unangemessene Prahlerei, was für eine narzisstische Hybris!

Und so gibt sie den Bewohnern Thebens den Befehl, sich der Einführung des neuen Kults zu widersetzen und dessen Symbole zu zerstören. Sie will sich selbst als Göttin verehren lassen. Doch so eine Hybris kann nicht ungestraft bleiben. Letos Kinder, Apollon und Artemis, übernehmen die Bestrafung der Prahlerin. Niobes sieben Söhne sterben durch Apollons Pfeile; einer nach dem anderen stürzt tödlich getroffen zu Boden. Niobes Ehemann Amphion kann den Schmerz nicht ertragen und stirbt durch eigene Hand.

Doch Niobe in ihrer hochmütigen Unbelehrbarkeit ist auch hartnäckig. Obwohl sie in einen jämmerlichen Zustand gerät, lernt sie aus ihrer Tragödie nichts. Gar nichts. Ihre hartnäckige Unbelehrbarkeit ist auch insofern bemerkenswert, als sie Arachne seit ihrer Kindheit kannte, weil beide aus derselben Gegend kamen. Und dennoch lässt sich Niobe durch Arachnes Bestrafung nicht belehren. Nicht mal durch den Tod ihrer sieben Söhne und den Suizid des Ehegatten! Stattdessen provoziert sie die Göttin weiter: „Oh, Leto, im Unglück bleibt mir immer noch mehr übrig als dir in deinem Glück. Ich habe immer noch mehr Kinder als du. Selbst nach so vielen Morden bin ich Siegerin!". Darauf durchbohren die Pfeile von Artemis auch die sieben Töchter. Nun ist der Schmerz auch für Niobe zu stark – der Schmerz verwandelt sie zu Stein. Als Mahnung für alle kommenden Generationen wird sie von den Göttern als für alle sichtbarer Fels auf einen hohen Berg versetzt. Zwei Bäche, die bis heute dem Fels entspringen und den Berg hinab laufen, sollen Niobes unstillbare Tränen sein.

Der Schmerz folgt dem Hochmut! Doch nicht einmal der tiefste Schmerz scheint in der Lage zu sein, den schweren Narzissten zu therapieren.

Die Schwertherapierbarkeit der narzisstischen Persönlichkeitsstörung

Und die Zunft der Psychiater, Psychologen, Psychosomatiker und Psychoanalytiker fügt wissend hinzu:

In der Tat, Niobe steht als Archetyp für die Unbelehrbarkeit des narzisstischen Hochmuts.

Wobei wir das, was man landläufig als Unbelehrbarkeit bezeichnet, Schwer- oder sogar Untherapierbarkeit nennen. Nichts liegt uns ferner als therapeutischen Pessimismus zu verbreiten. Unsere Aufgabe ist es eher, an der Seite des therapeutischen Optimismus zu stehen. Die verschiedenen Therapiemethoden, die bei der Behandlung von narzisstischen Störungen angewendet werden, zeigen uns jedoch auch die Grenzen ihrer Therapierbarkeit auf. Es reichen leichte Provokationen oder Konfrontationen mit der narzisstischen Problematik, vor allem wenn es in der Öffentlichkeit geschieht, um therapeutische Erfolge zunichte zu machen. Arachne und Niobe haben sich selbst vor die Öffentlichkeit gestellt und mit ihrer Bedeutung geprahlt. Und so war der therapeutische Einsatz von Athena und Apollon zum Scheitern verurteilt. Ajax stand auf der Bühne der ganzen griechischen Armee, so dass der therapeutische Einsatz von Tekmessa erfolglos blieb.

Das ist des Mythos archetype Botschaft.

Der narzisstische Hochmut wird hypertroph, wenn eigene Erfolge ihn füttern und überfüttern. Er nimmt an Gewicht zu, bis er durch seine Hypertrophie seinen narzisstischen Träger selbst zerstört. Im Grunde so ähnlich wie das, was die Internisten als Erysichthon-Syndrom bezeichnen.[147] Man könnte von einem „narzisstischen Erysichthon-Syndrom" sprechen. So etwa bei Bellerophon.

29.4 Die Hypertrophie des Narzissmus

Die Legende von Bellerophon ist die Geschichte eines narzisstischen Doppelopfers: Opfer des Narzissmus von anderen und Opfer des hypertrophierten eigenen Narzissmus. Das tragische Geschehen kann wie folgt erzählt werden:

Die Legende von einem Doppelopfer

Die erste Episode:

Bellerophon ist ein Enkel des legendären Sisyphos. König Glaukos, Sohn von Sisyphos und Bellerophons Vater, hatte offensichtlich einiges vom Vater geerbt oder gelernt und provozierte wie er die Götter – vor allem die vermutlich narzisstischste aller Göttinnen, die Liebesgöttin Aphrodite. Narzisstische Kränkung kann auch bei Göttern zu Rachegelüsten führen. Und so nahm Aphrodite Rache und bestrafte den Provokateur. Die ganze Geschichte lief so ab:

König Glaukos besitzt die besten Pferde der ganzen damals bekannten Welt. Er weiß alles über Pferde und hat die besten Hippagogen. Das sind Pferdepfleger, Jockeys und Wagenlenker in einem. Weil er so viel über Pferde weiß, ist ihm klar, dass die Zeit, die die Religion für die Paarung der Pferde bestimmt hat, das Fest der Aphrodite nämlich, nicht die beste ist. Er weigert sich also, Stuten und Hengste am Aphrodite-Tag zur Paarung zusammenzubringen. Aphrodite ist deshalb sehr gekränkt und will es nicht hinnehmen. Sie erdenkt einen perfiden Plan: Zunächst holt sie bei Vater Zeus die Erlaubnis ein, Glaukos zu bestrafen – allerdings mit einer sehr perfiden Lüge. Sie erzählt nämlich dem Vater von Menschen und Göttern, dass Glaukos die besten Pferde der Welt habe, weil er sie mit Menschenfleisch füttere.

Geplant, gelogen, gerächt.

Und die rächende Perfidie: Glaukos hat einen sehr sensiblen und vornehmen Sohn, der aber auch zu Träumereien neigt. Er ist der Poesie zugetan und kümmert sich nicht allzu viel um die Pferde und die anderen Angelegenheiten seines Vaters. Sein großer Traum ist, eines Tages Pegasos, das geflügelte Pferd der Poeten, zu reiten und mit ihm durch die Äther zu gleiten. Aphrodite kennt diese Träumereien und Wünsche des sensiblen Jünglings. Darauf baut sie ihre Rache auf.

Eines Tages also, als der Junge auf einer Wiese liegt, in den Himmel schaut, phantasiert und dichtet, schreitet Aphrodite zur Tat. Sie nimmt – unsichtbar na-

[147] S. Abschn. 26.2.

türlich – eine Wolke und gibt ihr Pegasos Gestalt. Gleichzeitig erweckt sie in dem Jüngling den Wunsch, das fliegende Pferd einzufangen und auf ihm zu reiten. Nichtsahnend, dass es sich bloß um eine Wolke, um eine Illusion und vor allem um eine Falle handelt. Er nimmt also einen Pfeil, befestigt an dessen Ende eine Seilschlinge, zielt einige Zentimeter über das Genick des Pseudo-Pegasos und schießt. Das Seilende hält er in seinen Händen. Wenn die Seilschlinge um den Hals des fliegenden Pferdes liegt, will er es damit herunterziehen. Da es keinen Pegasos gibt, stürzt der Pfeil ungebremst durch die Wolke hinunter und landet mit voller Wucht mitten in der Brust des besten Hippagogen des Vaters, der gerade mit dem König das Wangenlenken trainiert. Dieser Hippagoge heißt Belleros, und seitdem trägt der Jüngling den Spitznamen Bellerophon oder Bellerophontes, was „der Mörder von Belleros" bedeutet. Sein eigentlicher Name, den sein Vater, der Pferdenarr, ihm gegeben hatte, war Hipponoos, der „An-die-Pferde-Denkende". Was für eine Enttäuschung für den Vater, als er feststellen musste, dass der Junge nur an ein einziges Pferd denkt – an Pegasos.

Als ob der Tod von Belleros nicht schon schlimm genug ist, folgt ein weiteres Unglück. Bei den Pferden bricht durch den Tod ihres Hippagogen Panik aus. Sie rennen wild umher, ziehen auch den Wagen, auf dem König Glaukos sich gerade befindet, ungezügelt hinter sich her, bis er auseinanderfällt. Der König stürzt zu Boden und wird von den wildgewordenen Pferden zertrampelt.

Der arme Jüngling verliert durch die Rache einer narzisstisch gekränkten Göttin nicht nur den Vater, sondern auch die Heimat. Das Gesetz verlangt als Strafe, dass er ins Exil geht.

Und so wird Bellerophon zum ersten – doch leider nicht zum letzten – Mal das unschuldige Opfer der narzisstischen Kränkung eines anderen. Die narzisstische Kränkung kann in ihren Reaktionen sehr ungerecht sein!

Die heterodestruktive narzisstische Kränkung

Und die Zunft der Psychiater, Psychologen, Psychosomatiker und Psychoanalytiker fügt wissend hinzu:

In der Tat, der arme Junge und sein Vater sind Opfer einer heterodestruktiven narzisstischen Kränkung geworden. Und damit Archetypen dafür.

Kränkung ist ein allgemein menschliches Phänomen und meint die Verletzung von Ehre, Gefühlen und Selbstachtung eines Menschen. Wenn jemand nie auf solche Verletzungen reagiert, läuft etwas mit seiner Emotionalität nicht richtig. Als narzisstische Kränkung wird jedoch eine spezielle Form der Kränkung bezeichnet, bei der Menschen mit narzisstischer Persönlichkeitsstruktur hochemotional reagieren, wenn sie den Eindruck haben, dass ihr Selbstwert angegriffen oder in Frage gestellt wird. Die hochemotionale Reaktion führt zur Abwertung oder gar Entwertung des vermeintlichen Kränkers, verbunden mit Wut und Aggression – entweder in der Form der Autoaggression (Depression bis hin zum Suizid) oder Heteroaggression (Gewaltanwendung bis zum Mord). So etwa wie die gekränkte Aphrodite es getan hat.

Das ist des Mythos archetype Botschaft.

Die Legende von einem Doppelopfer

Die zweite Episode:

Nach dieser Tragödie muss Bellerophon seine Heimat verlassen und ins Exil gehen, um sich von der Blutsünde zu bereinigen. Der König von Tiryns in Peloponnes, Proitos, gewährt ihm Asyl und nimmt ihn in seinem Palast auf. Bellerophon hat auf ihn den besten Eindruck gemacht, dieser sensible, vornehme und dazu noch schöne junge Mann. Genau diese Eigenschaften werden Bellerophon jedoch zum Verhängnis. Antia, die junge Frau des Königs, verliebt sich nämlich in ihn. Sie versucht mit allen Mitteln, ihn zu verführen. Doch Bellerophon bleibt standhaft, widersteht den verführerischen Tricks der schönen Königin und weist sie zurück. Die Königin aber, die sich für außergewöhnlich schön und erotisch unwiderstehlich hält, fühlt sich durch diese Zurückweisung schwer gekränkt und sinnt auf Rache.

Schon wieder eine narzisstische Kränkung, die nach Rache ruft!

Antia beschuldigt den Unschuldigen ihrem Mann gegenüber, er stelle ihr seit langem nach und habe in der Nacht versucht, sie zu vergewaltigen. Zeus sei Dank und wegen ihres entschiedenen Widerstandes sei er aber erfolglos geblieben. Der Plan der narzisstisch gekränkten Königin geht auf. Proitos glaubt seiner Frau, ohne den Unschuldigen überhaupt zur Rede zu stellen und ihm Gelegenheit zu geben, sich zu verteidigen. Er will den jungen Mann am liebsten sofort töten. Doch weil der sein Gast ist – Gäste sind den Griechen, wie du weißt, heilig –, darf er ihn nicht töten. Denn dann hätte er die Erinyen, die Geister des schlechten Gewissens, am Hals. Er schickt stattdessen den jungen Mann mit einem versiegelten Brief zu seinem Schwiegervater Iobates, dem König von Lykien in Kleinasien. Die Botschaft von Proitos an König Iobates lautet: Der junge Mann habe den Tod verdient, weil er versucht habe, Antia zu vergewaltigen. Er, Proitos, habe es nicht tun dürfen wegen der Erinyen und so … Weil Bellerophon sein Gast gewesen sei … Also soll Iobates als Vater der angeblich Geschädigten die Tötung des Schuldigen übernehmen!

Und so, Asterios, wird Bellerophon zum zweiten Mal das unschuldige Opfer der narzisstischen Kränkung eines anderen.

Die Legende von einem Doppelopfer

Die dritte Episode:

Iobates aber, der sowohl seinen Schwiegersohn Proitos als auch dessen Frau, seine ältere Tochter Antia, nicht so richtig mag, legt den Brief zunächst ungeöffnet beiseite. Umso mehr interessiert er sich aber für den vornehmen Überbringer des Briefes, den er ihn mit großer Gastfreundschaft behandelt. Bellerophon darf im Palast leben, und es ist König Iobates nicht unrecht, als er bemerkt, dass sich zwischen seiner jüngeren Tochter Philonoë und Bellerophon eine Liebesbeziehung anbahnt. Der König mag seine jüngere Tochter sehr, die genau das Gegenteil der älteren ist, und freut sich über das aufblühende Liebesglück.

Nach mehreren Wochen fällt ihm der Brief seines fernen Schwiegersohns wieder in die Hände. Der König öffnet ihn desinteressiert und liest zu seinem Schrecken die Aufforderung, er solle den Überbringer des Briefes töten. Dieser habe versucht, die ältere Tochter des Königs und Frau des Absenders zu vergewaltigen. Iobates gerät in ein großes Dilemma. Bellerophon ist ja nun sein Gast, und wenn Proitos ihn wegen der Erinyen nicht getötet hat, warum sollte er es dann tun? Stattdessen stellt er seinem jungen Gast eine schier unlösbar erscheinende Aufgabe, in der Hoffnung, die Sache erledige sich dadurch von selbst. Das sei eine extrem wichtige Aufgabe, erfährt Bellerophon vom König: Die Tötung der Chimäre, die Feuer spucke und die Umgebung verwüste. Die Chimäre sei ein furchtbares Ungeheuers mit drei Köpfen, dem eines Löwen, im Nacken den Kopf einer Ziege, und am Schwanz den Kopf einer großen Schlange.

Bellerophon befragt das Orakel, wie er am besten zum Ziel kommt. Erwartungsgemäß gibt das Orakel eine nebulöse Antwort, wie es fast immer der Fall ist: „Du wirst die Chimäre nur besiegen, wenn du in die Lüfte steigst." Bellerophons kluge Freundin Philonoë – der Name bedeutet etwa „Die-den-Verstand-Liebende", und wie du gleich erkennen wirst, Asterios, macht sie ihrem Namen alle Ehre – kommt auf die Idee, dass nur das fliegende Pferd Pegasos gemeint sein kann, also Bellerophons Sehnsucht. Sie hat angesichts der Tatsache, dass die Götter aller Epochen und aller Völker gerne in Metaphern und Parabeln sprechen, erkannt, dass der Orakelspruch nur eines bedeuten kann: Reite auf deinen Sehnsüchten, damit erreichst du deine Ziele.

Athena, die Göttin der Weisheit, die große Sympathie für „Die-den-Verstand-Liebende" Philonoë, aber auch für den sensiblen Träumer Bellerophon hat, hilft den beiden bei der Bewältigung der schier unlösbar erscheinenden Aufgabe. Sie gibt Bellerophon einen besonderen Zaum und besondere Zügel, mit denen er Pegasos – den richtigen, nicht Aphrodites illusionären – einfangen kann. Und auf Pegasos, dem Mittelpunkt seiner Sehnsüchte, schwingt sich Bellerophon hoch in die Lüfte, genau wie das Orakel es geweissagt hat. Es gelingt ihm, die Chimäre zu töten. Wie, davon gibt es verschiedene Versionen.

Eine besagt, dass Philonoë ihrem Geliebten vor dem Abflug mit Pegasos zwei große Bleikugeln gibt, um damit den Höhenflug des Pegasos zu begrenzen. Sie weiß, dass ein unbegrenzter Höhenflug gefährlich sein kann, etwa nach dem Ikaros-Effekt. Eine der mitgegebenen Kugeln sei bei dem Flugkampf mit der Chimäre heruntergerutscht, heißt es, ihr in den feuerspuckenden Rachen gefallen, geschmolzen und habe sie innerlich verbrannt. Es gibt auch Beobachter des Geschehens, die behaupten, dass Bellerophon absichtlich die eine Bleikugel von Pegasos gelöst und gezielt in den Rachen der Chimäre geworfen habe. Damit habe er zwei Fliegen mit einer Klappe geschlagen: Die Chimäre sei vernichtet worden, und Pegasos habe noch höher fliegen können, so wie Bellerophon es immer gewollt habe. Aber nicht so hoch, dass ihm die Sonne gefährlich werden konnte, denn die übrig gebliebene Kugel habe für die Begrenzung schon gereicht.

Wie auch immer: Als Bellerophon triumphierend zurückkehrt und Iobates erkennt, dass sein Tötungsplan nicht aufgegangen ist, findet er weitere schwierige Aufgaben für ihn. So muss er etwa allein den Kampf mit einem kriegerischen Nachbarvolk aufnehmen, bei anderer Gelegenheit die Angriffe der männerhassenden Amazonen abwehren. All das erledigt Bellerophon mit Pegasos Hilfe, unterstützt von Philonóës Liebe und Klugheit sowie Athenas Beistand, bravourös. Iobates erkennt schließlich, dass er es mit einem außergewöhnlichen Menschen zu tun hat, der auch charakterlich intakt ist, so dass er nicht mehr an die gegen Bellerophon vorgebrachten Beschuldigungen glaubt. Er weiß schließlich, dass seine ältere Tochter eine notorische Lügnerin ist. Bellerophon und Philonoë feiern Hochzeit, bekommen Kinder und regieren nach dem Tod des alten Königs gemeinsam und mit großem Erfolg das Königreich.

Die beiden außergewöhnlichen Frauen, die Unsterbliche und die Sterbliche – ich meine die Weisheitsgöttin Athena und das kluge Mädchen Philonoë – vermitteln uns durch ihr Tun ein wichtiges Lebensführungsprinzip, Asterios: Nimm Zaum und Zügel in die Hand und begrenze deinen Höhenflug vernünftig! Lass den Logos über Pathos und Sehnsucht walten! Sonst wirst du vom Jäger einer Chimäre zum Gejagten deiner Leidenschaften!

Aber ein hypertropher Narzisst hat kein Gespür für solche Botschaften. Und so reitet er in die Katastrophe hinein. Genau so wie Bellerophon.

Die Legende von einem Doppelopfer

Die letzte Episode:

Auch nachdem er König geworden ist, nutzt Bellerophon jede freie Minute, um mit Pegasos durch die Lüfte zu gleiten – etwas höher als er sollte, denn er hat ja jetzt nur noch eine Kugel. Die Menschen fangen wegen seiner heldenhaften Taten, aber auch wegen seiner Höhenflüge an zu glauben, dass er ein Gott oder zumindest ein Halbgott ist. Und so beginnen sie, ihm zu Ehren Altäre zu bauen.

Der Ruhm und die Vergötterung durch die Menschen steigen ihm jedoch zu Kopf. Anfänglich fühlt er sich geschmeichelt, dass das Volk so über ihn denkt und ihn im Übermaß verehrt. Dann blendet er immer mehr den göttlichen Beistand Athenas und den klugen Beitrag seiner Gattin Philonoë aus. „Eigentlich hat das Volk gar nicht so Unrecht", denkt er bei sich. „Welcher Sterbliche kann so etwas vollbringen – die Chimäre töten, die kriegerischen Nachbarvölker alleine besiegen, die Amazonen abwehren und noch einiges andere mehr. Es muss doch etwas dran sein ... Das mit Gott sein, meine ich ... Oder meinetwegen auch Halbgott ... Mindestens Halbgott!" Als er einmal mit Pegasos in die Nähe des Olymps fliegt, kommen ihm weitere frevlerische Gedanken: „Was unterscheidet die Götter eigentlich von mir? Die Menschen bauen für mich Altäre, ich schwebe in der Luft, ich reite auf einem einmaligen göttlichen Tier, einem Kind von Medusa und Poseidon. Welcher Sterbliche kann das von sich sagen?" Wusstest du übrigens Asterios, dass Pegasos von der berühmten Medusa und von Poseidon gezeugt wurde? Als nämlich Perseus Medusa enthauptete, sprang Pegasos aus ihrem aufgeschlitzten Hals und verschwand in den Lüften.

Wie auch immer, Bellerophon lässt seinen neu entstandenen Gedanken, den frevelhaften, ihren Lauf und kommt zu dem Schluss „Also habe ich doch den Zugang zum Olymp und einen Sitz im göttlichen Kabinett verdient." Mit diesem letzten Gedanken wirft er auch die zweite Bleikugel hinunter zur Erde. Dadurch wird ein heftiges Erdbeben ausgelöst, und Zeus wird aufmerksam. Er lässt sich Bericht erstatten über die Ereignisse und erfährt so von dem Frevler. Und natürlich bestraft er ihn. Der Oberste Gott schickt eine klitzekleine, fast unsichtbare Bremse zu dem von den ständigen Luftmanövern etwas gestressten Pegasos, der mit Bellerophon auf dem Rücken durch die Lüfte in Richtung Olymp fliegt. Die Bremse sticht den ahnungslosen Pegasos, der vor Schreck und Schmerz eine plötzliche Bewegung macht. Bellerophon kann sich nicht halten, stürzt hinab und schlägt auf der Erde auf. Manche sagen, er sei dadurch gestorben. Andere – und das ist die Mehrheit – meinen, er sei nicht gestorben. Vielmehr sei er seit dem Aufprall auf der Erde blind und querschnittsgelähmt. Und der, der einst hoch in den Lüften ritt und auf den Olymp emporwollte, habe nur noch blind über den Boden kriechen können. Wohin, weiß bis heute niemand.

Und so wird Bellerophon ein Doppelopfer des Narzissmus: Opfer der narzisstischen Kränkung einer Beleidigten bzw. Abgewiesenen und Opfer des eigenen überfütterten und somit hypertroph gewordenen Narzissmus.

29.5 Der mordende Narzisst und der maligne Narzissmus

Unzählig sind die Legenden über Opfer von narzisstisch gekränkten Sterblichen und Unsterblichen, die dadurch zu mordenden Narzissten wurden.

Moderne mordende Narzissten sind häufig Protagonisten von Tragödien, die vorwiegend die Tötung des Intimpartners zum Thema haben.[148] Die Opfer mordender Narzissten – des fremddestruktiven Narzissmus – machen uns alle immer sehr betroffen, vor allem weil sie in der Regel schuldlose Opfer sind. Wie die Opfer, die wir schon kennengelernt haben. Doch die mordenden Handlungen eines besonders narzisstischen Syndroms, des Medea-Syndroms nämlich, schockieren uns außerordentlich. Ich spreche von dem Fall des Partners, der das gemeinsame Kind oder manchmal auch mehrere Kinder tötet, um den anderen Partner – die Mutter oder den Vater des Kindes – zu bestrafen.

Namensgeber und Archetyp dafür ist die mythische Medea, deren Geschichte ich dir jetzt zusammenfassend erzählen werde.

Medeas schreckliche Werke und Tage in aller Kürze

Medea ist eine große Zauberin, Königstochter aus der asiatischen Kolchis. Sie hilft Iason, dem griechischen Prinzen von Iolkos, das Goldene Vlies zu erlangen, das sich zu der Zeit im Besitz ihres Vaters befindet. Iason will es zurückbringen

[148] Bei Interesse s. zitierte Bücher über Intimizid und Affekttaten, Fußnote 56, Abschn. 9.2.

nach Griechenland, denn nur wenn ihm das gelingt, darf er den Thron von Iolkos besteigen, der zurzeit von König Pelias verwaltet wird. Medea stellt dafür die Bedingung, dass Iason sie heiratet und mitnimmt, was er auch tut. Medea verrät damit nicht nur ihren Vater und ihr Land, sondern sie trägt auch wesentlich dazu bei, dass viele ihrer Landsleute bei den nachfolgenden Kämpfen mit den Griechen getötet werden. Verfolgt von ihrem Vater, ihrem Bruder und anderen Landsleuten, flieht sie zusammen mit Iason und seinen Argonauten nach Griechenland. Unterwegs massakriert und zerstückelt sie ihren jüngeren Bruder Apsyrtos und verstreut seine Körperteile in einem großen Meeresareal, um die Verfolgung der Griechen durch die Kolchäer zu vereiteln. Nach Brauch der Kolchäer darf nämlich die Reise nicht weitergehen, solange man nicht alle Leichenteile beisammen hat und sie pietätvoll bestatten kann.

In Iolkos angekommen, verleitet sie die Königstöchter zur Ermordung ihres geliebten Vaters Pelias, der nicht bereit ist, wie vereinbart den Thron an Iason abzugeben. Sie habe die Zauberkraft, sagt sie zu den naiven Königstöchtern, ihm die ewige Jugend zu verleihen. Voraussetzung dafür aber sei, dass er zuerst sterbe und dann in ihrem Zaubergebräu gekocht werde. Damit könnten sie ihn wieder lebendig machen, und er werde ewig jung bleiben. Die liebenden, doch offensichtlich sehr, sehr naiven Königstöchter lassen sich von der Zaubermeisterin überzeugen. Mit freudiger Aufregung machen sie sich ans Werk, um den Vater mit dem Geschenk der ewigen Jugend zu überraschen. Sie töten ihn! Und dann kochen sie ihn in dem von Medea vorbereiteten höllischen Jungbrunnen. Erwartungsgemäß bleibt der königliche Vater danach für immer im Totenreich. Nebenbei gesagt, wird Medea gerüchteweise auch manch anderer Kochmorde verdächtigt. Allerdings reichen wohl die Beweise für eine gerichtstaugliche Anklage nicht aus.

Doch das Verbrechen gegen den König von Iolkos ist vergebens. Das iolkische Volk weigert sich, die Verbrecher als Königspaar anzuerkennen – obwohl der arme Iason keine Ahnung von den Machenschaften seiner Ehefrau und Zauberin hat. Da sie von den entsetzten Bewohnern des Landes verfolgt werden, fliehen Medea und Iason nach Korinth, wo sie bei König Kreon Asyl erhalten und großzügige Unterstützung finden. Dem Ehepaar werden zwei Söhne geboren, abgöttisch von beiden Eltern geliebt. Nach einigen Jahren aber will Iason die korinthische Königstochter Kreusa heiraten und trennt sich von Medea. Manche meinen, er habe sich in die junge Prinzessin verliebt. Andere sagen, von wegen Liebe! Iason hat es gemacht, um die Kinder und Medea vor dem enttäuschten und wütenden König Kreon zu schützen. Sie intrigierte nämlich auch gegen diesen König, ihren Asylgeber und Wohltäter! Iason behauptet, er habe gehofft, durch die Ehe mit der Königstochter könne er bei seinem zukünftigen Schwiegervater freies Geleit an einen sicheren Ort für seine Kinder und Medea erwirken, oder sogar ein Bleiberecht. Trotz dieser angeblich guten Absichten von Iason reagiert Medea auf seine Entscheidung schwerst getroffen. Sie ist unsagbar gekränkt.

Ihre anfänglichen Todeswünsche wandeln sich in Mordphantasien gegen den sie verlassenden Ehemann. Sie schwört Rache. Doch der Tod wäre keine angemessene Strafe für ihn, denkt sie bald darauf. Wenn sie ihn tötet, dauert sein Schmerz, seine Qual nur wenige Sekunden, dann ist alles vorbei. Es muss etwas Bleibendes sein, möglichst etwa Lebenslanges, sonst ist es keine Strafe. Und dann hat sie schließlich den furchtbaren Einfall: Die Kinder! Sie muss die Kinder töten, um ihrem Ex-Ehemann den größten auszudenkenden Schmerz zuzufügen. Es muss sein, auch wenn sie selbst ihre Kinder unendlich liebt. Sie geht sogar mit ihren Absichten in die Öffentlichkeit und deklariert sie als Höhepunkt ihres feministischen Kampfes für Frauenrechte. Die entsetzten Menschen in ihrer Umgebung versuchen ebenso wie die Amme, sie davon abzubringen. Doch vergebens.

Und so kommt es zur Umsetzung von Medeas furchtbarem Racheplan. Zunächst tötet sie durch Zauberkunst ihre Rivalin Kreusa und deren Vater Kreon, ihren Asylgeber und Wohltäter. Dann ihre beiden Söhne, um Iason, deren Vater, der sie verlassen hat, zu treffen – lebenslang und so schwer wie möglich. Nach Vollendung ihrer schrecklichen Taten zelebriert sie einen sadistischen Triumph über den am Boden zerstörten Ex-Ehemann. Das Leiden des Vaters befriedigt vollständig den Narzissmus der Täterin. Bei ihrem triumphierendem Schlagabtausch mit dem am Boden zerstörten Iason, voller Racheattitüden und Befriedigungsgefühle, zeigt Medea kein Schuldbewusstsein[149]. Er sei der Mörder seiner Kinder. Ja, er alleine! Hätte er sie nicht verlassen, dann wären die Kinder jetzt noch am Leben!

Ich muss dir dazu noch etwas erzählen, Asterios. Vor der Umsetzung ihres abscheulichen Racheplanes sichert sich Medea ein Bleiberecht in Athen. Der dortige König Ägeus, gutmütig und naiv, heiratet sie. Doch selbst diesen Asylgeber und Retter in der Not verletzt sie später auf das schlimmste. Sie versucht, seinen geliebten Sohn Theseus zu vergiften. Ja, Asterios, den Theseus, dem du bald begegnen wirst!

Medeas schreckliche Werke und ihre Persönlichkeit sind das Paradebeispiel für den malignen Narzissmus.

Der maligne Narzissmus

Und die Zunft der Psychiater, Psychologen, Psychosomatiker und Psychoanalytiker fügt wissend hinzu:

In der Tat, Medea ist der erschreckende Archetyp des malignen Narzissmus.

Unter dem Begriff „Maligner Narzissmus" verstehen wir die Koexistenz von Merkmalen der narzisstischen Persönlichkeitsstörung, so wie vorher dargestellt, und der antisozialen bzw. dissozialen Persönlichkeitsstörung[150]. Außer den Merkmalen der narzisstischen Störung (wie etwa phantasierte Großartigkeit, Überempfindlichkeit bei Kritik, ichbezogenes Verhalten, hohe Kränkbarkeit, Mangel an Empathie, ausbeuterische Gestaltung zwischenmenschlicher Beziehungen etc.) kommen die uns bekannten antisozialen Verhaltensmuster hinzu. Zu nennen sind insbesondere ichsyntone (d. h. als zur Persönlichkeit gehörend erlebte) Aggressionen und Sadismus, eine ausgeprägte paranoide Haltung, die sich vor allem in Idolisierung und Dämonisierung sowie maßloser Entwertung und grundloser Verachtung anderer äußert. Es wird eine enge Beziehung zwischen Tötungsdelikten und dem malignen Narzissmus angenommen, insbesondere bei Tötungsdelikten gegen den Intimpartner, dem sogenannten

[149] Psychologisch meisterhaft dargestellt von Euripides in seiner „Medeia".
[150] S. Abschn. 21.4.

Intimizid[151]. Zurückweisung, Erniedrigung und Verlassenwerden sind typische Anlasssituationen für solche Taten.

Der maligne Narzisst ist eine hochgefährliche, vor nichts zurückschreckende Persönlichkeit.

Das ist des Mythos archetype Botschaft.

Jeder mordende Narzisst ist ein maligner Narzisst. Voraussetzung dafür ist natürlich, dass die Tötung aus der narzisstisch-antisozialen Persönlichkeitsstruktur des Tötenden entspringt. Aber das Medea-Syndrom, die Tötung der eigenen Kinder, um den Intimpartner zu verletzen, ist eine ganz besonders maligne Form des malignen Narzissmus!

Das Medea-Syndrom

Und die Zunft der Psychiater, Psychologen, Psychosomatiker und Psychoanalytiker fügt wissend hinzu:

In der Tat, zu Recht wurden solche schockierenden Tragödien Medea-Syndrom genannt. Medea ist der Archetyp dafür.

Als Medea-Syndrom wird die Tötung der eigenen Kinder bzw. des eigenen Kindes bezeichnet, wenn diese geschieht, um den Partner zu verletzen. Es ist eine spezielle Form der „Alternativtötung zum Intimizid"[152], indem der Täter jemand anderen tötet, um den Intimpartner zu treffen. Dabei ist beim Medea-Syndrom dieser andere das eigene Kind. Das Ziel des Täters ist, dem Intimpartner – fast immer ist er ein verlassender Partner – unendliches und lang andauerndes, ja lebenslanges Leid zuzufügen. Ein größeres Leid als das, was mit seinem Tod zu erreichen wäre. Das getötete Kind bzw. die Kinder werden vom Täter keineswegs für das Verlassenwerden verantwortlich gemacht, auch nicht gehasst. Nach der Tat hat der Mörder kein Schuldbewusstsein und verschiebt die Verantwortung auf den verlassenden Partner. Somit ist das Medea-Syndrom der Gipfel des malignen Narzissmus.

Das ist des Mythos archetype Botschaft.

Aber weißt du, Asterios, was ich bei der Bezeichnung „Medea-Syndrom" ungerecht finde? Die Tatsache, dass diese seltene Form der narzisstischen Rache einen weiblichen Namen trägt. Denn sie wird häufiger von Männern begangen.

Bevor wir das Reich des Narkissos verlassen, Asterios, möchte ich noch eine persönliche Bemerkung anfügen. Mein Eindruck ist, dass in der Zeit, aus der ich komme, keine andere Persönlichkeitscharakterisierung so inflationsartig

---

[151] S. oben zitierte Quelle zum Intimizid.

[152] Ebenda.

verwendet wird wie die Bezeichnung Narzisst und Narzissmus. In der Alltagssprache könnte das als summarisierender Verständigungsbegriff vielleicht geduldet werden. Doch das eigentliche Problem sehe ich in der teilweise sehr großzügigen Stellung der Diagnose innerhalb der Zunft der Fachleute.

Doch nicht jeder selbstbewusste und kritische Mensch ist ein Narkissos, eine Arachne oder eine Niobe – geschweige denn, Zeus behüte uns, ein Ajax oder eine Medea!

Ach übrigens, um es nicht zu vergessen, Asterios. Aus der vorherigen Betrachtung des Narkissos-Reiches ist leicht erkennbar, dass die narzisstischen Eigenschaften auf einem kontinuierlichen Spektrum liegen. Auf dem einen Ende des Kontinuums, sagen wir dem rechten, liegt der pathologische Narzissmus, auf dem anderen, dem linken, seine schwächste Ausprägung. Und dazwischen der normale, ja sogar wünschenswerte Narzissmus. Die Eigenschaften des linken Endes des Kontinuums nennt man übrigens auch „Echoismus". Ja du hast richtig gehört, Asterios! Nicht Egoismus, sondern Echoismus. Jawohl, von der traumatisierten, unsichtbaren, keinen eigenen Satz formulierenden, sich ständig versteckenden, scheuen Nymphe Echo. Eines der Narkissos-Opfer. Damit bezeichnet man stille Mauerblümchen mit fragilem Ego, einer Neigung zu Gefühlen wie Schuld, Scham und Angst, die es deswegen wohl vorziehen, sich überall bedeckt zu halten.[153]

[153] So der Psychologie-Professor Graig Malkin in seinem Buch „Der Narzissten-Test" (2017), Dumont, Köln.

30

Opfer des arroganten Leichtsinns. Oder: Ein Requiem für Kassandra

30.1 Die Beratungsresistenten und Ratschlagsignoranten

Als wir über die Ursünden sprachen, die zu deiner Zeugung geführt haben, Asterios, hast du von mir auch erfahren, wie der widernatürliche Zeugungsakt vonstattengegangen sein soll. Ja, mit Hilfe des genialen Erfinders Dädalos. Der blieb allerdings nicht unbestraft. Für seinen Beitrag zu der widernatürlichen Tat hat ihn die Natur durch die Kraft der Sonne bestraft. Und das ging so:

Die Legende vom Tod eines Beratungsresistenten und Ratschlagsignoranten

Dein Vater Minos – wenn auch der Legende nach nicht dein biologischer, so doch dein sozialer Vater – kommt dahinter, wie deine Zeugung vonstattenging und verfolgt deshalb Dädalos, um ihn zu bestrafen. Zunächst kann dieser aber entfliehen: Er fertigt Flügel aus Wachs und Federn für sich und seinen Sohn Ikaros an. Und tatsächlich können sie damit fliegen. Sie sind die ersten Menschen überhaupt, die geflogen sind. Ja, Asterios, der Menschheitstraum vom Fliegen wurde – allerdings unter albtraumartigen Umständen – Realität.

Dädalos gibt zu Beginn der Reise seinem Sohn einen dringenden Rat, den er während des Fluges mehrmals wiederholt: „Halte dich an die Mitte, halte die Mitte! Nicht übertreiben! Nicht zu hoch und nicht zu niedrig fliegen. Fliegst du zu hoch, nimmt dir die Sonne deine Flügel. Sie schmilzt das Wachs. Fliegst du zu niedrig, entreißt dir das Meer die Flügel. Es beschwert sie mit Wasser und zieht sie nach unten." Doch Ikaros hält sich nicht an die Ratschläge und Warnungen seines Vaters. „Altherrenängste, übertriebene Vorsicht", spottet er stumm und mit einem kaum sichtbaren Lächeln der Überheblichkeit. „Ich kann höher und höher steigen, dahin, wo auch die Götter fliegen." Und sein instinktgesteuerter Trieb schlägt den vernunftverankerten Rat des Vaters in den Wind und treibt

A. Marneros, *Mein Bruder Sisyphos, mein Freund der Minotauros*,
https://doi.org/10.1007/978-3-662-55808-9_30

den Unvernünftigen immer weiter in die Höhe. Ikaros fliegt sehr hoch und fällt sehr tief. Und stirbt.

Sein Tod wird übrigens von Herakles höchstpersönlich attestiert. Er findet die Leiche des unreifen und leichtsinnigen Sohnes eines genialen Vaters am Strand einer Insel, von den Wogen des Meeres angetrieben. Er bestattet Ikaros ehrenvoll auf dieser Insel, die bis heute Ikaria heißt.

Ikaros Haltung ist umso beklagenswerter, als er die freie Wahl hatte, sein Handeln selbst zu bestimmen. Er ist nicht das Opfer von anderen. Er ist auch nicht das Opfer eines von anderen – seien es Götter oder Menschen oder Gene – bestimmten Schicksals. Nicht das Opfer eines unfreien Willens. Das Geschenk des freien Entscheidungswillens hat er falsch eingesetzt. Falsche Entscheidungen sind menschlich und gehören zum Wechselspiel des „Richtig oder Falsch Wählens" und des „Voll ins Schwarze oder ganz daneben Treffens". Das Bedauerliche, das Beklagenswerte und das Verurteilbare an Ikaros Haltung ist die Ignoranz der Arroganz. Ikaros wird kompetent beraten. Der geniale Erfinder Dädalos weiß, wie man mit seiner Erfindung umgehen muss. Eindringlich berät er seinen Sohn über die Nutzung seiner Erfindung, weist ihn darauf hin, wo die Gefahr lauert, rät ihm vom falschen Gebrauch ab. Doch Ikaros ignoriert den Rat des Wissenden und setzt ihm die Arroganz des Unwissenden entgegen. Und damit zerstört er sich selbst und bringt dem Vater das Unglück. Dädalos ist für den Rest seines Lebens unglücklich und lebt versteckt in Sizilien.

Wie fühlst du dich, Asterios, wenn du hörst, dass mindestens einer der Ursünder und Urheber deines Unglücks mit Unglück bestraft wurde? Du zeigst keine Reaktion, und das ist gut so. Das Unglück des Täters hebt das Unglück des Opfers nicht auf. Die Früchte von Ikaros Leichtsinn und Unreife oder besser gesagt seiner Beratungsresistenz und Ratschlagsignoranz – seine Vernichtung also – sind zwar kein Grund zur Schadenfreude, auch nicht für Opfer wie dich. Doch lehrreiche Mahnungen für uns alle sind sie allemal.

Nichts übertreiben! Halte die Mitte!

Und die Zunft der Psychiater, Psychologen, Psychosomatiker und Psychoanalytiker fügt wissend hinzu:

In der Tat, Ikaros ignorierte den Rat seines vielwissenden Vaters und wurde selbst vernichtet. Er wurde dadurch zu einem Archetyp für sich selbstvernichtende Beratungsresistente und Ratschlagsignorante.

Es ist kein Zufall, dass Dädalos Rat – „Nichts übertreiben, halte die Mitte" – Quintessenz weiser Lebensführung und hohe Philosophie wurde. Der erste Teil seines Rates – „Nichts übertreiben" – gehört zu den sieben wichtigsten Weisheiten, die die weisesten Männer der Welt über dem Eingang des Heiligtums von Delphi in den Stein meißeln durften. Das „Nichts übertreiben" (μηδέν άγαν), durfte sein Urheber, der weise Chilon der Lakedämon, direkt nach der weisesten aller Weisheiten („Erkenne-dich-selbst") einmeißeln.

Der zweite Teil des genialen Dädalos-Rates – „Halte die Mitte" – ist einer der zentralen Punkte der Philosophie, die uns Aristoteles, der Lehrer des Abendlandes[154], gelehrt hat.

Wer sich nicht am Rat der Weisen, der Kompetenten, der Erfahrenen orientiert, wird Opfer der eigenen Beratungsresistenz und Ratschlagsignoranz.

Das ist des Mythos archetype Botschaft.

Die tragischen Folgen von Ikaros Haltung, wie schlimm und traurig sie auch sein mögen, beschränkten sich auf die Protagonisten, Ikaros und Dädalos. Andere Beratungsresistente und Ratschlagsignorante jedoch können dadurch nicht nur sich selbst und ihre Familien, sondern auch ihr ganzes Volk und darüber hinaus viele Völker und viele Länder, ja die ganze Welt, in Brand setzen.

Archetyp dafür ist Phaëthon.

Er ist der Archetyp für all diejenigen, die, um das eigene narzisstische Ego, die eigenen extravaganten Gelüste, die eigenen exorbitanten Ambitionen und die eigenen größenwahnsinnigen Phantasien zu befriedigen, nicht davor zurückscheuen, andere, ja, wie erwähnt, sogar die ganze Welt zu zerstören. Phaëthon hat viele Nachahmer gefunden, mein Freund Asterios – bis in die neuesten Zeiten, in denen ich lebe. Aber auch sein katastrophaler Sturz wiederholt sich bis in die moderne Menschheitsgeschichte. Es scheint mir, dass die Menschheit aus Phaëthons Holokáutoma noch keine endgültigen Lehren gezogen hat. „Holokáutoma" (Ολοκάυτομα), was in der uns gemeinsamen Sprache die „totale Verbrennung" bedeutet, ist den meisten in der englischen Aussprache bekannt: Holocaust.

Die Legende von Phaëthons Holokáutoma

Phaëthon ist ein Sohn des Sonnengottes Helios – auch mit Apollon gleichgesetzt –, den der mit einer Sterblichen gezeugt hat. Eines Tages kommt der pubertierende Phaëthon auf die Idee, die Erde von oben zu umrunden – und dies mit dem Sonnenwagen des Vaters! Den aber kann nur und alleine der Sonnengott beherrschen und steuern. Darum überlässt Helios niemandem den Sonnenwagen. Phaëthon wendet deshalb eine List an. Phaëthon besucht seinen Vater Helios in seinem leuchtenden Palast, wo er gerade auf seinem strahlenden

[154] Wie in Abschn. 5.1, Fußnote 31 zitiert.

Thron sitzt und eine Plankonferenz mit dem Sonnenrat hält. Dieser Sonnenrat besteht aus den Horen (den Stunden), der Hemera (dem Tag), dem Men (dem Monat), dem Chronos (dem Jahr) und den Äonen (den Jahrhunderten). Die freudige Überraschung des Gottes schwindet sofort, als Phaëthon sein Anliegen vorträgt: Die Menschen glaubten nicht, dass er der Sohn des Sonnengottes sei, sagt er. Sie spotteten sogar darüber, dass seine Mutter eine Affäre mit einem vagabundierenden Taugenichts gehabt habe. Und um dies zu vertuschen, erzähle sie angeblich das Märchen, dass sie eine Geliebte des Sonnengottes sei. Phaëthon klagt darüber, wie er und seine Mutter unter diesem Spott und den bösartigen Gerüchten zu leiden hätten. Der Vater möge doch einen unerschütterlichen Beweis liefern, um der ganzen Welt zu beweisen, dass er, Phaëthon, des Gottes Sohn sei und seine Mutter des Gottes Geliebte. Helios fällt auf Phaëthons List herein: „Nichts leichter als das", sagt er. Phaëthon solle einen Beweis von ihm verlangen, und er werde ihn ohne Wenn und Aber geben. Und dann spricht Helios die folgenreichen Worte: „Ich schwöre es beim Styx, dem Fluss der Unterwelt, bei welchem die Götter schwören und ihren Schwur auf keinen Fall brechen dürfen." Das Entsetzen folgt auf der Stelle, nicht nur bei Helios, sondern beim gesamten Sonnenrat, als Phaëthon verlangt, den Sonnenwagen fahren zu dürfen! Ja, den Sonnenwagen, den nur der Sonnengott beherrscht und steuern kann!

Was für ein Kontrast zwischen dem fassungslosen Entsetzen des Sonnenrates und der dämonischen Zufriedenheit des Anmaßenden! Der Sonnengott fühlt sich an seinen Eid gebunden. Doch er bittet seinen Sohn eindringlich, sein Vorhaben fallen lassen. Er erklärt ihm, wie gefährlich für ihn und die Welt ein solches Unterfangen ist. Er versucht, ihm klarzumachen, dass niemand außer dem Sonnengott, also niemand außer ihm selbst, die Erfahrung, die Fähigkeiten und die Macht besitzt, die man benötigt, um die feuerspuckenden geflügelten Pferde des Sonnenwagens zu führen. Doch Phaëthon besteht darauf und erinnert an seines Vaters unbrechbaren Schwur. Auch der Sonnenrat, ganz besonders die sehr erfahrenen Äonen, raten Phaëthon dringend davon ab, es zu versuchen. Doch der hört weder auf Vaterrat noch auf Ratsrat. Er sei doch sein Sohn, sagt er zu Helios. Er habe seine Fähigkeiten geerbt, er sei genauso mutig, fähig und begabt. Und dann fügt er noch hinzu: Und außerdem habe der Vater sowieso keine Wahl, denn er habe ja beim Styx den unbrechbaren Schwur geschworen.

Der so bedrängte Vater überlässt schließlich widerwillig den göttlichen Sonnenwagen dem unerfahrenen Sohn. Als der beratungsresistente und ratschlagsignorante Phaëthon einsteigt, raten Vater und Sonnenrat ihm eindringlich, dass er zumindest mit Maß und Bedacht fahren solle, wenn er schon nicht die Finger davon lassen könne. Nicht so nahe an die Erde fahren, sonst wird sie verbrannt; nicht so weit weg von ihr, sonst wird alles erfrieren.

Ja, ja, er werde das alles beachten, verspricht lässig der leichtsinnige Jüngling.

Doch bald ist Phaëthon wie berauscht von der Faszination der Einmaligkeit und des Außergewöhnlichen und von der scheinbar unbegrenzten Macht. „Ohne Sonne kein Leben, was für eine Macht", denkt er und berauscht sich damit immer weiter. Die Zaubermacht des Lebens in den Händen eines Zauberlehrlings! Und so schlägt Phaëthon in maßloser Selbstüberschätzung den Rat seines Vaters und die Erfahrung der Äonen in den Wind. „Ach, die alten Leute sind so mutlos vorsichtig, sie riskieren nichts und gewinnen deshalb auch kaum neue aufregende Erlebnisgefühle", denkt er.

Folgerichtig den Rat der Wissenden ignorierend, rast Phaëthon maßlos und grenzenlos um die Erde – mal im senkrechten Sturzflug zu nahe an ihr, mal im senkrechten Hochflug weit weg von ihr. So beschert er ihr eine der größten Katastrophen, die die alte Mutter erleben musste: Wenn er zu niedrig fährt, verbrennt alles – Wälder und Felder, Menschen und Tiere, Städte und Dörfer. Fährt er zu hoch, dann gefriert alles – die Ozeane, die Meere, die Seen, die Flüsse, die Bäche, die Brunnen und mit ihnen auch die Pflanzen, die Tiere und die Menschen. Sobald er wieder tief unten ankommt, schmilzt das Eis. So kommen die Sintfluten und ertränken alles, was Feuer und Eis überlebt hat. Und dem folgt wieder das allesverbrennende Feuer, das erneute Holokáutoma, ein neuer Holocaust.

Bis Vater Zeus all das nicht mehr mit ansehen kann – Styxschwur hin, Styxschwur her. Und mit einer gezielten Blitzkanonade bereitet er dem Spuk ein Ende, indem er Phaëthon vernichtet und die kümmerlichen Überreste der verbliebenen Welt vor ihm rettet.

Die Hölle auf Erden war das damals, Asterios. Ganze Völker, ganze Nationen wurden vernichtet, Kontinente vom Feuer verschlungen, andere wiederum unter Dickeis begraben. Die Folgen tragen die Menschen bis heute. Und Phaëthon wurde zum Archetyp des Beratungsresistenten, des Ratschlagsignoranten, des sich selbst überschätzenden, größenwahnsinnigen Phantasten, der, um seine Eitelkeit zu befriedigen und sich selbst zu beweisen, nicht davor zurückscheut, die Welt in ein Holokáutoma zu stürzen – in einen Holocaust.

Die sich überschätzende Ignoranz

Und die Zunft der Psychiater, Psychologen, Psychosomatiker und Psychoanalytiker fügt wissend hinzu:

In der Tat, Phaëthon ist der Archetyp für all diejenigen, die, um das eigene narzisstische Ego, die eigenen extravagante Gelüste, die eigenen exorbitanten Ambitionen und die eigenen größenwahnsinnigen Phantasien zu befriedigen, nicht davor zurückscheuen, andere, ja die ganze Welt zu zerstören.

Sie ignorieren dabei nicht nur den Rat der Weisen, der Kompetenten und der Erfahrenen, sondern überschätzen auch ihre Fähigkeiten und Begabungen, ihre Möglichkeiten und ihre Macht. Sie sind nicht nur die unreifen Phantasten oder größenwahnsinnigen Psychopathen, sondern auch Menschen mit ausgeprägtem „sensation seeking", um diesen inzwischen etablierten anglophonen Terminus Technicus zu verwenden. Diese Neigung zu extremem Risikoverhalten finden wir allerdings nicht nur bei von sich selbst sehr überzeugten Narzissten, sondern auch bei der Antisozialen Persönlichkeit. Der Rat von Experten ist bei solchen Charaktertypen nicht in der Lage, korrigierend auf sie einzuwirken. Sie sind eben beratungsresistent und ratschlagsignorant – so wie Phaëthon.

Das ist des Mythos archetype Botschaft.

30.2 Auf der Suche nach einer Gedenkstätte der Reue

Unterwegs zu dir, Asterios, nachdem ich mich von meinem Bruder Sisyphos verabschiedet hatte, habe ich in Mykene Zwischenstation gemacht, in der damaligen prächtigen Hauptstadt der ehemaligen Supermacht der Achäer. Der Stamm der Achäer war zur Zeit des Kampfes um Troja so mächtig, dass damals das ganze griechische Volk nach ihnen benannt wurde. In Mykene angekommen bewunderte ich die zyklopische Mauer, den prachtvollen Palast der Atriden, das imposante Grab von Agamemnon. Heute sind die Achäer allerdings keine Supermacht mehr, und ihre Hauptstadt ist nicht mehr Machtzentrum der Welt. Bloß die alten Bauwerke erzählen noch mit unverkennbarer Wehmut von Glanz und Gloria der Vergangenheit. Manche Poeten mit nostalgischer Ader meinen gar, Tränen aus dem alten Gemäuer tropfen zu sehen, wie überall in Griechenlands Ruinen sowie denen aller nachfolgend gefallenen Supermächte. Es gibt viele davon, und sie werden immer mehr.

Hoch auf dem Hügel hinter der zyklopischen Mauer fragte ich die Menschen auf der Straße und in der Agora, wo ich Kassandras Grab finden könne. „Wessen Grab? Kassandra, sagst du? Nie gehört!“, war die fast stereotype Antwort auf meine für die Leute anscheinend merkwürdige Frage. Der Athena-Priester verwies mich an den Friedhofsverwalter. Wenn jemand Bescheid wüsste, dann am ehesten der, sagte er mir. Doch der Friedhofsverwalter konnte mir auch nicht helfen. „Nie davon gehört, kein Grab mit diesem Namen gesehen. Kassandra ist sowieso kein mykenischer Name. Die muss Fremde gewesen sein, falls sie mal in Mykene gewesen ist, womöglich Ausländerin, oder so …“ Ich bestätigte das. Ja, Kassandra war eine trojanische Prinzessin.

„Oh, Kassandra“, dachte ich reuehaft-traurig, „hätten wir damals deine Rufe vernommen und wären ihnen gefolgt, dann wärest du heute nicht die völlig unbekannte, die ‚oder so …‘-Frau. Du wärest wohl die weltbekannte Weltretterin. Kein mythischer erster Weltkrieg, keine Hekatomben von Opfern, keine Versklavung von unzähligen Frauen und Kindern, keine Zerstörung Trojas, keine Ermordung Agamemnons … Keine bösen Folgen eines arroganten Leichtsinns … Unseres arroganten Leichtsinns.“

Der Friedhofsverwalter hatte aber immerhin die Idee, dass eventuell sein greiser Vorgänger etwas davon wüsste. Er führte mich zu ihm. Die Verständigung mit dem Alten war schwierig, doch am Ende verstand ich, dass er sich an so ein Grab nicht erinnern könne. Meine Enttäuschung darauf war groß. Der Greis war meine allerletzte Hoffnung gewesen, Kassandras Grab ausfindig zu machen. Traurig bedankte ich mich trotzdem beim greisen ehemaligen und beim jüngeren Friedhofsverwalter und machte kehrt. Ich wollte mich auf den Weg zu dir machen, Asterios, als ich plötzlich die brüchige Stimme des Greises hörte: „Warte mal, warte mal!“ Und dann: „Ich glaube, ich erinnere mich doch. Mein alter Vater, der ebenfalls Friedhofsverwalter war, hat mir einmal ein Grab gezeigt, das ihm wiederum sein Großvater gezeigt hatte. Und der soll gesagt haben, dass es das Grab einer trojanischen Prinzessin sei. An den Namen kann ich mich aber wirklich nicht mehr erinnern“.

Gemeinsam gingen wir – der greise Friedhofsverwalter mit sichtlicher Anstrengung auf seinen Stock gestützt – zum Friedhof und machten uns auf die Suche nach dem Grab. Nach einiger Zeit blieb der Alte an einer Stelle stehen, ganz am Ende des Friedhofs in der linken Ecke, wo man kein Grab mehr sieht und auch keines vermutet. Sein Gesichtsausdruck verriet seinen Kampf mit längst verschollenen Erinnerungen. Aber nach einer Weile sagte er, er glaube, das sei die Stelle. Er zeigte auf die von wild wuchernden Dornbüschen überwachsene äußerste linke Ecke des Friedhofs, die in deutlichem Abstand zu den anderen gutgepflegten Gräbern zu sehen war. Nachdem wir mit viel Mühe etwas von der Oberfläche frei gemacht hatten, entdeckte ich den Stein. Es war ein ganz einfacher kleiner Grabstein, worauf noch schwach eine gemeißelte phrygische Mütze, das Symbol von Troja, und der Schriftzug „Kasandr-“ erkennbar waren. „Das ist es, jetzt kann ich mich genau erinnern“, sagte der Alte sichtlich erfreut und fügte noch hinzu: „Jetzt weiß ich es wieder. Mein alter Vater hat mir einmal gesagt, dass sein Großvater ihm erzählt habe, der Grabstein sei von Prinzessin Elektra, der Tochter des ermordeten Königs Agamemnon, heimlich hierhergebracht worden“. Nachdem ich mich sehr herzlich bei ihm für seine Hilfe bedankt hatte, ging er sichtlich zufrieden mit sich und der wiedergefundenen Erinnerung davon und ließ mich alleine am Grab zurück.

30.3 Gedenkverse für eine missachtete und ermordete Ratgeberin

„Ich bin hier ...“, murmelte ich still in mich hinein, „... ich bin hier, um mich für uns zu entschuldigen, Kassandra. Um für uns alle echte Reue zu zeigen. Um mich dafür zu entschuldigen, dass wir dich, die kluge Ratgeberin, die unfehlbare Vorhersagerin – die exakte Prognostikerin, sagt man in der Wissenschaft – beleidigt, missachtet und, ja, auch verachtet haben. Und dafür, dass wir letzten Endes dazu beigetragen haben, dass du ermordet wurdest, so jung ermordet wurdest, Kassandra. Ich will Reue zeigen für uns alle, dafür, dass wir nie deinem Rat gefolgt sind, deinen Vorhersagen nie geglaubt haben, deinen Prognosen nie vertraut haben. Dafür, dass wir dadurch Krieg und Mord und Katastrophen nicht nur nicht verhindert, sondern auch ermöglicht haben. Fahrlässig, manche von uns sogar absichtlich. Und dass wir damit auch unsere ganz persönlichen Katastrophen herbeigeführt haben, von den großen Katastrophen abhängig oder auch völlig unabhängig davon.

Nun, wo ich hier stehe, an diesem ungepflegten, vernachlässigten und verwilderten Grab, beginnt es sich in meinem Herzen in eine Gedenkstätte der Reue umzuwandeln. Und in meinem Kopf beginnen die Gedanken wie mentale Gedenkverse im Rhythmus eines geistigen Requiems zu sprudeln.

Ich denke, Kassandra, wenn die Zunft der Psychiater, Psychologen, Psychosomatiker und Psychoanalytiker in diesem Moment meine Gedanken hinter den mentalen Gedenkversen des geistigen Requiems lesen könnte, dann würde sie wissend hinzufügen:

Reue ist zuerst ein mit Bedauern verbundenes Erkennen und Anerkennen eigener Schuld für eine Tat oder eine Unterlassung. Reue ist ein wichtiger Schritt zur Korrektur von fehlerhaftem Verhalten in der Vergangenheit und zur Vermeidung von Ähnlichem in der Zukunft. Allerdings sind Korrektur und Vermeidung leider nicht immer zwingende Konsequenzen der Reue.

Man kann auch sagen, es gibt eine Fähigkeit zur Reue, die eng mit der Introspektionsfähigkeit – also mit der Fähigkeit, in sich zu kehren, innere Zusammenhänge zu erkennen und eigene Schuld und Verantwortung anzuerkennen – verbunden ist. Insofern ist bei Menschen, bei denen die Introspektionsfähigkeit schwach oder überhaupt nicht vorhanden ist, auch die Fähigkeit zur Reue schwach, oder sie fehlt sogar ganz. Deshalb zeigen Menschen mit bestimmten Persönlichkeitsstörungen, wie etwa mit einer Antisozialen Persönlichkeitsstörung, neben der schwachen Introspektionsfähigkeit auch eine schwache bzw. fehlende Fähigkeit zu Reue.

Insofern ist Reue eine positive Eigenschaft, die unter Umständen im Sinne der schon angesprochenen Korrektur- und Vermeidungsmöglichkeiten konstruktiv sein kann.

Das ist einiger Mythen archetype Botschaft.

Ja, das hätten die Fachleute wissend hinzugefügt.

Welch ein Leichtsinn war es damals, Kassandra, dass wir dich ausgelacht haben. Wir haben dich für deine dringenden Mahnungen und verzweifelten Appelle an uns, Paris nicht in unsere Kreise aufzunehmen, weil dies unsere ultimative Katastrophe bedeuten würde, ausgelacht. Obwohl wir es eigentlich besser hätten wissen müssen. Der Traumdeuter hat es damals direkt nach Paris Geburt verkündet, einen Traum der Mutter des Neugeborenen deutend. ‚Dieses Kind wird das Ende von Troja sein, es ist die ultimative Katastrophe für das Reich. Es bedeutet den gewaltsamen Tod oder bitteres Exil für jeden einzelnen

Trojaner wie auch von unzähligen Ausländern – Freunden und Feinden!'. Das hat er gesagt.

Wir alle wussten, wie es damals gelaufen ist: Die am Boden zerstörten Eltern, Paris Eltern, deine Eltern, sind damals direkt nach der Entbindung der Anweisung des Traumdeuters gefolgt. Naja, nicht ganz. Sie lehnten nämlich die radikalste aller Lösungen ab, die sofortige Tötung des Neugeborenen; verständlich, denn es ging um *ihr* Neugeborenes. Stattdessen ließen sie das Baby schweren Herzens in den nebligen Wäldern des Ida aussetzen, anonym und ohne Herkunftsindizien, in einer kleinen felsigen, in Nebel gehüllten Höhle – eine Art von Babyklappe der mythischen Zeiten. Der ausgesetzte Sohn hat mit Hilfe barmherziger Hirten überlebt. Eines Tages kam er als junger Mann in die Stadt und wurde von seinen Eltern erkannt, dem damit überglücklich werdenden Königspaar von Troja, Priamos und Hekabe. Wunschdenken und wiedererwachte Elternliebe verblendeten die glücklichen Eltern. Die alte Vorhersage des Traumdeutungsspezialisten war fast vergessen. Der Traumdeuter habe sich sicherlich getäuscht, dachten sie, wenn doch einmal ein Gedanke daran aufkam.

Nur du, Kassandra, Paris Schwester, warntest, tief besorgt, deine Eltern und uns alle vor der nahenden Katastrophe. Vor der totalen, ultimativen und unwiderruflichen Katastrophe des bevorstehenden mythischen ersten Weltkrieges. Aber die von Glück verblendeten Eltern und wir, die in den Krieg steuernden Benebelten, hörten nicht auf dich, sondern ließen uns von Wunschdenken leiten. ‚Ach, diese Kassandra, sie sieht immer alles schwarz! Sie prophezeit immer nur Schlechtes! Kein Wunder also, dass niemand, aber auch niemand, ihr glaubt. Die arme, arme Kassandra!' So dachten damals Priamos und Hekabe, und mit ihnen auch wir.

Ich denke, wenn die Zunft der Psychiater, Psychologen, Psychosomatiker und Psychoanalytiker in diesem Moment meine Gedanken hinter den mentalen Gedenkversen des geistigen Requiems lesen könnte, Kassandra, dann würde sie wissend hinzufügen:

In der Tat, Priamos und Hekabe stehen als Archetyp für singulär oder temporär auftretendes Wunschdenken.

Wunschdenken ist eine Betrachtungsweise der Dinge, die von Wünschen geleitet bzw. an Wünschen orientiert ist und in Diskrepanz zur Realität steht. Wunschdenken ist eine Art der Kompensation und Bewältigung von Defiziten oder auch Abwehr von belastenden Situationen und Ereignissen. Die dadurch auftretende Verblendung für schon bestehende Erfahrungen oder für die aktuelle Wirklichkeit kann negative Folgen entweder für den Betroffenen selbst oder auch für seine Umgebung haben. Die Konfrontation mit der diskrepanten Realität führt in milderen Fällen zu Enttäuschungen, in relevanteren Formen zu psychisch belastenden Erlebnissen und zu einem mehr oder minder schutzlosen Ausgeliefertsein in die nachteilige oder gar schädliche Situation.

Das Wunschdenken kann ein ganz normales Entwicklungs- und Reifungsprozessmerkmal sein, etwa bei Kindern und Jugendlichen, oder auch immanentes Persönlichkeitsmerkmal, etwa bei narzisstischen, paranoiden, unreifen und infantil strukturierten Persönlichkeiten. Es kann singulär oder temporär auftreten zur wunschkonformen Bewältigung von akut auftretenden Situationen und Ereignissen. So wie bei Priamos und Hekabe.

Das ist des Mythos archetype Botschaft.

Und so kam es dazu, dass Paris nach Griechenland reiste und Helena, die schönste Frau der Welt und Ehefrau von König Menelaos, samt den Schätzen des Königs entführte.

Und niemand dachte dabei an dich, Kassandra, unfehlbare Voraussehende und kluge Ratgeberin.

Und so geschah es weiter, dass die Griechen nach Troja kamen und mit ihnen auch der Krieg. Und dass die Trojaner, als die Griechen ihnen vor Beginn der Kämpfe das Angebot machten, es werde keinen Krieg geben, wenn sie die Königin und die Schätze friedlich zurückzugäben, dieses schroff ablehnten.

Und niemand dachte dabei an dich, an die unfehlbare Voraussehende und kluge Ratgeberin.

So verschuldeten wir einen zehnjährigen Vernichtungskrieg. Wir zogen mehrere Völker in diesen Krieg, der dadurch zu einem Weltkrieg wurde. Hätten wir deiner Prophezeiung damals doch vertraut, und hätten wir bloß auf deinen Rat gehört … Unfehlbare Voraussehende und kluge Ratgeberin!

Was für ein Leichtsinn, was für ein katastrophaler, ein uns alle vernichtender Leichtsinn, geschah damals vor Trojas Mauer. Als dort das riesige hölzerne Pferd des Feindes vor den Toren der Stadt stand, voll mit versteckten Elitesoldaten. Wir wollten das prachtvolle hölzerne Pferd zum Zentralplatz unserer Stadt bringen und triumphierend vor dem Königspalast und dem großen Tempel ausstellen, auch wenn wir dafür einen Teil der Mauer abreißen müssten. Gefahr drohte uns nicht mehr, kein Feind weit und breit zu sehen, dachten wir – egal was du und Laokoon sagtet. Wir haben die dringlichen Warnungen des Apollonpriesters und Sehers Laokoon nicht nur ignoriert, sondern auch teilnahmslos zugelassen, dass er dafür bestraft wurde. Als der Tod in Gestalt des Ungeheuers aus dem Meer kam und Laokoon und seine Söhne tötete, haben wir ihnen nicht geholfen. Eigentlich kam uns ihr Tod gelegen; niemand hinderte uns mehr daran, das bestechende Geschenk des Feindes anzunehmen.

Nur du, Kassandra, bliebst unerschrocken. Auch nach dem entsetzlichen Tod von Laokoon und seinen Söhnen warntest du uns mit lauten Rufen vor dem katastrophalen Fehler. Doch du wurdest auch diesmal von uns ausgelacht und weggejagt. Die Kassandrarufe waren nicht mehr aus der Welt zu verjagen. Doch niemand hörte auf sie. Auch wir nicht.

So kam das riesige hölzerne Pferd des Feindes in die Stadt.

Und niemand dachte dabei an dich, an die unfehlbare Voraussehende und kluge Ratgeberin.

Und mit dem hölzernen Pferd des Feindes gelangten auch die Feinde in die Stadt.

Damit kam es zur totalen, ultimativen und unwiderruflichen Katastrophe. Für Freund und Feind. Die Katastrophe, die du vorausgesagt hattest, unfehlbare Voraussehende und kluge Ratgeberin.

Und damit stürzten wir auch dich in deine ganz persönliche Katastrophe. Als Folge des verlorenen Kampfes um Troja.

Als Agamemnons Sklavin kamst du danach hierher, in diese Stadt, in der du jetzt begraben liegst. Agamemnon war einer der wenigen überlebenden Sieger. Er kehrte zurück nachhause, nachdem er Krieg und Naturkatastrophen überstanden hatte. Er brachte dich, Kassandra, als Sklavin mit. Während Agamemnons zehnjähriger Abwesenheit aber hatte sich seine Ehefrau Klytämnestra mit Ägisthos liiert, einem seiner Rivalen. Klytämnestra und Ägisthos schmiedeten ein Mordkomplott gegen den zurückkehrenden Triumphator. Du hast den Mord an Agamemnon und an dir vorausgesehen und versuchtest verzweifelt, uns, das Volk der Achäer, von der Gefahr zu überzeugen. Wieder hat niemand auf dich gehört, weder Agamemnon noch wir, das Volk. Obwohl du den Doppelmord vorhersagtest und uns den Rat gabst, die Verschwörer zu neutralisieren. Und so konnte es geschehen, dass Agamemnon stolz und glücklich verblendet in den Palast zurückkehrte, in die Schlangengrube der Verschwörer.

Und niemand dachte dabei an dich, unfehlbare Voraussehende und kluge Ratgeberin.

So ermordeten die Verschwörer Agamemnon im königlichen Bad mit einer silbernen Doppelaxt. Und auch dich, Kassandra, im Sklavenraum. Man sagt mit einem gewöhnlichen Küchenmesser.

Wir haben dich, Kassandra, deinen Mördern ausgeliefert. Wir haben dich in ihre blutigen Hände geschubst.

30.4 Kassandras Rufe und Kassandras Schuld

Und dann nach all diesen Tragödien suchten wir – und fanden natürlich – Gründe und Erklärungen, die uns von der Verantwortung reinwaschen sollten, die dir die Schuld gaben. Wir alle, die Bellerophons und die Arachnes, die Ikari und die Phaëthons, die Trojaner und die Achäer, die Menschen von gestern und die Menschen von heute. Auch Jahrtausende nach deinem Tod erzählen wir noch folgende Geschichte, um uns zu entlasten:

Kassandra ist schuld

Die tragische Prophetin Kassandra prophezeit immer das Richtige, doch niemand glaubt, was sie voraussagt. Das war aber nicht unsere Schuld, dass wir ihr nicht glaubten. Nein, das war Gottes Wille. Dass niemand ihren Prophezeiungen glaubte, war nämlich die Folge eines Fluchs von Apollon. Dieser Gott hatte einmal bei Kassandra voller Sehnsucht um eine erotische Nacht gebettelt. Kassandra stimmte zu, wenn auch unverkennbar widerwillig, verlangte aber dafür vom Gott die Gabe der Prophezeiung. Apollon, voll der Sehnsucht, erfüllte ihren Wunsch. Doch Kassandra machte in der letzten Sekunde einen Rückzieher. Sie hatte sowieso kein großes Interesse an Sex. Kassandras Rückzieher machte Apollon sehr wütend. Er wartete auf einen günstigen Moment, als Kassandra ihren Mund öffnete, um wahrzusagen. Dann spuckte er ihr blitzschnell in den Mund und sagte: ‚Das Geschenk der Prophezeiungsgabe kann ich dir nicht mehr nehmen. Doch ich verfüge, dass niemand jemals deinen Prophezeiungen Glauben schenkt'. Der Fluch war sofort wirksam. Und gerade dieser Fluch erwies sich als verhängnisvoll für alle Beteiligten. Niemand achtete auf Kassandras Rufe. Natürlich auch wir nicht! Es war ja gottgewollt!

Und so können wir ohne schlechtes Gewissen die Verantwortung auf dich schieben. Wir? Wir sind doch unschuldig! Kassandra ist schuld!

Wie bequem und beruhigend das für uns ist, Kassandra!

Ich denke, wenn die Zunft der Psychiater, Psychologen Psychosomatiker und Psychoanalytiker in diesem Moment meine Gedanken hinter den mentalen Gedenkversen des geistigen Requiems lesen könnte, Kassandra, dann würde sie wissend hinzugefügen:

In der Tat, die Erklärungsversuche dafür, dass Kassandras Ratschläge nicht gehört wurden, stellen einen Archetyp von Externalisierung dar.

Durch Externalisierung findet eine Verschiebung von Schuld und Verantwortung für eigenes Fehlverhalten oder Versagen auf andere Personen, auf Situationen oder Umstände, oder eben auf Gottes Willen statt, und damit weit weg von uns selbst. Damit entlasten wir uns von einer Belastung, die für uns unangenehme psychische oder auch sonstige Konsequenzen haben könnte. Externalisierungstendenzen können falsche Beschuldigungen, fehlende Selbstkritik und die eingeschränkte Fähigkeit zu Reue und zu der Bereitschaft, sich zu ändern und zu bessern, mit sich bringen. Wiederholt wurden Kassandras Rufe nicht gehört. Doch sie sei selbst schuld daran, weil sie mit dem Gott so unfair umgegangen ist. So externalisiert man.

Das ist des Mythos archetype Botschaft.

Leider haben nur Wenige aus der Tragik der Kassandrarufe gelernt. Und so ist es zu erklären, wieso die Ikari dieser Welt auf die Rufe ‚Halte die Mitte' nicht hören und somit ins Unglück stürzen. Und warum die Phaëthons aller Zeiten den Rat ‚Lass die Finger davon' nicht annehmen können und stattdessen die ganze Welt in Flammen setzen oder sie in tödlichen Frost verfallen lassen oder einen anderen Holocaust über sie bringen. Oder warum die Bellerophons aller Staaten irgendwann von Volksrettern zu Allmachtsphantasten mutieren und dann die Blitze der Zeusse auf sich ziehen. Oder … oder … oder … Und dass sich diese Kette durch Kriege und Weltkriege und Nuklearkatastrophen zieht, und … und … und … Und neue Ikari und neue Phaëthons und neue Bellerophons und … und … und … durchs Leben und durch die Geschichte ziehen und marodieren.

Warum haben wir nicht auf dich gehört, Kassandra? Warum hören wir bis heute nicht auf deine voraussehenden und klugen Nachfolger? Warum verspotten wir die Kassandrarufe bis heute? Trotz der leidigen, lehrreichen Erfahrungen, die wir durch die Äonen gemacht haben?

Manche werden sagen, das ist Gottes Wille. Der Spuk des Apollon eben!

Hoffentlich werden die Spukgläubigen immer weniger.

Hoffentlich werden die, die Kassandras Gedanken verstehen und dadurch Dinge bis zu Ende denken können, immer mehr.

Wenn die Zunft der Psychiater, Psychologen Psychosomatiker und Psychoanalytiker in diesem Moment meine Gedanken hinter den mentalen Gedenkversen des geistigen Requiems lesen könnte, Kassandra, dann würde sie wissend hinzufügen:

In der Tat, die erwähnten Protagonisten haben aus verschiedenen Anlässen und aus verschiedenen Gründen Kassandras Rufe in den Wind geschlagen. Und so machten sie sich zum Archetyp von unbelehrbaren Empfängern unwirksamer, wenngleich richtiger Ratschläge.

Viele Ursachen und Gründe hat das Ignorieren von Kassandras Weisheit und ihre Disqualifizierung als Kassandrarufe:

Einen starken Antrieb, unsere Wünsche und Sehnsüchte zu erfüllen, unsere Ziele zu erreichen, obwohl die Wirklichkeit es nicht hergibt.

Übertriebenes Selbstvertrauen in unsere Fähigkeiten und Begabungen sowie ein unbegründeter Optimismus.

Allmachtsphantasien unseres Narzissmus und die damit verbundene – oder davon auch unabhängige – paranoide Haltung. Eine ignorierende Arroganz kann dazu kommen.

Die Unreife unserer Persönlichkeit mit der Neigung zur Vereinfachung der Welt, als Symptom des Infantilismus mit seinen hemmungslosen und undisziplinierten emotionalen und kindlich-egozentrischen Verhaltensweisen, trotzigen Reaktionen, Imponiergehabe und fehlender altersentsprechender Selbstreflexion.

Eine an risikofreudig-abenteuerlichen Verhaltensmustern orientierte Persönlichkeitsstruktur der Sensation-seeker.

Eine grundsätzliche oppositionelle Haltung im Rahmen einer Dissozialität.

Oder einfach Dummheit.

Oder ... oder ... oder ... Ach, es gibt so viele Gründe, Kassandras treffliche Ratschläge als Kassandrarufe zu disqualifizieren.

Das ist einiger Mythen archetype Botschaft.

Aber ich möchte auch etwas Beruhigendes sagen, Kassandra. Nicht alle deine Rufe, Mahnungen und Ratschläge werden von uns in den Wind geschlagen. Die Katastrophen, die stattgefunden haben, unter anderem auch deshalb, weil wir deine Rufe und Ratschläge ignoriert haben, beeindrucken viele von uns – oder wenigstens einige. Und deshalb bleiben sie uns immer mahnend in Erinnerung. Die vermiedenen Katastrophen aber nehmen wir nicht wahr oder vergessen sie leicht. Es sind viele, im privaten Leben jedes einzelnen, wie auch im kollektiven Leben der Gesellschaften und der Staaten, die in den Jahrtausenden nach dir abgewendet wurden. Könnte es sein, das dies auch dank deiner Ratschläge geschah, denen manche von uns, bewusst oder unbewusst, doch gefolgt sind? Wenn das so ist, bedanken wir uns jetzt dafür bei dir, Kassandra!

Ruhe in Frieden, Kassandra. Wie sagt man auf Griechisch bei der Verabschiedung von einem geliebten oder geschätzten oder bewunderten Toten?

Äonia sou he mneme – Αιωνία σου η μνήμη. Die Erinnerung an dich möge ewig sein.“

Und mit diesem Wunsch machte ich mich auf den Weg zu dir, Asterios.

31

Der Minotauros lebt

31.1 Das Märchen vom Tod des Minotauros

Nach dem Besuch von Kassandras Grab kam ich zur dir, Asterios. Beladen mit den unterschiedlichsten Meinungen und Legenden, die über dich existieren. Manche sagen, du seist als Monster geboren. Du seist von Geburt an ein Minotauros gewesen, der Menschen massakriert und des Menschen Seele und Körper vernichtet. Daran seien aber andere schuld, nicht du. Andere sagen, du hättest dich zu einem Monster entwickelt. Doch du selbst seist völlig schuldlos daran, andere hätten aus dir einen Minotauros gemacht. Dann gibt es die, die sagen, dass du alleine die volle Verantwortung für deine monströsen Taten trägst. Und dann gibt es noch diejenigen, die sagen, sowohl du als auch andere seien für deine zerstörerische Entwicklung verantwortlich. Also viel Widersprüchliches und manchmal auch Verwirrendes.

Wie auch immer es sein mag, eines ist sicher: Du hast eine ungeheuerliche monströse und zerstörerische Entwicklung hinter dir, deren Opfer unschuldige Menschen sind.

Das ist die bittere Wahrheit. Der musst du dich stellen, Asterios.

Eine bittere Wahrheit und unbestreitbare Tatsache. Unabhängig von deren Ätiologie, unabhängig davon, welche Ursachen, Erklärungen, Vermutungen und Hypothesen man auch immer als zutreffend annimmt. Mit allem Verständnis für den Täter gibt es kein entschuldigendes Verständnis für die Tat. Deine zerstörerischen, mörderischen Taten sind mit allen Konsequenzen zu verurteilen, ohne Wenn und Aber. Deinen Opfern gilt meine – unsere – uneingeschränkte Sympathie und Solidarität. Du, das Opfer, machtest viele zum Opfer: Du begannst irgendwann, Menschen zu attackieren, zu verletzen und

A. Marneros, *Mein Bruder Sisyphos, mein Freund der Minotauros*,
https://doi.org/10.1007/978-3-662-55808-9_31

zu töten. Manche sagen auch, zu zerstückeln und zu essen. Auf jeden Fall zu zerstören und zu vernichten. Menschen, die potentiell deine Opfer sein können, müssen vor dir geschützt werden. Es ist meine Pflicht – unsere Pflicht, die Pflicht der Gesellschaft und des Staates –, sie vor dir zu schützen. Es tut mir sehr leid, dass ich dir sagen muss, Asterios, wie notwendig das ist. Auch vor einem Opfer müssen potentielle Opfer geschützt werden.

So ist es auch zu erklären, wieso König Minos beschlossen hat, dass du im Dädalischen Labyrinth eingeschlossen werden musst. Aus diesem Labyrinth gibt es kein Entrinnen. Einmal darin eingeschlossen, kann niemand entkommen. Das ist des Königs Verständnis von Schutz – „Wegschließen! Und zwar für immer"[155]. Allerdings vertrete ich die Auffassung, dass man bei solchen Entscheidungen nicht nur die Tat, sondern auch den Täter betrachten muss. Ich plädiere dringend dafür, dass Opfer, die, warum auch immer, zu Tätern geworden sind, nicht in Labyrinthe eingeschlossen werden, ohne die Chance zu entrinnen. Nicht ausnahmslos „wegschließen! Und zwar für immer!". Sie sollen vielmehr in speziellen therapeutischen Einrichtungen oder von mir aus, wenn es nötig ist, in Justizvollzugsanstalten untergebracht werden. Allerdings mit seriösem therapeutischen Beistand. Aber auch dort muss es einen sichtbaren Ausgang geben. Dessen Gangbarkeit und die mögliche Öffnung nach außen soll in Aussicht gestellt werden, sobald Besserung erreicht wird. In Labyrinthen verirrt man sich. Aber Verirrten und Verwirrten, wie dir, Asterios, muss man helfen, aus dem Irren und Wirren hinauszufinden. Und sie nicht weiter in Labyrinthen herumirren und sich verwirren lassen. An einem Ort der Doppelaxt, die immer über dem Kopf des Betroffenen hängt. Denn dadurch erreicht man nie eine Besserung.

Und weil ich aus meiner Gegenwart komme, die lange, lange Zeit nach deiner liegt, kann ich dir auch erzählen, wie es mit dir, dem im dunklen Labyrinth eingeschlossenen Opfertäter, ausgehen wird. Ich berichte dir zuerst das, was die meisten Menschen darüber erzählen werden.

Die Legende, die zum Tod des Minotauros erzählt wird

Minos, dein Vater – biologischer oder sozialer, das spielt keine Rolle mehr – hatte die Athener vor vielen Jahren besiegt und durch die Vermittlung Apollons gnädig Frieden mit ihnen geschlossen. Dafür sollten die Athener aber als Tribut für alle Zeiten alle sieben Jahre sieben Jungen und sieben Mädchen – manche sagen neun, andere wiederum zwölf – nach Kreta schicken, um zu deinen Opfern, Minotauros-Opfern sagt man, zu werden. Dies wird auch eine Zeit lang geschehen. Aber dann wird sich die Geschichte folgendermaßen ändern:

[155] Nochmal an des Altbundeskanzlers Gerhard Schröders markanten Spruch von Juli 2001 denkend, wie in Abschn. 23.1, Fußnote 120 erwähnt.

Theseus, der heldenhafte Sohn von Ägeus, Athens König, wird sich entschließen, dem schlimmen Treiben ein Ende zu machen, selbst wenn das sein eigenes Ende bedeutet. Er wird also seinem Vater anbieten, mit den Jungen und Mädchen zu gehen und gemeinsam mit ihnen geopfert zu werden – hoffend, dass er den Minotauros, dich Asterios, dabei besiegen wird. Mit viel Mühe und Überredungskunst wird er endlich die Zustimmung aus seinem Vater herauspressen.

Der Tag wird kommen, an dem die Athener Jungen und Mädchen zusammen mit Theseus das Schiff nach Kreta besteigen werden. Übrigens segelt dieses Schiff jedes Mal, wenn es mit den jugendlichen Opfern nach Kreta fährt, mit schwarzen Segeln; als Zeichen der Trauer. Ägeus wird aber diesmal der Mannschaft auch weiße Segel mitgeben, und zwar mit der Order, diese zu hissen, falls sein Sohn wie auch die anderen Jungen und die Mädchen gerettet wären und zurückkehrten.

In Kreta angekommen, werden die Athener zuerst in Minos Palast untergebracht, in besonderen Räumen natürlich. Während der mehrtägigen Opferzeremonien im Palast wird Theseus wiederholt und immer häufiger Ariadne begegnen, der schönen und intelligenten Tochter von Minos. Das Mädchen wird sich in den gutaussehenden, klugen und tapferen Theseus verlieben, und er sich auch in sie. Aber der Tag wird kommen, an dem die beiden Verliebten sich trennen müssen. Theseus soll als erster im Labyrinth eingeschlossen werden, er hat sich dazu freiwillig gemeldet, um dir, dem Minotauros, zum Fraß vorgeworfen zu werden.

Aber Ariadne wird sich zu einem sehr mutigen und intelligenten Schritt entschließen. In der Nacht vor Theseus Einschluss im Labyrinth wird sie ihren Geliebten in ihren klugen Rettungsplan einweihen: Heimlich wird sie am Eingang des Labyrinths den Anfang eines langen selbstgesponnenen Fadens befestigen. Dieser Faden wird übrigens in der Geschichte Karriere machen als der berühmte „rote Faden", „Ariadnes Mitos". Dann wird sie unbemerkt das Knäuel mit dem selbstgesponnenen roten Faden in das Labyrinth hineinwerfen. An der Innenseite des Einganges wird sie außerdem blitzschnell und von den Wachen unbemerkt ein superscharfes Kampfmesser verstecken. Die Umsetzung von Ariadnes Plan wird dadurch erleichtert, dass sie neben ihrem Vater direkt am Eingang des Labyrinths stehen wird, wo sie die von Priestern geführte makabre Prozession mit Theseus in ihrer Mitte in Empfang nehmen werden. Ihr Plan wird gelingen.

Bis zu diesem Punkt der Legende werden sich alle Erzähler über den Ablauf einig sein. Ab diesem Punkt aber werden die Erzähldiskrepanzen, die Interpretationsvariationen und die Schulenstreitigkeiten beginnen.

Grund dafür wird sein, dass es außer dir und Theseus keinen einzigen Augenzeugen geben wird. Und was nicht unmittelbar bezeugt wird, kann mittelbar gebeugt werden. Phantasie und Realität können sich in solchen Fällen mischen und viele Blüten erzeugen, phantastische und reale. Wie auch immer, manche Experten werden die Geschehnisse wie folgt rekonstruieren – allerdings mache ich das jetzt kurz, um dich mit den Einzelheiten nicht über Gebühr zu quälen:

Theseus, Ariadnes roten Faden um die Hüfte gebunden, das aus dem Versteck geholte superscharfe Kampfmesser in der Hand, wird irgendwo in einem der verwinkelten Flure des Labyrinths auf dich treffen. Wegen der Dunkelheit wird er eher ahnen, dass er dir gegenübersteht. Und er wird dir einen kräftigen Stich in deinen mächtigen Oberkörper versetzen. Wegen der tiefschwarzen Dunkelheit im Labyrinth wird Theseus jedoch nicht erkennen können, wo genau er dich getroffen hat. Mit den zwei folgenden kräftigen Stichen wird er bloß die leere Finsternis treffen. Du wirst nämlich schon nach dem ersten Stich einen donnernden Schrei von dir geben, eine Mischung aus Schmerz und Überraschung, und wie vom Blitz getroffen zu Boden stürzen. Dort wirst du reglos und bewusstlos – leblos nennen so etwas die medizinischen Laien – liegenbleiben.

Dann wird Theseus den roten Faden zurückwickeln auf das Knäuel und so aus dem Labyrinth herausfinden. Und er und die jungen Athener werden gerettet sein. Sie werden schnell zum Schiff rennen, das wegen der schwarzen Segel leicht zu erkennen ist. Sie werden die verliebte Ariadne mitnehmen und in Richtung Athen segeln. In ihrer Freude werden sie jedoch vergessen, die schwarzen Segel des Schiffes durch weiße zu ersetzen. König Ägeus, der in höchster Anspannung auf den Klippen von Sounion auf das Schiff wartet, wird mit großem Schmerz die schwarzen Segel erblicken. Die Bedeutung wird ihm sofort klar sein: Sein geliebter Sohn und die anderen Jugendlichen sind Opfer des Minotauros geworden, deine Opfer, Asterios. Und so wird König Ägeus voller Verzweiflung ins Meer springen und ertrinken. Danach werden die Menschen zu seinem Andenken dieses Meer die Ägäis nennen. Wie es bis heute heißt.

Ach übrigens, um das nicht zu vergessen: Es wird auch erzählt werden, dass Theseus Glück schon vor dem tragischen Tod des Vaters völlig unerwartet Risse bekommen hat. Auf der Insel Naxos nämlich, wo das Schiff für Proviant Zwischenstation macht, wird der Gott Dionysos erscheinen und Theseus seine geliebte Ariadne entreißen und sie entführen. Dionysos ist seit langem in Ariadne verliebt, was weder Theseus noch Ariadne bis dahin wissen.

Aber die Athener werden trotz Ariadnes Entführung und Ägeus Tod die Rettung ausgiebig feiern, den Helden Theseus frenetisch empfangen, den Tod des Monsters bejubeln. Deinen Tod, wie ihn Theseus den Menschen schildern wird. Und den sie, die Massen, weiter verbreiten werden.

Deinen angeblichen Tod.

Eine andere Rekonstruktion der Ereignisse durch Experten wird erst viel später stattfinden, und nur wenige Eingeweihte werden sie kennen.

Zuerst aber wird sich ohne nähere Nachforschungen auf Kreta blitzschnell die Nachricht verbreiten: Theseus hat dich, das Monster, getötet. Er konnte dem Labyrinth entrinnen und mit den anderen Geretteten in Richtung Athen segeln. Die Erleichterung über deinen Tod wird so groß sein – es tut mir leid, Asterios, es dir so direkt sagen zu müssen, aber es wird so erzählt –, dass König Minos auf eine Verfolgung der Geretteten und der mitgenommenen Ariadne verzichten wird.

Erleichtert und dankbar wird der König in sich hineinlächeln.

31.2 Der Scheintod des Minotauros

Aber …

Ja, aber! Niemand wird Anstalten machen, dich zu begraben. Es wird nicht einmal jemand versuchen, deinen toten Körper ausfindig zu machen; er soll im dunklen Labyrinth für immer verschwunden bleiben. Dein Tod wird von niemandem fachgerecht attestiert. Nur Theseus wird triumphierend von seinem Erfolg berichten, deinen Tod verkündend. Alles wird ungeprüft bleiben. Die meisten Erzähler werden dem Triumphator glauben. Sie werden seine Legende so weiter erzählen und sie auch weiterspinnen.

Werden aber die Ereignisse auch so ablaufen, wie der Held und seine Gläubigen es erzählen werden? Ich meine nicht unbedingt, dass der Held lügen wird, nichts liegt mir ferner, als das zu behaupten! Doch das Attentat gegen dich wird in der undurchdringlichen Dunkelheit des Labyrinths stattfinden. Der Attentäter wird bloß blind zustechen, in tiefer Finsternis herumtappend. Er wird annehmen, dass du tot bist – aber nur annehmen. Feststellen können wird er es nicht, aber auch nicht unbedingt wollen. Trotzdem werden der Attentäter Theseus, der Held, und seine Anhängerschaft einen sicheren Erfolg, eine Heldentat, daraus machen und sie feiern. Das Königshaus, das Priestertum und die sonstige Prominenz deines Heimatlandes werden dein Ableben mit sichtbarer Erleichterung verkünden. Denn sie werden dadurch offensichtlich ein Problem, ein zerstörerisches Problem, weniger haben. Und das einfache Volk, sowohl in Kreta als auch in Athen, wird dem Helden, dem König, dem Priestertum und der sonstigen Prominenz glauben. Die Nachricht wird ja so beruhigend auf alle wirken. Und so wird die gängige – und willkommene – Legende von deinem Tod geboren.

Aber nachdem einige Zeit vergangen ist, werden Gelehrte aus ganz Griechenland völlig andere Ansichten entwickeln. Und Gelehrte meiner Zeit, insbesondere aus der Zunft der Psychiater, der Psychologen, der Psychosomatiker und der Psychoanalytiker, werden die Ansichten der Gelehrten der alten Zeit übernehmen und eine andere, eine abstrakte und metaphorische Version der Ereignisse erzählen. Genauer gesagt werden sie verschiedene abstrakte und metaphorische Versionen erzählen, je nach theoretischer Richtung, Schulenzugehörigkeit und persönlichen Neigungen. Ich werde dir hier nicht die verschiedenen Erzählungs- und Deutungsversionen der miteinander streitenden Gelehrten erzählen können. Wir müssen uns mit nur einer einzigen abstrakt-metaphorischen Legende begnügen – und zwar mit der, die von deinem Scheintod erzählt.

Die abstrakt-metaphorische Legende vom scheintoten Minotauros

In einer abstrakt-metaphorischen Version wird also erzählt, dass der Minotauros nicht gestorben ist. Es wird sogar gesagt, dass er, der Minotauros, ewig lebt. Damit bist du gemeint, Asterios. Wobei wiederum das Wort „ewig" bedeutet „so lange es Menschen gibt".

„Von wegen Theseus hat den Minotauros getötet", wird es heißen! „Er hat ihn bloß ins Koma versetzt!"

Man wird erzählen, dass du, ich meine immer den Minotauros, Asterios, sehr überrascht, verblüfft, handlungsunfähig warst, als du Waffe, Orientierungsfaden und Tapferkeit des Theseus wahrgenommen hast. Man wird sagen, dass du in eine psychologisch verursachte Schockstarre geraten bist und schon nach der ersten Attacke des Theseus ohnmächtig zu Boden fielst. Dass du keinen Mucks mehr von dir gegeben hast, wie man so schön sagt. Kein Röcheln, keine hörbare Atmung, bewegungslos, regungslos, bewusstlos in der Finsternis auf dem Boden liegend. Es wird heißen, dass Theseus sofort in einen Siegesrausch geraten ist und himmelhoch jauchzte. Dass er es nicht für nötig hielt, deinen regungslosen Körper zu untersuchen; du weißt schon: Puls tasten, Atmung spüren usw., um den Erfolg seiner Attacke zu bestätigen. Nein, nach allem, was erzählt werden wird, ist das nicht geschehen – vielleicht wegen der totalen Finsternis. Es wird berichtet werden, wie er gejubelt und aus tiefster Seele geschrien hat: „Ich habe ihn besiegt. Ich habe das Monster getötet! Ich habe den Minotauros ein für alle Mal erledigt!" Und dass er danach mit triumphierendem Gebrüll und siegestrunken zu seiner Ariadne und zu seinen Schicksalsgenossen rannte, die, als sie die unerwartete gute Nachricht hörten, ebenfalls schrien, vor Freude und weil sie ihr Glück kaum fassen konnten.

Zu früh der Triumph und der Siegesrausch! Das werden die Gelehrten in ihrer abstrakt-metaphorischen Erzählung behaupten. Sie werden sagen: „Hätte Theseus zuerst mit Sorgfalt den Erfolg seiner Tat überprüft, bevor er so schnell triumphierend schrie, und wäre er nicht sofort in einen Siegesrausch geraten, dann hätte er auch die diskreten Lebenszeichen des ohnmächtigen Minotauros wahrgenommen. Hat er aber nicht". Und so werden sie glauben, dass du weiter lebst, so lange Menschen existieren – wenn auch leider als Minotauros und nicht als Asterios. Die Experten, die diese metaphorische Version der Legende erzählen, werden sich sehr sicher sein: im Labyrinth warst du bloß ins Koma gefallen. Theseus hat dich dort nicht getötet und wird es auch nirgendwo anders tun!

Nie wirst du tot sein!

Du wirst bloß scheintot sein!

So wird es also erzählt werden, nachdem du, Asterios, ebenso wie Theseus, Ariadne, Minos und all die anderen, ein Mythos geworden bist.

Und so kommt es auch dazu, dass in der Zeit, in der ich lebe, die Gelehrten erzählen, dass du, wenn auch nicht mehr als Asterios, sondern als lupenreiner Minotauros, noch lebst. Allerdings nicht mehr in Minos Labyrinth, sondern im inneren Labyrinth jedes einzelnen. Die Experten sind davon überzeugt, dass der Minotauros in uns lebt, in jedem einzelnen von uns. Davon bin auch ich überzeugt. Du als Minotauros lebst weiter in uns, als das Destruktive. Manche sagen als das Böse in uns. Ich vermeide aber wenn möglich die Bezeichnung „das Böse" und überlasse sie den Philosophen und Theologen. „Das Böse" ist ein zu wertender und vieldeutiger Begriff. So wie Kleriker und Ideologen das Böse verstehen, kann es zu bösen Entwicklungen führen, wie Geschichte und Gegenwart uns lehren. Ich bleibe bei einem ideologiefreien beschreibenden Begriff meiner Zunft, wie der Begriff „das Destruktive" einer ist.

Ich schließe mich also der Meinung derer aus meiner Zunft an, die fest davon überzeugt sind, dass du als Minotauros, als das Destruktive also, in uns weiterlebst. Als Psychopathologe habe ich dich, den Minotauros in uns, häufig getroffen. In Praxen und Kliniken, in Gerichten und Gefängnissen, auf den Straßen der Städte, in den dunklen Räumen der Macht und auf den hell erleuchteten Bühnen der Öffentlichkeit. Im Gestern und Heute, im Jetzt und Immer. Bei manchen liegst du lebenslang im Koma und machst dich nur durch diskrete und schwache Lebenszeichen bemerkbar. Aber du bleibst unschädlich. Lebenslang. Bei manchen anderen erwachst du doch aus dem Koma, und so beginnt der titanische Kampf mit dir. Und dann gibt es noch die, bei denen du häufig wach bist und dich unruhig in ihrem Inneren bemerkbar machst und sie quälst. Manche kämpfen gegen dich, andere nicht.

Der Kampf gegen dich verlangt die Mobilisierung von sämtlichen Abwehrkräften: Sthenische Elemente der Persönlichkeit, das sind starke, widerstands- und durchsetzungsfähige Persönlichkeitseigenschaften, geeignete Bewältigungsstrategien, wirksame Copingmechanismen und auch Unterstützung aus der relevanten sozialen Umgebung. Und nicht zuletzt auch – wobei meine Zunft damit etwas vorsichtig und zurückhaltend ist – moralisch-ethische Orientierungspunkte. Ja doch, auch das, mein Freund! Wie auch immer, wenn du den Kampf gewinnst, oder wenn niemand gegen dich kämpft, dann brichst du aus. Und mit dem Ausbruch bringst du die Katastrophe mit dir.

Du, der Minotauros in uns, kannst uns zerstören.

Oder andere.

Oder uns und andere.

31.3 Minotauros, seine mächtige Konkurrenz ... Und ein Fazit

Das Destruktive in uns hat viele hässliche Gesichter: Die des Autodestruktiven, des Heterodestruktiven oder des Pandestruktiven. Das Destruktive in uns kann sich also selbstzerstörerisch, fremdzerstörerisch oder alleszerstörerisch austoben. In uns wie auch in unserem Wirkungskreis.

Du lebst also weiter, als unser innerer Minotauros. In unterschiedlichen Gestalten.

Das minotaurische Destruktive

Und die Zunft der Psychiater, Psychologen, Psychosomatiker und Psychoanalytiker fügt wissend hinzu:

In der Tat, der innere Minotauros hat viele Gesichter und nimmt viele Gestalten an.

Manchmal präsentiert er zuerst ein ganz harmloses Gesicht, das bei den Mitmenschen verschiedenste, ja darunter sogar positive Reaktionen hervorrufen kann. So etwa Bewunderung wie bei Narkissos, Anerkennung wie bei Dädalos, Begeisterung wie bei Bellerophon, oder auch Mitgefühl wie bei den Danaiden. Bis dann aber sein zerstörerisches Wirken erkannt wird. Bis der innere Minotauros seine ganze hässliche Fratze zeigt.

Der innere Minotauros kann dann beispielsweise das zerstörerische Gesicht eines Erysichthons annehmen, der die Natur zerstört, um sich dann selbst bestialisch zu zerstören. Oder das begeisterungsfähige Gesicht eines Ikaros, der die ausgewogene Mitte nicht hält, bis er in die Tiefen des Meeres stürzt. Oder auch das träumerische Aussehen eines Bellerophon, der auf dem Rücken seines Pegasos die Realität verkennt und Hybris begeht und deswegen seinen Untergang findet. Der innere Minotauros kann die Gestalt eines Tantalos annehmen, der die Götter zu testen versucht und zu den sprichwörtlichen Tantalosqualen verurteilt wird. Man kann ihn als götterphobischen Kannibalen treffen, wie Kronos einer war, der, um seine Macht zu festigen und zu erhalten, vermeintliche oder reale Konkurrenten verschlingt, auch wenn sie seine eigenen Schöpfungen sind. Oder er kann das Gesicht einer Medea haben, die, um ihre Ziele zu erreichen, ihren eigenen Bruder zerstückelt, den Vater und das eigene Volk verrät und weder vor Arglist und Hinterlist noch vor Mord zurückscheut. Ja, er kann mit dem Gesicht jener Medea auftreten, die, um den Partner zu verletzen und ihre Rachegefühle zu befriedigen, sogar in der Lage ist, ihre eigenen Kinder zu töten; mit dem Antlitz der Mörderin, die nicht einmal ihren Retter respektiert und stattdessen versucht, auch diesem weh, sehr weh zu tun. Der innere Minotauros kann sich hinter der Maske eines gierigen König Midas verstecken, dessen einziger Wunsch es ist, dass alles, was er anfasst, zu Gold wird, und der so alles in seinem Leben in lebloses Gold verwandelt; sogar seine liebste Tochter wird so zu einer kalten, leblosen, goldenen Statue. Auch kann der Minotauros die Gestalt des schönen Jünglings Narkissos haben, der so sehr in sich selbst verliebt ist, dass er keinen anderen Menschen lieben, keine Beziehung aufbauen und keine Empathie empfinden kann, dadurch andere zerstört und letzten Endes auch sich selbst. Und nicht zuletzt kann der Minotauros das Aussehen von Menschen haben, die, um die eigenen extravaganten Gelüste, exorbitanten Ambitionen und größenwahnsinnigen Gedanken zu befriedigen, nicht davor zurückschrecken, die ganze Welt mit Frost und Flammen zu zerstören; so wie Phaëthon, der bis in die neuesten Zeiten viele Nachahmer seines Holocaust findet.

Die Liste der Gesichter und Gestalten des inneren Minotauros des Menschen könnte beliebig fortgesetzt werden. Alle diese inneren Minotauri begleiten den Menschen durchs Leben. Manche Menschen kämpfen ständig mit ihrem Minotauros, der ausbrechen will, wenn er einmal aus seinem Koma erwacht ist. Manche davon verlieren den Kampf, und ihr innerer Minotauros richtet viel Unheil an. Andere denken nicht an ihn; doch auch bei ihnen kann der Minotauros ausbrechen, aber dann unerwartet und vieles zerstörend!

Glücklich sind die, die den Kampf gewinnen. Und beneidenswert die, deren Minotauros nie richtig aus dem Koma erwacht!

Das sind mancher erzählter Mythen archetype Botschaften.

Die Glücklichen, die den Kampf gegen den erwachten Minotauros gewinnen, und die Beneidenswerten, bei denen der Minotauros nie richtig aus dem Koma erwacht, sind auch diejenigen, die die prometheischen Gaben im Menschen zum Blühen bringen. Die Gaben des Prometheus sind das Konstruktive und das Kreative im Menschen.[156] Das Prometheische im Menschen ist die Konkurrenz zum Minotaurischen. Die prometheische Konkurrenz ist die Kraft, die Fähigkeit und die Sehnsucht, die zur Geburt der Philosophie, der Poesie, der Musik, der Kunst, der Wissenschaft, der Technik, der Ethik und vielen anderen prachtvollen Blüten des Geistes und der Psyche geführt hat. Es ist die Dynamik und das Streben nach oben in uns, das aus dem Pithekos, dem Affen, den Anthropos, den „Nach-oben-Blickenden" gemacht hat. Es ist das prometheische Feuer in uns, das aus den Savannenvagabunden die Sternenmarschierer hervorgebracht hat.

Das prometheische Feuer in uns hält den aus dem Koma erwachten Minotauros in Schach und macht ihn unschädlich. Wird aber unser innerer Minotauros übermächtig, dann kann er das prometheische Feuer in unserem Inneren zum Zittern und Flackern bringen und damit zu einer mickrigen, zittrigen Flamme degradieren. Doch vollständig löschen kann er es nicht. In uns ist beides immer zu finden, wenn auch in unterschiedlichen Kräfteverhältnissen: Der Minotauros und das promethische Feuer in der eben skizzierten rivalisierenden Wechselbeziehung von Destruktivität und Konstruktivität.

Jawohl, Asterios, den Minotauros gibt es in uns allen, aber auch das prometheische Feuer! Eine mächtige Konkurrenz! Schade, Asterios, dass das Minotaurische dich so allmächtig beherrscht. Dass es dein Tun und Lassen diktiert, so dass das Prometheische in dir nicht zum Ausdruck kommen kann. Das macht mich sehr traurig.

Der prometheisch-minotaurische Antagonismus

Und die Zunft der Psychiater, Psychologen, Psychosomatiker und Psychoanalytiker fügt wissend hinzu:

[156] Die prometheischen Gaben sind an verschiedenen Stellen des monologisierenden Dialogs mit Sisyphos (Teil I) zu finden.

In der Tat, die erwähnten prometheischen Gaben sind Archetypen für kreative Konstruktivität, im Gegensatz zum minotaurischen Handeln, dem Archetyp zerstörerischer Destruktivität.

Konstruktivität, vom lateinischen „construere" abgeleitet, was etwa „bauend zusammensetzen" bedeutet, meint eine positive Eigenschaft des Menschen, die entweder als Haltung oder Handlungsweise zum Ausdruck kommt und dem sinnvollen Aufbau von Dingen dient, wie etwa zwischenmenschlichen Beziehungen, der Problemlösung, dem Erreichen von Zielen etc. Kreativität, vom lateinischen „creare", „etwas neu schöpfen", ist die Fähigkeit, etwas originell Neues zu kreieren.

Prometheische konstruktiv-kreative Fähigkeiten besitzen alle Menschen, wenn auch verschiedenartig und verschiedengradig. Gerade sie sind die Kräfte, die sich gegen die minotaurischen destruktiven Instinkte und Neigungen stellen, die ebenfalls alle Menschen verschiedenartig und verschiedengradig haben. Das ist der prometheisch-minotaurische Antagonismus.

Das sind mancher erzählter Mythen archetype Botschaften.

Weißt du, Asterios, ich habe in meinem langen beruflichen und auch sonstigen Leben die unterschiedlichsten Menschen kennengelernt. Aber auch bei den großartigen Menschen – und davon habe ich viele getroffen – war keiner dabei, der nicht irgendwo in einer Ecke seines Inneren irgendeinen minotaurischen Fleck hatte. Wobei das Großartige das Fleckige – mehr oder weniger erfolgreich – überdeckte. Und ich habe unter anderem durch meine forensisch-psychiatrische Tätigkeit viele Menschen kennengelernt, die Verwerfliches oder gar Monströses getan hatten. Doch es gab kaum einen unter ihnen, bei dem nicht irgendwo in einer Ecke seines Inneren irgendein prometheischer Funke verborgen war. Doch leider verdeckte das Verwerfliche, vielleicht gar das Monströse, diesen manchmal auch nur winzig kleinen Funken vor den Augen der Anderen. Und gar nicht so selten auch vor ihren eigenen.

Ich habe dir schon erzählt, Asterios, dass ich, bevor ich zu dir kam, bei meinem Bruder Sisyphos war. Mit ihm habe ich auch über die prometheische Schöpfung des Menschen gesprochen.[157] Schon zu der Zeit, als ich noch auf der Suche nach Orientierung war, habe ich den Schöpfungsmythos von Sisyphos selbst gehört. Seine Quintessenz war folgende:

Nach Beratung mit Athena, der Göttin der Weisheit, nahm Prometheus Lehm der Erde, in der immer noch Samenkörner des Urgottes Uranos, des Himmels, vorhanden waren. Er mischte ihn mit Wasser aus dem Okeanos, dem riesigen Fluss, der die Erde umrundet, nahm Blut von allen Tieren dazu und formte so den Menschen. Dabei orientierte er sich am Aussehen, aber

[157] Die Schöpfungsgeschichte des Menschen wurde erzählt in einem Gespräch mit Sisyphos (Abschn. 8.1).

auch an den Charaktereigenschaften der Götter, nicht nur der olympischen, sondern auch der unzähligen untergeordneten Gottheiten. Prometheus hat alle Menschen zwar aus demselben Material gemacht, aber die Mischung aus irdischem Lehm mit den göttlichen Samenkörnern, dem ozeanischen Wasser und dem Blut der unterschiedlichsten Tiere variierte von Mensch zu Mensch. Daher die verschiedenen Typen und Charaktere von Menschen.

Und so hat Prometheus in jeden Menschen das Himmlische und das Irdische, das Göttliche und das Tierische hineingemischt.

Die prometheisch-minotaurische Kohabitation

Und die Zunft der Psychiater, Psychologen, Psychosomatiker und Psychoanalytiker fügt wissend hinzu:

In der Tat, in der Persönlichkeit jedes Menschen findet sich das Positive wie auch das Negative, das Konstruktive wie auch das Destruktive – oder landläufig ausgedrückt – das Gute wie auch das Böse. Die prometheische Schöpfungsmischung steht als Archetyp dafür.

Wir haben Persönlichkeitstypen erarbeitet, Interaktionsmuster beschrieben, Reaktionsformen dargestellt, Denk-, Empfindens- und Erlebensweisen herausgestellt. Alles das, was wir lehren oder diagnostizieren, sind allerdings Konstrukte, die beim Menschen kaum in einer lupenreinen Form existieren, sondern vielmehr in verschiedenartigsten und verschiedengradigsten Mischungen. Beneidenswert sind diejenigen, deren Mischung sich näher am positiven Pol der menschlichen Erlebens-und Verhaltensweisen befindet. Deren prometheisches Feuer kann das Minotaurische leicht in Schach halten. Bedauernswert sind dagegen diejenigen, in deren Mischung das Negative überwiegt – das Minotaurische in ihnen hat bei seinem Ausbruch leichtes Spiel ...

... Und man hört dann, wie die Zunft der Psychiater, Psychologen, Psychosomatiker und Psychoanalytiker zu anderen Gelehrten aus dem philosophischen, theologischen, religionswissenschaftlichen, philologischen, historiologischen oder Politik- und Ethikbereich sowie zu gebildeten Nichtfachleuten und den Liebhabern abendländischer Kultur wissend und – weil nicht selbstverständlich – auch in überraschend beeindruckender Eintracht hinzufügt:

Das ist unser Fazit aus der in dieser Erzählung vorkommenden Archentypen. Aus dieser kleinen, sehr kleinen Auswahl von archetypen Weisheiten aus dem unerschöpfbaren Fundus der griechischen Mythen. Diese Auswahl aus dem psychologischen Archetypenarchiv der Menschheit in der *„unverlierbaren Sprache des griechischen Mythos"*[158] war bei diesen speziellen Begegnungen bei Weitem nicht ausschließlich an unsere wissenschaftliche Zunft gerichtet.

Den Schatz der archetypen Botschaften, den wir aus diesen mythischen Begegnungen mitnehmen durften, legen wir zu den Schätzen, die andere Zünfte ans Licht gebracht haben.

[158] Die Worte stammen von Walter Jens, gesprochen in: „Die Götter sind sterblich". München: C. H. Beck, 1983.

31.4 Der Abschied

Nun ist die Zeit gekommen, mich von dir zu verabschieden, Asterios.

Es tut mir so leid, Asterios, dass du, das schuldlose Opfer, zum schuldbeladenen Monster wurdest. Aus welchen Gründen auch immer.

Es tut mir so leid Asterios, dass wir alle nicht in der Lage waren, die Ursünder daran zu hindern, ein Monster zu produzieren. Und auch, dass wir alle dich nicht vor dem Monsterwerden schützen und dich nicht vom Monstersein befreien konnten.

Deine Opfer tun mir unendlich leid.

Aber du auch!

Es tut mir leid, was du gemacht hast.

Aber es tut mir auch leid, was du durchgemacht hast.

Und es tut mir leid, dass ich dich jetzt wieder alleine lassen werde. In diesem Labyrinth, an diesem „Ort der Doppelaxt". Erinnerst du dich noch, dass Labyrinth „der Ort der Doppelaxt" bedeutet?

Natürlich tut mir auch leid, was dir bevorsteht. Dafür, dass ich Mitleid mit dir habe, bitte ich die Menschen der Zeit, aus der ich komme, meine Zeitgenossen, vor allem die Opfer, um Verständnis.

Es tut mir nämlich auch die Tötung des Asterios durch Theseus leid, deine Tötung. Und das Weiterleben des Minotauros durch all die Jahrtausende in uns, im Koma oder langsam erwachend, oder höchstaktiv.

Und nicht zuletzt tut es mir auch leid, dass wir trotz der jahrtausendelangen Erfahrungen immer noch nicht genau wissen, wie wir mit dir und den anderen zu Minotauri gewordenen Asterii umgehen sollen. Wie wir ihre Opfer vor ihnen schützen können. So wie ich auch jetzt nicht genau weiß, mit welchen Worten ich mich von dir verabschieden soll. Auf Wiedersehen? Lebwohl? Am besten sage ich wohl „Mach's gut!"

Doch ich weiß: Du kannst es nicht mehr gut machen!

Das Verlassen des Doppelaxt-Ortes

Ich kehre um und gehe. Ich bin dabei den „Ort der Doppelaxt", den Labyrinthos, zu verlassen. Langsamen Schrittes und nachdenklich entferne ich mich vom Minotauros, nicht wissend, ob er, Asterios, meine Spätfreundschaft angenommen hat. Die schwer bewaffneten Wächter haben es eilig, in das Vorzimmer zu stürmen, bevor ich es richtig verlassen habe, und den Minotauros – sie wissen ja gar nicht, dass er Asterios heißt – zu umringen.

Es ist eine merkwürdige Stimme, die mich plötzlich erschreckt und wie zur Marmorsäule erstarrt innehalten lässt. Es ist ein Gemisch aus menschlicher Stimme und dem Brüllen eines Tieres. Sie sagt:

„Sag einfach: ‚Die Reise zu dir war eine Reise in die Welt des Erkenne-dichselbst. Und ich bedanke mich bei dir dafür!' Das reicht mir.

Übrigens, ich bedanke mich auch bei dir dafür. Mein Freund!"

32 Epilogale Nachbegegnungen

32.1 Anton und Asterios

Ich sitze im Zug, der von Korinth über Athen in Richtung Norden fährt. Ich bin froh, dass weder Asterios noch Minotauros da sind. Trotz der Spätfreundschaft und trotz des Gewinns aus dem „Erkenne-dich-selbst". Einen Opfertäter zu begleiten, der auf seinen Henker wartet, ist für niemanden eine einfache Sache. Insofern bin ich erleichtert, dass ich mich nicht mehr in einem Labyrinth und auch nicht mehr an einem anderen „Ort der Doppelaxt" befinde, sondern schlicht und einfach in einem Zug. In einem gewöhnlichen modernen Zug, der von Korinth über Athen in Richtung Norden fährt. Wie er das seit vielen Jahren mehrmals am Tag tut.

Ich kann also unbeschwert und frei von meinen labyrinthischen Erfahrungen ein wenig arbeiten, um die Zeit zu überbrücken, bis der Zug sein Endziel erreicht. Ich ziehe eine Akte aus meinem Aktenkoffer und öffne sie.

Es ist die Akte „**Anton**".

In der oberen linken Ecke ist die Akte mit einem unübersehbaren schwarzen **A** gekennzeichnet.

A wie **Anton.**

A wie **Asterios,** schießt es mir spontan durch den Kopf.

Diese Akte habe ich vor vielen Jahren angelegt, als ich begonnen habe, mich mit dem „Fall Anton" zu beschäftigen. Da drin befinden sich auch Gutachten, die ich im Lauf der Jahre über Anton erstellt habe.[159]

---

[159] Die Akte „Anton" ist in Andreas Marneros „Sexualmörder, Sexualtäter, Sexualopfer. Eine erklärende Erzählung" (2007) Psychiatrieverlag, Bonn.

A. Marneros, *Mein Bruder Sisyphos, mein Freund der Minotauros*,
https://doi.org/10.1007/978-3-662-55808-9_32

Als ich ihn zum ersten Mal traf, saß er auf der Kante eines niedrigen Sofas in einem kargen Zimmer der hochgesicherten Abteilung einer Klinik des psychiatrischen Maßregelvollzugs. Er saß dort, ohne mir direkt in die Augen zu schauen, die Beine zusammengedrückt, die Oberarme dicht am Körper, und die Hände im Schoß verkrampft. So sitzt man, wenn man friert oder wenn man Angst hat, oder wenn man sich unsichtbar machen will. Frieren konnte er nicht; es war Sommer, als wir uns begegneten. Angst wovor – in den mehrfach geschützten Räumen der Maßregelvollzugsklinik? Unsichtbar? Vor wessen Augen?

Für Anton ist die hochgesicherte Anstalt sein „Ort der Doppelaxt"!

Anton sprach mit sehr leiser Stimme, die noch leiser wurde, als er über seine Eltern und die Jahre im Gymnasium sprach. Er unterbrach sich mit einem bitteren Stöhnen, als er über das Leid sprechen musste, das er seinen Eltern zugefügt hat – als ob diese Last dabei war, ihn zu zerquetschen. Er wirkte tatsächlich zerquetscht. Als er von seinen Plänen als Gymnasiast und später als Student erzählte, über die verflogenen, die verlorenen Träume, wurden seine Augen feucht. Dann, als er über das getötete, das zerstückelte Kind sprach, machte seine Stimme nicht mehr mit. Das Drama und die Dramaturgie seiner monströsen Tat würgten ihn. Und als er über seine Zukunft und vor allem über seine Befürchtungen sprach, dass er **das** wiederholen könnte, waren die langen Pausen für uns beide quälend, drohten uns beide zu ersticken.

Mit „**das**" meinte Anton den Ausbruch des Minotauros. Seines Minotauros.

Man weiß, wer Antons Opfer war. Aber niemand weiß, wessen Opfer er ist: Opfer anomaler Gene? Defekter Synapsen? Einer Dysbalance der Hormone? Ungelöster psychischer Konflikte? Insuffizienter Bewältigungsmechanismen? Einer pathologischen Persönlichkeitsstruktur?

Niemand weiß es wirklich. Aber die meisten wollen es auch nicht wissen, befürchte ich.

Anton war das einzige Kind eines fleißigen Handwerkers und einer soliden Angestellten. Nach außen erschien seine Entwicklung ganz normal. Er besuchte den Kindergarten, dann die Grundschule und das Gymnasium. Einem erfolgreichen Abitur folgte ein Universitätsstudium. Allerdings war er ein Einzelgänger, hatte kaum soziale Kontakte. Offensichtlich war er etwas zu eigenartig für Gleichaltrige, um mit ihm Freundschaft zu schließen.

Er wurde durch die anderen, aber auch durch sich selbst, immer isolierter.

Ansonsten die Entwicklung eines introvertierten Jungen, eines Einzelgängers und eines guten Schülers. Eine Entwicklung wie die von manchen von uns – könnte man annehmen.

Doch dann sagte er:

„Schon mit zehn Jahren kamen mir Gedanken, ein Kind zu fangen, zu zerstückeln und sein Fleisch zu essen …“

Sehr früh war der Minotauros bei ihm erwacht. Doch es dauerte relativ lange, bis er aktiv wurde.

Zur Zeit der Tat war Anton 25 Jahre alt. Schon vor der Pubertät begannen bei ihm Phantasien. Fremdartige, erschreckende. Dass er kleine Mädchen einfängt, sie zerstückelt und ihr Fleisch isst. Ein erstes konkretes Erlebnis hatte er, als er zehn Jahre alt war. Er spielte mit einem Mädchen auf dem Spielplatz. Und plötzlich überkam ihn mit aller Deutlichkeit der Drang, ein anderes, in der Nähe spielendes Kind einzufangen, es zu töten und von seinem Fleisch zu essen. Das hat er dem mitspielenden Mädchen auch gesagt und sie gefragt, ob sie mitmachen würde: Das spielende Kind gemeinsam zu fangen, zu zerstückeln und zu essen. Das Mädchen lehnte das ab. Sie hatte es als Scherz empfunden. Doch er?

Diese Vorstellung hat ihn nicht mehr losgelassen. Sie war die ständige Begleiterin bei seinen ersten sexuellen – autoerotischen – Erlebnissen. Sie wurde seine Masturbationsphantasie. Zuerst waren die Opfer in seiner Phantasie Jungen und Mädchen seines Alters, auch konkrete Personen. Allmählich verschwanden dann die Jungen aus der Phantasie, und es blieben nur noch die Mädchen. Er wollte es unbedingt probieren. Zuerst wollte er wissen, wie menschliches Fleisch schmeckt. Deswegen schnitt er kleine Stücke aus seiner Haut heraus und aß sie. Im ersten Gutachten wurde das von den Ärzten als „Autokannibalismus“ bezeichnet, also ein Kannibalismus bezogen auf die eigene Person. In unseren Gesprächen ergab sich eine einfachere Erklärung: Er war neugierig, wie menschliches Fleisch schmeckt, er wollte es erfahren.

Die furchtbaren Phantasien, die er hatte, wurden immer bunter, detaillierter und bedrängender: Mädchen und Frauen standen in ihrem Zentrum. Ihre Geschlechtsorgane, vor allem die weibliche Brust, wurden zum bevorzugten Objekt. Eine Besonderheit wurde von allen Psychiatern, die ihn untersuchten, erkannt: Es ging ihm nicht um die Unterwerfung der Frau, nicht darum, Angst bei der Frau zu erzeugen, die Frau zu beherrschen, ihr Schmerzen zuzufügen. Nein, die Frau kam in seiner Phantasie nur als Todesobjekt vor. Die Psychiater waren sich einig, dass Antons Phantasien eine nekrophile Prägung haben, dass also die erotische Neigung den Toten galt.

Zuerst hatte er keine Angst vor seinen Phantasien. Er war sich sicher, dass er seine Phantasien in seinem Kopf einsperren kann, dass sie nicht nach draußen dringen, dass sie niemanden gefährden werden.

Dass er nie ein Monster wird! Nie ein Monster werden kann!

Anton war sich so sicher, dass das Prometheische in ihm sein Minotaurisches besiegen wird.

Anton glaubte daran, dass das Prometheische in ihm sein Minotaurisches besiegen wird.

Anton hoffte darauf, dass das Prometheische in ihm sein Minotaurisches besiegen wird.

Anton hat sich darauf verlassen, dass sein Minotauros nie ausbrechen wird. Antons Theseus würde ihn besiegen.

Doch Anton hat sich getäuscht!

Er hat sich gefährlich getäuscht. Das erkannte er, als er einmal mit Berta, der einzigen Freundin, die er in seinem Leben und dies auch nur für kurze Zeit hatte, im Bett lag. Da wurde er von dem heftigen Drang überrollt, Berta zu würgen, zu zerteilen und zu essen. Das war ein Kampf, der ihn im höchsten Maße quälte. Seine Hände zitterten, er war schweißgebadet, die Hände formten sich zum Würgegriff und näherten sich der ahnungslos im Bett liegenden nackten Berta. In letzter Sekunde konnte er seinem Drang widerstehen. Danach trennte er sich von ihr.

Der Minotauros war dabei auszubrechen.

Nach diesem Ereignis wurde seine Angst sehr groß! Er suchte Hilfe und ging direkt nach der Episode mit Berta zu einem Arzt. Er versuchte, sich ihm anzuvertrauen. Doch er konnte es nicht. Er erzählte dem Arzt viele andere Dinge und deutete nur verschlüsselt an, dass sich in seinem Inneren ein Drama abspielte. Niemand ahnte etwas von seinem Drama, seinem titanischen Kampf.

Anton war ganz alleine. Alleine im Kampf mit seinem Minotauros.

Er versuchte, die Phantasien mit autogenem Training, mit Meditation zu bekämpfen – ohne Erfolg. Die Phantasieorgien wurden stärker und lauter, wollten nicht mehr in seinem Kopf bleiben, drängten gefährlich nach draußen. Einige Tage vor der Tötung des Kindes sah er während eines Waldspaziergangs ein etwa 20-jähriges Mädchen, das bei ihm übermäßige Gewaltphantasien auslöste. Wieder, buchstäblich in letzter Sekunde, konnte er sich beherrschen. Doch diesmal war das Geschehen in seiner Phantasie noch viel heftiger als bei Berta. Er sagte mir, dass es in seinem Erleben wie ein *„vollzogener Mord"* gewesen sei.

Antons Leben und Erleben wurden fortan von den minotaurischen Phantasien dominiert. Das Gefühl des Dranghaften wurde immer stärker. Seine Versuche, die tödlichen Impulse zu kontrollieren, sich zur Wehr zu setzen, wurden immer hilfloser. Der Druck auf die Dämme stieg ins Unerträgliche.

Sein innerer Minotauros wurde immer übermächtiger. Er hatte das prometheische Feuer in Antons Inneren zum Flackern gebracht und zu einer mickrigen, zittrigen Flamme degradiert!

Er begann, Alkohol zu trinken, um sich zu betäuben und die Phantasien zu verdrängen. Auch häufige Selbstbefriedigung wirkte nicht als Ventil. Anton erzählte mir, dass er noch einmal Hilfe bei einem Fachmann suchte, als er ahnte, dass etwas Schreckliches auf ihn und auf andere zurollt. In einem verzweifelten Versuch wollte er das Schicksal abwenden. Vergebens! Bei dem Fachmann läuteten die Alarmglocken nicht. Ahnungslose Eltern und Kommilitonen blieben weiterhin ahnungslos. Anton blieb alleine. Wie Asterios alleine blieb!

Niemand hat Asterios geholfen! Niemand hat Anton geholfen! Aus welchen Gründen auch immer. Auch wenn die Gründe in den beiden Fällen so unterschiedlich sein mögen.

Das Kind, die anderen und auch Anton wurden nicht geschützt.

Die Abstände der Gefährdungen wurden immer kürzer. Die Phantasien galoppierten, wurden leibhaftig. Konkret erstmals im Erleben mit Berta, dann im Wald, wo er nur zufällig, weil gestört, seine Zerstückelungs- und anthropophagen Phantasien nicht verwirklichte.

Kurz danach geschah es.

Er tötete ein Kind. Und stellte mit dem zerstückelten Körper des Kindes furchtbare Dinge an, über die ich im stillen Respekt vor dem Opfer schweige.

Ich habe viel nachgedacht über das, was Anton mir Jahre nach der Tragödie mit leiser, zitternder Stimme, den Kopf tief auf die Brust gesenkt, sagte: *„Ich habe Angst, dass ich es wieder tun werde. In meiner Phantasie tue ich das jeden Tag.“*

Und dann.

„Ich weiß, ich bin eine Bestie …“

Und nach langer, würgender Pause:

„Aber was kann ich dafür?“

Ja, „was kann ich dafür?“ Das ist die quälende zerquetschende Frage. Und dabei denke ich auch an Asterios.

„Der Minotauros lebt in uns“, denke ich, „In jedem von uns“. Und ich denke dabei nicht nur an Anton.

Bei vielen liegt der Minotauros im Koma, bei anderen ist er dabei zu erwachen. „Aber bei manchen“, so denke ich, als ich die Akte „Anton“ schließe und in meinen Aktenkoffer zurückstecke, „bei manchen, wie bei Anton, ist er leider aktiv. Überaktiv.“

32.2 Der Mitreisende im Zug

Nachdenklich schaue ich aus dem Fenster des Zuges und betrachte die vorbeiziehenden Landschaften. Vor allem aber beobachte ich die Menschen. Manche arbeiten auf den Feldern, andere auf Baustellen, andere wiederum gehen oder fahren auf den Straßen. „Alle sind dabei, wie jeden Tag und wie jede Nacht, den Alltag zum Mythos zu machen und den Mythos zum Alltag“, schießt es mir spontan durch den Kopf. Und nicht so spontan, sondern eher nachdenklich frage ich mich: „Wer von denen könnte ein Prometheus oder ein Sisyphos sein, und wer eine Medea oder ein Minotauros?“ In der Menge mischen sich alle. Gemeinsam gestalten sie den Alltag.

Erst da bemerke ich, dass in meinem Abteil ein Mitreisender sitzt. Er muss von Anfang an im Zug gewesen sein, da es seit der Abfahrt keine Zwischenstation gab. Offenbar kam er von mir unbemerkt in mein Abteil, während ich in Gedanken versunken die vorüberziehenden Landschaften mit ihren Menschen betrachtete. Er ist ein älterer Herr, auffallend korrekt gekleidet, mit dunklem Anzug und dazu passender Krawatte. Als ich ihn bemerke, tippt er zwar sehr konzentriert, aber irgendwie auch stoisch und mechanisch auf einen kleinen grauen, offensichtlich sehr häufig benutzten Laptop ein. Er tippt ununterbrochen und wie besessen, ja zwanghaft würde ich sagen, aber dennoch stoisch und mechanisch. „Keine gewöhnliche Mischung, das Stoische und das Zwanghafte“, denke ich.

Von einer kleinen Konversation mit ihm erhoffe ich mir Hilfe dabei, von meinen Gedanken über das Labyrinth, den Minotauros und seine Begegnung mit Theseus loszukommen.

„Werden Sie noch lange mit diesem Zug fahren?“ versuche ich ein Gespräch in Gang zu bringen.

„So lange wie Sie“, antwortet er knapp, während er weiter hochkonzentriert die Tasten seines Laptops bearbeitet.

„Woher wissen Sie, wohin ich fahre?“ frage ich, ziemlich überrascht.

Weitertippend blickt er kurz hoch. „Ach, wissen Sie etwa nicht, dass dieser Zug nur eine Abfahrtstation hat, nur in eine Richtung fährt und nur eine Zielstation ansteuert? Er kommt aus der Vergangenheit, fährt durch die Gegenwart und steuert die Zukunft an.“ Und ohne eine Reaktion von mir abzuwarten, aber auch ohne sein zwanghaft anmutendes Tippen zu unterbrechen, fügt er nicht unfreundlich hinzu:

„Sie fragen sich sicherlich, was ich hier so emsig und ununterbrochen tue. Ich tippe Zahlen, unendlich viele Zahlen.“ Mit seinen letzten Worten dreht er seinen kleinen verbrauchten Laptop zu mir um, für ein paar Sekunden sein

Tippen unterbrechend, und zeigt mir unendlich scheinende Zahlenkolonnen in einer Excel-Tabelle.

„Was ist der Sinn davon“, frage ich rätselnd. „Hat das fast manische Tippen, entschuldigen Sie den Ausdruck, von unendlichen Zahlenreihen einen Sinn?“

„Sinn?“ murmelt er, den Blick nachdenklich durch das Zugfenster auf einen unsichtbaren Punkt in der Ferne richtend. „Muss unser Tun immer einen erkennbaren Sinn haben? Kann nicht auch Sinnlosigkeit der Sinn sein? Kann nicht die Leere füllend sein? Die Stille vielsagend? Das Murmeln donnernd? ... Ach ja, der Sinn ... Sind das Sinnvolle und das Sinnlose für jeden Menschen dasselbe?“

Und ohne eine Antwort von mir abzuwarten, stellt er sich höflich und auch charmant vor:

„Ich bin übrigens Grieche und heiße mit Vornamen Adelphós und mit Nach ...“

„Adelphós?“ unterbreche ich ihn überrascht, noch bevor er seinen Nachnamen nennen kann, entschuldige mich aber sofort. „Entschuldigen Sie bitte, dass ich Sie so unhöflich unterbrochen habe. Wissen Sie, das griechische Adelphós heißt nämlich übersetzt in die Sprache des Landes, in dem ich lebe, ‚Bruder‘. Und da heißt keiner meiner Mitbürger mit Vornamen ‚Bruder‘. Nur Brüder nennen sich Bruder. Und soviel ich weiß, aber das wissen Sie als Grieche genauso wie ich, ist im Griechischen Adelphós der Vor-Name für Mönche. Wenn man zum Beispiel sagt, ‚Ich bin Adelphós Andreas‘, dann weiß jeder, dass es sich um einen Mönch handelt. Sie sind ein Mönch?“

„Ich weiß, ich weiß“ antwortet mein rätselhafter Mitreisender, immer noch sehr beschäftigt, doch inzwischen andeutungsweise lächelnd – bedeutungsvoll lächelnd, besser gesagt. „Sprachbarrieren gibt es für mich nicht. Ich bin ja Kosmopolit, ein Weltbürger sagt man in dem Land, in dem Sie leben. Ich habe also nichts dagegen, dass Sie mich statt Adelphós ‚Bruder‘ nennen; ich habe auch nichts dagegen, wenn wir uns duzen. Die Menschen haben sich sowieso nie gesiezt in der Zeitdimens ..., äh, ich meine, dort woher ich komme. Darf ich mich jetzt mit meinem vollen Namen vorstellen?“

„Oh, ja natürlich, Verzeihung!“

„Ich heiße Adelphós, äh, Bruder meine ich, Bruder Sisyphos!“

Und damit streckt mir der Fremde, der mir inzwischen irgendwie vertraut vorkommt, freundlich die Hand entgegen, mit der anderen Hand zwanghaft weiter tippend.

„Wissen Sie, äh, weißt du, ich dachte ...“ murmele ich entgeistert und reiche ihm mechanisch die Hand. „Ich dachte, es sei ein Mythos, du seist ein Mythos.“

„Der Mythos lebt. Er lebt in uns, und wir leben in dem Mythos", erwidert mein mir inzwischen so bekannt vorkommender Unbekannter, allerdings ohne seine hochkonzentrierte Beschäftigung mit seinen unendlichen Zahlenkolonnen zu unterbrechen. Und er fügt noch hinzu: „Ach übrigens, das, was du über Mönche gesagt hast, ist richtig. Aber du weißt sicher auch, dass das Wort ‚Mönch' in der Sprache des Landes, in dem du lebst, aus dem griechischen ‚Monachós' kommt. Und Monachós bedeutet ‚Der-der-alleine-ist'. Ist nicht jeder von uns in gewisser Hinsicht ein Monachós? Ein Alleinseiender? Allein mit seinem Felsblock und seinem Berg?"

Und ohne meine Antwort abzuwarten, fügt er – zu meiner immer größer werdenden Überraschung – hinzu:

„Du hast vorher über die Menschen nachgedacht, die dabei sind, jeden Tag und jede Nacht den Alltag zum Mythos zu machen und den Mythos zum Alltag – nicht wahr? Und du hast dich gefragt: Wer von denen könnte ein Prometheus oder ein Sisyphos sein, wer eine Medea oder ein Minotauros? Sie mischen sich ja alle in der Menge und gestalten gemeinsam den Alltag". Offensichtlich amüsiert durch meine unübersehbare Verblüffung, fügt er hinzu:

„Waren das nicht deine Gedanken und Fragen?"

Ich kann nur staunend mit dem Kopf nicken, während er schon fortfährt:

„Die Antwort darauf ist ganz einfach:

Der Mythos lebt im Alltag. Und der Alltag im Mythos.

Der Alltag ist des Mythos Wirklichkeit!"

Mit seinen letzten Worten unterbricht er endlich sein besessenes Herumtippen auf den Tasten seines Laptops, hebt den Kopf, schaut mir tief in die Augen und sagt mit nachdenklicher Stimme:

„Ich freue mich darauf, gemeinsam, ja gemeinsam mit dir diese Reise zu machen. Bis zum Endziel. Aber nun habe ich **noch** eine Frage an dich:

Weißt du, wo das Endziel ist? Und was das Endziel ist … Mein Bruder?"

Bibliografische Anmerkungen

Die speziellen Literaturquellen sind in Fußnoten an den entsprechenden Stellen zu finden. Für die Darstellung der Mythen wurden folgende Quellen berücksichtigt:

A. Griechische Quellen

1. Apollodor: „Die griechische Sagenwelt. Apollodors mythologische Bibliothek". Aus dem Griechischen von Christian Gottlob Moser und Dorothea Vollbach (1988), Aufbau Verlagsgruppe, Berlin, bzw. Anaconda, Köln (2008), wie auch in: Mader Ludwig: „Griechische Sagen", Patmos, Düsseldorf, (2003).
2. Appolonios von Rhodos: „Die Fahrt der Argonauten" (Griechisch/Deutsch), übersetzt von Paul Dräger, Reclam, Stuttgart (2002).
3. Äschylos: Tragödien, diverse Auflagen
4. Euripides: Tragödien, diverse Auflagen
5. Hesiod:
   a) „Theogonie" (Griechisch/Deutsch) und
   b) „Werke und Tage" (Griechisch/Deutsch).
   Beides übersetzt von Albert von Schirding, Tusculum, Artemis & Winkler, Zürich und Düsseldorf (2002).
6. Homer:
   a) Ilias, diverse Auflagen
   b) Odyssee, diverse Auflagen
   c) „Homerische Hymnen" (Griechisch/Deutsch) übersetzt von Anton Weiher, Tusculum, Artemis & Winkler, Zürich und Düsseldorf

A. Marneros, *Mein Bruder Sisyphos, mein Freund der Minotauros*,
https://doi.org/10.1007/978-3-662-55808-9

(1989) oder „Götterhymnen“, aus dem Griechischen von Thassilo von Scheffer, Anaconda, Köln (2006)

7. Kallimachos: Werke (Griechisch/Deutsch) herausgegeben und übersetzt von Markus Asper, Wissenschaftliche Buchgesellschaft, Darmstadt (2004).
8. Menandros: „Dyskolos. Der Menschenfeind“ (Griechisch/Deutsch), übersetzt von Horst-Dieter Blume, Reclam, Stuttgart (2007).
9. Nonnos: „Dionysiaka“, verdeutscht von Thassilo von Scheffer, Dieterich'sche Verlagsbuchhandlung, Wiesbaden (o.J.).
10. „Orpheus. Altgriechische Mysterien“, übertragen und erläutert von J. O. Plassmann. Diederichs, München (1992).
11. Quintus Smyrnäos: „Posthomerica in 14 Büchern. Der Untergang Trojas“. Übersetzung aus dem Griechischen von Peter Sturm, Akademiker-Verlag, Saarbrücken (2013)
12. Sophokles: Tragödien, diverse Auflagen

B. Lateinische Quellen

1. Hyginus: „Fabulae“, übersetzt von Franz Peter Waiblinger, Verlagsgesellschaft, München (2016).
2. Ovid:
   a) „Ars Amatoria“ (bzw. Liebeskunst oder erotischen Dichtungen) in diversen Auflagen
   b) „Heroides – Epistulae“ (Lateinisch/Deutsch), übersetzt von Bruno W. Häuptli, Patmos, Düsseldorf (2009).
   c) „Metamorphosen“, diverse Auflagen

C. Deutsche Quellen (eine Auswahl)

1. Fink, Gerhard: „Die schönsten Sagen der Antike“, Fischer, Frankfurt am Main (2003).
2. Irmscher, Johannes: „Sämtliche Fabeln der Antike“, Anaconda, Köln, (2006).
3. Kerényi, Karl: „Die Mythologie der Griechen“, Band I und II, dtv, München, (1988).
4. Köhlmeier, Michael: „Das große Sagenbuch des klassischen Altertums“, Piper, München (2003).
5. Mader, Ludwig: „Griechische Sagen“, Patmos, Düsseldorf, (2003).
6. Roscher, W. H.: „Ausführliches Wörterbuch der griechischen und römischen Mythologie“, Teubner, Leipzig, (1884).

7. Riedel, Ingrid: „Demeters Suche. Mütter und Töchter". Kreuz Verlag, Zürich (1988.)
8. Schwab, Gustav: „Sagen des klassischen Altertums", Knaur, München (2001).
9. Von Ranke-Graves, Robert: „Griechische Mythologie", Anaconda, Köln (2008).

GPSR Compliance
The European Union's (EU) General Product Safety Regulation (GPSR) is a set of rules that requires consumer products to be safe and our obligations to ensure this.

If you have any concerns about our products, you can contact us on

ProductSafety@springernature.com

In case Publisher is established outside the EU, the EU authorized representative is:

Springer Nature Customer Service Center GmbH
Europaplatz 3
69115 Heidelberg, Germany

www.ingramcontent.com/pod-product-compliance
Lightning Source LLC
LaVergne TN
LVHW052112061026
849527LV00011B/602
9783662558072